编委会主任

周丽宁

编　委

王祯祥　姜晓红　杨增宽　汪永国　王耀宏
王　韧　王建军　张永平　贺永泉　高　冲
郁百年　李辛村　关春雷

主　编

汪永国

统　筹

李周民　王　丽

文字统筹

肖兴吉　李晓霞

资　料

王家贵　蒋　聪　蒲　芳

Fanrenshanju Heniyiqi

凡人善举
和你一起

主编　汪永国

兰州好人故事

2012–2013

lanzhouhaorengushi

图书在版编目（CIP）数据

凡人善举和你一起：兰州好人故事：2012～2013 / 汪永国主编. -- 兰州：兰州大学出版社，2014.5
ISBN 978-7-311-04465-7

Ⅰ. ①凡… Ⅱ. ①汪… Ⅲ. ①人物－先进事迹－兰州市－现代 Ⅳ. ①K820.842.1

中国版本图书馆CIP数据核字(2014)第102229号

策划编辑 陈红升
责任编辑 陈红升 余芬芬
封面设计 张友乾

书　　名 凡人善举和你一起
　　　　——兰州好人故事(2012—2013)
作　　者 汪永国 主编
出版发行 兰州大学出版社 (地址:兰州市天水南路222号 730000)
电　　话 0931-8912613(总编办公室) 0931-8617156(营销中心)
　　　　 0931-8914298(读者服务部)
网　　址 http://www.onbook.com.cn
电子信箱 press@lzu.edu.cn
印　　刷 兰州大众彩印包装有限公司
开　　本 710 mm×1020 mm 1/16
印　　张 31.5
字　　数 649千
版　　次 2014年5月第1版
印　　次 2014年5月第1次印刷
书　　号 ISBN 978-7-311-04465-7
定　　价 68.00元

(图书若有破损、缺页、掉页可随时与本社联系)

颂扬兰州好人　筑牢文明之基

周丽宁

在我们身边，总有这么一些人，他们做着平凡的善事。这些普普通通的举动，虽细微却晶莹闪亮，虽平常却夺人眼目，如春风化雨，浸润人心。近两年来，随着中共兰州市委宣传部、兰州市文明办策划推出的“凡人善举·和你一起”大型宣传活动的深入开展，越来越多的凡人善举不断涌现，越来越多的兰州好人脱颖而出。正是有这么多兰州好人，人与人的距离才如此贴近，我们生活的城市才如此温暖。

“凡人善举·和你一起”宣传、评选活动，深入挖掘和宣传发生在普通市民身边的感人事迹，激发广大市民的向善情结，提升了市民的文明素养和城市的文明程度，开创了社会治理的全新境界，是加强公民道德建设和构建社会主义核心价值体系的创新之举。如今，这一活动已经成为兰州的“城市品牌”和兰州人引以为豪的标尺，涵养着这座城市的精神和品格。正是在这样的城市品质熏陶下，一个个、一批批可亲可爱的普通人进入我们的视野，他们虽然没有惊天动地的壮举，却默默地传递着善行，感召着成千上万的普通市民自觉融入文明兰州的行列，共同拓展着这座城市的道德宽度和深度。“最美新娘”李成环、“熊猫女孩”周晓娟、“井盖大王”张建民……正是这些普通却熟悉的名字，筑起了兰州精神文明建设的高地，让“兰州好人墙”拥有了无比坚固的力量，让生活在这座城市的人们感受到温馨和自豪。越来越多的好人、无数次的感动，温暖着我们、激励着我们、陪伴着我们。

兰州好人源于市民、起于平凡、来自善举、发自内心，是一本鲜活的教科书；兰州好人扮靓了城市的面孔，是推动城市发展的原动力；兰州好人是文明之基，传承着中华民族的传统美德。要发挥“拨亮一盏灯，照亮一大片”的作用，发现、宣传兰州好人，精心培育文明之花，让金城兰州五彩缤纷。要大力提倡和深入学习兰州好人，学习他们乐观的生活态度、高尚的道德情操、无私的奉献精神……

将这些兰州好人的故事结集出版，既是为这些好人和善举“树碑立传”，同时也是告诉我们，每个人都可以发挥自己的热量，以举手之劳传递正能量。翻阅这本厚厚的书稿，时时为兰州好人的事迹所感动：他们的情感细腻而真诚，他们的举动平凡而伟大，他们的事迹可信可学，任何辞藻的描写都不为过。

很高兴为这些普普通通的好人作序，很荣幸与这些兰州好人同行——这是我发自内心的真诚感言——好人一生平安。崇高并不遥远，感动就在身边。一个个兰州好人、一点点平凡善举，将汇聚成推动改革发展的中坚力量，将凝聚成实现中国梦的强大动力。

（作者系中共兰州市委常委、宣传部部长）

目录

善

助人为乐

善

善

善

见义勇为

诚实守信

敬业奉献

善

孝老爱亲

善

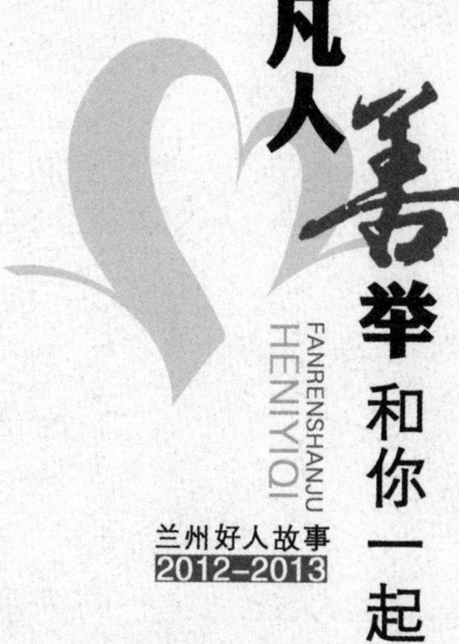

——助人为乐

无边大爱书写动人传奇

这些天，在甘青大地、在雪域高原上流传着一个美丽又感人的故事。一位25岁的美丽新娘，在蜜月里，带着700双棉鞋，来到青海玉树的三所学校，为孩子们送去了冬日的温暖。不料，在返途中，美丽新娘和她的丈夫却遭遇了无情的车祸，新娘先是失去了孩子，最终失去了年轻的生命。她就是李成环，我们把她称作“最美新娘”。

网络上，网民们在感动：世界上最动人的传奇，就是那平凡善举的大爱和美丽；社会上，人们在思考：走近了她，该怎样熏陶你我？读懂了她，该获得怎样的力量？

伤逝魂断高原洒大爱

11月25日，玉树。

25日注定是一个特别的日子，三江源头白雪皑皑，当天的太阳似乎都要比平时晚些升起。

8点50分，李成环、龚大锁、顾宏、杨虎娃、赵利荣一行人将孤儿的棉鞋一一送到后，顾不上劳顿，开始往兰州返程。“玉树之前下了大雪，路上整个都是厚厚的积雪，当地人都是选择10点以后才出门的，我们不知道，还按照兰州这边八九点钟出门的习惯早早地起床了。”顾宏对当天发生的事情永远难忘。

因为捐助活动做得很顺利，大家都非常高兴，一路上还在谈明年的捐助计划。成环说，回家后要好好睡一觉，过两天再到医院检查一下身体。等妥当了之后，还要准备下一次的公益活动。沿途，他们还发现路边一只凄惨的小猫，钻在车轮下不肯离开，他们就把它抱上了车，给它喂牛奶及其他吃的。

9时38分，当车行驶至青海省玛多县花石峡路段时，因路滑汽车突然冲出路面，翻下路基。汽车从一个四米多高的护坡上翻滚下山……

“当时车速比较慢，但下雪了，路面很滑，就在一瞬间，车子突然发生侧滑，撞在了路基上。”“车子连翻了3个滚后才停下！我感觉左臂很痛，用右手挣扎着爬出来，并急忙查看成环和朋友，这才发现成环被甩出了车，躺在四五米远的雪地里，鼻子、耳朵和嘴都在流血……”龚大锁事后回忆。

车祸发生的第一时刻，几名路过的藏族群众立即停车跑下公路营救，并及时报警。很快，果洛藏族自治州的公安交警迅速赶到现场，调集救护车火速将5人送往西宁救治。由于李成环胸部多根肋骨骨折，压迫双肺，当车行至海南藏族自治州境内时，随车大夫临时决定，就近送往海南州人民医院救治。

李成环从25日至28日一直昏迷不醒，医生诊断为肺破裂、14根肋骨骨折、左瞳孔放大，光反射消失，左侧前中颅底骨折，血气胸，生命垂危。

而更令人心痛的是，当时李成环有孕在身。28日，医生为了保住她的生命，进行了刮宫手术。医生说，李成环有可能从此不能再怀孕，永远无法做母亲了。

11月30日，李成环躺在重症监护室里已经有6天了，从宁夏调来的救命支架于当晚6时许植在了李成环体内。这个支架的医学名称叫多分子肋骨骨折固定膜，有了这个固定膜，李成环断裂的14根肋骨就能固定在一起，这样保证她能够正常呼吸。

为了让李成环尽快度过危险期并得到更好的治疗，在紧张救治了9个日夜后，12月4日，医疗专家决定将李成环转院到青海省人民医院。呼吸机的使用时间精确到了分，从海南州通往西宁的路上，青海省公安厅交警总队高速公路支队三大队和四大队的民警放弃午休，为李成环专设了绿色通道，驱车百余公里一路护送。在青海省人民医院，急诊、胸外、五官、骨科等科室的医疗专家和护士做好了一切准备，制定了详细的救治和手术方案。

一切都准备就绪，希望的曙光几乎就在眼前。然而，李成环在送往西宁救治的途中，病情突然恶化。虽经全力抢救，12月4日下午，李成环还是带着对美好生活的向往、带着对玉树灾区孩子们的无限眷恋，悄然离开了人世。

听到噩耗，龚大锁抑制不住内心的悲痛，这个坚强的汉子，发出了悲怆的哭号声。那声音从他胸腔中迸发，伤心欲绝，仿佛绝望的狮子发出的低吼，让周围人无不掩泪而泣。虽然他当时还下不了床，但仍一点点地爬到了成环的身边，他要见新婚妻子最后一面，就当她在自己的身边熟睡一般。新婚不久，大锁工作忙，加班是家常便饭。但是无论多晚，成环总是要等着他。9点要等，12点回来也要等。只要大锁回来了，她才能安静地入睡，可这一次，她却不再等待她新婚的丈夫，独自一人永远地睡去了。从此春去秋归孤零零，风过花飘零……

兰州晚报 周晓菲 于永昭 桑杰才让

他们,在爱心路上从未停歇

33岁的龚大锁,在许多人眼里,原本是一名名不见经传、默默无声的城管队员,却因在蜜月期间的一次爱心之旅,让他的名字传遍大江南北。他与妻子李成环为了兑现一个承诺,驱车千里给玉树七百名孤儿送棉鞋,将大爱留在了圣洁宽广的雪域高原,老百姓称颂他们夫妇是"最美夫妻"。为让关心他的每个人更深刻地了解他,弘扬和传递他们夫妇无私的大爱精神,连续多天,记者通过采访病床上的龚大锁,全面回放龚大锁多年来默默坚守、践行爱心而铸就的平凡人的大爱,以及他是如何在平凡生活中成长起来的。

在结束采访后,让记者为之震撼的已不再是一个有关他们夫妻的大爱故事。龚大锁向记者讲述的分明是数以千万计活跃在祖国大地上志愿者的故事,是我们中华民族的大爱文化,是人类精神家园的最终归宿。

1.——

龚大锁出生于兰州市七里河区的山乡,他对家乡的一草一木都是那么的喜爱,但那里并不是他人生的舞台,他的精彩生活开始于城关区。他说:"我身边有很多人教诲我,生命的精彩不是你活得有多轰轰烈烈,而是你在生活中不经意间发现,你所做的给别人带来了幸福,他们发自内心的感谢以至感恩,就证明了你的存在是值得的。"

龚大锬说，在他很小的时候，就非常喜欢猫和狗，经常嚷嚷着让父母去买，或去邻居家要可爱的狗。记得他五岁的时候，家里养的小狗死了，他趴在小狗旁边哭了大半天，后来在妈妈的哄劝下，才将小狗埋了。可是到了第二天，他还是不由自主地把小狗又挖了出来，只想再看它一眼。邻居为此还数落过他："这娃的心地太善良了，长大后会受人欺负的。"龚大锬说，当时很小哪能懂得，善良就是人性最好的品德。

上学以后，他的这种品行并未改变。每次看到学校组织捐款，他就跑回家向父母要钱，把钱投到大红箱子后，就觉得心里特别高兴，那时候他十一二岁。龚大锬说，从上小学到念大学，他参加过很多次捐款，印象较深的是在1987年，那时他在企业连中上小学。大兴安岭森林着火了，死伤了成千上万人。当时，听到有人死了，心里就很伤心，便向父亲要5元钱捐了。"在我的记忆里，我的父母亲很善良，他们经常教育我们，不要去占别人的便宜，应尽自己所能去帮助他人。爱是最大的财富。"

龚大锬说，他的父母喜欢帮助人，不管是同事还是亲友，有什么困难、需要，他都愿意去帮。父亲曾跟老中医学过医，在他小的时候，村里有个女人患了肾炎，因家里穷无处求医。父亲知道后，就把她接到家里治疗，直至这个女人康复，前后有二三十天，父亲没收她一分钱。后来听母亲说，那女的有四个孩子，自父亲治好她的病后，逢年过节常来看望父母。每次来时就拿袋洋芋，或家里种的蔬菜，以感恩父母救了她的命。就是现在，他的父亲给别人看病，也从来不收钱。

中国有个工程很出名——希望工程，在过去的20多年里，以发展公益事业为主。虽然龚大锬没有受到它的救助，但这个工程给了他太多的感动，尤其代表人物"大眼睛"苏明娟、"大鼻涕"胡善辉和"小光头"张天义渴盼上学的照片，不仅唤起了全国人民捐资助学的热潮，让全国几百万贫困孩子实现了上学梦，也让他的心灵受到了极大的触动和震撼。龚大锬说，只要伸出援手献出爱心就能帮到人。

2.——

"虽然做慈善，我没有足够的钱，可是做公益，我至少还有体力。"龚大锬说，父母和老师告诫过他：人只要有善良的心并付诸行动，就能温暖那些需要帮助的人，因为公益不是用钱来衡量的！

在汶川地震发生前，他不止一次地将自己的衣物、书籍和钱物等捐给需要的人。每次从父母那里听到哪里比较穷，从朋友口里听到有人需要救助时，他都会在家里搜罗些物品让人带去，要是没东西了会尽力寄些钱。

2008年5月12日，四川汶川发生大地震，8级强震猝然袭来，大半国土为之一颤，而这一颤，震动了中国，震惊了世界。他说，当天下午，他与大家正聊得开心，突然感觉头晕眼花，还以为谁推了凳子，或是被车子碰了，在回头时，却看到眼前的电线在晃，对面的几栋高楼在摇晃，马路上有人已晕倒在地，当时很想上去扶他一把，可自己始终未能站起来。他连忙给父母打电话，可当时已打不通了。

回到家看到父母安然无恙，这悬着的心总算落了地。当时就有两个念头，发动身边的朋友捐点物资，或向单位请假去做志愿者，总之就是想做点什么。龚大锬说，第二天一大早，他与朋友郑浩颖取得联系，并互相联系了身边朋友，还发动家人亲戚积极捐助。大家共同筹集了一批物品，比如手套、矿泉水、方便面、衣服裤子、棉被床单、鞋子等等。经过几个人整理打包，装了整整一辆5吨装的卡车。

当时本想将这些物品送到汶川，可在出发前得知陇南武都、文县等受灾也非常严重，加之汶川是震中肯定有大量的救援力量，而武都这边关注的人比较少，因此他们决定将物品送去武都。5月15日，他们五个人就从兰州出发了。从兰州到天水的高速比较好走，过了天水，路就越来越难走。由于当时余震不断，山崖上时不时有石头、大的土疙瘩等滚落下来，时刻担惊受怕地行进。毕竟车顶是铁皮的，石头大点就能砸穿。

次日早上9时，他们一路颠簸到达武都，当时看到的情况很糟。路边有很多人，有抱着孩子哭泣的，有打听亲人下落的……路过之处，虽没有看到坍塌的大楼，有所医院却给他留下深刻印象，楼体裂开了十几厘米的口子，病人被转移在路边临时救助点。最终，他们把物资拉到了一所学校。当时这里是物资集中点，还有专人帮忙卸载物品。操场上已有救援物资，但数量并不是很多。也许是已运走了，也许是还没送来。

卸完物品，他们几个人就去街上，一是去寻找住的地方，一是看看受灾情况。在短短几个小时内，遇到了许多受伤人员。特别是有位70多岁的老人，衣衫褴褛地偎依在墙角，鞋头破了脚趾露了出来，小腿肚上还流着血。那老人本来没有子女，地震后房子可能破了，还没来得及修建，就在附近靠施舍过日。看着老人可怜痛苦的样子，他们就给老人接济了点生活费，捂着已酸酸的鼻子走开，生怕在当时哭出来不好看。

当时本打算住下来的，由于没有找到住的地方，吃饭也很不方便，加之没经验不知如何帮忙，因而在将捐助物交点完毕后，当天临黑前就离开了武都。在回来的路上，大家的心情都很沉重。受伤老人的表情、哭泣的孩子的母亲、寻找亲人的市民……他们沮丧无奈的神情，不时地在脑海闪动，原以为自己能挺得住，最终仍控制不住泪如泉涌。

遗憾留在了陇南武都，却更加坚定了他今后助人的信念。

3.——

2011年4月，玉树发生地震。虽然那里地广人口稀少，但毕竟危害不小，受伤的藏族同胞急需救助。于是他再组织一次捐助活动，尽力帮助远在千里外的同胞。有了上次的经验，在筹集物资时，除了准备生活物品外，还购买了上万元的药，包括治疗痢疾、伤口感染、感冒的药品。一切准备妥当后，在地震后的第三天，他们顺利地从兰州出发了。

去玉树的路不好走，途中还下起了大雪，最终经过一天一夜颠簸，顺利赶到玉树灾区。当时他的两个朋友，因身体不适先回兰州了，他自己在玉树灾区住了下来，这一住就是19天。起初每天只是帮忙卸载、分发转运各类救援物资，后来认识了几名藏族僧人，协助他们完成不少伤者的救助，既在灾区充当起了临时的翻译，又帮着兰州军区的医生救治受伤人员。

记得刚到灾区的前七天，每天都靠方便面生活。第八天即震后的第十天，伙食条件才有所改善，他们帮忙的地方在结古寺，寺中的僧人看到他们很辛苦，就单独给他们做饭吃，包括面食和蒸米饭。后来宁夏畜牧厅送来了一车蔬菜，当时看到蔬菜别提有多兴奋，根本来不及想，就连吃了3个西红柿、6根黄瓜、2个萝卜，加起来足有四五斤吧。

一次偶然，他和朋友去买东西时，在途中发现一所孤儿院，跟朋友进去后，眼前的景象简直不敢想象，院内都是两三岁的藏族小孩，大概有四五十个娃娃，且大部分受了伤，或惊恐，或饥饿，或疼痛，看到有人进来，都眨巴着眼睛，不停地打量他们。一种难以言语的酸楚，从内心深处迸发出来。"印象最为深刻的是，一名老师抱着的小孩在大哭，虽然我们语言不通，但我能感受得到，那小孩一定是在喊爸爸妈妈。此情此景，在顷刻间催落了我的眼泪，我再也抑制不住情感，放声哭了出来。为此我做了个决定，在此后几年内，我将每年来帮助这些小孩。"龚大锬说。

龚大锬含着泪回到帮忙的地方后，好几天心情未能好起来。后来在帮助患病的藏族朋友江南来兰治病时，不得不离开了在他心灵烙下深深烙印的玉树。

为了一个承诺，2011年10月4日，他和朋友史建平去玉树孤儿学校，看望那里的孩子们。因2010年见到的孩子不到50个，估计一年后也不会增加多少，所以就按100个孩子买了100个书包、80多个铅笔盒等学习用品就去了。结果在发放完学习用具后，发现还有很多孤儿在等待。于是就向院长了解，得知后来又有几百名孤儿进来，因而院里孤儿增加到360多名。看到孩子们住的是临时板房，穿的鞋也破破烂烂的，被寒风吹得瑟瑟发抖。他又决定，计划攒够钱买些棉鞋给孩子们再送去。

2011年底经人介绍，他和李成环相识了，且是一见相互倾心。爱情的力量，更增添他扶困的决心。今年10月结婚后，他们准备将所攒的钱全都拿来给孩子们买鞋时，又从玉树上巴塘小学尕玛老师、拉吾尕小学扎杨卓玛老师那里得知，他们学校的贫困孩子及孤儿比较多，加上玉树八一孤儿院的孩子，三所学校大概共有孩子700多个。龚大锬发现两人攒的钱明显不够，于是便和妻子李成环商量，将结婚剩下的钱全拿了出来。

与此同时，爱心人士顾宏和杨虎娃、赵利荣三人也表示要参加，他们也积极地募捐筹款，加上龚大锬夫妇的钱逾3万元。随后带着购买的700双棉鞋，以及捐助的电脑书籍，在11月20日出发了。当时他们结婚还不到两月，由于妻子李成环已有身孕，且路途遥远他本不想让她同去，但李成环坚持要去劝也劝不住，最终跟随他们踏上了去玉树的路。

4.——

一路上，李成环产生了严重的高原反应、妊娠反应并且呕吐不止，甚至是水米不进，但她还是坚持行进，生怕耽误大家的行程。龚大锬说，期间我们多次劝她休息，或者返回西宁，但她一再告诉我们："我已上到了海拔四千米左右，再有八百米坚持一下就过去了，现在放弃了多可惜啊！"最终，经过长达20多个小时、1000多公里路的颠簸，24日凌晨到达玉树。

大家在稍作休息后，又马不停蹄地赶到货场，将700双棉鞋全都提过来，按照每个学校登记的数量、鞋码详细进行清点分类。虽然活儿不重但也劳神，大家都劝李成环休息一会，但她怎么也不同意，坚持全程参与。"由于连夜赶路，每天奔波忙碌，加上高原缺氧，未进多少食物，妻子的脸色很不好，看上去蜡黄蜡黄的。看着她的神色，我的心疼坏了。"龚大锁说。待所有棉鞋清点结束后，已是当天下午3点左右。

吃过饭后，最大的任务就是挨个去送鞋，包括玉树八一孤儿学校、拉吾尕村和上巴塘小学。在给孩子们发放棉鞋时，李成环始终站在他的身旁，还使劲地微笑着，同眼前的孩子们打招呼。看到孩子们穿上新鞋欢快地奔跑，她的脸上露出了几天来未有过的笑容。"我能感觉得到，此刻的她有多快乐和欣慰。"唯一遗憾的是，在发放棉鞋的过程中，我们发现有30多个孩子的鞋不合脚，妻子便将这些孩子和鞋号记了下来，说是回兰后尽快和商家联系，把断码鞋补齐后邮寄到玉树，别让孩子们挨冻。"

特别是到了晚上，为了能节省费用，妻子坚持不住宾馆。她说，自己住得差点，就可以多省点钱，省下来的钱可多买一双鞋。后来在李成环的坚持下，他们选择了一个板房，挤在一个多人间安顿下了。尽管在当天妻子一路上看上去非常难受，但龚大锁从未听到她有任何的抱怨。

次日凌晨，也就是11月25日，龚大锁夫妇和顾宏三人，踏上了返回兰州的路。经过了短暂的颠簸，大概是在当天的9时多，他们遭遇了不幸。车子行至玛多县花石峡路段时，天空突然飘起了大雪，路面在瞬间被雪覆盖。车轮在冰雪路面上失控，发生侧滑翻下了公路。"车子滑出公路后，翻了3个滚才停下！我感觉到左臂骨折了，用右手挣扎着爬出车来，发现妻子被甩出了老远，躺在四五米远的雪地里。"当时根本顾不上疼痛，强忍着跑过去看妻子。眼前的现状把龚大锁吓傻了，妻子的鼻子、耳朵、嘴都在流血……

车祸发生后的第一时刻，几名过路的藏族群众，停车跑下公路营救他们，并及时地报了警。很快，果洛藏族自治州的公安交警迅速赶来，调集救护车火速将他们送往西宁救治。途中随车大夫告诉龚大锁，由于妻子胸部多根肋骨骨折，压迫双肺出现险情，急需紧急救治。当车行至海南藏族自治州境内时，随车大夫临时决定，就近送往海南州人民医院救治。

到了海南州医院，该院迅速成立救治组，组织医务人员全力救治。后听大夫们讲，针对李成环病情危重的情况，院长田尖参及时向省人民医院求援。省人民医院的4名专家得知情况后，火速赶往海南州医院，连夜会诊实施救治。当时医生发现李成环已有身孕，一旦胎死腹中，容易造成腹腔感染。为了保住大人的命，医生们含泪给她做了人流手术。当时的龚大锁在另外病房，接受医生实施的尺骨、桡骨双骨折的固定手术。

然而当时最令大夫们着急的是，李成环因肋骨断裂，肺部不能呼吸。要想使她恢复自主呼吸，需要在她体内植入一个医疗支架，但医院问遍了甘青两地各大医院，都没有找到这种支架。时间在流逝着，医院里每个人万分着急。经过多方周折，青海省医院的杨主任在宁夏联系到了支架，并通过私人关系联系到特快捎到兰州，由好心人送到海南州医院。11月30日晚，支架成功植入李成环的体内，人们这才松了口气。

为了让李成环尽快度过危险期，并得到更好的治疗和养护，在经过9个日夜紧张救治后，专家建议转院到青海省人民医院。12月4日，转院工作启动。为了不让妻子分心，龚大锁选择了乘班车去西宁。据说，海南州医院的呼吸机时限仅两个小时，从海南州到西宁需1小时50分车程。为保证一路畅通，青海高速公路交警开辟绿色通道。大约在14时30分，救护车飞驰到青海省医院急诊大楼。不幸的是，李成环最终经抢救无效，把生命定格在25岁，一个如花般美丽的年华。

"听到妻子去世的消息，我如惊雷轰顶，也绝不会相信，但却在顷刻间瘫倒在地上。抓着妻子冰凉的手号啕大哭。新婚宴尔不到两个月的妻子，在离开这个美丽世界的时刻，我作为丈夫竟然不在身边。我是一个大笨蛋、天底下最大的笨蛋，竟在不到两个小时的车程中，我却选择了乘坐什么班车，错过了与心爱的妻子离别，让她一个人孤单地走了！"

*——

亲爱的，你走了，我再也见不到你灿烂的笑容，再也听不到你爽朗的笑声，在我们精心布置的新房里，再也看不到你撒娇的样子，梳妆镜前从此少了你的笑貌，你怎舍得丢下我一个人走……你走了，玉树的七百名孤儿再也见不到你的身影和那略带沙哑的但很亲切的声音，你把爱留在圣洁宽广的雪域高原，你临走前留下的心愿我会继续完成的。亲爱的，你安心地走吧！待到来生，我会补上我们的新婚蜜月，去美丽的祖国南方看大海，躺在沙滩沐浴阳光。

亲爱的，你放心地走吧！我会坚强地站起来，照顾好咱爸咱妈，为两位老人养老送终；我会继续去玉树，看望那些可爱的孩子，告诉他们你很爱他们，记住你的叮嘱，乖乖地听话，健康地成长，将来好好学习，为建设自己美丽的家园尽份力；我会干好我的本职工作，为需要帮助的人做些力所能及的事儿，把我们的心愿和承诺进行到底。

兰州日报 杨晟途

爱心接力传递正能量

媒体　传递社会正能量

从李成环遇难到“最美夫妻”的事迹在社会各界引起强烈反响，这种正能量的传播，媒体起了强大的作用。11月29日，本报独家在第一时间以“爱心路上新婚夫妇受重伤”为题，报道了李成环受伤的消息，此后连续跟进。

从媒体上得知龚大锬、李成环夫妇的情况后，青海省委书记、省人大常委会主任强卫立刻做出批示：“请卫生厅对龚大锬夫妇的治疗给予关心，请省红十字会看望慰问‘最美夫妻’。帮助过青海的好人遇到困难时，我们青海人一定要以感恩的心去帮助他。”

12月6日，兰州市委常委、宣传部部长周丽宁看到本报报道后做出批示，高度赞扬“最美夫妇”是凡人中的英雄。

“李成环、龚大锬的感人事迹，生动诠释了奉献、友爱、互助和进步的志愿者精神，奏响了民族团结进步的赞歌，谱写了感动中华大地的动人诗篇，是我市社会主义核心价值体系建设实践活动的典型代表。”2012年12月8日，甘肃省委常委、兰州市委书记虞海燕这样评价这对夫妻以及他们的义举。

由于官方的肯定，“最美夫妻”更是引发全国各主流媒体的争先报道。12月7

兰州晚报
批准中海油 收购尼克森
仰望最美 携爱上路
“最美新娘”李成环 用生命铸就爱心路
弘扬主旋律 传递正能量
本报率先报道 引发持久感动
分房通知

西海都市报
西海都市报读者送别“爱心天使
西宁，一座城市的送别

最美新娘
生如春花 绚丽
逝如秋叶 静美

日中央电视台新闻频道《东方时空》进行了报道;8日,《新闻联播》也做了题为"最美中国人"的报道;新浪、搜狐、腾讯、中国网络电视台、中国网、人民网、新华网等网络媒体都对本报的报道进行了转载报道。截至12月8日上午10时,百度相关新闻搜索达600余篇,相关贴文近1万篇。

在媒体的助推下,正能量得到了充分的传递。至12月10日晚,甘肃省委常委、兰州市委书记虞海燕主持召开市委常委会议,通过《中共兰州市委关于向李成环、龚大锬同志学习的决定》,专题研究部署在全市开展学习李成环、龚大锬先进事迹活动。

"你们特别不容易,两人收入并不高,却多年坚持献爱心,这样的精神让人十分感动。你们虽然很平凡,做的事情却很伟大,事迹很感人。"12月11日上午,虞海燕书记率领市四大家领导一起看望慰问龚大锬时,对他这样评价。

"这些发生在平凡人身上的故事,说明乐善好施、扶贫济困,原本就是流淌在我们血脉中的道德血液,同时也表明民众内心期待和呼唤良好的道德风尚。这是加强公民道德建设的宝贵机遇。"兰州市委常委、宣传部部长周丽宁说,"在我们身边,从来都不缺乏好人好事,而人们往往对这些凡人善举熟视无睹。事实上,这些具有感染力的人和事,更能打动人,更能传递社会正能量。"

他们是普通人,但他们作为普通人所体现的高尚精神,焕发了人性之美,更能激发百姓的认同。

这种认同,是对纯洁的、朴素的、美丽的人性的认同。

此后,学习"最美夫妻"的热潮,一直持续着……从一群人到另一群人,从一个社区到另一个社区,从一个单位到另一个单位,从一个地区到另一个地区,崇高的精神带来了巨大的鼓舞,爱心的接力在层层传递。

网络上,网民们在感动:世界上最动人的传奇,就是那平凡善举的大爱和美丽。社会上,人们在思考:走近了她,该怎样熏陶你我?读懂了她,该获得怎样的力量?

从共青团兰州市委的表彰,到李成环被追评为"三八红旗手",直到中共兰州市委做出向李成环、龚大锬同志学习的决定,各种荣誉扑面而来,这是一种肯定,也是一种彰显。它是对令人感动场面的一种定格,更是对社会主义核心价值观的一种彰显。"最美夫妻"以善为本能,爱为基础,淋漓尽致地揭示了奉献的真谛。舍己为人,一心奉献,正是这种深深扎根于中国沃土之中的奉献意识,才推动了社会主义核心价值观迸发出蓬勃的引导力量。

感动　大爱谱写大美

关于"最美夫妻"事件的评价还在发酵,那么"最美夫妻"到底美在哪?这些善举,体现了美,折射了人性的光辉。赠人玫瑰,手留余香。应该说,有爱,则美。

12月4日之后,李成环、龚大锬的事迹经过媒体的报道,不胫而走。网友,甚至官方都冠以他们"最美夫妻"的称号,社会各界也用各种赞美之词来形容这对具有奉献、友爱、互助和进步精神的夫妻。

这些，不仅是对他们个人的褒奖，也是对整个社会价值取向、榜样力量的肯定。

社会经济发展，带给我们各种观念的冲击，特别是对仁爱之心的冲击，是明显且让人遗憾的。很多人因为名利而忽略了爱的伟大意义，也有很多人只爱亲人或者仅爱自己，视大爱、仁爱、兼爱等传统思想为累赘。当人们发现社会越来越功利的时候，开始有了某种对大爱、仁爱、兼爱的渴望与需求。感谢“最美夫妻”，让我们看到了社会中不乏爱的闪光。

“最美夫妻”带来的感动，一直在网上网下延续着。那一刻大爱迸发出的力量，让很多人为之震撼，也让很多人赞叹不已。

社会各界对于“最美夫妻”不吝言辞的赞美，不仅是对其爱心精神的高度认同，也是对这对“最美夫妻”的由衷钦佩。他们所给予的，不仅让人们心底泛起向善的涟漪，触动了每个人心中都有的善念，也激发了大家对于生命至上的共鸣。

榜样的力量是无穷的，何况是这样一个普通却又不平凡的榜样。它唤醒了多少沉睡的心灵，它融化了多少冷漠的目光，它鼓舞了多少纠结的背影。那声响，还在一阵又一阵地回荡着。

在海南州医院，一位叫毛措的藏族护士从玉树州八一孤儿学校校长处得知了李成环不幸出事的消息，于是她悄悄带领另外几名护士为李成环献血900毫升。

湖北好心人李传友租车将医疗支架送到海南州，并为龚大锁捐款1000元。

最早得知消息的《兰州晚报》除了第一时间刊发报道外，又连续数日大篇幅醒目地进行了报道，呼吁兰州家乡人民伸出援助之手，从青海到甘肃汇聚起一条新的爱心暖流，穿越了冰冷的冬日。读者王晨说：“他们几位都是好人，他们在捐助别人的时候出现意外，我们不能坐视不管，希望大家都能伸出温暖的手，帮他们一把。”王晨表示，他将发动周围的朋友和圈内一些人为患者捐款。

病房里，闻讯而来的好心人络绎不绝，向“最美夫妻”表达着自己的一片心意。青海省卫生厅厅长马海莉、青海省红十字会常务副会长孙林专程前往医院看望“最美夫妇”，并决定免去他们所有治疗费用。

李成环的善举在西宁和玉树传颂，她去世后，当地群众无不感到惋惜。12月5日上午，在李成环的灵堂前，一位姓霍的女士送上一束鲜花，愿她一路走好。12月5日晚，李成环去世的消息传到了700多公里外的玉树州。李成环生前最后一次捐助过的巴塘乡拉吾尕村小扎阳老师给龚大锁发来短信说：“刚得知你妻子不幸离世的消息，全校师生悲痛万分，李成环老师永远活在这些贫困山区孩子们的心中，永远活在老师家长们的心中，永远活在玉树人民心中，永远活在我们每个人的心里。她是我们圣洁的‘白度母’。”

12月5日黄昏，西宁市中心广场上聚集了很多手捧菊花、面带悲伤的市民。大家自发来到这里，用手中的菊花和心中的祝福送别李成环。

在现场，青海义工联、夏都志愿者和梦寻缘网络群体的志愿者和众人将菊花摆成心形，围成圆圈低头默哀。路过的市民知道这里在为李成环祈福送别时，也加入了进来。

一位市民说，看到李成环受伤的报道后，他一直默默为她祈祷，想等她转到西宁后去看看她，没想到噩耗来得这样快。“她是天使，所以上天带她离开了我们。”“李成环老师一路走好，大爱无疆。”现场的人们诉说着对李成环的思念和不舍……

兰州晚报 周晓菲 于永昭 桑杰才让

生如春花绚丽　逝如秋叶静美

这些天，在甘青大地、在雪域高原上流传着一个美丽又感人的故事。一位25岁的美丽新娘，在蜜月里，带着700双棉鞋，来到青海玉树的三所孤儿学校，为孩子们送去了冬日的温暖。然而，在返途中，美丽新娘和她的丈夫却遭遇了车祸，失去了年轻的生命。她就是李成环，我们把她称作"最美新娘"。

的确，我们的社会很需要像李成环、龚大锁这样真善美的人，他们的行为以及行为背后所散发出来的人性之美，让无数人感动之余，也激起了我们对社会价值、人生价值的思考。

传颂"最美新娘"

事情发生后，"最美新娘"的称号开始广为传播。网络上，媒体上都在大篇幅报道这件事情，尤其是微博上，"最美新娘"被反复地@以及传递。

在新浪微博上，题为"默哀：25岁的兰州老师李成环今天下午离世"的帖子被转发已经达到上千次，除了甘肃和青海的网友外，国内其他城市的志愿者和爱心人士们都为李成环送上了最后的祝福，一根根蜡烛传递着李成环留给人们的感动。

搜狐网友说："哭了一次又一次，你好美，好善良，一路走好。"

"怒默语晨"说："最美新娘谢谢你！你告诉了我们世间还有爱！"

"孟姜婆给姐碗汤"说："我冒着心脏病突发的危险看完这篇文章。我控制住没让眼泪流出来，想到生命价值真的无法衡估，看到亲人那撕心裂肺的哭喊，我很想替逝者擦去老母眼角的泪，不哭，不哭。"

"报春冷蕊"说："李成环走了！她永远活着！尽管说她的生命短暂，但是她的精神胜过我们活百年千年万万年，她的大爱将与山河同在，与日月同辉！李成环走了，她永远活在春光里，给人无限的温暖，给人无限深切的怀念！李成环走了，她永远在最美的诗画里，给人最美的享受，用带血的文字在大爱的史书里写下'最美新娘''最美妈妈'的最强音。"

12月6日，西宁，李成环的葬礼上，排满了送她最后一程的人群，素不相识的出租车司机组成了车队。人们噙着泪水，为她献上寄托着哀思的菊花和代表着圣洁的哈达。

自车祸发生后，高昂的医疗费曾是夫妻俩难以承受之重，本报向社会公布了龚大锁的爱心账号后，每天都会收到爱心读者的捐款。至12月3日，龚大锁一共收到晚报爱心读者的17笔捐款共1.33万元。

一位网友说："从陌生到爱的传递，从人与人中看到了团结，守望互助。更重要的是,看到了整个社会对向善的张扬与肯定。”

“最美新娘”美在哪里?引起了许多人的思考。答案是清楚的。感动的本身就是对心灵的洗涤,这种潜移默化的教育起到了润物无声的作用,比什么都有说服力。李成环为了大爱,献出了生命,用行动推动了社会道德的进步。一人美换来大家美、社会美,这正是我们时代所期盼的。社会的转型期内,见利忘义、不讲诚信、缺乏仁爱的现象比比皆是,沉沦、颓废、放纵成为社会道德领域里泛起的沉渣。一些人渴望着慈爱却始终走不出杂念,一些人向往正义却固守着私利。是李成环的行为,让怀疑、徘徊、失望的人们看到了真善美的发光和真谛,世上还是好人多。人们发现:做好人幸福,美近在咫尺。

激发向善力量

李成环的举动,并不是一种下意识的行为,也不是一种冲动,在其背后,是长期的积累与养成,在特殊时刻迸发出来的平凡的善良。平常,李成环就已经在一点一滴地践行善举,在默默散发光芒。

今年25岁的李成环,是一个地地道道的农家女孩。父母都是红古区的农民,父母一年的收入不过6000元,哥哥和嫂嫂都长期在外打工。虽然日子过得虽然贫苦,但父母全力培养李成环,而李成环从小学习便很刻苦,也很珍惜这来之不易的学习机会。考入武威职业技术学院后,李成环更是异常努力,在学校里表现突出,而教师这一职业也是李成环追求的目标,因为她太喜欢孩子了!2007年,各方面表现优异的李成环光荣地加入了中国共产党。李成环是个漂亮的女孩,几乎所有照片上都盛开着她灿烂的笑脸。

新婚不去度假旅游,却要在这么寒冷的季节到玉树灾区去,很多人不理解,但这是李成环在成全丈夫坚守的一个承诺。这个承诺,缘于2010年的玉树地震。地震后,龚大锁毫不犹豫地拿出仅有的积蓄,购买了棉被、大衣和食物等物品,在震后第3天就从兰州赶到玉树,投入到抗震救灾工作中。在玉树的日日夜夜,龚大锁认识了许多因地震失去父母的孤儿,他毅然下定决心,一定要尽力帮助他们,并且每年到玉树看望孤儿一次。新婚之日,当龚大锁把自己的想法告诉妻子李成环时,妻子没有反对,在明知已怀有身孕的情况下,她坚持要和丈夫一起到玉树看望灾区孩子,过一个难忘的蜜月。夫妇俩都是临时工,两人每月的工资加起来也仅有2200元。结婚前的这些年,两人省吃俭用,把积攒下来的2万多元钱都捐给玉树灾区。正是有着无私的爱心,让夫妇俩一拍即合。随后的几天,龚大锁和李成环把办婚礼所剩的16 000余元钱全部拿了出来,抓紧时间采购捐赠物品。

在玉树八一孤儿学校,看着穿上新棉鞋的孩子们欢笑着、奔跑着,这对新婚夫妇的心里充满了欣慰和快乐。

小人物引发大感动

天气一天一天地冷了，但人们对“最美新娘”大爱无疆的传唱并没有停止，反而在继续升温，升温。

“最美新娘”受到极大关注，小人物引发了大感动，使人们从这一次“好人好事”中读懂了很多东西。一个社会的道德风气，很大程度上就体现在每一个普通的社会成员身上；同样，一个社会良好风尚的养成，也要依靠每一个社会成员的日常努力和坚持。在坏风气面前，不少人也许会选择回避、容忍乃至顺从，以求得一时一己的“便宜”。然而，从社会这个整体来说，这种退缩无形中助长了不良风气的蔓延。因此从这个角度看，像李成环这样义无反顾地做自己应该做的事情，正是对社会正气的大力弘扬以及对不良风气的有力回击。在此，她的个人行为具有更为深远的社会意义。

李成环以她的“最美”行为，引领了社会主义市场经济条件下的道德价值取向，再次发挥了时代英模的榜样示范作用。她是一个普通民众，她不是为了被发现、被传扬、得回报，她的义举没有私心。她以她自身的行为，践行人性的“最美”。

12月9日，共青团兰州市委给予了李成环和龚大锁这样的肯定，“他们用青春年华，承载着爱心、责任与担当，抒写了人性中最绚丽的光芒。在他们身上所展现出来的博爱光辉、对理想和生活意义的不懈追寻、昂扬向上的理想价值观念，以及强烈的社会责任感，无不闪烁着当代青年真善美的时代光彩”。

人们关注李成环，实际上是“爱心”和“善良”的被关注。从某种意义上说，这正是国人对人性真善美回归的渴求。让李成环的大爱美德在全社会发扬光大，让更多的“李成环”感动甘肃、感动中国吧！

一个典型就是一面旗帜，一个模范就是一座丰碑。他们的爱心，是发自内心的爱，朴实而真诚，平凡而伟大。李成环走完了自己的人生，但她的故事却没有完结。“生如春花之绚丽，逝如秋叶之静美”，她的品德和精神是一种财富，对我们所有人都是一种激励。

兰州晚报 周晓菲 于永昭

“好人会有好报，我们要救活她”

11月30日，李成环躺在重症监护室里已经有6天了，从宁夏调来的救命支架于当晚6时许终于植在了李成环体内。同时，李成环等人的爱心事迹感动和感染着越来越多的青海人和兰州人，海南州医院的5名护士自发撸袖为李成环献血900毫升，本报热心读者为李成环捐款3250元。

毛措的藏族护士从玉树州八一孤儿学校校长处得知了李成环不幸出事的消息，于是她悄悄带领另外几名护士为李成环献血900毫升。

11月30日晚，记者从伤者家属那里得知了这件感人的事。在电话里，更毛措说：“李成环不远千里来玉树帮助孤儿，我特别感动。现在她出了事，我们一定要帮助她。好人一定有好报，我们一定要救活她。”

年仅25岁的李成环在车祸中不幸失去了腹中的胎儿，她被送到海南州医院后，为了保命，医生为她实施了清宫手术。术中李成环需要大量输血，而血站却提供不了足够的血液。医院5名护士自发献血900毫升。

龚大锁和李成环夫妇等5人为了让700名孩子穿上棉鞋过冬，驱车前往玉树献爱心，不料返回途中车辆发生意外，李成环生命垂危。李成环等人大爱无私的精神感动了很多人。

11月30日晚，救命支架终于送达海南州医院，随即医生将支架植入了李成环体内。记者了解到，这个支架的医学名称叫多分子肋骨骨折固定膜，有了这个固定膜，李成环断裂的14根肋骨就能固定在一起，这样她才能重新呼吸。截至当晚8时记者发稿时，李成环依然在昏迷当中，医生说她还处于危险期。

本报对李成环等人的事迹进行报道后，一些爱心读者打来电话关注李成环的情况。一位不愿意透露姓名的女士在电话中说：“他们都是好人，我看到报道后很感动，他们的困难就是大家的困难。”

当晚，龚大锁的银行卡上分别收到一笔2500元、50元、500元和200元的爱心捐款，关心他们的读者正在多起来。

兰州晚报 于永昭

青海愁云暗雪山　高原垂泪送成环

李成环，一位普通的兰州80后女孩，还未来得及享受美好的人生，就匆匆离开了人世。她的一生是短暂的，但她的爱心早已汇入三江源头，她甜美的笑声仍回荡在青藏高原。

李成环，青海人将永远铭记这个名字，700名孤儿也将她永远埋藏在心。李成环，她是兰州的骄傲，也是甘肃的骄傲。

青海省领导高度关注“最美夫妇”　医药费全免

12月4日上午，就在李成环即将从海南州医院向青海省人民医院转院时，青海省委书记、省人大常委会主任强卫做出重要批示：“请卫生厅对龚大锁夫妇的治疗给予关心，请省红十字会看望慰问‘最美夫妇’。帮助过青海的好心人遇到困难时，我们青海人一定要以感恩的心去帮助。”

当日下午，青海省红十字会党组书记、常务副会长孙林前往青海省人民医院看望“最美夫妇”和家属，转达青海省委、省政府的亲切问候。但这时，李成环却离开了人世。孙林说，龚大锁和妻子的恩情，青海各族人民是不会忘记的。孙林对李成环的母亲说：“你有一个好女儿，她用25岁的生命，划出了一条理想追求者的人生轨迹，是当代青年的楷模。青海人民永远不会忘记她！”孙林安慰龚大锁好好养伤，

并代表省委、省政府送上1万元慰问金。

“最美夫妇”在青海治疗期间，每天的医疗费接近两万元，至4日下午花费近12万元。4日下午，青海省卫生厅厅长马海莉前往医院看望，决定免去两人在海南州和西宁两地治疗的所有费用，并送上1万元的慰问金。

12月5日，青海团省委和青海省慈善总会派人到医院慰问“最美夫妇”的家属，送去了1万余元的慰问金。

玉树孤儿悲痛万分　西宁市民祈福送行

12月5日，记者驱车前往西宁。据了解，得知噩耗后，李成环的母亲在医院几度昏厥，龚大锁的母亲当天赶到西宁，也几次昏厥。家属担心老人出事，又连夜将其送回到了兰州。家属告诉记者，龚大锁的父亲有高血压，得知噩耗后病情加重，住进了医院。

李成环的善举在西宁和玉树被传颂，她去世后，当地群众无不感到惋惜。5日上午，在李成环的灵堂前，一位姓霍的女士送上一束鲜花，愿她一路走好。5日晚，李成环去世的消息传到了700多公里外的玉树州。李成环生前最后一次捐助过的巴塘乡拉吾尕村小扎阳老师给龚大锁发来短信说：“刚得知你妻子不幸离世的消息，全校师生悲痛万分，李成环老师永远活在这些贫困山区孩子们的心中；永远活在老师家长们的心中；永远活在玉树人民心中；永远活在我们每个人的心里。她是我们圣洁的‘白度母’。”

12月5日黄昏，西宁市中心广场上聚集了很多手捧菊花、面带悲伤的市民。大家自发来到这里，用手中的菊花和心中的祝福送别李成环。

在现场，青海义工联、夏都志愿者和梦寻缘网络群体的志愿者和众人将菊花摆成心形，围成圆圈低头默哀。路过的市民知道这里在为李成环祈福送别时，也加入了进来。一位市民说，看到李成环受伤的报道后，他一直默默为她祈祷，想等她转到西宁后去看看她，没想到噩耗来得这样快。“她是天使，所以上天带她离开了我们。”“李成环老师一路走好，大爱无疆。”现场的人们诉说着对李成环的思念和不舍。

兰州晚报　于永昭

仰望最美

有人说，兰州并不发达，也非风景如画，但是她是一座温暖的城市，生活着一群拥有美丽心灵的人。

更多的“最美夫妻”，更多的爱心故事在兰州。2012年，在市委宣传部的部署下，兰州市各媒体开展了“凡人善举，和你一起”的宣传报道活动，更多的草根凡人浮出水面，随手翻捡过去发生在身边的事，很容易就能找出那一个个美丽的名字。街头人工呼吸救人的最美护士、见义勇为的最美民工、捐款5400元全是块块钱的西固“大饼哥”、8年捡到上千个证件寻失主的拾荒老人、坚持11年献血4000毫升的“熊猫女孩”等等。他们普通而平凡，不经意间传递的温暖和爱心，汇成了今天兰州的美丽，形成并弘扬了一座城市的价值观。

每一个有血有肉的“最美”新风尚的出现，都有一系列精心设计的制度在起“筋骨”支撑作用，让“最美”从每一个人心底被激发，最终成为城市的精神。

这次事件激发出来的善举、爱心、关注，使我们更能感受到一座城市、一个社会确实非常需要以爱国、奉献、互助等这些核心价值来进一步提升城市文明素质和市民素质。

一个社会的物质财富非常重要，但是精神财富同样是极其可贵的，是一座城市的灵魂。“最美夫妻”事迹，激发了人们对社会价值、人生价值的思考，比这件事情本身具有更加深远的意义。

是的，一个质朴的人，一颗善良的心，一座城市的感动，与兰州的价值观联系在一起。

兰州的“最美现象”，已经从开始的一株株“盆景”发展成为一片引人入胜的“风景”，形成生命力极强的“蒲公英效应”，持续释放巨大的正能量。受李成环、龚大锁的爱心义举而激发的爱心接力，折射着人性的光辉，引导着社会向善。在这个寒冷的冬季，有什么比这更能抚慰人们心灵的呢？而因“彭宇案”一度让人不相信“还有好人”，也不敢轻易行善的社会，正在变得温暖明亮，爱意涌动。

兰州晚报 周晓菲 于永昭 桑杰才让

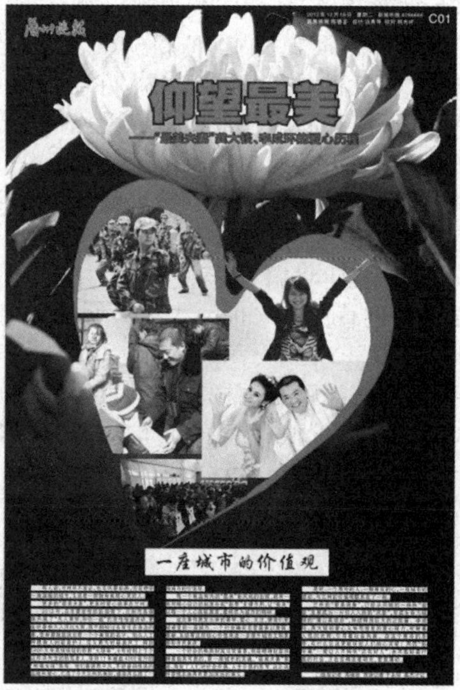
C01

仰望最美

一座城市的价值观

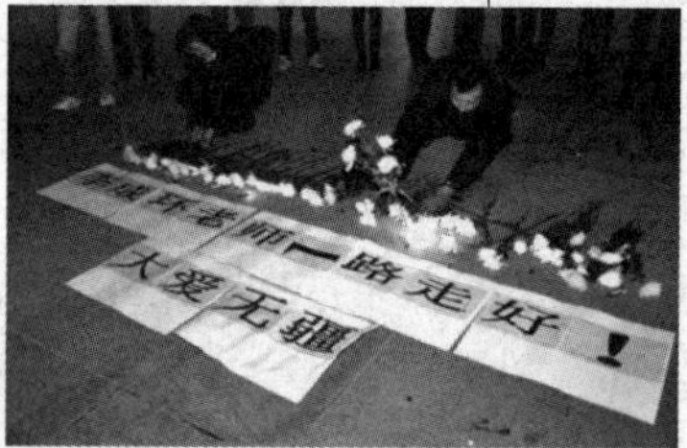

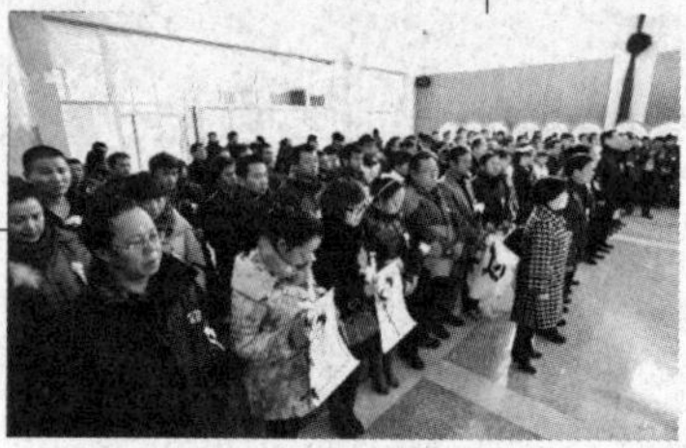

“草根”善举汇集爱心力量

1987年6月15日,李成环出生在兰州市红古区新庄村一个朴实的农民家庭。父亲叫李顺先,母亲叫张银中,还有哥哥、嫂子及他们的两个孩子。家庭条件在红古乡属中等。父母主要靠耕种着0.2亩川地和4亩山台地生活。

12月11日记者来到李成环家。他们家在109国道旁,院子不大,但很干净、整洁,几间砖瓦房虽然十多年了,但看起来还很新。自从家里出事后,李成环的母亲每天都以泪洗面,她的老毛病腰腿疼再次犯了,每天躺在炕上输液,就连上厕所都得需要两个人搀扶着才能完成。最近一段时间来,家里来了不少的街坊邻居,大家都来安慰老两口,村主任说:“他们家在村子里人缘好。”

哥哥李成林与妹妹关系很好,在他的记忆里,妹妹是位听话、乖巧的女孩子,小学五六年级时,妹妹就学会了做饭。夏天家里很忙,虽然家中的地不多,但基本上全部种了蔬菜,所以特别忙。下午放学后,没等父母回家,妹妹就已经做好饭菜等大家。

尽管兄妹年龄相差3岁,但李成环个头比哥哥高,家里有什么好吃的,有时候兄妹俩争执,甚至还会打架。“我不见得能抢过她,再加上爸妈疼爱她,吃亏的还是我。”哥哥李成林说。

除了父母,李成环一生当中有个人对她影响很大,她就是李成环的小姨张香中,小姨是二十四中的老师。成环初中、高中时基本上一直在小姨家或者她的宿舍里度过。

小姨说:“她是个极容易满足的人,只要有一点点回报她就满足了。”不管是学校评三好学生,还是生活上要获得物质的东西,“她总是说,该是我的谁也抢不走,不是我的我也不争”。

不管是在上大学还是上班后,小姨一直对李成环要求很严格。“女孩子回家太晚不好,只要晚上超过10点她还不回家我就给她打电话,不过在这一点上环环一直做得很好,很少让小姨操心。”

李成环原本是红古区王家口工农联校的英语老师。2011年3月,因全区教育资源整合,王家口工农联校初中部合并到兰州市第二十四中学,又因为该校是寄宿制学校,为此,李成环成为了二十四中的一名生活指导老师,和其他几名老师一同照顾着全校600多名学生的生活起居。同事陈海燕和李成环同住一宿舍,每天朝夕相处。“因为每个月只有800元的收入,她平时很节俭,不怎么乱花钱。”陈海燕说,在李成环去玉树前她们曾互通过电话,电话里,李成环告诉陈海燕,她即将启程去玉树,为那里的孤儿送去棉鞋。孰料,这一次的通话竟成为永别!

2005年中学毕业的李成环考入武威职业学院外语系,在学校的3年里,她以自己最朴实,最简单的方式,诠释了她的人生追求和价值观,也以最普通的行动抒写了自己的善与美,正因为她的平凡,也给母校留下了难以磨灭的精神财富……

12月12日,记者来到李成环的母校——武威职业学院。她在学校的表现很突出,从一个胆小、退缩的小女生,到一个自信且争创模范的三好学生,从一个团干部成长为优秀党员,无不反映出她孜孜不倦的精神追求和人生价值观……

也许是来自农村,李成环刚入学时,非常胆小,而且性格内向。可是李成环有一个优点,不管别人做什么,她总是那样的沉稳,不仅见解独到,还能让同学们心服口服。军训期间,许多学生以各种理由请假,不参加训练,可是李成环一节课都没落下,教官说她貌似脆弱,但有坚韧不拔的精神。

军训结束后,进入学习阶段。一个好的班风需要一个好的班委,而好的班委一定要由优秀的学生组成,可选谁才能胜任呢?班主任心里也没底。奇怪的是,在选举班委成员时,李成环脱颖而出,而大家选她的理由就是她能吃苦,而且人很随和、有热情。就这样李成环当上了班级团支部书记。她走马上任了,班级活动搞得有声有色,每件事情都做得有头有尾。

"李成环做事的一个显著特点,就是将道德之美作为人生追求的理想境界。"武威职业学院外语系主任张玉琴说。有些人生活条件比她优越,可是忙于工作,没有过多地关注社会,但她做到了,做得是那么完美。这就说明,李成环在人生价值观方面,有着很高的追求,而她的追求却又很普通。

当时李成环是该学院宣传委员、团支部书记,她和同学们成立了一个"爱心社",让同学们收集饮料罐,换来的钱物捐献给黄羊川春蕾小学。时间久了,李成环这个名字在学校如雷贯耳,同学们很亲切地称她的爱心社为"环环爱心社"。随后,团支部在李成环带领下掀起了爱心热潮,从捐助小学,开始走向社会,走进敬老院。

爱心社的做法得到了社会及学校的肯定,后来学校为了扩大李成环团体的影响力,将"环环爱心社"改为"青年志愿者协会"。目前这个组织仍然存在,希望将李成环精神永远发扬下去。

李成环发起的爱心社是名副其实的"草根"善举,然而,正是这种"草根"善举才更有影响力和号召力。

在学校期间,因为她学习刻苦,为人朴实,品学兼优,先后被学院授予"三好学生""优秀团干部""优秀毕业生"等荣誉称号。2007年6月,20岁的李成环光荣地加入了中国共产党。

而今,李成环遇难,全校师生深感悲痛,她用年轻的生命,承载着爱心、责任与担当,抒写了人性中最绚丽的光芒。她用25岁的生命,划出了一条理想追求者的人生轨迹,是当代青年的楷模。学院团委向全院师生发出倡议,学习她这种不畏艰辛、不图名利,用全身心的爱和实际行动去关心帮助他人的精神,他们将拿起李成环同志的爱心接力棒,将她的这种博爱永远传递下去……

兰州晚报 周晓菲 于永昭 桑杰才让

2.2万元"美丽中国"延续大爱

"除了'还有34双号码不合适的鞋子需要补齐……'的遗愿，李成环生前在玉树还有三个遗愿，帮助上巴塘村小学解决煤炭、修厕所等困难；帮扶拉吾尕村小学；资助多尕永措姐妹。"12月14日，本报刊载"最美新娘"李成环生前在玉树三个遗愿的相关报道后，在国内引起巨大反响，很多爱心人士纷纷致电本报捐赠热线，表示愿意加入到本报发起的"帮'最美新娘'圆梦"的爱心接力活动中。

"您好，我把钱打过去了，您查一下。"15日中午，之前决定捐助2万余元爱心款帮李成环圆梦的北京好心人，刚回到北京就将22 000元圆梦资金汇入本报爱心账户。

12月14日，本报记者接到好心人"美丽中国"的电话，称自己确定捐助2万余元，帮"最美新娘"李成环完成生前的三个遗愿。由于他正在回京的火车上，一时间没办法汇款，如果回去后没有银行开门，他最迟星期一将圆梦资金汇过来。

15日中午，本报记者突然接到了"美丽中国"的电话，他说："张老师您好，刚吃完饭看见有一家银行开着，我就把22 000元汇到你们建行的爱心账户了，你去查一查。"

随后，记者在查询时看到，这笔钱已汇入本报爱心账户。"2万元用于两所学校的电脑、煤炭购买及厕所等的维修，2000元是资助多尕永措的。""美丽中国"说。

"我捐的2万元，你们先拿着帮忙去给'最美新娘'圆梦，如果修建厕所等的钱还不够，我随时配合。""美丽中国"说，"多尕永措，我是要长期资助的，资助的时间不限，一直资助到她年老都没有任何问题。"

至于"美丽中国"本人的相关信息，他表示没必要说。"我之所以做公益，就是想抛砖引玉，希望壮大公益团体队伍，让更多的人参与进来，都能做'美丽中国'。"

"美丽中国"说："《兰州晚报》做的事情很好，写的报道也好，这样才能唤醒爱心。"

如今，"最美新娘"李成环已经长眠大地，她的遗愿也成了所有人的牵挂。在此，本报呼吁社会各界爱心接力，帮"最美新娘"圆梦，让"最美新娘"的爱心延续。

在此，本报将成立"最美新娘"圆梦基金，严格监管好心人士捐助的爱心款。截至15日下午5时，本报"最美新娘"圆梦基金达22 500元。

兰州晚报 张鹏伟

豆丽娟:无私的志愿捐献者

听说豆丽娟的事迹,是在一次朋友聚会上。有人说,咱兰州出了个勇敢的女孩,28岁的她做出了一个常人犹豫再三无法做出的决定——捐献造血干细胞,而且,一捐,就是两次。这种勇敢和博爱的举动让在场的所有年轻人无不感到惭愧与敬佩,我在想,豆丽娟到底是怎样的一个女孩。

初次与豆丽娟见面,缘于团市委慰问途中,高挑的身材,嘴角微微上扬,眼神果敢犀利,正气自然外露。闲聊中了解到,豆丽娟是甘肃省宁县人,现在就职于兰州市七里河区人民法院民二庭,是代理审判员。在同事的口中,她是一个热衷公益事业的女孩。

2009年1月,豆丽娟加入了中华骨髓库甘肃分库,成为一名造血干细胞志愿捐献者。造血干细胞移植是目前治疗白血病最为有效的办法,白血病俗称"血癌",在我国各种恶性肿瘤死亡率中居第六位,严重威胁着人类的生命健康。就这样,豆丽娟怀揣着对公益的热爱与博大的胸襟,加入到了挽救他人生命的行列。

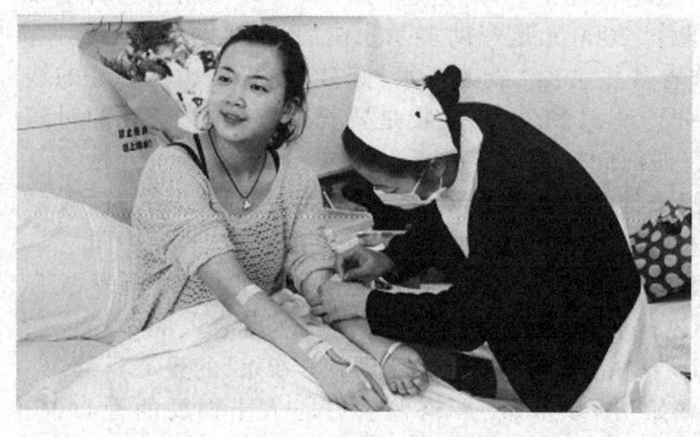

2011年,豆丽娟接到了中华骨髓库甘肃分库的电话,有个身患血癌的小伙子急需她的帮助。12月,在甘肃省红十字会的安排下,豆丽娟住进了广州军区总医院,从那天开始,每天都要采血、注射动员剂。12月7号,从上午9点到下午1点30分,经过了近5个小时,豆丽娟完成了第一次造血干细胞捐献。由于受捐病人个头高,需要第二次捐献,豆丽娟果断地答应。12月8日,从上午9点到下午3点结束,她完成了第二次捐献,共计6个小时。豆丽娟两次共捐献了200毫升造血干细胞血液,全身的血液在密闭的环境下体外循环8次。

豆丽娟用她无私的义举,挽救了一个正当好年华的青年,她感染着身边的每一个人,用实际行动诠释了"人道、博爱、奉献"。豆丽娟说:"只是一伸手,就可以使一个人免于死亡,一个家庭免于破碎。虽然配型成功只是万分之一的概率,对于生命却是意义重大。毕竟血液可以再生,生命不能重来,比起一个生命,我做的不算什么。"

中国兰州网 丁小岚

夫妻十二年献血5万毫升

在七里河区龚家湾路有这样一个家庭，夫妻二人都是普通市民，在他们普通生活中却有着感人的事情。在他家的相册中有一张与众不同的照片——由许多个无偿献血证围成的相框中间是一家三口幸福的全家福，全家人脸上都洋溢着幸福的笑容。12年间，夫妻两人累计献血5万毫升。一个正常成年人身体里的血液大约有4000毫升，也就是说这对夫妇捐献出了相当于十多个人的血液量。而更让人感动的是，今年2月，夫妻俩在甘肃省红十字会办理了遗体捐献登记手续，他们要在若干年之后，将自己的遗体器官用于医疗科学事业。他们的奉献精神赢到了人们的尊重和称赞，他们就是范金凤、蓝向前夫妇。

范金凤今年38岁，没有正式工作。46岁的蓝向前在红古区一所初中当老师。在他们8岁儿子小浩天的记忆中，自己的爸爸和妈妈带着他，几乎每个月都要到西站献血屋去献血，让这个年幼的孩子从小就懂得了爱心的传递和延续。范金凤说："我们献血的初衷，就是让更多的家庭充满笑容。用我们的爱心奉献，让一个个生命得到延续，这是我们最大的幸福。"

蓝向前告诉记者，2000年的一天，他们夫妻无意间看见西站红十字采血车上写着"您的一滴血可以挽救一条生命"。夫妻二人当即商定，今后要用献血的方式做一个"好人"。"验血结果一切正常后，采血工作人员告知我们，可以捐献全血，也可以捐献成分血，就是血小板。因为全血需要隔半年才能献一次，而成分血可以隔28天就能献，为了多献血多救人，我们就选择了捐献成分血。"拿到第一本无偿献

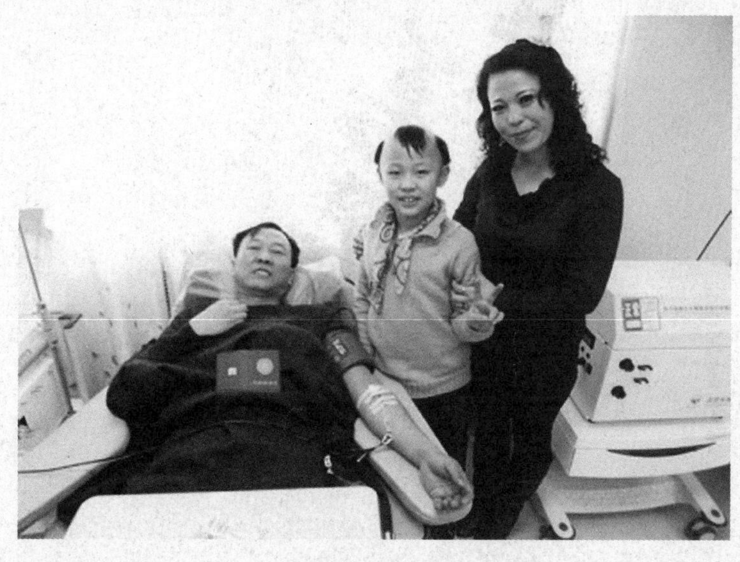

血证后，两人约定好，只要身体没问题，就每月献一次。如今，范金凤和蓝向前的“日历”是以28天为一个周期。

要让血小板完整地通过，采成分血时需用大号的针头，因此，范金凤夫妇的手臂静脉上有着许多的瘢痕。家中老人看到后表示坚决反对。老人说，血是人的精气神，哪能随便抽呢！为让老人相信科学、让事实说话，有几次范金凤夫妇带着老人去捐献成分血。后来，当老人得知献血对身体没有影响，便也不反对了。

为了让自己的血液更“健康”，蓝向前戒了烟酒。为了打造“好血”，二人每天还锻炼身体。夫妻的饮食也清淡了，范金凤说：“吃肉容易血脂高，所以我俩以吃菜和主食为主。”

范金凤、蓝向前现在无偿献血救人，就连百年之后的遗愿，他们也已经做出了决定——捐献遗体。2013年2月22日，夫妻二人来到甘肃省红十字会办理了遗体捐献登记手续。甘肃省红十字会为这对夫妻颁发了《遗体捐献卡》和《志愿捐献遗体纪念证》。他们的奉献精神，是何等的令人尊敬。他们的爱心和善举，向人们传递了正能量。这就是这对夫妻对生命的尊重和对社会的奉献，但他们只是说：“我们在做着最普通、最平凡的事情。”

兰州日报 蒋聪

“同心助学”之路充满温暖

1月5日，元旦假期后第二个工作日。一支小小的车队早早驶出了市区，驶向榆中北山。这是省市民革联合兰州市商务局共同组织的“同心助学送温暖”活动，车上载运的是为榆中中联川乡垲坪学校送去的棉衣和字典等学习生活用品。

时值农历小寒，车外寒风凛冽，很多背阴处积雪未消，在狭窄不平的路面上，车辆行驶得小心翼翼。最后面一辆车上坐着这次活动的组织者之一民革市委会副主委林建平。他告诉记者，中连川乡是榆中北山最贫困的一个乡，垲坪学校又是中连川乡一个很偏僻的学校，很多孩子家庭困难，学校的设施也很缺乏，需要帮扶支持，这次省市民革联合市商务局共筹集了一百多套崭新的棉衣在新年里给孩子们送去。而随车送去的，还有价值千余元的一百本《新华字典》，这些都是林建平自己出资购买的。

车队行进了三个多钟头，抵达了大山深处的垲坪学校。当天是孩子们的考试日，刚刚结束了上午考试的孩子们看到车队停在路边，都不由得兴奋起来。由于条件所限，捐赠仪式只能在教室外一块不大的空地上举行，从一年级到九年级的两百多学生都聚集了过来。林建平一再对老师和乡干部说：“时间尽量短一点，别把孩子们冻着。”仪式很简短，校长致辞感谢后，前来的商务局和省市民革的工作人员给孩子们分发了捐赠物品，前后不到十分钟，仪式就在孩子们兴奋的笑声中结束了。

在回程的路上，林建平告诉记者，过几天他还要来。“乡上准备办幼儿园，很缺各种设施，刚好安宁区政府幼儿园有一批淘汰下来的双人床和桌椅，我们联系好了，过几天乡上的同志就拿来，等开春幼儿园开学就能用上了。”

组织捐资助学对林建平来说已经不是第一次了。其实,从2004年起,林建平就不断组织各种助学活动,而在这期间,仅他个人就资助了23名困难家庭孩子上学,其中还有6名大学生。为了帮助这些孩子,这些年林建平已经个人出资12万元。

"你们真的应该好好宣传一下我们的林主委,这些年他的时间和精力都用在帮助困难学生上。"随行的市民革的同志告诉了记者这样一件事——2010年8月,不足千人的榆中县贡井乡贡井村出了一件喜事,在县上上高中的宋玉琴收到了海南大学的新生录取通知书,却让这个家庭是悲喜交加。宋玉琴父母亲靠几亩薄田山地维持生计,年幼的弟弟还在上小学,家庭年均收入1200～1500元。学费、路费、生活费让这样一个贫困家庭如何承担。放弃读书,对宋玉琴来说会造成终身悲剧;不放弃,贫困的现实就摆在眼前。就在宋玉琴的父母为孩子上学的事陷入绝望时,正在当地搞摸底调研的林建平从村支部得知了这一情况。为使宋玉琴能够继续念书,林建平当即承诺,宋玉琴的大学学费由他个人承担。此后林建平未向任何人提起这件事,直到2012年8月25日,市民革第八支部在当地调研时遇到了宋玉琴,经过交谈了解了事情的经过。并通过这件事才知道林建平从2004年开始,八年来共扶助榆中县哈岘乡、马坡乡、贡井乡,会宁县头寨子乡、天水武山县等地中、小学生共23人,捐助金额达12万元。

资助这么多孩子上学,对林建平来说并不是一件轻松的事。当记者询问资助这么多孩子上学会不会影响自己的生活时,林建平说:"我的孩子都已经工作了,基本没有什么负担,平时都是在家自己蒸馒头、擀面条,生活上也没有太大的开销,但这些孩子就不一样了,我们在外面少吃一顿饭就能帮助一个孩子。""家里人都支持您的这些捐助活动吗?"对记者的这个问题,林建平露出了幸福的笑容:"都很支持,我爱人今天早上还在帮着装东西呢,孩子也很支持,只要有时间,他们也会和我一起去参加这些活动。"林建平说,当年自己的孩子上学时,正是家里最困难的时候,很多亲戚朋友都帮助过他,正是这样的经历,让他觉得自己应该去帮助更多孩子完成学业。

交谈中,林建平并不愿意更多地谈及自己,他说得更多的是那些需要帮助的家庭和面临失学的孩子。"我在市民革负责经济和社会服务,这些年差不多跑遍了甘肃的各个县,看到太多需要帮助的孩子。甘肃是穷省,农村的教育条件太差,我一个人的力量很有限,所以现在努力发动大家来参与,现在也确实有越来越多的人都在参与进来。我的工作就是给大家创造条件,一起来帮助这些孩子继续学业,让大家齐献爱心,我的目的也就达到了。"

送人玫瑰,手有余香。2012年11月16日,民革全国社会服务工作表彰会在北京举行,对77个民革全国社会服务工作先进集体和152名先进个人进行了表彰,兰州市民革副主委林建平获民革全国社会服务先进个人称号。

兰州日报 徐晓兵

76颗爱心助孤苦学子梦圆

在河北科技师范大学上学的兰州女孩王芳，父母相继离世，4000元的学费曾让她准备弃学，是庆阳路房管所76名工作人员及时的捐助，让这名女孩求学梦圆，并且这份爱心传递延续了三年……

2月26日上午，准备启程前往河北科技师范大学上学的王芳听到一阵敲门声，打开门后看到兰州市庆阳路房管所工作人员带着学习用具和3500元学费前来为自己送行。当王芳接过76名房管所职工捐献的学费时，泪水禁不住流了下来，她激动地说，谢谢房管所的叔叔阿姨们三年来的帮助和支持，她无以为报，只有通过努力学习来回报他们的爱心。

王芳告诉记者，她是河北科技师范大学市场营销专业大三学生。11岁那年，她的父亲因患肝癌不幸离世。2007年，母亲又被诊断为骨癌，不久离世。没有了父母的王芳只好寄宿在舅舅家中，虽然她遭受了如此大的打击，但却始终没有放弃自己的学业。2009年6月，王芳凭着自己的努力考上了河北科技师范大学。但当她拿到录取通知书的时候却犹豫了，大学的学费使她望而却步，王芳准备弃学。就在这时，庆阳路房管所工作人员从张掖路街道办事处得知王芳的困难后，立即与王芳取得联系，表示愿意资助她上学，直至毕业。听到这一消息，愁眉苦脸的王芳露出了久违的笑容……在庆阳路房管所76位职工的救助下，王芳走进了大学校园，并顺利地读到大三。

采访中，庆阳路房管所所长杜俊辰说，2009年当他们通过街道办事处得知王芳的情况后，房管所立即展开献爱心活动，76名职工踊跃捐款，当天就捐助了3500元学费。同时，为保证王芳大学四年都会得到帮助，房管所还主动与王芳签了一份帮扶助学协议，承诺帮助到王芳大学毕业。三年来，虽然期间房管所的领导更换了，但这种爱心却一直延续着……

采访结束时王芳含泪说，她将永远记住房管所叔叔阿姨对她的帮助和支持，她将以优异的成绩回报帮助过她的人，同时怀抱感恩的心帮助她能帮助的所有人。

兰州日报 葛强

爱和温暖从这里开始传递

她是社区一名普普通通的工作人员，相貌平平，个头不高，总是话未开口人先笑。无论平时的社区工作还是以志愿者的身份做公益活动，她都让别人感到非常亲切，认识不认识她的人都叫她琳子，其真名已经没有几人能记起。就是这么一个和蔼可亲的女子，却是兰州公益心志愿者服务队的带头人，在她的组织下这个名不见经传的爱心QQ群从几十人发展成为现在的上千人。五个年头的寒来暑往，他们一路播撒爱心传递温情，给予他人无数感动。

给别人快乐自己也很开心

走进兰州公益心志愿者服务队的办公室，这个简陋的小小房间让人感受到浓浓的爱意。墙上贴满了爱心活动的照片，照片上的每一个人都露出灿烂的笑容。这就是兰州公益心志愿者服务队，一个由不同阶层的爱心人士，通过QQ群自发组织的公益性社会团体。2007年建群，最初主要以孤寡老人，残疾、智障、贫困儿童为帮扶对象。志愿者无论刮风下雨，只要有时间都会到帮扶老人的家中，陪他们聊天，帮他们打扫卫生、洗衣做饭。社区里的贫困学生也会与志愿者结成对子，志愿者不定期打电话询问这些孩子的生活和学习情况，开学了志愿者总是早早地就把学费给孩子们送去，让他们好好学习。琳子是兰州公益心志愿者服务队的一名管理员，自己的生活也十分不容易，一个人带着孩子。她说："儿子以前很叛逆，完全不能理解我，后来他慢慢长大了，也加入到我们公益心团体，主动参与帮助一些弱势群体，现在他19岁了，非常有爱心。"说到这，琳子就笑起来，流露出属于一个普通志愿者、一位母亲的幸福。

采访中，琳子说得最多的不是她自己而是队友，她说，一个人的力量是有限的，所有工作都在团队的基础上才能开展，所以，群里每一个志愿者都非常了不起。斌斌是公益心的老成员，自己身体有残疾，却一直参与爱心活动，帮助需要帮助的人。伊伊，从事物流工作，是一个特别热心的人，总是到孤寡老人的家中帮他们做饭洗衣，陪他们聊天，就像对待自己的亲生父母一样。他们从来没有抱怨，总是很开心，就像琳子说的："带给别人快乐的同时，自己也很开心。"兰州公益心志愿者服务队成立的五年里，举办智障儿童运动会，帮助兰州智障儿童学校与康复中心签订康复训练的协议，帮助永登烧伤男孩小李辉募捐医疗费，为舟曲灾区患淋巴瘤二期的重病女孩张娟芳募捐解决了她的燃眉之急；志愿者们还自发到黄河边捡拾垃圾、清理淤泥，开展了以"把风沙挡住，我们去植树"为主题的植树活动；在"文明城市"的创建活动中,放弃节假日休息时间,上街宣讲文明礼仪,劝导行人遵守交规、文明出行。

做公益就要做到底

2月7日,记者采访的时候正值他们在做一个"宝贝回家"的活动。琳子告诉记者,去年12月26日,他们接到一个信息,说有一个早产儿在医院住了三个月,家里人因为没钱付住院费,就把孩子丢在医院后回老家了。公益心的志愿者就前往省儿童医院,看望孩子。随后又去了孩子的家乡静宁甘沟乡张家湾村,了解到孩子的家里确实很困难,父亲没有工作,母亲有病在身,家里屋子的房顶还破着个大洞。1月4日,公益心发起"宝贝回家"捐款活动,到记者采访时,已经募得捐款15 800多元。琳子告诉我们,当他们把"宝贝回家"活动在群里一公布,志愿者就积极响应。虽然过年的时候活动暂停了一段时间,但是大家还是关注着这个活动,捐款数目也是与日俱增。不仅如此,公益心的志愿者还在为孩子的父亲介绍工作,希望当孩子回到家后,可以生活得好一点。就像琳子说的:"我们和这孩子有缘,既然帮了,无论如何都要帮到底。"正是因为志愿者以及无数好心人无怨无悔的帮助,住院三个多月的宝宝,从3斤多长到了11斤多,白白胖胖很健康。天气渐渐转暖,公益心志愿者们希望能够尽快送宝宝回家,与家人团聚。

帮扶可以唤起全社会的爱心

据琳子介绍,兰州公益心志愿者服务队是2008年入住怡景新村社区的。社区对于公益心的工作给予了很大的支持,为公益心志愿者服务队腾出一间办公室,还在社区里为志愿者提供帮扶对象。像吴连生老人,就是典型的"三无"老人,老人身有残疾,行动十分不便。社区就为公益心服务队搭建了一平台,志愿者不定期地到家中照顾老人。在采访时,该社区书记李德农告诉记者:"公益事业是个好事,我们其实是相互帮忙,公益心帮扶孤寡老人不但解决了我们的一个难题,而且还带动我们的社区工作人员参与爱心活动,让我们的小区变得很和谐。社区计划要办一个'四点半工程',为社区的孩子放学后提供免费的文化课辅导或是兴趣培养,这都需要咱们志愿者的帮忙,我们提供场地,志愿者提供所学知识,把咱们社区生活搞好,这就是互相帮助。虽说帮扶的是个人,却可以唤起全社会的爱心,这是一件好事。"

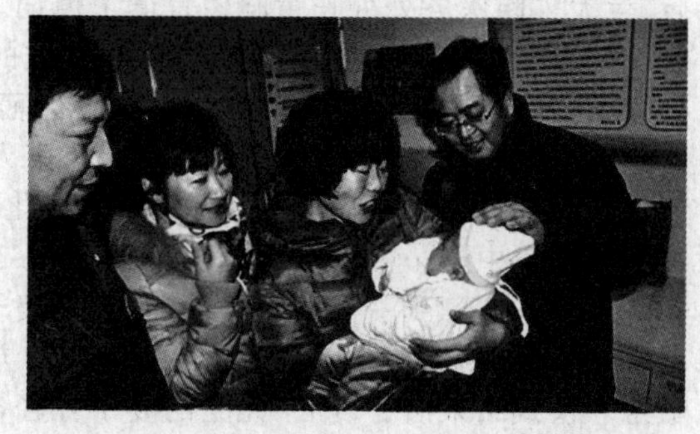

兰州日报 边卫霞

实习生 王娟 翟家宝

用真情诠释生命真谛

2013年3月9日8时40分，一颗心脏永远停止了跳动，然而他的主人却在生命的尽头创造了一个人间奇迹，延续了五段人生篇章，成全了五个家庭的欢笑与幸福。这颗心脏的主人离开人世几十分钟后，在兰州大学第二医院手术室外，医务人员宣布：因车祸心脏死亡的器官捐献者"爱心"先生，分别将自己的肺脏、肝脏、双肾脏和眼角膜捐献给五位濒死的患者。据悉，此次医疗移植还首开我省肺脏移植的先河。

昨日上午9时，一场特别的告别仪式在兰大二院举行，心脏死亡的器官捐献供体"爱心"先生将自己的多个器官——肺脏、肝脏、两个肾脏和眼角膜捐献给五位急需器官移植治疗的患者。"爱心"先生是一位普通的农村青年，年仅34岁，他是儿子、是兄弟、是丈夫、是父亲。不久前他不幸遭遇车祸导致重度颅脑损伤，最终伤重不治于3月9日8时40分离开人世。几天前，在他弥留之际，深明大义的家人含泪决定，将他的器官捐献给素不相识的患者。

记者全程见证了告别仪式。仪式现场被医务人员布置得庄严肃穆，房间正中悬挂着"向器官捐献者XXX先生致以崇高敬意"的黑色条幅，8束黄白色的菊花陈列两侧。告别仪式开始前，"爱心"先生的遗体被推入现场。随后，参加仪式的捐献者家属以及甘肃省红十字会、部分医务人员等20余人也默默进入现场，他们神情凝重，胸前佩戴着白色的小花，默默地守护着"爱心"先生的遗体。简短的开场白后，兰大二院医务处处长黄晓俊宣读了悼词。悼词简短而质朴：今天我们在这里与一位好青年、与我们的好兄弟、与可歌可泣的精神楷模，挥泪告别。他永远离开了我们，将自己的生命年轮定格在34岁。然而正是这短短34年的人生历程，却用至善至美的灵魂描绘出壮丽篇章。他留在家人心中的永远是那张爱笑的面容，他的义举会将无私大爱永世传承。身后，他将化作一颗启明星，永远闪烁在人类文明、友爱的星空中……

当悼词宣读到一半时，"爱心"先生的妻子终于忍不住抽泣起来，在场的医务人员眼眶湿润了。在场人员用默哀一分钟的方式，对捐献者"爱心"先生致以崇高的敬意。仪式结束后，"爱心"先生的妻子轻轻抚摩丈夫的脸颊，做了最后的告别。

兰大二院胸外科主任张建华介绍说，这是我省首例肺脏移植手术，其过程相对复杂。经验较少，供体难寻，也是我省开展肺脏移植比较晚的原因。肺脏移植手术难度相对较大，要求时间短，必须在6～8小时内完成，不能延迟。术后，肺脏移植手术并发症较多，因肺脏与外界相通，可受到环境影响，容易引发感染，因此成功率较低。接受肺脏移植的患者，今年63岁，因肺气肿导致肺功能衰竭。

据悉，接受肝脏移植的患者是一位因肝硬化导致肝功能衰竭的男性患者，今年

65岁；肾脏移植接受者有两位，一位是39岁的男性患者，一位是33岁的女性患者，他们都因尿毒症而导致肾功能衰竭；接受眼角膜移植的患者，是一位65岁的女性，她因患病毒性角膜炎失明。截至记者发稿时，几位接受器官捐献的患者均已顺利完成手术，各项生命体征平稳。

据了解，器官移植是终末期器官功能衰竭患者最有效的治疗方法，目前我国每年约有150多万名患者需要接受器官移植，但只有不到1%的患者得以成功移植。器官供应奇缺，主要原因是器官捐献率极低。中国红十字总会和卫生部于2010年3月启动了心脏死亡器官捐献试点工作，去年包括兰大二院在内的我省4家三甲医院被列为试点医院。

兰州日报 刘晓芳

身上流着稀有血　捋袖救人不含糊

80后周晓娟是一位普普通通的女孩,但在众多献血者队伍中她的确不凡。因为她的血管里流淌着的是RH阴型血。因为稀有,这种血型被称为"熊猫血",而周晓娟也因此被称为"熊猫女孩"。至今,周晓娟已坚持献血11年,无偿献血4000毫升,比一个体重50公斤的成年人全身的血液还要多。

11月8日,记者在雁滩一家图书批发公司见到了这位女孩,她是这家公司的普通职员。面对记者,周晓娟说:"我没什么可采访的,只是希望你们能多宣传献血常识。"

周晓娟第一次献血是在2000年,那时她才19岁,在甘肃省计划学校会计专业就读。一天,她听说同寝室的一位舍友献了血,周晓娟好奇地询问了献血的条件。当得知18岁至55岁身体健康的公民均可献血时,她当即决定要去献血。献完血,周晓娟回到学校照常吃饭上课,没感觉到身体有何异常。可老师和父母知道她去献血后,却非常担心这会拖垮她的身体,劝她不要再去献血。

"自己的身体只有自己知道,我身体很好……"于是,周晓娟瞒着父母坚持献血。后来,父母知道宝贝女儿还在献血,很为她担心,劝她不要再去。为此,周晓娟一次次地向父母解释和讲解献血常识,最终说服了父母。

"我从没有想过我会坚持这么久!只是觉得,既然献血对自己的身体没有影响,又能帮助别人,就一直坚持下来了。这样何乐而不为?"周晓娟如是说。

周晓娟知道自己的血型很稀有还是在2007年。

那是在甘肃省血液中心举办的一次献血者的联谊活动上,周晓娟知道自己的血型为RH阴型,很稀有。但她没因此觉得自己金贵许多,还是常常捋起袖子,献出鲜血救人。

从起初献全血到后来捐献成

分血，周晓娟在众多献血者的队伍中虽然不是捐献次数和数量最多的献血者，但是她却一直在坚持。只要有病人打电话需要血，她总是会毫不犹豫地挽起袖子来献血，是省血液中心随叫随到的“救火队员”。

很多人对献血有顾虑，怕传染疾病，影响健康。最近，周晓娟就遇到了好几例这样的事情，患者需要手术，家人却不愿献血，而是通过关系或者花钱争取手术用血。周晓娟献血的事情经媒体宣传后，一些人知道她有献血证，于是托人借用她的献血证，还有人想出钱收买她的献血证。对此，周晓娟说：“我觉得这种人挺可悲的！血液需要健康人捐献，你不献，我不献，钞票又不能输到血管里。如果大家都这样，只能眼睁睁地看着自己的亲人困在病床上。”

转眼11年过去了，周晓娟献出的鲜血已超过4000毫升，相当于这位身高不到一米六、体重不过100斤女孩的全身血液的总量。周晓娟不只因为拥有稀有血型而珍贵，更因拥有一颗无私的美好心灵而弥足珍贵。当天见到周晓娟时，记者看到她的脸色特别好。“这可能和献血也有关系吧，献血可以加快血液的更新。”她笑着说。

“想到自己的血液在他人的身体里流淌，使另一个人获得重生，那是给予另一个人生命的感动，是一件多么幸福的事情！谁也不能保证自己不会倒在病床上，接受别人血液的救治。如果有这么一天，我相信，我们今天在座的同胞们一定会勇敢地伸出手臂救我，你们说不是吗？患者在危难时，健康人一个小小的举动就会使他起死回生，你所挽救的不是一个人，可能就是一个家庭、一个集体，授人玫瑰留有余香，献血也是在为自己和家人的健康投资，为别人，也为自己。”

兰州晚报 于永昭

段晓慧：用爱心编织和谐邻里情

一个是社区的计生专干，一个是社区患有精神二级残疾的居民，两个原本完全不相干的人，却被联系在了一起。8年，将近3000多个日子，她像家人一般照顾着这位胡言乱语、满街疯跑的精神病患者，用爱无私庇护着一个与她非亲非故的人。这个感人的故事就发生在铁路西村街道和政西街社区计生专干段晓慧的生活中。

活泼干练的短发，亲切和蔼的面容，这位"邻家大姐"就是38岁的段晓慧，除了负责和政西街社区的计生工作外，她还自找了一份副业——照顾辖区居民张焕江。故事要从2004年说起。那时，刚到社区的段晓慧听说社区有这么一名胡言乱语、满街疯跑的精神病患者张焕江之后，就迫不及待地想去看看。但到了张焕江家门口，不管怎么敲门、怎么劝说，她都躲在屋里，还恶语相向。邻居听了，纷纷摇头劝段晓慧。但她不顾家人的反对和邻居异样的眼神，第二天买了水果、面包，可还是碰壁了。直到第五天晚上，她的真诚终于感动了这个在别人眼里疯癫、甚至有点让人恐惧的妇女。敲开门的一刹那，段晓慧惊呆了，屋里漆黑一片，一股难闻的怪味刺鼻而来，借助楼道微弱的灯光，只见张焕江衣衫褴褛，躲在门后战战兢兢。看到这，段晓慧小心翼翼关好门试图开灯，却没电，此时段晓慧心里忽然有些担心，生怕她犯病伤害到自己。她深吸了一口气，轻轻拉住张焕江的手，很冰凉，感觉到她并没有抵触，就对她说起话来，可她却一言不发。段晓慧从衣柜找出衣服给她穿上，拿出面包给她吃，这才听见张焕江说，面包好吃，想天天吃。段晓慧听了，心里一阵酸楚，暗暗决定要照顾她一辈子。随后的日子里，段晓慧每天去看望她，并到社区为张焕江申请办理了低保、医保，免费领取药品给张焕江服用。没电了，找人检修，电器坏了，拿去维修，替她去交暖气费、电费。过年了，为她送去慰问金、米面油等等，就算自己去不了段晓慧也会让家人去照顾她。8年来从未间断过。

就这样，从最初的排斥到接受再到现在的依赖，段晓慧8年的努力和行动感化了张焕江。在她的精心照顾下，张焕江目前精神状况大有好转，现在她已能和邻居简单交流了。2011年社区多方打听终于找到了张焕江失散多年的姐姐，看到亲人团聚，接过印有"为残疾人解难、情系社区居民"的锦旗时，段晓慧只是微笑着说，其实自己并没做什么，但不管怎样她都会坚持下去，不离不弃。

除了照顾这个固定的邻居，段晓慧还主动照顾起了社区其他几位空巢老人。

她是普通的社区专干，她是我们身边的邻家大姐，但是她却用自己的行动谱写着邻里之间最和谐温暖的歌曲。

兰州日报 颜娜

成功不忘本　奉献无止境

在我们身边有许多下岗失业人员，他们有的是通过再就业开始新的生活，有的则是开始了他们自主创业之路。在五泉街道南山社区有这样一位民营企业家，二十多年来，他经历了下岗、再就业以及二次创业，但他创业成功之后也并没有忘记回报社会，而是帮助了许多曾经和他一样的下岗职工。

今年47岁的王旭华，原是兰州美高皮鞋厂职工，1985年因企业改制下岗，成了一名失业人员。失业后，家中生活一下子陷入困境，但他并没有向命运低头，通过努力奋斗，现在已经拥有了一家自己的公司。采访中王旭华说，当时那个环境下岗以后既没有工作，也没有收入。所以就想尽各种办法去尝试。当然这种尝试中间有失败，而且失败的成分多一些，成功的喜悦少一些。

据了解，从最初的失业到现在拥有自己的公司，一路走来虽然有许多坎坷，但王旭华并没有放弃。如今王旭华开办的企业里总共有36名员工，而这当中除了1名刚刚毕业的大学生外，其余的员工全部是下岗职工。王旭华告诉记者，由于自己本身有这种下岗的经历和体验过这种生活的艰辛，所以当时创业的一个宗旨就是吸纳基本上跟自己有类似情况的人员，解决他们的疾苦，给他们创造一个保障生活的平台。王旭华说，虽然这些员工的文化程度并不高，但是大家都有一种敢闯敢拼、吃苦耐劳的精神，大家的心都是往一处想。这也是他的公司能逐步壮大的原因。采访中记者了解到，王旭华的公司职工全是下岗职工，岁数也比较大，再就业很困难。而王旭华却专门招用这样的下岗职工，用他的话来说，“对待下岗失业人员，在我力所能及的情况下，我义无反顾”。

在五泉街道兰山村社区，只要说起王旭华，大家没有不伸大拇指的。据了解，兰山村社区是我市100多个社区里最为贫困的社区之一，这里依山而建，基础设施建设非常薄弱，上下水也是这两年才刚刚修好，在这里最大的问题就是洗澡。得知此情况后，王旭华在自己的公司门前开了个浴池，除了价格比一般澡堂便宜、能方便辖区居民洗浴外，这里还免费为60多名三无老人以及特别贫困的低保户每月免费发放四张洗浴票供大家使用。

兰山村党支部书记方青卓告诉记者，由于他们这个地方山高，用水非常艰难，家里也没有独立的卫生间，洗澡成了老百姓的一件大事，王旭华建了这么一个浴池，大家都非常感激他，他作为社区书记也非常感激他。一位兰山村的居民说，像修澡堂这样的事只是王旭华为社区所做贡献里的一小部分，他其实做了许多事情。记者了解到，10多年来，王旭华为整个社区乃至街道的建设，花费就不下100多万元。而在他的公司里，有个不成文的规定，每年不管收益怎样，他都会把公司利润的10%拿出来做慈善。

采访中,王旭华说得最多的话是:“这是我应该做的,今后还会一如既往地做下去。我为大家做的这些事情实际上是微不足道的,企业有了成就,把这种温暖带给大家,让大家共同来享受。”

兰州日报 葛强

一声“老师”胜似“妈妈”

她脸上总是洋溢着灿烂的笑容，被问及年龄时会羞涩地回答：“这个我不能告诉你，在我心中自己一直都很年轻，并保持着年轻的心态，因为只有这样我才能把这个事儿一直做下去。”在朋友眼中她是幸福的，可她却每天为素不相识的孤残儿童奔波着。她曾经生意做得很出色，但是开始接触慈善后，就渐渐停止了一切生意，一门心思地扑在慈善事业上。她总是笑着说：“生命不息，战斗不止。”这就是我们的主人公，现任甘肃省慈善总会常务理事、兰州惠洋关爱妇女儿童健康服务中心经理蒋岩，在孩子们心中胜似妈妈的“蒋老师”。

做慈善应把教育放在第一位

走进西北民族大学，孩子们总能第一时间认出蒋岩，亲切地称她一声“蒋老师”。西北民族大学有很多少数民族学生因家里贫困常常交不起学费，蒋岩长年来一直帮助他们交付学费。任何生活上的问题，蒋岩都会像妈妈一样照顾帮助他们解决。临夏市东乡县有一个孩子，很小的时候父母离异，孩子从小就没有户口，一直在临夏流浪。后来孩子来到兰州打工，因为户口原因许多问题都没有办法解决。蒋岩知道这个事之后多方联系，亲自陪同孩子前去临夏市东乡县公安局。蒋岩回忆说：“那天我们去的时候，雨下得很大，路特别不好走，但很多人给了我们帮助，一路办下来都很顺利，特别要感谢帮助孩子的人们。虽然很辛苦，可心里特别甜蜜满足。”说着蒋岩笑了。

采访的时候，蒋岩总是提到两句话，其中一句就是：“我们做慈善应该把教育放在第一位，对于孩子我们应该看到他们身上的闪光点，给孩子们物质生活的同时更重要的是教会他们感恩，做一个自立自强诚实的人。”

帮助定西孤儿时，蒋岩经历了一件事情，让她深深地感受到教育的重要性。当时蒋岩在定西把救助的孤儿都接到了宾馆帮他们洗澡，后来发现包里的几千块钱不见了，当下蒋岩并没有察觉什么,认为可能是自己花掉了。回到兰州后定西民政局的工作人员打电话告诉蒋岩,她走后被救助的孩子们突然有很多钱,蒋岩这才意识到钱是洗澡的时候孩子们偷偷拿走的。而蒋岩并没有因为此事而放弃这些孤儿,相反蒋岩觉得要帮他们不仅仅是从物质上,要帮就要从根儿上帮,教他们如何做一个诚实的人。

家庭的支持走上慈善道路

蒋岩的丈夫曾经是一名军人。她告诉记者:“作为军人的妻子,军旅生活让我看到了许多感动。那些来自农村的士兵特别淳朴,特别憨厚,把自己无私地奉献给了军队,奉献给了人民。”蒋岩第一次接触跟慈善有关的事情是因为1998年抗洪,她说:“当时我看到电视上战士们跳到水里筑起一道人墙,无情的洪水撞击着战士们的身体,我就跟老公说我要捐钱,老公特别支持,第二天就从银行把钱取了出来。当时我并不知道要怎样把钱捐出去,几乎每次出门我都会带着钱。有一天经过东方红广场,看到甘肃省慈善总会组织的捐款活动,我立刻从车上下来去捐款,这也是我第一次做慈善。后来因为这个缘故,我成了甘肃省慈善总会的一名联络员,最后成为会员。做慈善会上瘾,我渐渐把生意给停了,直到现在成为甘肃省慈善总会的常务理事。这一路上我特别感谢我丈夫,他一直支持着我。我知道我做的事情,就是任凭风吹浪打也要坚持做下去。”

采访中,蒋岩描述了一个让她难以忘怀的笑容,这是一个十多岁孩子的笑容。这个孩子来自甘肃的贫困山区,是一个双性人。两年前蒋岩陪孩子去兰大一院做检查,见面的前一天晚上,蒋岩特别紧张,虽然说和孩子相处对她来说是很容易的一件事情,但这一次她不知道该如何面对这孩子,生怕自己不经意的言行举止会伤害到孩子。可是令她没想到的是,第二天一见面孩子无邪的笑容感动了蒋岩,蒋岩说那笑容特别纯净,没有任何杂质。孩子因为第一次走出大山来到大城市,看到有这么多的人帮助自己,孩子觉得很幸福。在检查的过程中,孩子总是笑着不停地说谢谢,虽说是一句简单的“谢谢”,却满含着孩子浓浓的感恩之心。

背后有很多好人的多年支持

蒋岩听到记者称她是“兰州好人”时谦虚地笑了。她说:“就算是,也是因为有很多人的帮助,他们才是真正的好人,我一个人是成不了事的。”蒋岩说特别感谢这些默默付出的人们,当她遇到很多解决不了的事情时,多亏他们的支持才能办成。救助定西孤残儿童时,陆军总院的刘兰忠主任知道后特别帮忙,给孩子们配备了最好的医生护士。2010年1月6日,一个孤儿急需做心脏手术,当时兰大一院接收了这个孩子,省卫生厅的王彦成给医院打来电话,希望他们尽全力挽救孩子的生命。除此之外,兰州“小红巾”、兰州血站都给予了大力的支持,最后在全院医护人员以及各方的全力帮助下,手术十分成功,现在孩子健康地生活着。还有新加坡的爱心人士林来燕。蒋岩说正是因为林来燕的多年捐助,治疗费才无后顾之忧。

谈及未来，蒋岩说想建立一个孤残儿童救助机构，希望可以吸纳更多的义工和心理辅导老师，可以帮孩子们做一些心理上的辅导，让孩子们更健康地成长。蒋岩还想写一本书，一本她跟孩子们的书。她还想出去走走，去更多的地方，教给孩子们更多的知识。

兰州日报 边卫霞

实习生 王娟 翟家宝

马玉兰和她的“平民幼儿园”

在兰州市上西园社区，总能看到一位40多岁面带微笑的中年女性穿梭于社区小巷之中。她就是兰州崇德文化服务中心的创办者马玉兰。在她多年的坚持下，使得362名贫困家庭、农民工家庭、单亲家庭的孩子们完成了学前教育。

幼儿园地处偏僻小巷

11月7日上午，记者初次见到马玉兰时，是在兰州市小西湖立交桥下的停车场。面容清瘦的她带着记者走到了一处偏僻的小巷，有座不惹人注意的四层高的旧民房就是兰州崇德服务中心的所在地。推开看似居民房的校门走进去，记者便被一声声“老师好、姐姐好”所吸引。一双双炯炯有力的眼神，一张张天真烂漫的笑脸，立即映入了我们的眼帘。“我们之所以开办这所新苗福利幼儿园，主要是为农民工家庭、贫困家庭服务……”在马校长的介绍下我们得知，这里的孩子多数来自于单亲家庭，有的甚至是孤儿。

来自农民工家庭、贫困家庭的孩子

张芳和张惠姐妹俩，是幼儿园里最可爱的两个孩子。由于从小失去父母，现在她们只能与奶奶相依为命。马老师告诉记者，张芳和张惠刚来的时候，性格孤僻，不喜欢与其他小朋友玩，没有养成良好的卫生习惯。“就说孩子的脚吧！我们每天都给她们洗，半个月过去了才把脚上的污垢清洗干净。”自从她们来到幼儿园，就全托在园里，完全由老师和阿姨来照顾她们的饮食起居。谈起费用问题，马老师说因为这两个孩子的情况比较特殊，老人也没有什么经济收入，他们就给孩子们全免了。现在张芳入院一年多了，很会照顾妹妹，也爱做好人好事，帮助小朋友，每天早上刷完牙、洗完脸，就主动进教室把桌椅摆好。

像张芳和张惠类似情况的孩子还有很多，比如杨穆萨，今年7岁，由于母亲右腿以下截肢，杨穆萨便带着他的弟弟沿街讨饭。“当时我遇见他们时候，正看到兄弟俩在温州城附近乞讨，衣服又脏又破，便询问了他们家的住址。随后几天的时间里，我天天到孩子家给母亲做工作。当我说到免去孩子的吃、住等费用时，杨穆萨的母亲便欣然答应了。”

微笑的眼泪

看到马老师一边谈论这些孩子，一边帮午休的娃娃们盖被褥时，记者试探性地问道："能够办起这所幼儿园，应该有一定的资金支持吧？"马老师看看后，答道："我们这所服务中心于2004年5月成立，刚成立的时候只有为数不多的几位老师，平均每月水电、房租、饮食、人员工资的支出就有4万多元。最多的时候，在园孩子有200多人，但服务中心只收取了每人260元的伙食标准。为了维持下去，刚开始的时候我带着这些老师们到附近的商贸城去筹款。手里拿了一个自制的捐助箱，就是那种贴了红纸的纸箱，一家一户地去筹钱。很多人都不相信我们，认为我们是骗子，一天下来还不到20元钱。"说到这里时，面带微笑的马老师眼眶里布满了红色的血丝。

孩子们心中的"快乐之家""幸福之屋"

"就您看到的这张老板桌，还是先前的房客留下的，房东说送给我们。不过现在好了，社会上有好多的爱心人士和志愿者团体每周都会看望这些孩子，也会帮助这些孤残儿童或者是资助，像是禹贵民、马秀芳、马秀清……"看着马老师一一道出这些好心人的姓名时，生怕落下每一个帮助过这些孩子们的好心人和爱心团体。

"麻烦把这些剪纸拍下来，好吗？'快乐之家''幸福之屋'都是孩子们自己做的。"朝着马老师手指过的地方，记者看到用红色、黄色不同颜色的剪纸剪出的花朵和"快乐之家""幸福之家"的字样围绕在一起，就粘贴在女生宿舍的门口。"马老师，能给我们读读这本书吗？"几个没有午休的孩子跑过来说。"好啊，你们想听哪一个？"

兰州市的孩子这里都聚齐了

现在这所幼儿园里总共有200多名孩子，最小的3岁，最大的13岁，除了15名孤儿外，有60名全寄宿，130名走读。"东到兰州二热，南到红山根，西到西固，北到大沙坪，只要是农民工家庭、贫困家庭的孩子，我这里都聚齐了。孩子还那么小，因为家庭原因就使得他们流浪街头或者是锁在家里，体会不到人间的快乐。"马老师作为女性，用自己的语言和行动正在做一件别人以为微不足道的事情，而且她也打算把她的一生全部投入到她所热爱的这项事业中去。她所展示给我们的人格魅力、社会责任感和使命感，足以让我们终生受益！

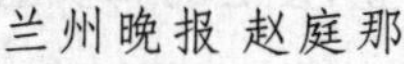

兰州晚报 赵庭那

网上爱心传递救驴友

王健锋虽然是五四厂一名普通的工人，但却是位热心肠，平日里朋友有个什么难处，总爱找他伸把手、拿个主意。近日，记者采访时，他正和一群热爱户外运动的伙伴们在陇崎山林场义务种树。他个子虽然算不上魁梧，但声音洪亮，号召力也非常强，在朋友圈里是出了名的为人豪爽，其质朴的性格更如同他的网名“西北人”一样。发生在2012年的故事也一直被网友们津津乐道。

王健锋在生活中非常热爱运动，是名马拉松的爱好者，而且还是西北狼蓝天户外运动的会员，大家经常通过QQ群相约后一起外出徒步游玩。2012年1月12日，对王健锋来说是一个难以忘怀的日子。那天晚上他跟平常一样上线有点晚，可是刚一上线，就有人在蓝天户外俱乐部各个分群找他。虽然那位驴友与王健锋彼此间还不是特别熟悉，仅仅是在兰州驴友大联欢上表演过文艺节目、碰过面，可对方却非常急切地问他能否把电话号码发过去有要事商谈，并说网上说不清楚。

说实话，当时驴友这么急着来找王健锋真的让他丈二和尚摸不着头。电话中对方称有一个很不幸的消息需要大家出面来解决。原来同在蓝天户外的紫辉得了重病，被医院诊断为“因系统性红斑狼疮发作而引发的急性肾衰竭”，正在兰大二院接受治疗，此时痛苦不堪。除去病痛折磨，紫辉的家庭非常贫困，加之高昂的透析费用，使经济上本来就不是很宽裕的她雪上加霜，精神状况很不好。这位驴友希望王健锋牵头、发个倡议帖子，利用蓝天户外俱乐部的影响力，号召大家来帮助这个几乎陷入绝望的弱女子。

当时王健锋就在群里发布了紧急通知，但好几个管理员都不在线。没有办法，王健锋只能跟他们私聊，将自己的真实想法讲出来听听大家的意见。为了这次活动能够顺利开展，王健锋咨询了多家银行，为了使大家不产生怀疑，能够尽快地将爱心捐款打入指定账户，经过管理员和几位热心驴友商定，大家一致同意第二天用王健锋的名字开办一个专门的爱心账户，将捐款统一管理。消息一传出他就接到不少驴友和爱心人士从四面八方打来的电话，有询问情况的，有问怎么募捐的。

由于太急忘记告诉大家开户行的地址了，所以那一天王健锋接了一天的电话，还有不少通过各种方式发来爱心募捐的短信。当他看到陆陆续续发来的爱心募捐短信时，心里的那份欣慰和感动无法形容。50元、100元、200元、500元、1000元，还有外省的以及在外出差委托募捐的，爱心善款源源不断……

当王健锋看到发来的一笔笔爱心捐款，还有一条条祝福的短信时，他热泪盈眶。他成功了，紫辉也有救了。短短的9天时间蓝天户外就募集爱心捐款总计达到了16 822元。如今，王健锋和他的驴友们的户外运动没有停止，爱心的脚步也没有停。

兰州日报 边卫霞

“大眼睛”团队用爱奏响青春公益曲

他们是一群年轻的大学生，平均年龄不到23岁。他们是一群还未完全长大的孩子，在他们的心中只有一个真诚的愿望，那便是用自己的力量号召更多人参与到更多的公益活动之中来。

他们就是“大眼睛”公益团队。之所以叫这个名字，是希望用更加敏锐的眼睛，去发现社会上的一些被忽视的弱势群体或者事件，尽自己的力量去帮助更多的人。

团队从去年成立至今，这些年轻人正是用自己的力量在金城奏响了一曲青春公益之歌。

大学生自发创建公益组织

2011年6月，来自兰州大学、西北民族大学、宁夏大学的8名大学生组队参加联想微公益大赛。虽然在比赛中未能获得名次，但在比赛中接触到的定西好人陈尚义，却让这群年轻人有了一份坚持做公益的决心。

89岁的陈尚义与妻子张兰英，从1987年至今先后收养了45名弃婴，然而老人现在的生活陷入困境。居住的房屋狭小且杂乱，卫生条件极差；家中还有6个未成年的孩子需要照顾；而两位老人的健康状况更让人担忧。去年7月这几位大学生第一次走进陈尚义家时，心灵就受到了深深的震撼。“总有一种想哭的冲动，虽然我一直在控制自己，但心里已经在默默流泪了。”团队成员王念回忆说。这几个年轻人回到兰州后，希望能够去帮助更多的人，于是决定成立公益组织，取名“大眼睛”公益。这几名年轻人一直与陈尚义一家保持着联系，只要家中遇到难题，“大眼睛”都会第一时间赶到定西。去年，“大眼睛”帮助陈尚义一家安装上了暖气，也将漏雨的房屋修补完善。

公益态度成为一种时尚

“既然我们都是大学生，就要发挥我们的优势。”“大眼睛”的负责人之一习明远对记者说道，“我们的想法就是要将公益变成一种流行，一种时尚。这样能让更多的人参与到公益活动中，而且我们倡导快乐做公益。我们相信只有拥有乐观的心态才能相信明天会更美好，才能激发更多的人参与到这项社会事务中。”

2011年11月26日晚的兰州大学礼堂，座无虚席，一场名为“大眼睛小米粒”的公益慈善晚会正在热烈上演。这是“大眼睛”公益策划的第一场大型公益义演，目的是为甘肃会宁的学校筹集学习用品。“大眼睛”的工作人员大多为在校大学生，在筹办晚会的过程中只能利用课余时间工作，但他们利用网络聊天工具能够随时随地进行沟通。“我们对网络非常熟悉，所以我们尽可能地提高工作效率，尽量做到有难题当天解决，解决方案大家一起商量。”晚会的总导演林道坤介绍说。晚会在兰州当地艺术家以及兰州大学、西北民族大学等高校学生的大力支持下，共筹集了近2000套文具。对于“大眼睛”公益来说，第一场晚会的成功为走好以后的公益之路增添了更强的信心。而微博作为“大眼睛”公益的另一块阵地，也正在发挥着重要的作用。

2011年12月，一条“孩子被汽车意外砸伤，父母无力支付医疗费”的微博引起了“大眼睛”们的关注。在了解一些基本情况后，“大眼睛”的成员们赶到孩子家中看望受伤的孩子，并在网络上号召爱心网友积极捐款，最终为孩子筹齐了2万元的医疗费。

在奉献中不断成长壮大

在做公益的过程中，“大眼睛”也在不断地成长。在采访中，“大眼睛”公益的成员们讲述了去年12月到会宁送新年礼物的一次经历。“我们到达会宁的东塬小学时，发现有的年级竟然只有5个孩子，教室里空荡荡的。寒冷的冬季，很多孩子都感冒了，在上课的时候总能听见他们的咳嗽声。而在作为贫困县的会宁，很多孩子的父母只能出门打工。看着这些纯真的脸庞，我们就觉得自己身上的责任更重了，我们应该号召更多的人来关注这些孩子，给他们一个温暖、快乐的童年。”

同时，与全国优秀的公益组织合作，也给了这群年轻人更多的学习机会。2012年1月，与《经济观察报》的记者王克勤发起的“大爱清尘”合作，为甘肃古浪的尘肺病患者筹集过年物资。在与成熟的公益组织合作过程中，这群年轻人学会了更加理性地看待公益问题。习明远谈到此次合作的收获：“做公益不能完全凭借一时的热情，更重要的是要有持久的关注度，这就需要我们在这个过程中有目的、有计划地做公益。”“大眼睛”公益发展到现在，已经有16名成员。他们分工明确、各司其职，一步一步地将公益梦想照进现实。

兰州日报 颜娜

社区志愿者吹响“爱心”集结号

提起先锋路街道的“爱心集结号”，几乎居住在西固的人都知道。从最初开办到现在，街道的爱心集结号不但陆续推动开展“爱心QQ群”“爱心门铃”“爱心超市”等多个爱心品牌，形成独具特色的“爱心”党建工作品牌链，而且在这种氛围的带动下，现在在先锋路街道，已经形成了人人争当志愿者、时时处处都有志愿爱心行为的良好风气。而这中间的一个个故事却是说上几天也说不完的。

“叮铃铃……”正在家的先锋路居民王荣耀听到门铃响，赶紧丢下手中的活计，匆匆地朝隔壁85岁的邻居李大妈家赶去。他们知道，门铃一响，老人肯定急需帮助。这正是西固区先锋路街道为社区内空巢老人安装的“爱心门铃”。一端装在了需要帮助的老人家里，另一端则装到了邻居家。“大妈，您有什么事？”“我感觉不太舒服，能不能帮我请个大夫？”“没问题，您先歇着，我们这就去。”今年85岁的李大妈身体不好，行动不便，还不识字，有急事时连个电话都没法打。不过，一个小小的门铃却让独居的李大妈方便了不少，让在外地工作的儿女也放心了许多。

记者了解到，在先锋路街道像王荣耀这样的居民还有很多。当听说社区在给需要帮助的老人安装爱心门铃时，许多人都毫不犹豫地报了名，当起了爱心志愿者。他们说，虽说都是邻居，但是一关门却看不到彼此，现在有了“爱心门铃”，空巢老人们再也不用担心了。有了“爱心门铃”的陪伴，老人都感到不孤独了，他们的幸福感也递增了。先锋路街道的工作人员告诉记者，近年来西固区先锋路街道开展的“爱心门铃”助老活动，主要是通过邻居相互呼叫求助，由身体硬朗的“年轻老人”为高龄老人居家养老提供“志愿者”服务，目前已有百余名多名独居老人受益。“有了‘爱心门铃’，真是方便多了。不论有什么事，只要按一下门铃，就能得到帮助，心里踏实多了。”老人们感动地说。一个小小的“爱心门铃”，带来的不仅仅是方便，更重要的是一片浓浓的邻里情，也让人感受到了先锋路街道人人处处争当志愿者的氛围。

“这个周末我们将前往西固城开展志愿服务活动，想参与的同志们速速与群主联系啊！”发出号召的是先锋路街道“爱心QQ群”里的一位成员。“上门慰问孤寡老人、义务治理辖区内环境卫生……自从爱心QQ群成立以来，从最初的几十人发展到几百人，而每每群里有什么号召，群里的志愿者们也是在第一时间积极响应参与到其中。”爱心QQ群的成员小小告诉记者：“一次无意的机会，参与到了街道发起的爱心QQ群，因为大家都住在西固，很多活动举行起来就很方便，而且由街道的人组织，活动更是规范了许多。现在越来越多的人参与进来，而且志愿活动也开展了更多。”一个简单的平台，将更多的人加入到了志愿者的团队之中，而在西固先锋路街道，这样的平台和活动还有很多。

记者了解到，今年来，先锋路街道坚持把党建工作与“5+5”民情流水线工程有机结合，以“爱心集结号”为统领，唱响“幸福和谐曲”，着力打造“党建五彩线”特色品牌，陆续推动开展“爱心QQ群”“爱心门铃”“爱心超市”和“打工妹爱心书屋”“心理咨询爱心屋”五大爱心品牌，形成独具特色的“爱心”党建工作品牌链，通过党员听民声、支部办实事、党工委抓落实，深化推进“5+5”民情流水线工程。在这些系列活动中，街道社区的党员、居民，辖区内的学生，越来越多的人参与到志愿服务的队伍中来。现在在整个先锋路街道，不完全统计的各类志愿者就有上万名，而其余一些分散在民间的志愿者更是数不胜数。

一个看似简单的“爱心集结号”，却凝聚了无数力量。在这样的力量发展之中，先锋路街道人人争当志愿者的局面正在形成得更加美好。

兰州日报 颜娜

十二年邻里守望相助

家住西固区第25街区的胡桂芝老人今年72岁，是西固橡胶厂的退休职工。走在社区里，无论是上街买东西的邻居，锻炼身体的朋友，还是送孩子上学的家长，胡阿姨都会亲切地打招呼，有时也会停下来聊两句，问问对方最近身体如何、家里的状况、有什么困难需要帮一把。其实胡阿姨并不是社区的工作人员，她只是一个普普通通的老太太。就是这样一位平凡普通的老人，在她退休后十几年的日子里默默做着让你我感动的事情。

多年坚持感动邻里

记者去采访的时候，正赶上胡阿姨要去另一个老太太的家里。那位老人今年78岁，名叫高桂芳，是兰化的退休职工。高阿姨的股骨头曾经摔断过，再加上心脏也不太好，行动很不方便。三个女儿一个在国外，两个在很远的地方上班，没办法天天看望她。胡阿姨从八年前开始就一直照顾高阿姨，每天到高阿姨的家里陪她聊天，帮她买买菜跑跑腿。无论刮风下雨，胡阿姨都坚持着。一进门高阿姨就拉住了胡阿姨的手连忙对记者说："这是个好人啊，既是我的知己，又是我的好妹妹，比亲人还亲呢。我行动不方便，有个病呀灾的，都给她打电话，她都是第一时间赶来，无论多晚都陪着我，自己家里人也做不到她这么好。"

高阿姨告诉记者，这八年来胡桂芝每天都坚持来家里，两个人的关系特别好，有时候打电话能打一个多小时。她说："你胡阿姨是个大好人，她不仅帮我，在25街区无论谁家，只要有困难她都帮。做好事贵在坚持，真的特别不容易。"胡阿姨常说，自己退休后就一直很想做些什么，像他们这个社区，老人特别多，儿女们又很忙，他们就得相互帮助。她笑着说，也算是发挥余热，不给社会添麻烦。

“女儿们”让她感动

胡阿姨是一个热心人，喜欢热闹，心态十分年轻。“我喜欢和年轻人待在一起，这样我也觉得很开心。做人每天就要开心，见着谁你都乐呵呵的，别人也爱跟你交朋友。像我们这附近的超市，每次我去买东西，那儿的售货员都知道我，一见面就特别热情。”胡阿姨笑着说。胡阿姨有一儿一女，老伴儿也退休在家，家里并不富裕，但是一家人其乐融融很幸福。多年来她帮助了很多老人，有许多不了解详情的人都误解胡阿姨，以为她另有所图，可是家人的支持给了她莫大的动力。每次高阿姨打电话，老伴儿总会开玩笑地说：“快去吧，别让你的老姐姐等急了。”

生活中，不仅仅是家人的理解让她感动，其实在胡阿姨住的184号楼，还有许多年轻的女孩子也是。在她们心目中，胡阿姨就像自己的母亲一样。她们有什么事，胡阿姨都是跑前忙后，从不嫌烦，因此时间长了彼此间也建立了深厚的感情。每次胡阿姨生病或是家里有个啥事，她们都会赶过来看望或是帮忙，这让胡阿姨很欣慰。胡阿姨的老伴儿过生日，几乎年年这些“干姑娘”都会过来给老人庆生。姑娘们常会跟胡阿姨说：“别管别人怎么说，咱做了什么咱自己知道，再说了您还是我们的好榜样呢！”

希望社区多多帮助

采访的时候，胡阿姨总是说：“你们采访我一个老太婆干什么，我又没做什么。这邻里之间谁没个困难。反正我也退休在家，闲着也是闲着，能帮就帮一把。说不定哪一天我也需要帮助呢！”胡阿姨这些普通的话语，看似很平常，却不是人人都能做到的，况且还要一直坚持下来。

在胡阿姨所在的桃园社区，记者注意到办公楼的墙上贴了很多社区活动的照片，有帮助孤寡老人的，有帮助残疾人的，有教小朋友学习的，每张都给人很温暖的感觉。而就在记者采访之前，社区也是才知道胡阿姨的事迹。对此，社区的工作人员特别希望记者能把胡阿姨的精神宣扬一下，让更多人知道她、学习她。就像胡阿姨说的：“社区知道我的事后，给了我很大的帮助，也很支持我，我一个人的力量很微弱，只有大家一起来，这个事儿才能真正地做成，我们的社区才能越来越好。我会一直做下去，直到我做不动为止，希望社区的工作人员以后还能这么帮助我、支持我。”

兰州日报 边卫霞
实习生 王娟 翟家宝

帮助别人幸福自己

5年前,女儿突患白血病,社会各界人士纷纷伸出温暖的双手。患病女儿的母亲深深地被大家的爱心感动。虽然女儿后来还是不幸离开了人世,但在这位母亲的心中,这份爱心成了她生活的动力。帮助邻居、无私地照顾孤寡老人、热心为学校和家长架起了沟通的桥梁,她就是临夏路街道绣河沿社区的居民祁小萍。

3月11日,当记者走进绣河沿55号张大娘家时,看到一名年逾六旬的老人刚给张大娘洗完脚,正在给张大娘按摩。祁小萍今年60岁,她已经照顾张大娘有十多个年头了。该社区负责人告诉记者,祁大妈原来和张大娘家是邻居,十多年前她看到张大娘一个人居住,而且还有病,于是就主动地照顾起张大娘的生活起居。十多年来她一直无微不至地照顾张大娘的生活。这期间张大娘三次病危住院都是祁大妈在关键时刻将老人及时送到医院抢救过来的。而且每次祁大妈都在医院耐心地照顾老人,连医院的医生都以为祁大妈是老人的女儿呢!采访中张大娘含着泪水说:"小祁真是一个好人呀,十多年来,她一有时间就过来照顾我,为我洗衣服搞卫生,陪我晒太阳、看病。小祁虽然不是我的亲人,但她却胜似亲人。"

采访中祁小萍说,她上有一个80岁的老母亲,下有一个患病的儿子,而且前两年还吃的是社区的低保。但她觉得一个人不能只为自己,要多关心其他的人,只有大家都幸福了,自己才能感受到幸福。记者了解到,5年前祁小萍26岁的女儿突然患了白血病,这对一个本来就不富裕的家庭来说犹如雪上加霜。就在为女儿的病一筹莫展的时候,社区发动居民为祁小萍的女儿捐款,并且呼吁全社会帮助女儿。当她拿到这些沉甸甸的爱心捐款时,内心激动万分。虽然后来女儿还是不幸离开了人世,但祁小萍的心中却留下了这些爱心。从此以后,她在照顾好自己的母亲和儿子之外,尽可能地帮助邻居,并义务担当了金塔巷小学的学委会会长,架起学校与家长沟通的桥梁。这期间她得知一名学生的奶奶无人照顾,于是就主动承担起照顾这位老人的工作。三年来她肩负起了接送老人孙子的工作,每天按时把老人的孙子送到家中,并利用空闲时间帮助老人做饭、干家务;老人生活有困难,她就从自己微薄的低保费中拿出一些帮助老人。现在这位老人虽然住进了养老院,但祁小萍依然每周去养老院一次,看望和照顾老人。

记者了解到,在绣河沿社区一提到祁小萍没有不伸大拇指的,都说她是居民的贴心人、社区的好居民。祁小萍告诉记者,她是怀着一颗感恩的心来做这些事情的,只要大家都有一颗爱心,并愿意奉献给他人,这个世界将是多么地美好。

兰州日报 葛强

志愿者义务为家园添“绿色”

4月22日是世界地球日，它是一项世界性的公益活动。兰州商学院青年志愿者邵永明和他的伙伴们来到五泉山捡拾白色垃圾，进行环保宣传活动。而这只是一心想为家园添一抹绿色的邵永明和他的伙伴们热心公益的一小部分，因为他的格言是，“公益不是一个人做了很多，而是很多人做了一点”。

风景区里清洁卫生促环保

22日上午8点，邵永明和他的伙伴们一行32人来到五泉山广场。其中一部分人在广场宣传环保知识，另一部分则和他一起去五泉山的山路上捡白色垃圾。上午10时，志愿者们来到五泉山动物园，先是向游客讲解了一些关于保护动物的知识，然后征集环保宣言。游客们纷纷响应号召，写下了自己的环保宣言。最后志愿者们和孩子们互动，让他们画出他们喜欢的世界的样子。五泉山作为兰州的旅游名山，每日游客如云，但随之而来的白色污染也越来越严重。当日，邵永明和他的伙伴们不仅向游客宣传世界地球日绿色出行，同时还通过身体力行捡拾山坡上的垃圾来引导游客爱护环境。像这样的活动邵永明已经坚持了三年。

走进社区与居民一起绿化家园

都市

志愿者义务为家园添“绿色”

工商查获商标侵权案

老年人尝试“时尚”新生活

警民联系卡方便市民

七里河警方破获虚开增值税专用发票案

近年来在我们身边涌现出无数的志愿者，有震区志愿者、奥运志愿者、城市志愿者、青年志愿者等，邵永明他们是一支保护环境倡导绿色出行的环保志愿者。对此，邵永明告诉记者，由于人类的贪念，导致环境日益衰退，当他和伙伴们从一张张图片、一部部纪录片上，看见地球的表面逐渐变黄、大气层逐渐变薄、臭氧层的抗辐射能力下降、冰山的融化、水平面的增高、地质的变化严重、大面积的沙漠化、稀有动物的绝种、珍稀植物的灭绝、河流的污染、空气的污染时，他们的心很痛。所以为了扎实有效地开展环保志愿者活动，让更多的居民群众来了解环保、支持环保、参与环保，他们走进社区开展“人人守望，呵护绿色家园”的主题活动。通过一些环保志愿活动，让社区广大居民了解到保护环境的重要性，提高市民的环保参与意识，也为我市创建文明城市出一份力。

志愿者甘做老人心理按摩师

“人老了最需要的是关爱与倾听，所以我们自称是他们的心理按摩师，为其送去温暖与快乐。”为了让老人感受到身边的爱，邵永明和他的商学院大学生青年志愿者协会的同伴们还会定期走进阳光老年公寓与老人们一起开展“爱在夕阳”活动。每到活动前，邵永明这位可爱的大男孩都会做足功课。用他的话说，想让爷爷奶奶们为他们的节目叫好可不是一件容易的事。而在节目结束后，他们还会倾听老人的心声，为需要帮扶的老人做些力所能及的事。今年已经82岁的刘奶奶，耳朵有些聋，志愿者讲的很多话她听不太懂，但是只要看到他们来了，就开心得不得了，有时还会送给志愿者几颗自己舍不得吃的糖果。

采访时记者发现，在邵永明的微博上，他和伙伴们将环保常识、环保理念、环保设想、环保感悟放在网上，与网友一起分享、评论、转发，让更多的人关注环保！他们与老人一起分享快乐的图片，却是另一道美丽风景。

采访结束了，可邵永明和他的志愿者伙伴们爱的脚步并未停，在这里祝愿他们绿色的脚步走得更快更远！

兰州日报 边卫霞

三年坚持为小朋友免费理发

小西湖新苗的民办幼儿园30多名孩子，每隔一周都能见到这位年轻的理发师傅前来给他们义务理发。三年来，这位理发师已经成为幼儿园的一员，他的善举感动着这里的每一位老师。他的名字叫鲜文俊。

当日下午，记者来到小西湖新苗的民办幼儿园，看到鲜文俊正一边认真地给孩子们理发，一边给孩子们讲故事。采访中记者了解到，三年前鲜文俊在七里河区的义乌商贸城附近开了一间理发店。偶然一个机会，他通过网络得知在离他不远的地方有一个名叫新苗的民办幼儿园。这里的孩子大多数都是单亲或者来自贫困家庭，于是他决定每个月在固定的一天让这些孩子来他的店内理发。可是，由于孩子比较多，带出去不容易管理，所以理了一次发后，老师就没有再带着孩子们去。于是从那时起，鲜文俊开始每个月抽出一定的时间，带着他的工具包来到幼儿园为孩子们理发。但今天，鲜文俊还带上了自己的女儿。他告诉记者，带上女儿就是希望孩子能够从小学会帮助别人，并且能在其中得到一丝欣慰，这样等她长大了，也就会养成帮助别人的好习惯。

在幼儿园内，鲜文俊5岁的女儿看到父亲在给小朋友理发，便稚嫩地对着鲜文俊说："长大了我也要多帮助孤儿，多帮助人。"在鲜文俊理发的过程中，女儿也很快就地进入了角色，她带领着小朋友坐在一边等待，一边给小朋友们发吃的，一边给他们讲故事。记者看到，眼前一个小男孩，在理发前活蹦乱跳的，当鲜文俊开始给他理发时，不听话的小脑袋瓜又开始摇来晃去。从事了18年美发行业的鲜文俊还是很有经验的，时不时地和孩子说说话，很快就让小男孩安静了下来。

采访中记者了解到，鲜文俊每次来这里一待就是一天。他告诉记者，有时候也会耽误正常工作，可是当家人和同事们知道他是做这种事情的时候都给予了肯定和支持，而当大家都表示很敬佩他的时候，他却总说这没什么。鲜文俊说："我觉着这是举手之劳的事情。在这里还有很多帮助、关心他们的好心人，比起他们来我做得微不足道，但却能给我带来很大的快乐。我觉得，一个有良知的人在享受生活的时候，也应该对社会付出一点爱心。"

采访结束时，幼儿园的马园长告诉记者，他们非常感谢像鲜文俊这样的好心人对他们幼儿园的支持，这些好心人给予了他们很大的帮助。"正是他们的支持，幼儿园才得以继续办下去，让这些孩子们有了安身之所，也解决了幼儿园的很多困难。同时小鲜还介绍了许多爱心人士前来，给幼儿园给予了帮助，有了他们这些人的支持，我更加有信心，我们的团队也更加有信心了。"

兰州日报 葛强

十年如一日 “外来女”用爱铸造公益之路

一个员工口中的好领导，一个扎根红古做慈善的“外来户”，她就是兰州市红古区鑫源天然气有限公司董事长尹建敏。在兰州市红古区，她有着很高的知名度。但她的名气不仅仅因为她是民营企业的“女掌门”，更是因为她是孤寡老人的孝顺女儿，是残疾儿童的爱心妈妈，是贫困大学生的知心姐姐……

慈善从身边做起

在尹建敏的企业中，家庭贫困的下岗工人、外来务工人员是员工中的“主力”。在尹建敏看来，员工是她最宝贵的财富，只有员工好，企业才会好。每年重阳节她都会给每位员工的父母送去礼物，过年过节她都要给员工送去礼品……

尹建敏对员工的关爱不仅仅在平时，更体现在她总是在员工遇到困难时及时伸出援手。公司员工霍永科曾在大半夜因脑部意外受伤不得不入院治疗，但住院费成了难题，他告诉记者：“我家在农村，当时根本没那么多钱住院，多亏了我们尹总。”原来尹建敏在得知此事后第一时间赶到了医院，并为他办理了住院手续，并垫付了五千元的医药费。“由于抢救及时，现在没有留下一点后遗症，尹总就是我的救命恩人。”霍永科说着说着眼睛就湿润了。

受到尹建敏救助的除了她公司的员工和员工们的家人，还有公司的很多用户。在她的带动下，公司还组建了“兰州市红古区鑫源天然气有限公司志愿者服务队”，所有的员工都是志愿者。在他们心里，尹建敏就像一面旗帜，一面时时引人向善的旗帜。

老人们的“女儿”

红古区养老院的老人们都记得，从养老院建成的那一年开始，每个月都能看到尹建敏操劳的身影。“她把老人们当作自己的亲人一样，每个月都要抽出时间来和老人们呆上半天。”红古区养老院的工作人员这样说道。尹建敏每个月都会去养老院，亲自动手和志愿者一起给老人们包上一顿饺子，而且每个月要给养老院捐助2000多元的米面。养老院40多位老人一年四季要穿的衣服费用也都被她承担下来。

除了去养老院，尹建敏还时刻牵挂着一些空巢老人。而老人们最喜欢的也是和尹建敏“唠嗑”，给她说心事，她也喜欢听。80多岁的退伍老兵牛国栋一直和老伴相依为命，在和老人聊天的过程中，尹建敏才了解到，两位老人一直沉浸在老年丧女的痛苦之中。“当时看着他们一边说一边哭，我心里也很难受。”说到这儿，尹建敏哽咽起来。当时，她对两位老人说：“你们放心，现在我就是你们的女儿，我为你们养老。”尹建敏告诉记者：“老人们长期独居，没有人和他们说话，心里憋屈，就需要有个人能听他们说话，哄他们开心，为他们宽心。”

孩子的“筑梦人”

2010年9月，一封来自省内一所高校的感谢信放在了尹建敏的办公桌上。信是一位叫张荣的大学新生写的：“若不是尹阿姨资助，我无法踏进大学的门槛。是尹阿姨给了我希望，圆了我的大学梦，我要把尹阿姨的关怀撒播到我所接触的每一个人心中，让这份爱永远得到延续……”

十年来，像这样的感谢信，尹建敏每年都要收到好几封。尹建敏说：“我不需要他们能回报我个人什么，只要他们好学上进，做一个对社会有用的人就足够了。”为了帮助更多的贫困学子，从2005年开始，尹建敏就成立了“鑫源助学基金”。每年表彰红古区高考文理科前三甲学生；表彰十八中优秀教师、优秀贫困学生；每年捐助红古区优秀贫困学生2万元生活费；资助三到四名特困大学生的学费和生活费，直到他们大学毕业。

十八中高二学生李积芳是尹建敏长期捐助的一位贫困学生，她在给尹建敏的感谢信中这样写道：“我感谢尹阿姨，因为是她帮我解决了求学路上遇到的困难，用关爱的双手为我插上梦想的翅膀。”

兰州日报 刘超

社区志愿者　邻里热心人

在南稍门社区有一位特殊的编外人员。之所以说特殊是因为这位老人并不是社区的工作人员，但他每天都要来社区上班，人们亲切地称他为“张主任”。老人的名字叫张德生，今年70岁。张老“离岗不离位，退休不褪色”，退休之后继续在南稍门社区担当志愿者，为辖区群众服务的故事被传为佳话。

3月7日上午，记者在南稍门社区的办公室见到了张德生老人。清瘦的身板，一身合体的深蓝色中山装，一头花白头发，显露出张大爷的干练。早上八点半，张大爷像以往一样早早地来到了社区“报到”，见到社区主任他连忙将昨天的工作进行了汇报。

今年70岁的张德生老人原来是互助巷居委会的老主任。1993年退休后，老人闲不住，看到社区里日渐壮大的志愿者队伍，老人也报名参加了志愿者为居民们服务。

自从张德生老人义务在南稍门社区“上班”后，每天他都是在忙碌中度过。谁家漏水了，张德生就帮忙找人来修；住户间发生矛盾了，也找张大爷评理；政府有什么新的政策，张德生老人就义务当起宣传员，走家串户去讲解。每年年底，最让社区头疼的就是暖气费，有的住户不交暖气费，就会影响全楼人的供暖。张德生所住的小区里，就有这么一部分居民。为了让大家不挨冻，小区里4栋楼180户的暖气费的收取，成了他年底几个月最忙碌的工作。每年他都亲自挨家挨户收，对于一部分不交的居民，张德生就一趟趟地跑。看着张大爷这么大年纪了还跑上跑下，住户们也都按时缴纳了暖气费。虽然这些工作都很辛苦，但是张德生老人看到社区里存在的一些矛盾和不和谐通过自己的努力化解后，也让他觉得十分值得和欣慰。

由于深受大家的认可，在社区2010年3月开展楼院长责任工作中，张德生又被广大居民群众选举为互助巷小区的楼院长。现在他负责互助巷小区近500户居民的楼院统计工作。当选楼院长后，在社区义务工作的同时，他也积极为居民群众办实事、办好事。经过他多方联络，小区居民盼望多年的天然气在今年也安装入户了。谈到当选楼院长之后的感受，张德生觉得和之前的工作没什么变化，只是自己心中为居民服务的理念更加强烈了。

张德生老人的志愿服务工作也得到了大家的认可。在南稍门社区，不管是社区工作人员还是辖区居民都和张大爷很熟，见了面大家都会亲切地叫一声张主任。谈起张大爷的点点滴滴，社区工作人员很是佩服。

“张德生老人是我们社区的大人物，他非常热心，现在担任楼院长，只要互助巷院子一有信息变动，他会第一时间给我们社区反馈，给我们提供了非常大的帮助。

我们入户有时会遇到很多困难。有居民不开门的、不理解的;有把门开一半骂的,不让进门,对于我们要登录一些信息拒绝登。只要张德生一去,因为大家都认识他,都会给予配合。街道还经常搞一些计划生育、禁毒的宣传,他每次都提前把会场布置好,给我们的工作带来了很大的方便。对他的奉献,我们非常感动,社区也是想方设法给老人一些回报,可每次他都说这是应该的。他的精神值得我们每一个人学习,尤其是我们每个刚下社区的年轻人更应该向他学习。"南稍门社区副主任张丁之对热心肠的张老赞不绝口。

这就是张德生,一位已经退休的社区干部,用"离岗不离职"的实际行动践行着为人民服务的理念,用满腔热情给社区居民送去温暖的阳光。谈起今后,张德生说:"社区的大事小事都是我自己的事,只要身体条件允许,我一直要兢兢业业为大家服务,直到干不动为止。"

兰州日报 刘家兵

大山深处的热心“款哥”

山里人办好事不出门——庄前屋后，修桥补路。永登县民乐乡中川村的“款哥”文得明信奉的正是这个最具原生态的朴素道理，在自己兴办工厂小有盈利之后，热心为父老乡亲通了自来水、修了砂石路。

3月27日，记者赴民乐乡寻访大山深处的热心“款哥”文得明。汽车在蜿蜒崎岖的山梁上一路艰难前行，两旁山峦层层叠叠，山间梯田美如卷轴，虽无庄稼添颜色，山乡依旧藏生机。穿过险峻的磅卜拉峡，汽车左拐右拐，终于停站了，一个藏在深山里头的小村庄呈现在眼前，这就我们此行的目的地——中川村。

中川村，一条山涧将整个村庄一分为二，使得两排房屋尤显拥挤。村民梁中奎说：“山涧，不过是一个样子货，分明就是山洪沟。”“没有水呀，消融下来的冰雪水打个涝坝拦住了，还要洗衣服呢。”记者问：“不是通了自来水吗？”梁中奎说：“通了，自来水是吃的，不敢糟蹋。山里人的水，能省一口是一口。”走进梁中奎的家里，记者看到有自来水，水窖里有清汪汪的一窖水。记者感觉也并没有他所说的那么凄惨。梁老汉似乎看穿了记者的心思，马上说道：“山里人的水，来得不容易，人吃，饮牲口，一切都要以节约为准。‘款哥’给我们争取得不容易。”

梁中奎所说的“款哥”就是文得明。他说：“政府为解决村民吃水难，打了机井，沟沟岔岔的，入户难。最后，挖沟铺管的钱全是文得明出的，一共3万元。可就是这区区的3万元钱，却解决了边坡社、茂庄社300多户人家的吃水难题。”记者了解到，去年，文得明为村子里兴办了两件实事。一件是出资3万元把自来水送到了乡亲们家门口，一件是投资2万元修建了两公里半的砂石路。这两件事情，全是乡亲们翘首期望的“大事”。以前村民吃水，山路上要跑好几里远，挑来的水用“浆”来形容兴许更贴切，因为全是泥沙。以前的路，刚好够架子车走，雨天一走浑身是泥。

文得明开办了一个畜牧养殖小企业，小打小闹，几年工夫下来，赚了点钱，成了乡亲们眼中的大款，于是“款哥”这个名字便传开了。“款哥”盈利后，挑村上的重要事情干，乡亲们心头的感激无从表达，合伙凑了点钱，要给“款哥”挂匾，挡都挡不住。在村庄背后的一个厂房里，记者见到了被村民称为“款哥”文得明。他为人热情大方，当他得知记者的来意后，连连摆手。他说：“行善积德莫过于修桥补路。为群众办的这点事，本来就是情理当中的事情，没有什么可炫耀的。再说了，我本来就没有做些什么。”爽朗的笑声过后，他对记者说，眼下他在争取一个腐殖酸的生产项目，投产后，可以解决不少村民的就业难题，乡亲们共同致富就有了指望。“这件事情要跟父老乡亲同心协力地做呀。”文得明说，“没有乡亲们的支持，心里头不踏实，干什么事情都干不漂亮。”

兰州日报 张旭永

她们是兰州“最美”白衣天使

1月17日下午,火车站广场邮政所对面的人行道上,一名男子突然晕倒。看到这一幕后,路过此处的两位实习护士立即施救,对该男子进行人工呼吸和胸外按压。即使是从病人口中流出的胃液喷到了她们脸上,两人也毫不在乎。两位女孩的行为感动了路人。

现场:女孩街头救人感动围观群众

当日下午6时许,火车站广场邮政所对面的人行道上聚集了不少人。原来,一名男子突然晕倒在地不省人事,嘴里、鼻子里不停地往外流着胃液。两名过路女孩看到后,立即蹲下来紧急施救。一个穿蓝衣服的女孩用卫生纸擦了擦男子的口鼻,开始做人工呼吸。而另一个穿黑色外套的女孩则忙着做胸外按压。看到这一幕,许多人默默地加油鼓劲,有的妇女眼眶湿润了。不久,120急救车来到了现场,大夫下车后开始继续施救。

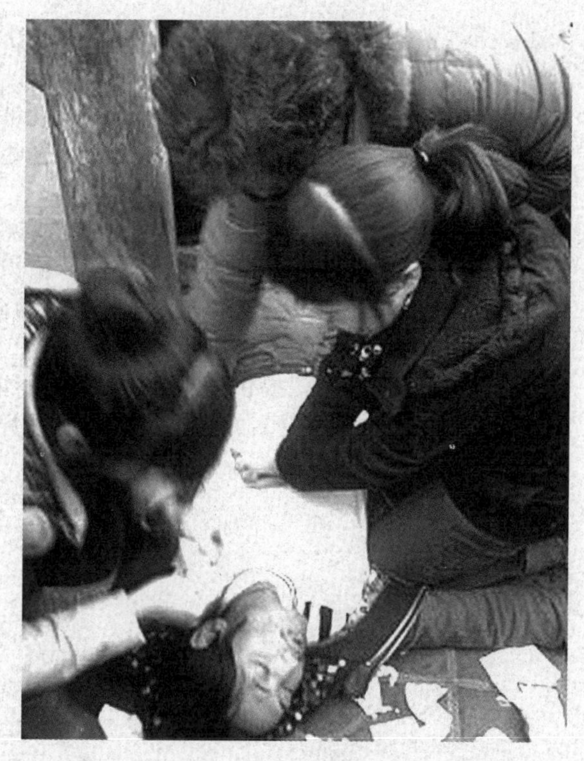

两个女孩看到大夫来了,打算悄然离开现场。围观市民李大爷被她们的行为深深打动,拦住她们询问名字。但两位始终不愿说,只说一个姓牛,一个姓陈,是省人民医院的实习护士。

女孩:虽然没救活人但我们不后悔

1月18日下午,记者来到省人民医院找到了两名救人女孩。她们一个叫牛雪莲,一个叫陈凤娟,是来自平凉医专的实习护士。牛雪莲告诉记者:“当时只有两名围观者,其中一人把手放在晕倒男子的鼻子前试探呼吸,这个举动感染了我们,我们来不及多想就冲了上去施救了。"据介绍,先是陈凤娟走到晕倒男子旁边帮他摆好体位,随后进行了30次胸外按压,做了2次人工呼吸,牛雪莲在一旁拨打120急救电话。经检查,男子已瞳孔放大,但两个女孩并没有放弃抢救。在检查了瞳孔和颈动脉后,两人换了一下,牛雪莲进行胸外按压和人工呼吸,陈凤娟继续拨打120。此时,晕倒男子的口鼻已经流出了胃液,但两个女孩丝毫不在意,轮流给晕倒男子做胸外按压和人工呼吸。

陈凤娟说:"围观群众越来越多,有不少人给我们递过来餐巾纸,我把餐巾纸放在男子口鼻上做人工呼吸。我每做一次,餐巾纸就湿了,甚至胃液喷到了我的脸上,我可以清楚地看到胃液中还有辣椒面。我擦了一下脸,继续给他做人工呼吸。"急救车到来后,大夫检查发现其已经死亡。"当时我心里有些难受,因为我在施救的时候摸到他还有体温,一心想把他救活。"陈凤娟说,"虽然这个人没被救活,但是我们不后悔对他进行了施救。"

市民:女孩的举动让人心生敬意

目击两位白衣天使救人的一幕后,热心市民李大爷立即拨打了本报新闻热线并提供了当时他用手机拍摄的照片。虽然这些图片并不是很清晰,但真实地记录了"最美"白衣天使令人钦佩的举动。

17日晚,记者见到60多岁的李大爷时他说:"两个姑娘只是路过,并没有义务实施急救。年轻姑娘嘴对嘴地对一名互不相识的男子做人工呼吸,而且男子嘴里和鼻子里还在不停地往外流胃液,这样的举动确实让众人尊敬。如果能再次见到她们,我一定要表达对她们的敬意!"

李大爷告诉记者:"提供这些照片,我一不要求署名,二不要求拿稿费,只是希望通过这几张照片,让更多的人了解两位女孩路遇病人挺身相救的感人行为。"

兰州晚报　刘磊

韩庆:热衷慈善的企业家

在兰州,提起天庆集团,多数人想到的自然是“天庆嘉园”“天庆莱茵小镇”等一些著名楼盘。房地产产业发展得如火如荼的今天,加注在开发商头上的往往是“暴利”二字。而现任甘肃天庆房地产集团有限公司董事长的韩庆,则属“异类”。11年来,韩庆董事长带领着天庆集团规范经营、科学发展、立足本土,截至目前,开发面积已达2011多万平方米,纳税近3亿元,为改善本地人居环境、促进经济发展做出了积极贡献。

韩庆作为甘肃天庆集团的创始人和领导者,11年来,他带领天庆集团高度秉承“发展企业经济,回报社会民众”的企业精神,在创造经济利益的同时,更是积极主动地参与到了社会各类慈善公益事业当中,先后参与社会公益慈善事业累计达8700多万元,其中现金捐助2300多万元,仅2010年捐助善款金额就达400万元,为推进全省社会慈善事业的发展做出了突出贡献,得到了国家、省、市各级政府部门的首肯和市民的广泛赞誉。

2010年4月12日,青海玉树发生7.1级强烈地震,自然灾害给当地群众的工作生活带来了极大伤害和极多困难。灾情一发生,韩庆董事长带领天庆集团积极发扬人道主义精神,在第一时间通过甘肃省光彩事业促进会向地震灾区同胞捐款33万余元用于抗震救灾。祸不单行,玉树地震的伤痛还未平息,2010年8月,我省甘南舟曲再次发生特大山洪泥石流地质灾害,严重的灾情又一次牵动了韩庆的心,他

毅然伸出援助之手，带领天庆集团通过甘肃省光彩事业促进会向灾区人民捐款53.3万余元。2010年对于中国人民来说是一个多事之年，在地震、泥石流等重大自然灾害来临之时，韩庆总是不遗余力地伸出援手，正如他所说的那样，“救灾救助工作，仅靠我一个人是远远不够的，希望有责任、有良知的企业家积极行动，因为救助同胞使我们义不容辞的责任。”韩庆董事长以实际行动完完全全地兑现了他一个充满责任、充满良知、充满感情和慷慨回报社会的优秀企业家的感人承诺，为全省众多民营企业家做出了表率。

教育乃治国之本。韩庆董事长几乎将一生的经历全部倾注在了他所热爱的建筑行业。正因为如此，他深知一个人的专业技能和文化素养无论对其个人还是对企业发展都极具意义。11年来，韩庆董事长在参与的诸多领域的公益慈善项目中，一直将全省教育事业的支持和帮扶工作作为首要帮扶目标。截至目前，韩庆董事长带领的天庆集团在全省各地共捐建“天庆慈爱学校”五所、实验中学一所，针对教育方面的投资及捐助近7000万元。2010年2月6日，在天庆集团成立十周年之际，韩庆董事长通过甘肃省光彩事业促进会、兰州市慈善总会分别向百所农村小学的“天庆书屋”和“丝绸之路青少年遗产教育活动”捐款共计20万元人民币。多年来，接受过韩庆董事长帮助、帮扶的困难户和英烈家庭的学子更是不计其数。百年大计，教育为本，韩庆这种支持教育、奉献不止的精神，受到政府及广大群众市民的一致好评。

除此之外，韩庆对孤残、贫困儿童也给予了很多关注。他多次通过甘肃省光彩事业促进会、甘肃省慈善总会、兰州市慈善总会等慈善机构，组织集团员工捐款捐物，少则万余元，多则十几乃至几十万元，带给了孤残、贫困儿童诸多温暖和关爱，以实际行动诠释了一个民营企业家的社会责任。在做人做事方面，韩庆处事谨慎、为人大度、做事低调。11年来，天庆集团在参与社会公益慈善方面，从不刻意筛选帮扶对象，而是以急政府所急、帮社会民众所急为原则，只要是向天庆集团无特殊目的的求助，韩庆几乎做到了有求必应，有应必妥善解决。

《朱子家训》有一句话，“见贫弱亲邻，须加温恤”。就这样，在韩庆的积极努力和坚持下，他带领的天庆集团不但事业蒸蒸日上，在慈善方面更是不落人后，累计投入慈善事业的资金近9000万元，援助项目涉及文化、体育、医疗、教育、扶贫、市政、助残、公益等诸多方面，为兰州市乃至全省的经济社会发展做出了力所能及的贡献，更是给众多民营企业家做出了表率。在公益事业中如此慷慨的韩庆，他很懂得用钱。懂得用钱是指，他知道生命中哪些事情对他很重要，如帮助他人，热衷公益，就能使他满足。他更愿意做的是精神上的富有者。

慈善是心手相传的爱，感动着我们的时代。我们宣扬这种爱，更要传递这种感动，让“善治”成为每个人、每个企业、每个团体自发的行为、内在的需要。也唯有此，慈善才能真正成为一股推动社会前行的力量，成为一种支撑我们时代的精神。

中国兰州网 程晓婧

“老好人”辛小明好事说不完

辛小明是一个很普通的人，属于转身走入人群后再也无法辨认出来的那种。然而在红二村社区，他可是一个谁都认识的人，这不是因为他有豪言壮语，也不是因为他有惊世之举，只因为他多年来默默地帮助他人，赢得了社区居民的尊敬，大家称他为“老好人”。2007年，他被评为城关区“十大公德之星”。

贴心照顾空巢老人

记者在红二村社区采访辛小明时，工作人员找了半天也没有找到，等了一个小时后，才从社区空巢老人赵敏家中找到他。原来赵敏刚刚从西安老家回来，今天没有出门活动，辛小明想可能是老人身体不舒服，就去家里看望了。

“不是亲人，胜以亲人。”提起辛小明，86岁的赵敏老人竖起大拇指连声称赞。自己独身一人在兰州，辛小明照顾他已经有几年时间了，只要有空就会来看望他，陪着聊聊天，拉拉家常，如果有体力活就帮着干。腊月二十八，老人去西安老家探亲，是辛小明送他上的火车，之后就每天给老人看家。赵敏说，他在路途中遇到小偷，电话本一同被偷，无法与辛小明联系，大年初九夜里1点，他下火车回到家中，一进门屋里很温暖，原来火炉热着。辛小明估计他这几天就要回来，担心老人挨

冻，就每天晚上都把火生着。老人知道后非常感动："非亲非故的，这么照顾我，真是好人呐。"

对于老人的赞扬，辛小明不好意思地说："现在我还年轻，能干动活，帮助一下老人也是应该的。再说谁没有老的时候，这也是给孩子们做个榜样。"

帮助高龄老人挑水

红山根是一个老居民区，居民住宅大多以平房为主，基础设施比较落后，居民们吃水很不方便，基本上都要从水站肩挑手提，尤其是老人们吃水就更成了难事。2003年初，辛小明看到邻居李桂兰大娘老两口已80多岁，儿女由于工作原因又都不在身边，吃水成了很大的困难，他就利用空闲时间每天为老人挑水，无论刮风下雨还是下雪，每天都坚持，直到2006年春节老两口被儿女接走才停止。

在辛小明眼里，社区的孤寡老人、空巢老人都是他的亲人。有人问他为什么经常义务照顾这些老人，他说："我从小就生活在红二村，这些老人年纪和我父母一样，可惜我父母去世得比较早，没有好好地孝敬上，现在家中没有老人，就把这些老人当成亲人了，妻子和孩子也非常支持。"

赵敏老人对记者说，辛小明真是一个细心人，每当看到有老人脸色不好时，就马上关心地询问，是不是身体不舒服，是需要买药，还是去医院检查；怕老人一个人不想做饭，就问老人想吃什么，他让妻子给做。

义务看守桥洞路灯

红二村社区地处火车站以南地段，环境复杂，长期以来是人人皆知的治安案件频发的区域。尤其是火车站东侧铁路桥涵洞比较长，里面很黑，在这个市区和铁路以南地区的必经之路上经常发生案件。后来社区在涵洞内安装了路灯，之后社区就把看护路灯的工作交给了他。从此，他每天晚上6点开灯，并且经常在夜晚值班时为行人保驾，几年如一日，从来不计报酬、不讲条件。2004年冬天，天气寒冷，凌晨4点多，有人将洞内的4盏灯全部打破，洞内一片漆黑，行人行走不便。辛小明知道后，不顾自身安全，提着手电筒来到洞口为行人照明，一直到天亮。当时，一名30多岁的女子下夜班回家经过涵洞，看到此情此景，感动地说："谢谢，你真是难得的好心人哪！"

兰州晚报 彭维国

80后男孩:一份公益爱心的坚持

他出生于1988年,和许多80后一样青春阳光,脸上总是流露出灿烂的笑容。他就是徐家巷社区工作人员口中夸赞的80后爱心理发师彭青龙。他的职业虽然普普通通,但在这普通的背后,他一直做着让你我敬佩的事情。

四年坚持为残疾人免费理发

彭青龙的理发店位于航天宾馆附近,走进这个仅有二十几平方米的小店,店内的装潢简单却温馨。左手的墙上挂着一条横幅,上面写着:“残疾人终身免费”;右手的柜子上挂着一面写着“爱心奉献,真情永驻”的锦旗,这面旗子是兰州市聋哑学校送给彭青龙的。三年里无论刮风下雨,他都会去学校给孩子们理发。除了帮助聋哑学校的孩子,对社区里的一些上了年纪行动不便的、身体残疾的老人,彭青龙都会提着工具箱,不定期地上门服务。社区的李占国老人,今年64岁,瘫痪在床上三十多年。每次彭青龙帮老人理发后还会陪老人聊天,逗他开心。“我的父亲还有奶奶不在身边,社区的老人就像我的亲人。我会剪头发也算一技之长,我就用我的方式孝敬他们。”彭青龙笑着说。

妻子的理解同事的支持

2008年,彭青龙在西北民族学院的后门开了一家很小的理发店。当时的生活很艰苦,他遇到了现在的妻子。即便经济条件一直不太好,彭青龙又总是免费给残疾人理发,但妻子一直不离不弃,对于他所做的事情给了莫大的支持。彭青龙说:“妻子曾经是护士,但是跟自己结婚后从什么都不会到现在独当一面,服务时比我还细心,真的特别感谢她对我的理解和支持。”不仅仅是彭青龙的妻子,就连和他一起工作的同事也被彭青龙的精神感动着。开店至今,跟着彭青龙一起工作的人,没有一个离开的,也不会抱怨工资少。大家就像一家人似的,抱着同样的梦想工作生活着。

社区给予了很多帮助

采访时记者了解到,彭青龙一开始遇到了很多困难。每当他敲开别人家的门,说自己是免费为残疾人理发的时候,人们都会向他投来不信任的眼光,他的内心很不是滋味。后来在社区工作人员的陪同下,许多家庭向彭青龙打开了大门。徐家巷社区所属的白银路街道是有名的"残疾人之家",整个辖区内残疾人人数很多。彭青龙又加入了街道的青年志愿者服务队,在街道的帮助下为更多的残疾人服务。彭青龙常说:"是社区街道给了我很大的帮助,从社区工作人员的身上我也学到了很多。"

临近采访结束,这个80后的男孩说了一席话:"我还年轻,不在乎成为什么名人,你们多帮我们呼吁,希望有关部门可以定期把残疾人组织起来,让我们来帮他们免费理发。希望有更多人加入到这个队伍中来,帮助这些需要帮助的人。现在我们做得太少了。"话语如此简单直白,却让我们看到了一个"80后"男孩的真诚与执着。

兰州日报 边卫霞
实习生 王娟 翟家宝

我们院里也有个“闲人马大姐”

看过电视剧《闲人马大姐》的观众，一定对剧中那位爱管闲事、乐于助人的“马大姐”印象深刻。而在中街子社区，也有这样一位热心的“马大姐”：化解邻里之间的矛盾，她义不容辞；照顾行动不便的老人，她倾情相待；维护小区的卫生整洁，她丝毫不含糊。只要别人有求于她，她总会伸出双手热心帮助。她就是中街子社区一名普通的楼院长马爱玲。

中街子有个马大姐

从井儿街10号楼到整个中街子社区，提起楼院长马爱玲，大家都会情不自禁地竖起大拇指，可她面对这一切总是淡淡一笑说：“帮助别人是我的快乐，我做的都是微不足道的小事。”

五年前，中街子社区低保户李晓玲因为一场意外摔了腿，自那以后就落下了病根，这让本来就贫困的家庭更是雪上加霜。了解到这一情况后，马爱玲主动帮助李晓玲，寒来暑往，一帮就是整整五年。五年中，马爱玲在生活上给予李晓玲太多无微不至的关怀：给她买饭买药、打水洗头、陪她聊天、帮她打开心结……只要一有空，马爱玲都会主动去李晓玲家，看看有什么地方自己能搭上一把手。对于马大姐无私的帮助，李晓玲感激万分，每次见到马大姐，她就像见到亲人一样。

马大姐的真情感动了社区所有居民。社区中大家有难处也都自然而然想起找马大姐帮忙。一声“马大姐”，一个求助电话，马爱玲总是在第一时间解居民所困，助居民所需。

助人琐事不胜枚举

“马大姐，我今天加班，麻烦你帮我接下孩子吧……”“小马，你能不能陪我去一趟银行，教我取一下钱。”“马师傅，我们家的下水道坏了……”每天，类似这样的电话，马爱玲总是能接到很多。“能直接帮助的，我肯定就去帮了。帮不了的就帮忙协调协调，给大伙儿宽宽心，也总是好的啊！”马爱玲笑着对记者说。

对于马爱玲来说这样的小事实在是不胜枚举，她觉得这些事普通得不能再普通了。帮助社区75岁的鲜玉凤跑前跑后办补助领取手续，每月陪她去银行领钱；流动人口总是加班，帮他们接孩子看着孩子做作业；主动铲除社区内的小广告，义务打扫社区卫生；连续五年每年无偿献血300毫升……马爱玲做的每件事情都看似不大，但每一件都实实在在。而她一坚持就是近十年时间。十年间，这些最普通的小事化成了每个人心中历久弥新的温情，热心“马大姐”的称呼也在整个中街子社区乃至酒泉路街道流传开来。马大姐用自己最朴实的爱和平凡的行动向人们诠释了一种普通却充满温情的“凡人善举”。

兰州晚报 于永昭

帮在别人 乐在自己

卢瑞斌在兰州万众出租汽车公司工作,一米七几的个头,是一名普通的出租汽车驾驶员。然而就是这样一个平凡的人,在一个平凡的岗位上却干出了不少不平凡的事。几年来,他见义勇为、扶贫济困、免费拉载残疾人,从2003年到2011年,他连续7年被甘肃省交通局、兰州市委、兰州市政府、兰州市交通局、兰州市城运处、兰州市出租车行业协会等单位评为先进个人;2006年被中华见义勇为基金会评为"全国十大见义勇为好司机",同年12月荣获甘肃省委宣传部、甘肃省广电总台评选的感动甘肃2006"十大陇人骄子"提名奖,2009年被评为兰州市劳动模范。

见义勇为:该出手时就出手

说起卢瑞斌见义勇为的事,许多人都竖起大拇指。2003年7月9日下午4点左右,卢瑞斌在省政府附近拉上了一个客人,开车时卢瑞斌听见有铁器撞击的声音,他从后视镜中隐约看见这名客人好像戴着手铐,而且上车后该乘客两次要求变更目的地,先是要去东口,然后又说到雁滩,行迹非常可疑。卢瑞斌怀疑可能是逃犯,刚好车行到半路堵车了,卢瑞斌借口绕道,驾车直奔盘旋路110岗亭。当车子一个急刹车停在岗亭附近时,歹徒打开车门逃跑。卢瑞斌弃车便追,大约追了500米,卢瑞斌一腿将其绊倒,制伏后送到110岗亭。经审问,"客人"是刚从某刑警队逃出来的贩毒分子。

见义勇为"的哥"卢瑞斌

2005年12月10日凌晨1时许,卢瑞斌驾车行驶到西固区福利西路"顶好"商场时,看见前面有两个人将另外一个人打倒在地,并在那人身上摸东西。卢瑞斌放慢车速想看看清楚,两个小伙子发现有人过来,很快逃走了。卢瑞斌赶紧熄火,跑到倒地者跟前。这人头部和脸上伤痕累累,血流不止,并说手机、钱包被抢了。卢瑞斌打110报警,并和民警一起四处搜索,没发现劫匪,民警们回去了。卢瑞斌又驾车向西固公园方向搜索,结果发现两名劫匪正向公园东面的花园小区跑。他又打110报警,并将车停好紧跟在劫匪后面。民警赶到后,在卢瑞斌的配合下将两名劫匪当场抓获。

爱心助残:帮在别人 乐在自己

2010年7月24日,天气非常炎热,卢瑞斌拉了一个客人到汽车东站下车后,一个二十多岁的残疾女孩坐着一辆自制的木板轮椅出现在他车前。他当时以为这名残疾女孩要过马路,便礼貌地让她先过,可这名残疾女孩却来到他的车前,说叔叔你能拉我去西关吗?卢师傅了解到这位外地来兰的女孩,是想要去西关十字找自己的朋友,可是一连拦了十几辆出租车,看到轮椅的司机没有一个愿意拉载女孩,无奈之下女孩想出这样的办法,以身拦车。于是卢师傅立即将这名残疾人扶上车送到了西关十字。当她要付车钱时,卢师傅一看女孩拿出的钱都是一些零钱,于是拒绝了女孩的车钱,没想到女孩却激动地哭了。在接下来的时间里,这名残疾女孩的身影久久缠绕在卢瑞斌的心头,他觉得自己应该为这些需要帮助的人们做些什么。于是卢瑞斌自制了一块免费拉载残疾人的牌子,在遇到需要帮助的残疾人时就免费把他送到地方。将近半年的时间里,卢瑞斌共拉载了十多位残疾乘客,他说他收获的是精神上的财富,包括残疾人的微笑,还有那一句"谢谢"。

中国兰州网 孙涛

工作退休　爱心不退休

做事风风火火，性子火辣，热心于公益活动，她是大学生们口中的“花椒大姐”。17个年头义务照顾孤残老人，她是老人们心中贴心的“花椒姑娘”。4月3日，又是一个休息日。安宁区孔家崖77岁的孤寡盲人孔繁云就坐在炕上期盼“亲人”的出现，而这时总会有一群大学生志愿者如约而至出现在老人冷清的房间里，立刻，房间里就充满了欢声笑语。这样的场景已经延续了整整17个年头，除了孩子，人群中笑得和孩子们一样灿烂那位年过半百的就是我们今天的主人公“花椒大姐”牛秀华。

大学生志愿者中有位“花椒大姐”

前几天，兰州交大机电工程学院的大学生们自发到仁寿山植树。在一群孩子们当中有一位50多岁的大姐牛秀华，记者原以为她是大学生的辅导老师，同学们却告诉记者，这位阿姨并不是老师而是纺织厂的退休工人，退休后加入了该学院的青年志愿者协会，平日非常热心公益活动，大学生们都亲切地称呼她为“热心大姐”“花椒大姐”。

为什么叫她“花椒大姐”呢？“因为她做事风风火火，性子火辣，为人真诚热情，还喜欢‘管闲事’，所以同学们都这么叫她。”机电学院王莉芳同学说。牛秀华给记者印象最深的是她时刻保持着的微笑和年轻乐观的心态。在交谈中，记者发现“花椒大姐”平日还喜欢上网，时常关注微博，她还加入了“一路欢乐行”等QQ群。在这些群里，不管年纪大小、身份如何，她都能聊到一块儿。经常在网上充当“知心大姐”的角色，谁谁工作不顺心了、谁又跟老婆闹矛盾了都能从她那得到及时的安慰和有效的建议。

爱心接力　照顾孤残老人17年

3月的一天，兰州下起了雨夹雪，牛秀华担心孔繁云老人的病情，于是她召集交大大学生志愿者去看望孔大爷。记者和牛秀华穿过几条窄长而又泥泞的小巷来到孔繁云老人家。“孔大爷病了，给他买点冰糖橘，他嘴里就不苦了。”牛秀华细心地在路边水果摊上挑了橘子。一路上牛阿姨如数家珍地向记者诉说着多年来她和大学生志愿者们与孔大爷相处的点点滴滴，让人从中可以感受到她们照顾老人是发自内心的善意与爱心。

刚进院子，牛秀华就喊："孔大爷，我们又来看你了。"早早就来到孔大爷家的大学生志愿者们闻声都出来了，一个个亲昵地叫着"花椒大姐"，搀着她进了屋。屋里陈设简陋，一张床、一张桌子、几把凳子就是全部家当，可是屋子被志愿者收拾得很干净。各种零食和蔬菜是牛阿姨和同学们节省下来给孔大爷买的。听到牛秀华叫他，孔大爷挣扎着从床上坐起来，虽然难掩疲惫，但脸上光彩焕发。刚坐下牛秀华就拉着孔大爷的手问："今儿个天下雪了，你冷不冷呀？""娃娃们一早就来把炉子生上了，暖和着呢！"孔大爷回答说。牛秀华顺手拿起一个橘子，细心地剥了皮喂到孔大爷嘴里，问道："甜不甜？"孔大爷咂巴着嘴连声说："甜，甜。"志愿者们告诉记者，孔大爷前两天刚做过前列腺手术，身体还很虚弱，不能下床走路。他们这几天一直轮班过来照顾他，天晴的时候就把他扶到屋外晒晒太阳。孔大爷80岁的哥哥告诉记者，孔大爷几乎天天坐在家门口等待着"亲人"的出现。每次牛阿姨和志愿者来看望他，他都特别精神，也比平日健谈。

记者了解到，从1995年起，交大机电工程学院青年志愿者协会就开始每周至少一次照顾孔繁云老人。多年来这支队伍延续不断，毕业生走了，新生替补上，一届又一届，十七年如一日，从未间断过。牛秀华自2004年加入这个爱心团队，也已坚持8年。

工作退休　爱心不退休

牛秀华和大学生志愿者照顾孤残老人的故事感染着身边的许多人。牛秀华也因此成为大学生们的"知心阿姨"，早已和同学们打成一片。谈起与公益"结缘"，牛秀华说，当时退休的她觉得无所适从，心里空落落的。"工作退休，爱心不退休"，牛秀华坚持她的原则。于是，她到了兰州交通大学图书馆，为学生做服务工作。同学们都乐意与这位思想前卫、理念先进的"知心阿姨"打交道，学习、生活甚至感情方面出了问题，第一时间就去找牛阿姨说说，牛阿姨用自己的生活经验和智慧开导他们。她那乐天派的性格和积极向上的生活态度也在无声地感染着别人，好多人与牛阿姨结成了"忘年交"。"我喜欢和牛阿姨聊天，我们之间没有代沟，她的话实在有用，让我觉得很贴心。"交大一位大三的学生这样描述她眼中的牛秀华。去年，交大一位大二的学生身患绝症，牛秀华走上街头为她募捐，并身体力行捐出了自己的积蓄，将爱传递。除此之外，她还为青年志愿者协会开展活动出主意、想办法。在她的建议下，植树造林、探望老孤残人员，还在社会上联络中学生、出租车司机等志愿者，帮扶了许多残疾人，对兰州本地需要帮助的登门帮助、外地需要帮助的寄钱寄物并经常打电话询问生活状况。

兰州日报 颜娜
实习生 费绍荔

迷路老人路边哭泣 交警体贴护送到家

八旬老人出门后忘了回家的路，焦急万分的她只能在路边哭泣。情急之下市民将老人送到了城关交警大队，希望助人为乐的交警帮忙找到老人的家人。面对焦急万分的老人，城关交警大队教导员王永刚像儿子一样体贴入微，为老人沏茶，安抚老人的紧张情绪，并带领民警辗转一个小时后，终于将老人安全送到了家人身边。

昨日上午9时30分，一名热心群众搀扶着一位老人来到城关交警大队求助称，老人早上出门量血压，量完血压准备回家时却怎么也想不起回家的路，焦急万分的老人只能在路边哭泣。为了尽快帮助老人找到家人，市民想到了经常助人为乐的一线交警，于是将老人带到了城关交警大队。了解了详细情况后，城关交警大队教导员王永刚、副大队长王述东热情地接待了迷路老人，为老人沏茶，安抚老人紧张的情绪，然后慢慢询问老人的家庭住址。然而，由于老人年近八旬，记忆力不好，怎么也说不出住址。幸运的是，老人随身携带着身份证，大概的地址是甘南路附近，但没有详细的门牌号和楼层。

“我想起来了，我家就住酒泉路的草坪附近。”在城关交警大队休息了一会后，老人很快消除了紧张情绪，并告诉交警只要到了酒泉路草坪的地方，自己就知道回家的路了。随后，王教导员带领三名民警带着老奶奶寻找回家的路。然而老人来到绿草坪后，却又称自己的住址在城关交警大队附近。为了让老人好好休息，以免来回周折影响老人情绪，王教导员继续陪同老人聊天，副大队长王述东和民警分头行动，带着身份证，在甘南路和酒泉路附近，打听老人的住址。大约15分钟后，老人的孙女正好也在家门口附近寻找奶奶，发现警察后上前打听，巧合的是他们就是交警正要寻找的人。“奶奶，幸亏有交警，我们很担心啊！”见到王教导员陪同在奶奶身边，老人的孙女不停地感谢交警。

兰州日报 葛强

高雅音乐种子植根学子心田

6月26日下午，兰州一中音乐厅里琴声悠扬，“梵音室内乐团”为省教育厅的优秀党员以及学校的师生们献上了一场高水准的弦乐四重奏。《快乐的萨丽哈》《多瑙河之波圆舞曲》《莫扎特g小调弦乐小夜曲》等一首首大师传世之作，给现场所有人带来了前所未有的震撼。这让听惯了流行音乐的人们对高雅音乐有了全新的认识。而对于“梵音室内乐团”而言，这只是他们连续五年开展“高雅音乐进校园”活动上百场义演的其中一场而已。

连续五年乐团的琴声流淌在各大校园

“梵音室内乐团”成立于2009年，是由几位热爱并致力于室内乐演奏的高校优秀教师组成。“最初成立乐团的想法很简单，就是大家能在一起排练，切磋琴技。后来，我们到一些大学校园进行义演，没想到演出在学生中反响强烈。于是，我们想开展一项长久性的义演活动，走进校园将高雅音乐带给学子们聆听。”乐团第一小提琴、西北师范大学音乐学院副教授奚临临对记者说。慢慢地，乐团到各个学校的义演渐渐多了起来。从刚开始能容纳二三百人的小教室，一直演到上千人的大礼堂。五年来，“梵音室内乐团”的琴声在兰州大学、西北师大、兰州商学院、西北民大等各大院校流淌。很多学校更是多次邀请乐团演出，当付给他们演出费时，都被拒绝了，他们说乐团是义演。

高 嵬

陈 辉

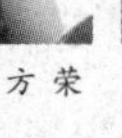

方 荣

奚临临

兰州大学土木工程与力学学院的郭老师告诉记者：“我在学校听过‘梵音室内乐团’四位

老师的义演。他们不仅演奏水平高,艺术境界更高。我们学院在榆中校区,他们来演出时,都是自己准备车。演出结束后,学生们反响热烈,学院的学生纷纷要求他们再来演出。后来其他学院也邀请乐团演出,他们也是欣然前往,免费演出。”兰州大学哲学社会学院院长陈春文对记者说:“我们学院已与‘梵音室内乐团’进行合作,将室内乐作为我们教学内涵的一部分,而与乐团的合作起源于他们的口碑。我们学院也邀请乐团演出过,没想到效果非同凡响,前来观看演出的学生挤爆现场。乐团的四位老师演奏水平高,又非常敬业,所以我们与他们进行教学合作,提高学生的音乐鉴赏水平。”

始终坚持把高雅音乐传播到每所学校

为了把“高雅音乐进校园”活动做得更深入,除在大学校园义演外,“梵音室内乐团”还积极与中小学校联系,也为他们送去一场场高水平的演出。兰州三十一中位于阿干镇,这里离城区较远,学校艺术教师资源缺乏。2012年,当学校与“梵音室内乐团”取得联系后,乐团二话不说,加紧排练出一台适合于中学生的室内弦乐四重奏曲目,自己开着车去学校演出。“大多数学生是第一次在现场看到这样的表演形式,都被吸引住了。乐团的老师无私为孩子们义演,真的很感谢他们!”兰州三十一中的王校长对记者说。

6月26日下午,当“梵音室内乐团”在兰州一中的演出结束时,赢得全体师生持久的掌声。省教育厅党委书记张岚告诉记者:“教育部一直力推高雅音乐进校园活动,‘梵音室内乐团’多年来在各大院校的义演,将这个活动的主旨积极体现出来。所以,省教育厅在开展中国名乐进校园活动时,我们选择与‘梵音室内乐团’合作,把更多、更好的音乐传播到各个学校,用高雅的音乐感染人,让孩子们受到优秀乐曲的熏陶。”

“梵音室内乐团”中,除了第一小提琴——奚临临,还有第二小提琴——兰州文理学院的方荣老师,中提琴——兰州大学艺术学院的高嵬老师,大提琴——兰州大学艺术学院的陈辉老师,其实,在五年的义演路上,还有其他一些老师也参与过,但是只有这四位老师始终坚持着。用他们的话说:“排练、演出,不仅能够提高自己的艺术水平。最重要的是,我们能把高雅音乐的种子播洒在更多孩子的心中。”

兰州日报 蒋聪

爱心企业出资助少女圆梦

3岁起，脊椎逐渐变形，康乐县小女孩马兰萍开始为背部越长越大的"疙瘩"烦恼；小学还没有毕业，异样甚至歧视的眼神让小小的马兰萍不堪重负，只好辍学。由于家庭极度贫困，直到去年才来兰州军区总医院查看，期间，她甚至每天都待在家里不敢出门，害怕和别人交流，十分自卑。查出"脊柱侧凸畸形"的严重驼背病情后，兰萍因无法支付手术费整日烦恼。爱心企业甘肃利澳医疗科技有限公司得知消息后，主动捐助价值15万元的椎弓根钉内固定器械帮兰萍圆梦，而国内顶级脊柱外科专家许建中教授也将专门从重庆赶来，于7月6日上午为她亲自操刀、做风险极大的脊柱侧凸畸形矫形术。

其实，马兰萍的遭遇只是一个个例。据相关资料显示，脊柱侧弯发病率占总人口数的比例为：女性2%，男性0.5%。其中常见的是青少年特发性脊柱侧弯，发生在青春期发育至成年阶段，占特发性脊柱侧弯病例的80%。而且脊柱侧弯矫形手术费用昂贵，对于许多家庭来说这是极重的负担。由于经济困难的原因，大部分弱势儿童患者不能得到及时医治而延误了一生。

在听说兰萍无钱做手术的消息后，甘肃利澳医疗科技有限公司主动提出为她捐助做手术的主要治疗器械——价值15万元的20根与人体组织融合性极好的钛合金椎弓根钉。

该公司经理程欣说："一个月前我听说了兰萍的病，知道她们家特别贫困，就种了2亩地，基本是靠天吃饭，年收入才两三千元。小女孩的病越来越严重了，如果不及时治疗就会压缩心脏。我们正好之前和中华慈善总会联合成立了一个'威高爱心工程'，由我们为脊柱侧弯患者捐助脊柱内固定产品——椎弓根钉，公司研究后同意为兰萍捐助。"

"马兰萍的脊椎侧弯十分严重，向侧方弯曲72度，向后方弯曲96度。手术为行业大手术，难度大、高风险。"据兰州军区总医院脊柱外科主任蓝旭介绍，手术时要将部分椎体切除，通过脊椎内固定产品撑开、加压、旋转，将切除后的脊椎固定，大概在3个月到半年就可以融合在一起，成功矫正畸形脊椎。

据了解，正因为此次手术难度大，风险极高，兰州军区总医院特邀请国内著名顶级脊柱外科专家、第三军医大学西南医院许建中教授前来兰州，于7月6日上午在兰州军区总医院亲自为兰萍操刀进行脊柱侧凸畸形矫形术。

【相关新闻】

中华慈善总会“威高爱心工程”项目落户甘肃

记者从有关部门获悉，由中华慈善总会携手威高骨科公司并联合部分医院，实施的中华慈善总会“威高爱心工程”项目已经落户我省。该项目将通过捐赠脊柱侧弯矫形手术的内固定材料，为来自边远贫困地区的青少年脊柱侧弯患者提供帮助。兰州军区总医院脊柱外科为中华慈善总会“威高爱心工程”定点医院科室，也是西北地区唯一一家定点医院科室。

脊柱侧弯的青少年患者，来自边远贫困地区，家庭经济困难而无法承担进行手术治疗的全部费用，就可以申请上述的慈善捐助。

兰州日报 李晓霞

心灵之翼　让梦飞翔

炎热的七月,一场特殊的画展在兰州举行。栩栩如生的鸟儿,惟妙惟肖的花朵……一幅幅精美的工笔画作品展现在参观者的眼前。这些作品全部来自于“心翼”画室,作品的主人几乎都是残疾人,他们学画的时间都不长。从生活不便的残疾人到自食其力的画者,这些残疾人经历了怎样的故事,又是谁给他们创造了学画创业的机会呢?一切要从青年残疾画家杨东明和他创办的“心翼”公益画室说起。

十多年前,正是14岁懵懂少年的杨东明在放学回家途中遇到了改变自己一生的不幸,掉入24米深的建筑工地井桩,密密麻麻的钢筋戳伤了他,使他的双腿从此再也无法与正常人一样站立、行走。每天生活在脓血的包围中,受尽了痛苦折磨的小东明坐着轮椅,跟随父亲四处求医……

但是现实却是他再也无法正常使用双腿,杨东明并没有绝望,他想到了自己还有健全的双手,于是决定开始学习画画。他用手中的画笔,送走了一个个夏日炎热的黄昏,迎来了一个个严冬酷寒的黎明……杨东明经过十多年的练习,练就了不同于常人的臂力,打下了坚实的中国画基础和书法基础。

现如今,杨东明已是卓有成就的青年画家。2007年,他被评选为家乡通渭县十大杰出青年。他的作品已被北京军事博物馆、中国美术馆及国外多家美术馆收藏,长4.6米、宽2.3米的国画《樱花》更是被悬挂于钓鱼台国宾馆,作为中国艺术精品受到众多外国来宾的赞许。在自身取得成就的同时,杨东明更是热心于公益事业,他说从小到大,曾经遇到过很多帮助过他的人,他要以自己的行动回报社会。从2006年开始,他就参加在北京组织的作品义卖活动;2008年汶川地震后,杨东明

更是一次性捐赠16幅作品，筹得3万余元支援灾区；现在，杨东明不仅自己捐画，而且还邀请众多书画同行捐画支持公益。同时，随着“心翼”画室的开办，杨东明招收了很多残疾人，义务教学并免费提供食宿。杨东明和他的画室为这些残疾人提供了一片创业的天空。这究竟是怎样的一座画室呢？近日，记者走进了这座画室。

没有光鲜亮丽的招牌，没有气派不凡的大门，“心翼”画室处在一栋普通的楼房里。在上课的过程中，有些下肢残疾的学员基本不大会影响课程的学习，但是有些手臂残疾或者聋哑的学员教起来就不是那么容易了。需要花费更多的精力和耐心，但是不管多么困难，杨东明还是坚持了下来。他说，其实有时候这些残疾人会更加聪明，学习时间长了，单是通过表情和手势他们也能明白老师所要教授的内容。

有过质疑，有过困难，在资金缺少和运转不佳的情况下，杨东明想要招揽工作人员或者做更多的事情都变得更加困难。但在这样的情况下，很多人听说了以残助残的“心翼”画室时，也参与到了帮助他们的队伍中来。青年工笔画家赵永夫就是其中的一位，虽然现在远住在天津，但是每年她都会抽一些时间来兰州教“心翼”的学员。在采访中赵永夫说：“自己也是尽一份微薄的力量，当我看到杨东明一个人如此辛苦地办起这个机构，付出了艰辛的努力，我觉得自己应该去帮助他。”

“心翼”的残疾学员许立慧告诉记者，自己由于身体残疾，一直很自卑，但是在杨老师的鼓励下来到了画室，从起初的什么都不会到现在画出完整的工笔画，她特别开心，尤其是在之前的画展上，看着自己的画被买了去，更是觉得实现了自己的人生价值，整个人的自信心也提高了许多。

杨东明告诉记者，他对画室的未来发展很有信心，今后画室的规模会增大，同时还会和赵永夫在天津的画室结合，让学员学成之后找到更多的就业机会。另外，画室的服务对象也会有所扩展，不光针对残障人士，还要针对更多需要帮助的人。

兰州日报 颜娜

社区有个爱管闲事的好大爷

他是个闲不住的人，常说的一句话："不是为了做好事而做，见到该管的就要管。"因为他不但帮助身边有困难的人，而且经常义务帮助社区做一些力所能及的事情，在靖远路街道九州中路社区，几乎每一位工作人员都认识"多管闲事"的王凤福。这个平凡的老人，他的故事感动社区，被熟知的人们善意地称为"闲事大爷"。

今年已经60岁的王凤福，他家门口有一个陡坡，上面是九州小学。放学后，孩子们经常在陡坡上玩耍，王凤福担心孩子们万一从坡上摔下来发生危险，就找来材料，做了木桩，在陡坡上做了警示标识，提醒孩子们不要在危险地带嬉戏打闹。

"远亲不如近邻"，邻居们提起王凤福都是竖起大拇指的。他楼上的张文祥老人今年已80多岁了，子女常不在身边，王凤福就陪老人散步、聊天，给老人买饭，照顾老人的生活。张文祥老人说："有一次，我流鼻血，王凤福亲自到卫生所帮我找来大夫，鼻血止不住，走到哪儿就流到哪儿，他就一直跟着拖地，给我不断地换凉毛巾。去年6月份，我住院了，亲人不在身边，是他来医院陪我，悉心地照顾我，我很感激他。"不仅这样，4楼的邻居家不知什么时候进了老鼠，王凤福还亲自到人家家里去帮着抓。

王凤福"多管闲事"的故事，让社区很多居民都很感动，他们亲切地把王大爷称为"闲事大爷"。

"闲事大爷"不仅帮助身边有困难的人，而且经常义务地帮助社区做一些力所能及的事情。虽然自己的儿子是残疾人，但是他却总能够腾出时间来加入到社区的工作中。他自己爱好书法，只要是社区里出公告、写通知或者是张红榜，他都主

动请缨，积极帮助社区做事情。

要是问他为什么愿意义务帮助社区做事，他总是说，社区是为老百姓服务的，我帮社区，其实就是在帮自己。唐山地震、舟曲泥石流他都曾出手支援，献出自己的一点爱心。他说："街道和社区领导对我的生活问寒问暖，我应该拿出更多的爱心来回报社会，总之，我自己谈不上做了好事，只是争取做个有'德'的人。"

兰州晚报 刘怡麟

我就是傻瓜　我愿意做这样的傻瓜

在我们生活的城市大街小巷中,每时每刻都有无数的出租车司机驾车穿梭,在这数不清的出租车身影中,有一辆与众不同的车融入其中。其不同之处是它有两块牌子:出租汽车行业五星级文明车和市政义务监察员。车主就是兰州市的“井盖大王”——张建明。一个愿意为了路上的些许小事而停下匆忙的车轮,能为丢失的井盖设置提示标志,并为此坚持不懈四年的人,只为保持城市道路的畅通。

面对荣誉没有骄傲过

张建明,“2009年感动甘肃十大陇人骄子”获得者,他开出租车十年时间,从2006年开始向有关部门反映行驶中看到的“闲事”。在每天开车的过程中,发现路灯不亮,污水管道破裂,路面有建筑垃圾,他都会向有关部门投诉。他最爱做的就是发现无盖的窨井,停下车来在窨井周围用东西围起来提示过往行人,然后打电话到相关部门。有时候分不清楚窨井是哪个单位的,就只好拨打电话换着问,直到找到相关部门。6年多时间,他拨打过4000多个电话,市长专线留下150多条他反映的情况。2007年,他志愿成为兰州市文明志愿者。2008年10月,兰州市城关市政设施维修所将他聘请为“义务市政设施巡察员”。

2月23日,记者在兰州三中见到了兰州的“井盖大王”——张建明,兰州海洋出租车车行的司机。只见他穿一件红色工作外套,一条黑色裤子,一双干净的皮鞋,正在擦车,头发比较稀疏,梳在后面,正在专心地擦车。他驾驶的出租车车号是甘A·85698,是一辆红色的上海大众。张师傅人很随和,因为他4年来坚持监督市政管理,尤以路面井盖为甚而获得“井盖大王”这一称号。对于张建明的这种行为,他的爱人却很不理解,也不支持,经常叨叨他是“傻瓜,张傻瓜,不会挣钱的傻瓜”。相反,两个孩子却认为父亲是个好人,父亲是他们学习的榜样,是现在社会需要的人。张师傅的一位邻居觉得他是个傻瓜,有时间干这些事,还不如去多挣点钱,把日子过

得好一点。车行的同事说:“张哥,你为我们做出了这么多,我们很感谢,但我们是人,不是神。我们不学你,我们得挣钱,得吃饭。”而张师傅会心一笑说:“你们学我当然双手欢迎,不学我也不反对。每个人都有自己的人生目标。我做好事得到的是精神财富,用金钱是无法得到的。”

张师傅最爱助人为乐

“2009年感动甘肃十大陇人骄子”颁奖典礼上评委献给他的颁奖词:“公民意识,这是在国力日盛的今天被我们越来越多地提起的词语。社会和谐和城市建设需要公民的责任心来推动,出租车司机张建明为我们上了‘公民意识’这一课:一个国家的崛起,它的绝对高度必然是全体公民素质的树立。四年坚持不懈为一件件琐事倾注心力——我们身边的好的哥‘井盖大王’。”

兰州晚报 刘磊

“玻璃女孩”的特殊礼物

“五一”前夕,兰州春芽之星少儿艺术活动基地的老师们带着6台榨汁机、饮料、食品以及玩具等价值2000余元的生活用品,专程前往兰州市儿童福利院看望生活在这里的孩子们。春芽之星的舞蹈老师得知“玻璃女孩”露露(化名)也喜欢跳舞时,现场给她教了一些简单的动作,大家被露露的乐观、坚强所感动。爱心在这里涌动……

露露是一个脆骨症患儿,也就是大家俗称的“玻璃儿童”。今年10岁的她,站在婴儿学步车中,一直不停地来回走动。她有一双大大的眼睛,皮肤很白,刚刚洗过澡,头发湿漉漉的。当舞蹈老师给她戴发卡时,她说她喜欢跳舞。于是,她唱着梁静茹的《宁夏》,为大家表演起来。所有人几乎都忘了她的身体是被禁锢在婴儿车中的,因为她的表情那么专注,她的神态是那么享受,她完全沉浸在快乐的氛围中,并感染了我们。舞蹈学校的老师们看到小家伙如此喜欢跳舞,就给露露教了一些简单的舞蹈动作。露露对于生活的热爱、乐观、坚强深深地感染了在场的每一个人。

福利院的孩子们根据年龄的不同,被分成了很多班级。一些可爱的动物成为班级的名称。在福利院老师的陪同下,一走进海豚班,孩子们就很高兴地和春芽舞蹈学校的老师们交流了起来。与想象中孩子们会很羞涩相反,他们表现出极大的热情,对一个个新面孔产生了很大的好奇。孩子们要了舞蹈老师手中的饮料,很高兴地喝着。当福利院老师告知有一个孩子闹肚子,不能喝饮料,而将孩子手中的饮料拿走时,孩子那急切盼望的眼神,纯净得没有任何杂质,让人心生怜惜。这些孩子中,90%都是残疾儿童,大多数孩子因为身体的原因被父母遗弃在医院,福利院近300个孩子都是因为查找不到父母而被安置在了这里。

在这样一个大家庭中生活,大家更加懂得分享。“所有的玩具,不

是你的，也不是我的，而是大家的”。这样的想法，在每个孩子心中根深蒂固。福利院老师给孩子们分零食的时候，他们不约而同地将手中的零食与他人分享。少了几分争抢，多了一份谦让。

就在这时，不知是谁，轻声哼起了《和你一样》：“我们都一样，一样的坚强，一样的青春焕发金黄色的光芒。哪怕会受伤，哪怕有风浪，风雨之后才会有彩色阳光……”

兰州日报 刘家兵

周燕:长期帮助重病卧床邻居

7月20日早晨,五西社区楼院长李大姐早早来到社区,讲述了一件感人的事情。周燕是段家滩路1337号的居民,现已退休在家。她的邻居雷静是一位单身母亲,已经55岁,患有严重类风湿疾病,儿子又常年在外地上班,平时生活很不方便。自2012年下半年以来,雷静又做了胆囊切除手术及腰椎间盘手术。周燕每天到医院送饭、护理,直到她出院。作为邻居的周燕不仅经常去帮着干家务,还陪她聊天以解除孤寂。

据介绍,2013年4月以来,雷静突然腿疼得动不了,周燕发现她连大门都开不了,急忙找人将她送往医院检查发现是骨折了,这真是雪上加霜。雷静的生活完全不能自理,医生嘱咐必须卧床静养,专人护理。雷静每月1000元的退休工资,除了吃药以外所剩无几,请护工是不可能的。周燕看在眼里急在心上,她默默地担负起照顾雷静的重任,每日三餐周燕都是从自己家做好饭菜亲自喂雷静吃。清晨,周燕为她清理大小便,隔一段时间为她打扫卫生;每天晚上为雷静洗脚、擦身、照顾她睡觉。前几天天气炎热,每天下午都要为她擦身子,连续一个多月天天如此。为了防止雷静便秘,周燕变着花样为她做可口的饭菜。

社区工作人员得知此情况后,立刻登门探望了雷静。雷静的卧房装饰得干净整洁,长期卧床的房间没有一点异味,这都是周燕的功劳。周燕说:"她一个人怪可怜的,既然是邻居,我做饭也只是多做一个人的,这不算什么。"一个人做一件好事不难,但难得的是天天如此,月月如此,这种大爱的精神难能可贵。自己的家人照顾护理病人都有厌烦的时候,更何况是非亲非故的邻居。

对于这份来自身边的温暖关爱,雷静一说起来就热泪盈眶,那眼泪是幸福的。在周燕的感染下,随后的日子里社区工作人员也参与进来,和周燕一起关心雷静的生活起居,并积极争取为雷静做一些特殊的政策照顾。相信在大家努力下,这种助人为乐、关心他人、快乐自己的正能量将在社区继续传递。

兰州日报 边卫霞

捡到失物还失主对我而言是义务

“把捡来的东西想方设法还给失主，是我应尽的责任与义务……”滕兰芳手里拿着还没有联系到失主的钱包，由衷地告诉记者。

43岁的滕兰芳是兰州市城关区市政管理所的工作人员，现在负责清扫徐家湾社区的“防洪沟”马槽沟，她已在这一岗位上工作了9年。9年间，她也说不清自己捡还了多少钱包，多少学生证、驾照、准考证……

“我只是尽了我的责任与义务”

“我相信，世上还是好人多！”“阿姨真是个好人，再次感谢阿姨。我刚丢失了学生证，被滕阿姨清扫卫生时捡到，随后她通过各种联系方式联系到我，把学生证还给了我。”学生张园园说。9年间，像这种捡到学生证、钱包的事经常发生，滕兰芳一直坚持寻找失主。“这些都是小事，真的没什么，我只是尽了我的责任与义务。”2月15日上午，记者见到正在清扫防洪沟的滕兰芳时，她挥着扫把，边扫垃圾边说。也就是这些“小事”，日久天长，一件一件、一次一次地感动着人心，让人们敬佩。据介绍，2011年在马槽沟的桥墩子下，她清除垃圾时捡到一个钱包。为了找到失主的信息，她打开钱包却发现证件都是用外文写的，她不认识。寻找中，她无意间发现了一个西北师范大学吕老师的电话号码。于是，她拨通电话，把捡钱包一事告诉吕老师。后来，在吕老师的帮助下找到失主，原来是一名来自摩尔多瓦共和国的留学生，名叫伊莱娜。钱包中有她的护照等重要证件，丢了护照她很着急。了解具体情况后，在西北师范大学吕老师的带领下，伊莱娜领取到了钱包。接过钱包后，伊莱娜先是“哇”的一声惊叹，连忙打开钱包，看到她的护照完好无损后眼泪夺眶而出，用生硬的汉语连连说：“谢谢！谢谢！中国人真的很友善，我喜欢中国人！我要把中国阿姨对我的

帮助，告诉我的爸爸妈妈！”留学生伊莱娜真诚的感谢打动了滕兰芳。临走时，吕老师也说：“好人会有好报的！”看着伊莱娜远去的背影，她再次对自己说：“我不图什么，只是尽自己的责任与义务！”

“我说滕兰芳，捡钱包、驾照之类的事还是不要再做了吧，没有什么价值，做不好还会把自己卷进纠纷中的。”这不是第一次听到同事朋友的劝告了。但是，她一直坚持，从没有放弃的念头。就在记者采访时，她还拿着一个未联系到失主的钱包。“想尽办法了就是联系不上，钱包还不了，我心里也不痛快。”这就是滕兰芳的真实感受。据了解，她打扫卫生时经常捡到钱包，最多的一次是一个早上捡到了3个钱包，后来通过银行查询、拨打114等方法，千方百计地联系到了失主并归还。“不管有多困难，不管给多少人打电话，我都要把捡到的东西送到失主手中。”她一边用夹子夹着垃圾，一边说道。至于把自己卷入纠纷的事，她说，以前看过类似事件，但不管怎样，好事还是要做的。她也注意到这点，每次与别人联系时都留下别人的联系方式，防止纠纷发生时把自己卷进去。“到目前为止，也没有出现过被卷进去的事。我相信，世上还是好人多。好事做多了，周围的人也就被感动了。”许多失主在领取丢失物时拿钱或者礼品表达谢意，但都被她拒绝了。每次遇到这种状况，她都会说：“我只是做了我应做的，我不能收取别人任何东西。为别人做好事，值得！”

为了大家辛苦一点没什么

看着被打扫得特别干净通畅的马槽沟，她欣慰地说道：“作为一名保洁员，可能不起眼，但把自己的工作干好，给大家创造一个良好安全的生活环境，苦一点累一点都不算什么。”就在记者采访时，她还在防洪沟里清扫着树叶废纸等垃圾，铲着冰冻的污水。约5米深的沟内，上下沟没有任何通口或者台阶。她告诉记者，每天自己都是一个人溜下去，爬上来。据了解，在去年马拉松时期，她胳膊不小心被油烫伤，但她依然坚持工作。周围的好心人看到她流脓的胳膊后劝她停止工作，回家养病，但她回头一想：在马拉松期间不能因为个人原因而停止工作，给兰州造成不好的影响。因此她依然带病工作。工作真的很累，很苦。夏天沟里草木长得快，如果清理不及时一下大雨就会被堵住，造成危害，所以她经常拔草剪树。有时候发生洪水，沟道淤塞，她一天清理不完，第二天起来还得继续。“其实这些不怕，怕的就是蛇。”她说在清理时会遇到蛇，自己只能躲着走。冬天天寒地冻，沟道里的污水结冰，她经常摔倒，结冰厚的地方还得她铲除。爬上沟坡，她看着黄河气喘吁吁地说：“在沟里工作时间长了，一出来感觉自己被释放了！”

兰州晚报 刘磊 实习生 董亮亮

5年来做的好事数不清

谁家的电器坏了，谁家有事要帮忙，谁家有人生病……只要开口，洪宝庆一定帮忙。今年66岁的洪宝庆是省军队离退休干部第三休养所的一名老干部，从2007年住到干休所以来，5年中他急人所急，做了不计其数的好事。“洪宝庆是个热心人！”一提起他，不少居民都竖起大拇指，他被居民们亲切地称作“洪雷锋”。

帮人的时候总是忘记自己的年龄

“这个洪宝庆真是个热心肠，有什么事只要打个招呼，他一定尽心尽力地帮你解决。这么说吧，他答应的事绝不打折扣地给你办好。”和洪宝庆同住在干休所的冯先生告诉记者，洪宝庆帮人是嘴到、人到、心到。“只要开口，他就答应，这是嘴到；答应后一定尽快来帮忙，这是人到；修好了他也总是关心着，打问还有没有其他能帮忙的事，这是心到。”

冯先生说自己家有一副轮椅，长期不用，一次老伴生病要用时却发现轮椅坏了，他到修车铺去修，但是被告知太过陈旧，很多部件都已经废掉了。洪宝庆看到后，马上跑回家拿来工具，三下两下就将轮椅修好了。

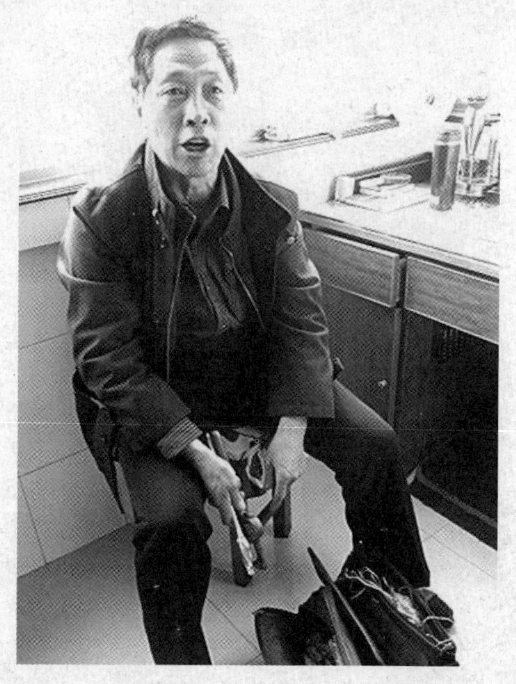

“65岁的人了，还把73岁的生病老人从房里背出来。”去年，一位姓刘的大爷在家突发疾病，当时家里只有大爷的女儿在，救护车还在途中，洪宝庆二话没说，就将大爷背起来送到随后赶来的救护车担架上。事后很多居民说：“老洪帮人的时候总是忘记自己年纪也不小了。”

购置修理工具只为帮助大家

洪宝庆得知邻居们向本报热线4286666反映他助人为乐的事迹时，有些不好意思，不断说：“这没啥好说的啊，顺手的事。”

就是他所说“顺手的事”,让邻居们深受感动。这样的事他一做就是几十年。为了帮助别人,他甚至购置了一个专门的工具柜、两个工具包。如果不是因为事先知道,只看这个柜子,你一定会觉得他是一个以修理为生的手艺人。“我当兵的时候就会很多修理的技术,现在刚好可以帮助邻居,这就是我的快乐。”

“我帮助别人,别人感动我”

洪宝庆帮助和温暖着别人,同时也被大家感动和温暖着。2010年12月,洪宝庆的儿子住院要做手术。他怕麻烦别人,可是在一次和邻居的闲聊中,无意中说漏了儿子的病情。没想到,这些邻居自发跑到医院探望,不知道病房的具体位置,他们就从23楼一层一层往下找,终于在7楼找到了洪宝庆的儿子。“你爸爸平时对大家这么好,现在你生病了,无论如何都要来探望一下。”邻居们说。

“人就是这样,你想着别人,别人也自然会惦记着你。”洪宝庆说。

“洪雷峰”帮人就是快乐的想法,感动了社区所有人,带动了很多居民。他们向洪宝庆学习,让这种大爱在社区传递着。

兰州晚报 杨鹭 李莉

81岁老人身处困境不忘帮助他人

在西固幸福社区，住着一位81岁的老奶奶冯素华，本该颐养天年享受天伦之乐的她，却不得不撑起一个家庭。老伴去世多年，儿子自幼患癫痫病，至今已30余年，在家待业；儿媳又有严重风湿病，无任何劳动能力；小孙女还在上小学。全家的日常生活仅仅靠她的退休金和儿子和媳妇低保金来维持。就是这样一位生活艰难的老人，在大灾难面前仍不忘为灾区的人民捐款捐物，送去温暖。

儿子的癫痫不定时发作，经常将衣服被褥弄脏。可是无论春夏秋冬，老人都只用凉水手洗，因为烧水要花钱，电费也不便宜。每天去菜市场，老人买的都是小贩收摊时的“堆堆菜”，这还是做给儿子一家吃的，而她自己吃的却是从菜场捡回的菜叶。

尽管每个月仅有1000多元退休金和264元低保金；尽管全家人的生活也只是解决了温饱；尽管已经记不清自己多少年没有穿过新衣服了……可是一旦听到有人需要帮助的时候，她都会义无反顾地奉献自己的爱心。2008年年初南方雪灾，5·12的地震，2009年的台湾飓风，2010年的云南干旱、青海玉树地震，舟曲特大泥石流灾害……每一次听到这样的消息，老人总会积极地捐款捐物，有几次她还捐了一大把零钱和几件衣服。“虽然她的捐款在救灾款里是微不足道的，但对她那样一个家庭来说，已经是一笔不小的支出了。那些零钱和旧衣物带来的感动远远超过了电视、报纸上几千万乃至上亿的数字。”社区的工作人员说。

就在记者走访冯素华老人时，很多邻居无不感叹道：“30多年来照顾儿子一家，大伙儿能够理解；省吃俭用、捡破烂、拾菜叶，大伙儿也能够理解。但面对她的“穷仍兼济天下”的精神，大伙儿就不知道这是一种什么样的动力让她做到的，大伙儿甚至不敢去想她每次捐款时是一种怎样的勇气和情怀！”大伙儿只能猜想，也许是因为她是一个不幸的妻子，更能体会失去亲人的切肤之痛；也许她是一个不幸的母亲，看到每个有困难的人都会把他当成自己的孩子；也许她有更多困苦的经历，更能理解人遇难时需要帮助的心情……但至少有一点可以肯定，她不仅是一位称职、慈祥的母亲，更是一位博爱、伟大的“妈妈”。

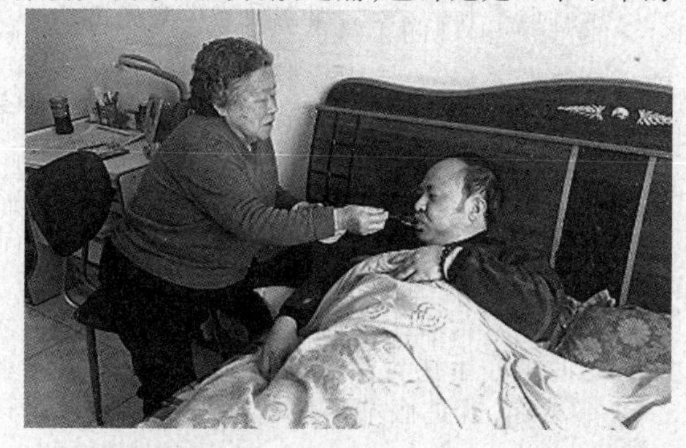

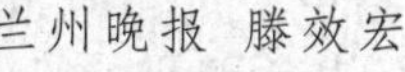
兰州晚报 滕效宏

好邻居照顾“三无”老人二十年

患小儿麻痹的“三无”老人吴连生与邻居牛天旭打小就是邻居，由于吴连生生活无法自理，久而久之，这位年过六十的老邻居牛天旭便当起了他的“义务保姆”。这个看似普通的事情，他一做就是20年。

好邻居暖人心

当记者说明来意后，牛天旭早已将准备好的热茶递到了我们的手中。“一天也就洗洗衣服、做做饭，带着他看看兰州市的新变化。吴连生从小就有小儿麻痹，现在我又退休了，时间就更多了。”说着一口地道兰州话的牛天旭老人，面带微笑向记者讲述了“三无”老人吴连生的过往。

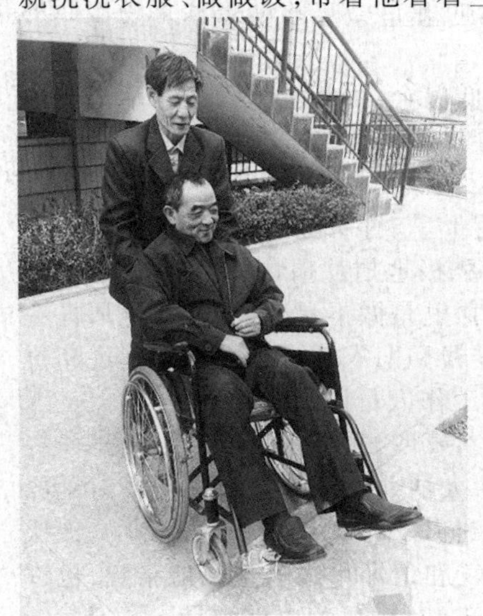

牛天旭和吴连生打小就是邻居，在吴连生12岁的时候，父母就先后离开了人世。34岁的时候，唯一的亲人也离开了他。“大伯是我在这个世上唯一与我有血缘关系的人。这么多年，伯伯为我付出了他的所有。”回忆二十多年前的过往，这位朴实的兰州老人吴连生的眼中充满了泪水。当吴连生的大伯离开人世后，周边的邻居纷纷担负起照顾吴连生的重任。牛天旭说：“住平房的时候，他家就在我们巷子口的前面，谁家有个空，都会到他家去看看。今天做点臊子面，明天做点面片子，都会给他端来。”这看似平凡的举动，却在吴连生老人的心中深深扎根。

不是亲人胜似亲人

五十多年来吴连生老人一直居住在城关区大砂坪的平房内，由于身体的缘故他不敢多吃、多喝，就怕上卫生间。记得那是十年前的一个秋天，空中飘着毛毛细雨，拖着能够勉强走路的身体，吴连生老人扶着围墙步履艰辛地挪到了离家门30米外的厕所。当时正下着小雨，路面比较湿滑，老人一不小心“扑哧”一声摔倒了，正在这时他左手扶着的墙砖砸到了右手无名指的指甲上。“当时指甲就凸了出来，一点都不疼，就是血不停地往外冒，我就咬着牙努力地想把它止住，也没什么感觉。躺了十多分钟后，被邻居们发现了，他们七手八脚地为我做了一些简单的处理，就送到兰州二院去了。”回忆10年前的那一幕，吴连生老人依然记忆犹新。事后，在邻居们的慷慨解囊下，凑够了400多元的手术费。虽然他的半截手指已经完全被砸坏，但谈起这段惊心动魄的小插曲，老人却哈哈一笑：“幸亏是无名指指甲这个地方，要是食指的话，那可就麻烦大了。”在与牛天旭和吴连生老人的接触中，他们最能感染我们的地方就是乐观。不管遇到怎样的坎坷，这老哥俩依旧是谈笑风生，好像生命中所有的坎坷在他们看来，都无所畏惧。

有快乐就有悲伤，生活就是如此反复。10年前由于工厂效益不好牛天旭下岗了，在那段时间里沮丧和懊恼在他心中挥之不去。面对家人的生计作为一家之主的他，应该负起责任来，但每次面试都无功而返。就在这个节骨眼上，吴连生的一句话却点醒了他。“你看我大字不识一个，又是残疾人，无依无靠的，只能依靠低保生活，还不是全凭着你们这些邻居我才能走到现在。没有工作，我们再找。”吴连生老人回忆说。从那以后，牛天旭重新打起了精神，找到了一家民营企业打工。每天牛天旭6点起床为吴连生准备好早饭，中午回来后还会带点食堂里的饭菜，看到水缸里的水少了，就会挑起扁担打上一两担水回来，直到把水缸填满。吴连生说：“在我看来，亲哥哥也不过如此。”

“我也要为大家服务”

怡景新村社区的工作人员在了解到吴连生老人为“三无”人员、二级残废、常年独居的情况后，联系到兰州公益社团，使他成为公益组织的重点服务对象。就在闲聊的过程中，一个电话打断了我们的采访。“在、在，过来就行了。”吴连生放下手中的电话后告诉我们，打来这个电话的是一位志愿者，4年了他从来没有间断过看望吴连生，可以说是风雨无阻。

“冰箱里的饺子，都是他们周六来包好的，冻了整整一冰箱。有韭菜馅的、芹菜馅的，可好吃了，给你也下点尝尝鲜吧！”就在吴连生老人说话的间隙中，这位志愿者已经来到了老人家里。“作为一名志愿者，我们应该设身处地为他们着想。吴连生老人的生日是12月5日，每年我们都会带他到五泉山、火吧，当然这生日蛋糕是必不可少的。”志愿者说。

在志愿者的帮助下，吴连生老人和牛天旭老人知道了有这么一个团体专门为弱势群体服务，4年前，他俩也光荣地加入到这个行列中来，参加过的公益活动数不胜数。就在前不久的志愿者环保活动“保护环境、爱我母亲河”活动中，牛天旭老人推着吴连生从大砂坪来到了活动现场。用吴连生的话来说：“虽然我是残疾人，但是我要尽自己的一点力量为大家服务。因为有很多人帮助我，我也要服务大家。”

现在，吴连生老人正在申请经济适用房过渡，已经搬进了两室一厅的怡景新村小区内。为了能够继续照顾吴连生，牛天旭也搬到了同一单元。

兰州晚报 赵庭那

“你是我的眼　带我穿越拥挤的人潮”

今年76岁的王景云，是一名患有先天性白化病的老人。8年来，他义务帮助了近百名盲人——不仅帮忙垫付购买按摩用品、按摩床以及盲人手表等各种物品，还帮外来的盲人朋友返乡时买车票、提行李、找座位。时间一长，王景云成了所有盲人朋友的“眼睛”。对盲人朋友们而言，这种情形正如歌曲《你是我的眼》中所唱的那样，“你是我的眼带我穿越拥挤的人潮”。

“跑腿的活我来干”

2004年，喜好按摩的王景云在五泉山附近的一家盲人培训中心上课，期间，王景云结识了很多来兰学习盲人按摩的朋友。看着这些外来的盲人生活及学业上存在着诸多不便，热心的王景云便经常帮助他们。买生活用具、接送盲人、买车票……王景云总说：“我还算看得见，跑腿的活就让我来替他们干吧！”

家住靖远的何理今年40岁，曾是一名煤矿工人，因公受伤后导致失明。后天的失明给何理的心理造成了阴影。在按摩学校培训期间，王景云了解到何理的情况后，自掏腰包带何理去医院治疗。他告诉记者，按摩培训学校里很多的学员都是外来的盲人，他们为了谋生来学习一技之长，因为人生地不熟，到了兰州就连买块盲表都不容易。王景云开始主动帮助这些学员，帮他们购买一些生活用品或者按摩用品。久而久之，哪里的盲表便宜，哪里的按摩器材结实耐用，王景云都很清楚。

渐渐地，王景云的电话号码在盲人圈子里传了开来，大家总说：“兰州有个王老汉，专门帮助咱们盲人，有事打电话找他总没错。”也因此，隔三岔五就有人打电话找王景云，外地的朋友请他帮忙代买一些按摩床、按摩工具等物品。通常情况下，王景云买齐东西后，还要将东西捎上客货车送往外地，这忙前跑后的活儿都要王景云一人承担。而为本市的盲人朋友买的东西，王景云还要送到人家家里。有人表示感谢时，王景云总是淡淡地说：“大家都是有困难的人，我还算能看见，加上我买的次数多，老板还能算便宜些，也能给大家省点儿钱，举手之劳嘛！”

为盲人牵线找工作

采访中，王景云老人接到了一个由杭州打来的长途电话，打电话的人姓王，老家在皋兰，此时在杭州某按摩机构打工，该机构缺少盲人按摩师，便电话咨询王景云，兰州是否还有盲人按摩技师，可介绍去杭州工作。听到这个消息，王景云非常高兴，详细了解了工资待遇及工作细节事项才挂了电话。他激动地告诉记者："真是太好了，有几个朋友正愁找不着工作呢，我这边打听好了以后，可以介绍他们过去。"

除了帮盲人介绍工作，王景云还帮过一位盲人母亲辅导孩子的功课。一次他从广播中听到一则求助信息，求助人何女士也是个盲人，丈夫不识字，家中两个孩子功课无人辅导。于是，王景云主动联系到何女士，提出为两个孩子辅导功课。王景云说，自己怎么说也是高中毕业，对于小学的功课还是可以辅导的。由于王景云家住雁滩高新开发区，而何女士家在金城关，如此远的距离，王景云每天下午3点就坐车去何女士家中为孩子辅导功课，教孩子写作文、做数学题，回到家中总要到晚上10点以后。这种辅导坚持了整整两个多月，后因老人患了冠心病而终止。

抚养两名残疾孤女

1969年，一岁多的女孩王天(化名)在家中玩耍炉火烧到了衣袖，导致右手臂严重烧伤至尺骨坏死，她的父母因此想要遗弃她，当时在工地当建筑工人的王景云知道后，便主动要求收养了这个伤残严重的女婴。为了能照顾好受伤的婴孩，老人早上带孩子去医院看病，下午便将王天放在工地的休息棚中。而自己为了抽出更多的时间照看王天，王景云加快了干活的进度，别人一次搬10块砖，他就搬15块，别人推车走，他就一路小跑。就这样王景云带着1岁多的王天，医院工地两头跑地坚持了一年，并最终将她抚养成人。1992年，王天嫁到了西津村一户农民家庭，如今已是两个孩子的母亲。

1997年，王景云在工地值夜班时，在路边捡到一名被弃的女婴，女婴右脚有残疾。老人二话不说，便决定收养，取名为王实(化名)。当时的王实约有两个月大，1岁时于兰州大学第二附属医院做手术后康复。在这期间老人坚持为孩子按摩，直到王实痊愈，老人骄傲地告诉记者，手术的成功加上他长时间为女儿按摩，从小学到初中，王实每年800米跑步都是全校前三名。受到父亲的影响，王实选择了学医，现在在一家儿童医院工作。

王景云一生抚养了两名"残疾孤女"长大成人，其中面对的挫折、困难不言而喻，他告诉记者，他从没放弃过。

如今，年过七旬的王景云一人生活，身体一天不如一天，但他只要接到盲人朋友的求助，都会尽全力去帮忙解决。

兰州晚报 张静 赵雨欣

用爱心播撒公益的种子

平时，他们是普通的职员、学生，但是加入了这个组织，他们有了一个共同的名字：种子。参加各种公益活动且传播公益理念，他们有一个好听的名字：蒲公英公益组织。他们平凡、年轻，有一个共同的期望，要用自己的努力帮助有需要的人。近日，记者走近兰州蒲公英公益组织，了解这个公益组织，从一点一滴中感受他们对公益事业的坚持和爱心……

8月初的一个周末，天气酷热难耐。蒲公英的8个"种子"来到铁路局附近的牟家庄探望朱桂兰老人。朱奶奶今年76岁，是一位孤寡老人。平日靠着不多的退休金维持生活，还要看病，生活十分拮据。尽管如此，老人还是充满了爱心，因为在她家里收养了7只流浪狗。如此一来，老人的生活就更加艰难。蒲公英的"种子"们了解到这一情况之后，几乎每个月都会去一趟朱奶奶家，给她买些生活必需品，陪她聊天。这不今天又是周末，大家想给老人一个惊喜，就自己掏钱买了米、面、油和生活用品，来到朱奶奶家，老人别提有多高兴了。他们帮着朱奶奶打扫房间的卫生，之后"种子"们给老人包了一顿饺子，大家坐在一起其乐融融地吃着，满脸的幸福，就像和自己的奶奶一样亲热，老人激动地掉下了眼泪。临走的时候，朱奶奶握着"种子"们的手激动地说道："多亏有了你们，我的生活才有了意义，现在每天我都盼望着你们来，你们真是我最亲的人啊！"

不仅仅关注需要有帮助的人，蒲公英公益组织还经常组织一些公益活动，旨在向全社会发起公益倡议。7月的一天，中山桥附近的近水广场上热闹非凡，原来这里正在进行的是由蒲公英公益组织等几个团体发起的"保护环境、爱我母亲河"活动。志愿者们对兰州黄河南北岸白色污染进行了清理，并对沿途市民进行了文明出行、环保意识宣传。志愿者人群中有两名身穿黄色衣服的双胞胎小姑娘，在队伍中跑前跑后，非常显眼。小姑娘的母亲说："孩子们今年5岁了，让她们参加这次活动，感受学雷锋做好事的氛围，希望她们将来在幼儿园里帮助小朋友，这样对她们的成长也有帮助；

长大后，也要让她们加入公益组织，可以集合大家的力量发展公益事业。”

播撒爱的种子。蒲公英公益平台不仅仅帮助兰州市内需要帮助的人，他们还把爱心送到了更远处。在甘南周边有一所孤儿学校，生活学习环境都十分简陋。了解到这一情况后，蒲公英公益平台的成员特意捐钱买了学习用具、生活用具等物品。驱车百里来到这所学校，他们带给孩子的不仅仅是物质上的帮助，更是心灵上的关注。陪孩子做游戏，给孩子们讲讲外面的世界……蒲公英公益组织给孩子们带去了更多的希望和憧憬。

点滴的爱汇集在一起，成了很多人心中最温暖的力量。而这力量同时也温暖着一个叫作王世虹的白血病小姑娘。建立QQ群，为小姑娘组织义演，一次次去医院看望小姑娘，帮助小姑娘申请基金救助，蒲公英的种子默默地做着这一切。“其实，我们只是尽自己的一份力，做自己能做的事情，就是希望可以帮助到那些有需要的人，让他们感觉到这个社会是温暖的。”蒲公英组织的一位负责人告诉记者。

记者了解到，从兰州蒲公英公益组织成立以来，前后大概有500余人参与到这个公益组织的各项活动中来，其中有近200人是公益组织的长期成员。他们虽然都只是普通人，但却都用心完成着一项伟大的事业；他们虽然收入不多，但奉献的是无价的爱心，他们是我们身边普通却令人尊敬的人。

兰州日报 颜娜

实习生 徐大凯

八旬老人赵常春的“常春梦”

每天上午9时，87岁的老人赵常春都会在喂完院中的流浪猫后，准时带着铁锹、锄头、铲子等工具来到七里河区兰州军区兰州总医院南滨河路黄河风情线上浇水锄草，精心呵护他栽种了7年的花草树木，并将从家中带来的食物喂养给“过路”的鸟和流浪猫。

义务种植花木7年从未间断

“我吃的是农民给的，穿的是纺织工给的，我不能一味地索取，我晚年最大的愿望就是尽我自己的能力为大伙儿做一点事，我栽花、种树只为改变环境，为大自然做一点贡献。”赵常春老人时常把这句话挂在嘴边，他做到了，并且一直在用自己的行动诠释着自己的诺言。

据他回忆，2005年的一天，他散步走到南滨河路安西路北口附近的黄河边时，看到黄河边有许多垃圾，淤泥泛滥，便萌生了在此种植花草的念头，想要种出一个“花园”。由于当时这里垃圾较多，淤泥遍布，想要开垦后种花草十分费力。所以从那时起，赵常春的身影每天都会出现在黄河边，先是清理垃圾、平整土地，买种苗，然后播种栽培，这些都是他一个人在操劳。无论是严寒还是酷暑，都能看见他辛勤劳作的身影，一到夏季炎热的那段时间，赵常春每天都要从黄河里一桶一桶地提水，把花浇上三次，这里的每株花草和树木都凝聚着他的心血和汗水。

“这么大的岁数了，打打拳、散散步多好，花钱劳神费力图了个什么啊？”对于周围人异样和不解的眼光，赵大爷根本不当一回事，继续执着于自己培植花园的计划。2010年6月的一天夜里，自己辛苦培育的花草树木一夜之间全部被人连根拔起扔进黄河里，但他没有想过要放弃种植花朵树木的念头。

从春天到秋天这里百花盛开

7年过去了，当初的十几个小“花园”由于人为和一些自然原因只剩下6个了。“从春天到秋天，‘花园’里会陆续盛开迎春花、玫瑰花、月季花、夫妻花等十几种花朵，这里也从当时的无人问津变成了附近市民休闲散步的好去处，平时还会有人跑到花园中照相留念。”赵大爷高兴地说。

由于游人渐渐多了，为了防止有人进行破坏，赵大爷用树枝和木棒在鲜花周围围上了一圈栅栏，并亲自编写了《爱花歌》：“花为美境栽，蜂蝶采蜜来，人看心身健，请君多关爱”写在木板上，放置在花园中，以此来保护这些美丽的花草。

让人高兴的是，如今的赵大爷已经有了自己的粉丝——爱花爱树志愿者张大妈。60岁的张大妈看到赵大爷每天都义务来此浇花施肥，被赵大爷的行为所感动，从2011年开始，每天也都会按时来此帮助赵大爷锄地、提水浇花和捡拾垃圾。张大妈说：“赵大爷是在向雷锋学习，而我则有一个更明确的目标——那就是向他学习。”赵大爷高兴地告诉记者，除了张大妈外，现在还有更多的人帮忙，他将继续扩充自己的小“花园”，给大家创造一个美好的休闲园。

对花木情有独钟　对动物也爱护有加

赵常春除了每天定时定点去照顾自己的花朵和树木外，还要照顾自己的另一帮“小朋友”——野鸡、野鸟和流浪猫。每天赵大爷在去黄河边的路上，不时有人向他打招呼，并让他到自己家中去取一些动物的食粮。赵大爷告诉记者，刚开始的时候都是自己花钱买一些食物给院中的流浪猫和黄河边的小鸟吃，时间长了，邻居们知道他喜欢做这事，就经常拿一些家中吃不完的食物给他，让他拿去给这些动物喂食。久而久之，这些动物们熟悉了，也都知道他这里有吃的，而且对它们没有恶意，就会经常跑来，原先对人类敬而远之的小鸟也会围在他的身边乞食。“知道有吃的，流浪猫留在院中都不愿意走，如果有一段时间，父亲没有给流浪猫喂吃的，院中的流浪猫饿了，就会跑到家门口‘敲’门，要一些吃的。”赵常春的小女儿兴奋地说。

从小就喜欢种花、栽树的赵常春老人，追求的不仅仅是在黄河边种花栽树，因为这不能满足他保护环境、改变环境的愿望，所以已到耄耋之年的他还将会继续追求他的理想。

兰州晚报 程培培 徐倩影
实习生 吴宏伟

农民企业家　村民冷暖挂心间

30年前的九池泉,已没落成穷乡僻壤:交通不畅,生态恶劣,泉水干枯,生活艰辛……那时,村里的小伙方正龙外出谋生创业。30年心怀理想,方正龙从建筑工地的小工做起,艰苦创业,事业一步一步向前迈进;30年心装乡亲,方正龙为家乡的绿化、人饮工程、修路架桥、修建学校、文化活动、新农村建设共投入约3000万元,使家乡发生了翻天覆地的变化。如今的九池泉,是我市新农村建设中的一个亮点,更是一个典型的充满生机的生态旅游村。30年弹指惊雷,当年的小伙如今已年近花甲。不变的是,方正龙始终把家乡发展和百姓冷暖挂在心间。

栽树30余万株绿化　荒山变身生态村

九池泉,俨然是西北少有的生态村。但九池泉人不会忘记,美丽的九池泉曾经没落得面目全非。村民朱大叔记忆犹新地说:"30年前,所有的泉水干枯,树也没几棵了,吃的水得从山下往上驮,日子过得很艰辛。"村里的老人们告诉记者,1990年,已经在外面创业多年的方正龙回到村里,看到家乡后山坡上仅有的一点绿地也有被垦荒和种植百合的危险,就主动提出要出资种树、绿化山貌。自此后,20多年来从未间断。

20多年来,方正龙共计投入约500万元为村里植树30余万株,主要树种有松树、云杉、国槐等。绿化面积达500余亩,并修建500立方米的蓄水池一座,每年还出资10多万元用于树木的浇水、管护。现在大多树木已经茁壮地生长到5米以上,绿树成荫。有人说,按照当前园林绿化市场上树木的价格估算,方正龙所栽30万株树木的价值超过了3000万元。

修路架桥建学校　好事善事连成串

采访中,村里的老人们,你一件他一件地给记者讲述了方正龙创业及多年来为家乡所做好事善事的故事。

改革开放后，20多岁的方正龙下山来到了省城兰州闯荡，由于只上了几年小学，欠缺文化，他只能到下苦力的建筑工地找活干。虽然没文化，但方正龙勤劳能干，搬运砖块，搅拌水泥，上墙砌砖……建筑工地的力气活、技术活他都干得得心应手。凭借能吃苦、善钻研等优点，打工半年后方正龙被老板赏识重用，破格提拔成工地负责人。

到20世纪80年代，改革开放进一步深化。1983年，方正龙通过挂靠有建筑资质和信誉良好的一家建筑公司，成为其旗下分公司的老板。开始创业后，方正龙秉承“勤俭能持家、诚信赢天下”，很快成为建筑市场的宠儿，工程建筑质量和口碑更是得到业主单位一致好评，工程遍布七里河区、城关区、西固区及周边。创业自然辛酸，经过打拼奋斗，方正龙在建筑市场掘到人生的第一桶金。

在创业有了基础后，他致富家乡的桑梓情怀日益强烈，一边帮助左邻右舍和乡亲们脱贫致富，一边开始投资于村里的公益事业，着手改变家乡面貌——

在持续种树的同时，1993年，他关注教育，捐资12万元修建了建筑面积300平方米的九池泉村学校，还给民办老师每年补助1500元，解决了本村学龄前儿童和1～3年级儿童上学难的问题；2000年，捐资210万元修建了800平方米的农村文化娱乐中心和篮球场；2002年之后，投资近200万元，先后铺设4.2公里乡村水泥道路和架设一座通往九池泉的水泥桥梁；自行设计建设了依托村社山门（村大门楼）；2004年起，他带头响应党的号召，建设和谐社会，每年拿出2万多元，为全村60岁以上的老人集体过生日，组织文艺演出，丰富了村民的业余文化生活，还为村子留守人员带去了精神慰藉，一股和谐文明之风吹拂在了九池泉村。

出资建设新农村　山村立起别墅群

步入新农村，有大型的广场，广场周围是一栋栋漂亮的新落成的小别墅，每栋别墅为200平方米砖混结构的二层楼房，小区内的绿化及道路硬化基本完成，小区的环形道路上安装了太阳能路灯。从高处看，一栋栋红顶别墅楼格外壮观，与远处满山的绿色相映成趣，俨然一个生态新农村。

2008年汶川地震后，从事建筑行业30多年的方正龙深知，九池泉村大多数村民的房子都建在覆土遮盖的断带岩石层上，地质结构松动，这样的地理条件，要是有地震，后果不堪设想。于是，方正龙经过和村上干部商讨后，邀请了地质部门专家和土地等部门领导深入九池泉村，细致了解和实地察看了村子的地质结构，经专家会诊把脉后得出结论：九池泉属水土流失和极易滑坡地带，需要整体搬迁。

为彻底解决家乡群众饱受地质灾害威胁之困，方正龙在村头看好了一块地方，并经专家勘测后决定通过削山平地，为村子搬迁开发出一块地方，实施搬迁。从2010年开始，心装百姓、心系百姓疾苦的方正龙先后邀请地质专家，并报请有关土地部门批准认可后，开始了钻山施工。2011年，动工建设46套200平方米砖混结构的二层安置楼房及基础配套设施。目前，已完成了九池泉村人饮工程，修建了两个蓄水池,铺设管道2000米,解决了安置区群众的用水问题;完成了46栋楼房主体建设及外墙粉刷,住宅小区内道路硬化亮化及上下水、绿化工程等已近尾声。

九池泉发展不停步　要建生态旅游村

环境、教育和发展,是方正龙关注家乡的重点问题。因整合资源,当地孩子们去了条件更好的寄宿学校就读。日前,他当年捐资修建的小学二层楼已被修缮一新,用作经营农家乐。

记者看到,好几拨城里人开车前来,回归自然,避暑纳凉,品尝农家菜肴。“这是方总当年投资建起的村小学,现在孩子们到城里上学,我们就将此用作发展村经济,开办农家乐,吸引城里的人来体验农家乐,吃地道的农家菜。”村民自豪地说。

“我的愿望是进一步加大投入,把我们村打造成生态旅游村,吸引市区市民来旅游消费,带动村子可持续发展。”这是方正龙对家乡下一步发展的定位和期望,也是方正龙想要实现的生态村、幸福村的梦。他说,把闲置的村小学无偿地让村民经营农家乐,就是引导乡邻们打造七里河区后山农家乐乐园,引导农民脱贫致富。

兰州日报 王忠德 柴希中

阿牛开热线助残　好人背阿牛看病

每周星期一和星期四，是残疾人热线主持人阿牛尿毒症透析的日子，从三楼将轮椅抬到一楼，然后穿衣、扶着阿牛到医院透析后，再从一楼背到三楼，两年多来超膺家政服务公司经理赵忠胜和他的员工们一直重复着这个动作，几年来，从没有中断对阿牛的照顾。用阿牛的话来说：“没有赵忠胜的帮助，就没有我的今天。”

每隔两天就要重复一遍

11月14日12时30分，赵忠胜跑步赶到付家巷小区阿牛的家。他首先给阿牛穿好衣服后，把轮椅从三楼搬到一楼，再给阿牛戴上帽子和手套，扶着他慢慢往楼下挪，准备带他去兰大二院做透析。由于长年卧床，再加上疾病的折磨，阿牛的双腿已僵直，正常人用不了1分钟的路程，赵忠胜几乎是连扶带拖，花了将近10分钟才挪到楼下的轮椅上。一路上赵忠胜给阿牛讲故事、笑话。过马路、上台阶、乘电梯……每一步赵忠胜都得小心翼翼。13时15分，当他们提前出现在兰大二院三楼透析中心门口时，赵忠胜才松了一口气，帮阿牛摘下手套和口罩，耐心地等候在门口。13时30分，当护士喊了一声“阿牛”后，赵忠胜套上鞋套，将轮椅推入透析中心，把单据和药品交给护士，推着轮椅称体重，将阿牛抱到透析床上，脱下棉衣、棉裤。开始做透析后，赵忠胜把棉被叠好放到休息室，把轮椅锁在楼道的椅子上，才急急忙忙跑回家扒拉几口饭，然后又拿着东西去单位上班。

16时50分，赵忠胜放下手头的工作又开始往兰大二院赶，他要在17时30分赶到兰大二院透析中心去接阿牛回家。由于路上不太堵，他终于准时赶到了，阿牛刚做完透析。记下护士交代的注意事项后，赵忠胜给阿牛穿上棉衣、棉裤和棉鞋，戴好帽子、手套和口罩，把他抱到轮椅上，再用棉被围裹好，当他推着轮椅走出医院的大门时，已是18时。这时，天色已灰暗，路上车水马龙。赵忠胜推着轮椅在人流和车流中不断穿梭，18时30分才到阿牛家楼下，这时天已完全变黑。赵忠胜还没把阿牛挪到二楼,阿牛就已经气喘吁吁地走不动了,他费了很大力气把阿牛背到三楼家中,又返回一楼将轮椅和棉被拿上来。阿牛每隔两天就要透析一次,因此这样的事情,每隔两天赵忠胜就要做一遍。

生命的力量让他感动

赵忠胜与阿牛非亲非故,却给予了他亲人般无微不至的照顾。这缘于2011年初他有一次收听广播,当听到阿牛在广播中求助,急需一名家政服务人员时,他决定到阿牛家看看。了解到阿牛的生活非常困难,除了近千元的病退工资外,自己看病都靠姐姐妹妹们接济度日,平时家里就一个人生活。白发苍苍的阿牛,由于糖尿病并发症双目失明,现又引发了尿毒症,必须每隔两天去医院做一次透析,他的姐妹们年龄已大,无法送他去医院。阿牛的身体已经极度虚弱,但还仍坚持接听"阿牛残疾人服务热线",还在通过电话开导其他残疾人要勇敢地面对生活,还在想着为残疾人服务。阿牛乐观的生活态度,让广大残疾人感到了生命的力量。"一个身体这样的人都还在想着帮助别人,我一个身体健全的人难道就不能做点什么吗?"赵忠胜说。他决定,做一名志愿者,承担起接送阿牛去医院透析的重任。

让残疾人心里感到温暖

从付家巷小区阿牛家到兰大二院透析中心的这条路上,两年多来,赵忠胜不知道走了多少遍,春夏秋冬,他风雨无阻。有时忙不过来时,公司其他员工会赶到阿牛家照顾,两年多来,从没有间断过。"当初,我对阿牛大哥说过,我会照顾他一辈子,并且让阿牛大哥的心能感受到温暖。"赵忠胜说。阿牛说:"现在身体比三年前好多了,如果没有赵忠胜,就没有我的今天。"提起赵忠胜对自己无微不至、胜似亲人的关心照顾,阿牛几度落泪。医院的病友和护士都告诉记者,以前每次赵忠胜推着阿牛来时他们都以为是他的家人,后来才知道他们非亲非故。"他做得比儿女们都细心,儿女们还不知道能不能坚持这么久呢?"一位病友告诉记者。"不管在这条路上还会走多少趟,只要阿牛还在做透析,我就会一直坚持下来。"采访结束,赵忠胜坚定地告诉记者。

兰州晚报 孙建荣

西固有个女"郭明义"

"帮助别人后看到他们露出微笑,我就觉得很幸福。"几年来,孟秀琴照顾4位孤寡老人,让他们安享晚年生活;免费教课,引导孩子用心做人。她一如既往地帮助身边需要帮助的人们,用心做每一件力所能及的事,被人们称作女"郭明义"。

免费给孩子们讲国学

3月21日,记者见到孟秀琴时,她正在一间不到十平方米的房子内准备下午的课程。今年40岁的孟秀琴是威立雅水务集团的一名员工,离异的她自己带孩子,家里的条件很一般。她说:"看到帮助过的人脸上露出微笑,我就觉得很幸福了。"

2006年,孟秀琴开始免费为孩子们讲授国学,许多家长都不理解,没人来报名。无奈,孟秀琴从认识的人中发展。最终,在朋友免费提供的场地里,孟秀琴开始免费为朋友的孩子讲授国学。她说:"虽然刚开始只有两三个学生,但也算是我美好愿望的一个开始。我自己一边学习,一边给孩子上课其实挺快乐的。"渐渐地,她的举动得到了越来越多人的认可,朋友介绍朋友,同学介绍同学,她的学员也由两三人逐渐发展到了近20人。

义务照顾孤寡老人

3年前,当孟秀琴从社区了解到有4位老人生活困难无依无靠时,又主动照顾起了这些孤寡老人。张大爷爱吃饺子,但是又不能吃太油腻的,孟秀琴就利用闲暇时间给他包素馅饺子。老人逢人就夸:"秀琴真是我们社区的好女儿。"

田奶奶独自一人生活,条件很是艰苦。考虑到老人冬天生活不便,孟秀琴就和其他一些志愿者帮老人租房子住。在大家和社区的帮助下,老人现在也已经住上了廉租房。在这些孤寡老人的心目中,孟秀琴就是一位贴心的好女儿。

积极参与爱心活动

从2006年开始，孟秀琴一直积极参与各种爱心活动。一个人的力量有限，于是她在网络上发帖，呼吁更多的志愿者参与，没想到竟有五六十人加入，于是就有了后来的爱心团体——水滴公益组织。他们的活动十分丰富，逢年过节慰问困难户，定期照顾空巢老人，前往定西贫困小学进行支教等等。2007年8月，孟秀琴和志愿者团队开展了首次爱心传递活动，前往定西地区的小柏林小学，为孩子们送去了大家募集的衣物和书籍。同年12月，水滴公益组织再次对小柏林小学进行了爱心捐赠和助教活动。此后，这样的活动一直不间断，孟秀琴还抽时间去学校支教。几年来，她的团队累计为社会服务1228小时，捐助旧衣服3000余件，学习用品、体育用品不计其数。

兰州晚报 陶承志

抢着做好事不愿受感谢

在西津桥社区提起王昭鸿老人，每个居民都会说："那可真是个热心人啊！"在王大爷住的院子里，听到哪家有事，他会主动帮忙；听到哪家有老人病了，他会上门探望；听到哪家闹矛盾，他前往调解……不仅如此，王大爷还从来不接受别人的感谢。若有人强行送礼上门，这个倔强的老头往往会"逃之夭夭"。

倔强老人从不接受感谢

75岁高龄的王大爷看起来特别年轻，怎么看都像是只有65岁。"清白做人，平安一生"，是这位老人一生的座右铭。他说："要把做好事放在心上，要行动起来，不能只是嘴上说说。"

王大爷是这样说的，也是这样做的。而且，每次做好事之后，王大爷总是倔强地不接受别人的感谢。

一次，王大爷在黄河边玩空竹时，突然有一辆东风车撞上了一辆面包车，司机被卡在车座里面，王大爷为了救人，当时不知道哪来的那么大力气，把汽车后座扳掉，将司机救了出来。之后，司机为了答谢王大爷的救命之恩，找过王大爷三次，而前两次都被王大爷"溜掉了"。第三次，获救司机又到事发现场找恩人时恰好碰到了王大爷。因为事故发生时他没看清楚恩人长什么样，便上前问王大爷"认不认识那个救了自己的老人"。为了逃避感谢，王大爷指着自己的一位熟人说是司机的救命恩人，随后赶忙开溜。

做好事总是一丝不苟

王大爷的倔脾气不仅表现在他拒绝报酬上，也反映在他的一丝不苟上。

2009年的一天，王昭鸿外出买东西，路过七里河桥头十字路口看见一个5岁左右的小女孩，站在马路中间无所适从，来来往往的车辆十分危险。当王大爷抱着小女孩问家在哪里时，小女孩一直含糊不清。为了找到小女孩的家人，王大爷抱着小女孩转遍了西站，他给小西湖、西站等几个派出所都打了电话，经过4个小时，终于找到了小女孩的家人，并亲手将孩子送到家人手中。而在寻找小女孩家人期间，曾有个陌生男子自称认识小女孩的家人，可以把小女孩送回去，但认真的王大爷并没有将小女孩交给那名陌生男子，危险再次被王大爷的仔细和认真规避掉了。当小女孩见到自己的妈妈并喊“妈妈”时，王大爷也没有丝毫的大意，他留下了小女孩家人的证件号码和电话号码，并在许多邻居的证实下才将小女孩交还其家人。

社区的好帮手　邻里的大家长

2010年，西津桥社区开展了“四点半工程”，使社区的孩子在放学后有一个安全、让家长放心的去处。王大爷就成了社区“四点半工程”的志愿者，义务给学生辅导作业、讲授课程，组织孩子听革命故事、玩健康游戏，开展富有吸引力的思想教育和文体活动，王大爷用他幽默风趣的语言赢得了孩子们的喜爱。直至现在，社区只要有需要，一个电话，王大爷便会义无反顾地赶过去。

王昭鸿一家曾几度被评为“文明和谐家庭”。作为兰州市空竹运动协会副主席、楼院长的王昭鸿不仅要处理空竹协会、社区事务，还要照顾自己的老伴及只有8岁智力却已经40岁的大女儿和整栋楼的事情。而电力工人出身的他，不论是谁家停电了，电路发生故障了，还是谁家有家庭矛盾了，他都会免费帮助修理和调解。

王大爷不仅仅自己热衷于做好事善事，同时他还要将自己对做好事善事的热衷传播给其他人，就是给老伴捶腰时也不忘讲做人处世的道理。因此，老伴也和他一样，是个热心人。院子、楼道脏了，老伴就会主动收拾干净。他和家人用热心、执着和宽广的胸怀感动着每一个人。

兰州晚报 程培培 徐倩影
实习生吴宏伟

好警官曲波热心公益获殊荣

“做人要浅，要浅得透明，浅得正直，浅得公正；做事要深，要将事情做得精彩，精到做成成品。”这是武警某部队警官曲波的座右铭。10年间，他参与过的公益活动不下100场，义务献血3200毫升，与志愿者团体一同为那些急需帮助的弱势群体、个人捐款60余万元。虽饱受家人和朋友的不解，却实践着“奉献、友爱、互助、进步”的志愿者精神。

2002年夏天，刚从部队院校毕业的曲波，便被分配到新疆阿克苏地区。一天，乡亲玉素蒲大娘家突发大火，曲波和战友们不顾危险奋力救火，第二天一早还来到玉素蒲大娘家，为她重新整理收拾房子，一周后便为老人建起了新家。回忆10年前发生的这一幕，曲波告诉记者，也就是那一次，感觉帮助别人是件多么开心快乐的事啊！那种“予人玫瑰，手留余香”的感觉是无法用言语来表达的，只能说他们快乐，也就是自己快乐。

一场火灾激起了曲波心里隐藏已久的“爱的火花”。从2002年开始，他便走上了公益慈善之路。在新疆工作的那段时间里，一到采摘棉花的季节，他就会组织官兵为当地的棉农采摘棉花；一到三月的“雷锋日”时，他又和战友们一同到当地的人民医院献血。

5年前的一个秋天，调回兰州工作的曲波偶然看见电视屏幕上有一个身患绝症的小女孩，需要骨髓捐赠来挽救生命。于是作为军人的他，就把女孩的联系电话记了下来打算捐出自己的骨髓为小女孩配型。回到家后，他把自己的想法告诉了

父母，但是遭到了家人的强烈反对。一直孝顺母亲的他，却在骨髓配型这件事上，第一次强硬坚持自己的做法。曲波的执着终于得到了母亲的最后让步，当他准备给远在辽宁的小女孩做骨髓配型时，却听到女孩配型已经成功的消息，虽然心里非常高兴，但没有捐赠出骨髓的曲波心里却是非常难受。“往后不管怎样，我都会把这件事做下去，一次不行就两次。”曲波说。

曲波家的楼下，住着一位90多岁的老人，年事已高，每次大小便失禁，都由他和家人为老人换洗。今年“雷锋日”的时候，曲波被光荣地评为中共中央文明办第三届全国道德模范“万民公众代表”、兰州市优秀青年志愿者，而他所在的志愿者团体“兰州公益心社团”，也被兰州市文明办首次评为“五星志愿者团队”。曲波说：“为了给更多的弱势群体带来帮助和希望，今后我要和我的志愿者团队一起在公益道路上一直走下去……”

兰州晚报 刘怡麟

残疾同学行路难　背他扶他上学堂

做一件好事并不难，难的是一辈子做好事。"有位伟人曾这样说过。在位于红古区海石湾镇的兰州十八中校园里，几位好少年用自己的行动在践行着这句名言。每天上学和放学的人流中，你都会看到有两个少年搀扶着一个拄着拐杖的同学，这感人的一幕在校园里已演绎成一支爱心接力棒。由最早的张晗和赵宇波，到今天的张建厚和叶建红，爱心接力棒在校园里已默默传递了8年多的时光。

同学的无助让两少年决心相助

8年前，张晗、赵宇波和张雪峰3个小伙伴都在甘肃窑街煤电四中四年级同一个班学习。"张雪峰原本非常活泼外向，能说会道，那天下午放学时，我们发现他竟丝毫没有动身回家的意思。"赵宇波和张晗说起几年前的事情，仍然记忆犹新。后来他俩才知道是张雪峰的小儿麻痹症那天突然严重起来，无法站立和行走。看到同学艰难、伤心和无助的样子，张晗和赵宇波马上做出了这样一个决定：扶着他一起上学、回家。

临时决定把3人绑在了一起

一句临时决定的话把3个同学就这样绑在了一起。在以后的日子里，张晗和

赵宇波除了帮助接送张雪峰同学外，每天还要帮他交作业、扶他上下楼梯，大课间时还扶他到校园，与同学们一起活动。当张雪峰要上厕所时，两人立即扶着去。时光流逝，岁月匆匆。不觉之间，3个小伙伴都小学毕业考上了兰州十七中学。上初中后，他们通过向学校申请，3个同学又分在了同一个班里学习，这更方便了他俩对张雪峰的帮助。

"其实初中3年间他俩对我的帮助最让我感动。"张雪峰说，记得有一次放学时正逢下大雨，赵宇波一看扶上他不好走路，便说："你把拐杖给张晗，我背你走一段。"赵宇波背着比他还大半岁多的张雪峰硬是走了好半截路。放下张雪峰时，赵宇波已出了一身汗，加上遭了雨淋，回家后的赵宇波患重感冒发高烧一连几天。说起这事张雪峰仍感到十分内疚。在他俩的帮助下，曾经因残疾而性格孤僻的张雪峰慢慢变得开朗、乐观起来。

接力棒在十八中继续传递

高中考上兰州十八中学后，由于张晗、赵宇波与张雪峰不在同一个学校和班级上学，张雪峰的同学张建厚和叶建红便接过了爱的接力棒。"以前我们都听说张晗、赵宇波的故事，高一新学期开始后，我们就主动帮助张雪峰一起上下学。"如今已上高中二年级的张建厚和叶建红与张雪峰整天形影不离。"明年就要参加高考了，我的理想是考一所阿语学校。"性格乐观的张雪峰说，"张建厚的理想是考上经济类的大学，而叶建红的理想是考上政法类大学。"经过两年多的相处，他们3人已无话不说了。

"他们俩是我们十八中校园里的活雷锋。"面对老师和同学的赞扬，张建厚和叶建红总会说："做这点事没什么，这是我们应该做的。"

"张建厚和叶建红同学的事迹不仅培养了学生的爱心和责任心，而且还影响、带动了班上的其他同学，现在高二(11)班已形成了一条不成文的约定：只要张雪峰有什么困难，大家都抢着去帮助。"十八中学团支部书记张程霞说，现在这个班集体荣誉感非常强，同学们团结上进，班级也好管理多了。

"我俩要把张雪峰一直接送到他考上大学。"张建厚和叶建红的脸上洋溢着自信和青春的气息。爱心接力让这俩小伙成熟了许多。

兰州晚报　滕效宏

用感恩的心撑起一片爱的天空

志愿者,作为新时代的代表,已经渐渐地被人们所熟知。在兰州,这大大小小的志愿者团体就有上万个,他们秉承着"奉献、友爱、互助、进步"的原则,用自己一颗感恩的心,撑起一片属于他们的天空。兰州公益心社团就是其中一家,自2007年11月成立至今,已经举行过上千次社会公益性活动。最初他们是一个通过网络QQ群集结起来的,由兰州公务员、工人、学生、自由职业者、打工者等不同职业人群自发组成的一个社会团体。成员规模开始仅有几十人,在发展过程中随着活动的增加、社会影响力的提高,很多市民都自愿加入进来,至今公益心的志愿者人数已达到800人左右,为社会弱势群体、孤寡老人、残疾人、单亲家庭的孩子等,提供了公益性免费服务。就在今年"雷锋日"的时候,兰州市公益心社团,被兰州市文明办首次评为"五星志愿者团队"。

"他们都亲切地叫我一声吴哥"

"吴伯伯,今天我们给您包饺子来了。"敲开房门,一群志愿者提着各式各样的水果、蔬菜,来到了身患小儿麻痹的"三无老人"吴连生的家。和老人说话的这位大姐,正是兰州市公益心社团的组织者之一——王斌。"你就叫我琳子姐吧!"面对记者的提问这位四十开外的中年妇女开朗地介绍自己。她告诉记者自从2008年开始,他们社团就已经在照顾吴连生老人的生活起居。每逢周末,她都会带着志愿者来到老人家。为老人洗衣、做饭、打扫卫生,已经成了公益心社团每周的例行日程。"这些孩子好啊!遇到刮风下雨,大雪天的,从来没有间断过。工作日的时候,还会抽空过来看我。"吴连生老人介绍到。就在说话的间隙,琳子带领着志愿者开始了每周的"例行工作"。无须老人告诉志愿者家里的锅碗瓢盆放在哪里,油盐酱醋放在哪里,这些公益心社团的志愿者们就像到了自己家一样,轻车熟路。"掐指一算,他们为我服务已经有5个年头了!"老人告诉记者。由于吴连生家人去世得早,早已记不清自己的生日。公益心社团的志愿得知这一情况后,决定每年的12月5日为老人庆生。前些年,他们一同带着老人去过五泉山,去过火吧,去过徐家山烧烤……每每遇到坑洼不平的路面时,这些公益心的志愿者们都会齐心协力地抬起老人和轮椅,一同跨过去。谈起过往参加的活动,吴连生老人总是开心地笑着说:"我身体不便,这些志愿者就像是自己的亲人一样。当我感到寂寞伤心的时候,都会和他们通电话聊天,不管工作多忙、多累,他们都会亲切地叫我一声'吴哥'。"

“谢谢兰州公益心的叔叔阿姨们，是你们让我可以继续学习”

除了帮扶一些行动不便的人以外，兰州公益心社团还利用网络平台，为那些因家庭贫困几近辍学的孩子们捐款捐物。迄今为止，兰州公益心社团已经援助了6名儿童重返校园。家住皋兰县黑石川乡的12岁男孩小刚（化名），由于孩子母亲受不了丈夫的体弱多病及家庭贫寒，在小刚7岁那年便撇下家人，远嫁白银。此后，这位失去母亲的7岁男孩小刚，就和年迈的爷爷奶奶以及体弱多病的父亲一起生活。

“家里需要钱给爸爸看病，几年下来，手术就已经做过三回了。虽然两个姑姑都会接济我们，每年家里也有5000多元的收入，但这还不够还债的。”小刚说。年少的小刚非常懂事，为了给家里减少负担，经常帮家里人做许多力所能及的事情，但也由于生活的贫困，一直名列前茅的他却显得异常的安静。“孩子在学校从不多说话，一直都很内向，年迈的爷爷奶奶和多病的父亲能照顾他多久？在学习之路上能供他多久？这都是未知数。真心希望好心人能多支持他，也非常感谢帮助他的好心人。”小刚的老师说。当公益心社团得知此事后，决定为孩子提供学费支持。“我们听到这件事后非常担心小刚，决定通过我们的能力尽可能地去帮助他们。”琳子说。

援助小刚只是兰州公益心社团项目中的一个。2010年兰州公益心社团与广东乐助会合作，向甘肃地区的穷困学生捐助大量的图书及学习用品。2011年8月，兰州公益心社团的志愿者与怡景新村社区低保户家庭的孩子组成一对一结对帮扶。同年11月份，兰州公益心社团联合腾讯爱心网，为皋兰黑石川小学的孩子们送去了300套校服，并与特困家庭的孩子建起了一对一结对帮扶，并专程接孩子来兰州市游玩、组织丰富多彩的户外活动，开阔了孩子们的眼界。点点滴滴的爱心善举背后，兰州公益心社团只为了一句，“爱是一种付出，也是一种回报，世界有爱才会变得美丽”。

“见你们来了，我把多年不穿的大红穿上，唱歌给你们听！”

在兰州公益心社团里有很多人都是80后、90后的孩子们。在“老团员”的带领下，他们渐渐感受到关爱老人、带给老人们温暖，是一件非常幸福的事。“老人们常年在敬老院居住，无法享受到儿孙之乐。年轻的时候他们为社会尽职尽责，老了也需要我们为他们带来快乐，让他们安享晚年。记得有一句话是这么说的，‘你快乐，就是我快乐’。”一位90后的志愿者告诉记者。

每个月兰州公益心社团都会不定期地到敬老院看望老人。就在前些时候，这些志愿者们又来到了甘肃省颐瑞康老年公寓，为他们送上自己的一份祝福和温暖。“李奶奶，我来给您揉揉手吧？”一位20多岁的志愿者拉起老人的手，轻轻地按摩了起来。住在公寓的李奶奶，已经88岁高龄了，早先在兰州市的一家医院里工作。平时子女工作太忙，无法照顾老人，来到这里后她经常会感到寂寞。而这些年轻人的出现,正好给老人的生活带了生机。“奶奶你喜欢唱什么歌?我们唱给您听。”一位志愿者说。在听到这些和自己孙儿差不多大的年轻人说到这里时,老人动情地说:“看你们来了,我就要穿上我的大红袄,给你们唱歌。”

奉献一点爱　凝聚公益心

五年的时间里,兰州公益心社团从起初的几十人发展壮大到几千人,而且社团年轻人居多,大多都是80、90后,成员人数也在不断增加。俗话说众人拾柴火焰高,兰州公益心社团的志愿者们,为4岁的烧伤患者小李辉募集10万余元;为舟曲重疾少女张娟芳进行了募捐义演;2011年底为因家庭经济困难父母忍痛遗弃的婴儿募捐,顺利把孩子送回家,并为孩子的父亲介绍了工作。通过这些活动,兰州公益心社团自身在不断进步的同时,也开始越来越多地影响和带动周围的人。在兰州公益心社团里就有这么一句话,爱是一种付出,也是一种回报,世界有爱才会变得更加美丽。“我们爱,我们在!”这是兰州公益心社团公益的主题。奉献一点爱,凝聚公益心,这就是他们奋斗的目标。因此,他们将会更加努力地去实现这一愿望,一起携手将这份爱永远传递下去!

兰州晚报 赵庭那

兰州晚报

A14 兰州·社会

用感恩的心撑起一片爱的天空

兰州公益心社团风雨无阻关爱弱势群体

“我们就是你的亲人”

凡人善举 和你一起

女人经血少,闭经,别等绝经再后悔

“甘肃蜘蛛侠”爱心“泳动”

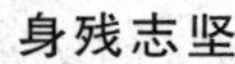

在泳池中，有“甘肃蜘蛛侠”之称的陈武，如同“蜘蛛侠”一样矫健，而在日常生活中他更是如同“蜘蛛侠”一样，扶危济困，乐于助人。

身残志坚

陈武，自幼患小儿麻痹，二级肢体残疾。现任白银路街道安定门社区残协专职委员。陈武出生仅4个月，就患上了严重的小儿麻痹症，左腿完全使不上劲。作为残疾人，无法像正常人一样均匀用力，学游泳是件很困难的事。但31岁那年，陈武却毅然开始学游泳。刚开始学游泳的时候，陈武看着水面就感到一阵阵眩晕袭来，后来才知道这是晕水。但陈武没有低头，硬是用自己坚强的毅力克服。一次次呛水又一次次爬起来，最终将在水中站立、行走、漂浮、换气四个姿势都完美掌握。历尽千辛万苦，他终于成功了。在泳池里，他动作标准、速度快，一口气能游50个来回，加上他乐于助人，于是成了许多人的师父。

助人为乐

作为一名残协专干，许多人对他还是陌生的，但在兰州市的游泳爱好者中，他却赫赫有名。陈武每天除了在社区干好残疾专干的工作，他还会去兰海游泳馆当教练。很多人慕名前来要跟他学习游泳，于是陈武这些年成了兰海游泳馆不在编的义务教练员，免费培训游泳爱好者百余人，帮助和救助落水者多人，另外他还义务培养出了三名残疾人运动员。城关区首届残运会召开前夕，他针对残疾人不愿意参加体育运动的现状，耐心说服，精心选拔，从社区挑选了3名有运动潜质的残疾人，并对他们做了有针对性的培训。在残运会上，3名运动员都取得了好的成绩，所报6个项目有5个取得了好的名次。

大爱无私

陈武虽然是一名残疾人，但他从未因此退缩过，在有限的条件下，一直积极提高自身素质，努力地融入社会，做出自己的贡献并帮助别人。2008年“5·12”汶川大地震，月收入只有360元的他仍带头捐款200元。他大爱无疆的爱心深深地感动了大家，广大群众纷纷踊跃捐款，掀起了奉献爱心的热潮。

“我虽然取得了一定的成绩并有一定的名气，但是我身边还有那么多残疾人生活很困难，我应该发挥我的力量为他们做些事。”2011年5月助残日来临之际，陈武利用自己在游泳圈中的名气，在网络及周边朋友中发起了为生活困难的残疾人献爱心的活动。在他感召和努力下，来自全国各地的捐款源源而至，共募集善款15 200元，救助了210名残疾人。这次活动的成功举办，不但在社会志愿者和政府之间如何积极互动方面取得了良好的示范效益，而且弘扬了共同关爱残疾人的好风气。

兰州晚报 于永昭

将理想与信念进行到底　奉献西部

2003年,团中央、教育部正式启动大学生志愿服务西部计划。陆陆续续,怀揣着青春与梦想的年轻人秉承着“走,到西部去!到祖国最需要的地方去”的信念,一波又一波地来到了祖国西部。在这里,他们过着简单朴实的生活,只为在西部这片热土上将自己的理想与信念进行到底。而兰州大学研究生志愿者团队就是其中的佼佼者,成为了全国支教团中最耀眼的一颗明星。

志愿者传递爱心接力棒

兰州大学研究生支教团自2000年加入中国青年志愿者协会大学生扶贫接力计划以来,至今已派出十届共50余名志愿者在甘肃省榆中县义务支教。兰州大学研究生支教团作为离母校最近的支教团,充分依托母校资源,开展了许多有影响力的品牌活动,涌现出了很多的优秀志愿者。

第十一届的支教团团长刘小惘曾在他的日记里记录了这样一段话,“虽然这里的水是苦的;虽然我们整天生活在苍蝇、蜘蛛、臭虫的‘动物世界’里,但这里给我们提供了广阔的空间去舞动青春。希望通过一年的支教让自己能够成为一座连接高校与高中,城市与乡村,企业与学校,老师与学生的桥梁”。将爱心接力棒一届接一届地传递下去,成了这些年轻志愿者的心愿。

兰州大学第四届研究生支教团陈天竺同学激动地说:“当初我们参加支教团的时候,很多流程还不规范,影响力也没有今天这么大,去的人也比较少。不过现在看着研究生支教团一步一步地壮大,真的很欣慰。”说起对自己的影响,曾经参加过支教团的成员都是深有感触:“如果说支教经历对我的影响,真的不是一句两句可以说清楚的,无论是对我的适应能力还是学习能力,或者是人生修养,都有着很大的影响。我是学医的,那一年的经历让我深深地爱上了教师这个行业,我希望我以后的人生,都能在三尺平台上度过。”作为第十届

支教团团长的陈梓娴同学说。

执着学生　执着西北这片热土

从学生到老师的角色转变，让这些支教同学们对教学生活充满新鲜好奇，同时也有很大的压力和强烈的责任感。志愿者们一般都住在学校的宿舍或办公室里，一日三餐需自己动手，生活简单、衣着朴素。尽管这样，这些志愿者们依旧进行家访，实地调查，了解贫困孩子家庭的具体情况。

陈威宇是兰州大学第十一届研究生支教团的成员，在他支教的学生里有一位名叫张鹏（化名）的男孩。由于家庭困难的问题，便早早地背负上了生活的重担。“那时的张鹏只有12岁，上小学五年级，家里除了一个读初中哥哥外，还有受了工伤的父亲和智障的母亲。”在陈威宇的介绍中，记者了解到，张鹏兄弟俩自小学习都不错。除了家庭问题外，这个年满12岁的男孩张鹏还患有先天性的脊柱裂，本应快乐的童年却要承受和他年龄不相符的痛苦。在一次家访后，陈威宇对张鹏多了些“私心”！只要有捐助的物品都会给他多分一些，也开始把他的情况介绍给一些单位和个人，希望获得长期的资助。“记得有一次下午放学，我把张鹏留在办公室，交谈中我顺手给他递了一个苹果，到谈话结束时也不见他吃。当时我就问他：‘你怎么不吃？这是洗过的！’他停顿了一下说：‘带回去给妈妈吃！’那一瞬间，我的时间停止了！这一幕似曾发生过，是小时候思想品德课本里的故事还是某个影视剧作品的片段？但此刻就在我身边发生了，作为事情的亲历者，这种灵魂的洗涤无以言表。我把剩下的一个苹果也给了他，送他走时告诉他，一个给妈妈一个自己吃。最后张鹏有没有吃已经不重要，要知道，这个孩子好几个月都没吃上水果了！”陈威宇回忆说。

像是这样的故事在支教团中有很多，就比如2011届的支教团团长康鑫，他告诉记者，现在自己正在榆中二中负责初一的生物和思想品德。“第一次当老师时，看着讲台下的同学们专注的神情，心里面既紧张又兴奋。”康鑫说，来到这里后，有很多的孩子都会问他，大学生都在干嘛？大学是不是就没有作业了？有一天，当他们正在讨论梦想的时候，有个因小儿麻痹致残的学生，对他说，未来想要做一名医生，解除自己的病痛，为社会造福。说到这里时康鑫的眼眶湿润了。“这里每一个学生我都是平等对待的，生怕自己的哪句话伤害了某个同学。可是我从这个学生眼里看见了自信。从那时起，我在空余时间就会多跟他们讲述梦想，跟他们谈心。”康鑫说。随着与孩子们的接触变多，慢慢地，他们成了朋友。有时候上课前，他们就会问：“康老师吃了没，我这里有面包。”而康鑫说，孩子们的东西不能吃，因为有时候看到有些学生的中午饭就一个馒头。在这种情况下，兰州大学研究生支教团每年都在榆中二中接力支教。从2007年“中海油壳牌助学金”活动，到2010年初“百度旧衣吧”慰问活动，再到今年4月13日的“凡客诚品”衣物捐助活动等等，他们的帮扶活动都从来没有间断过。“当这些孩子接过我们捐助的物品时，从他们眼神中我看到了感激，看到了对于我们的认可。在支教这条路上，不管未来如何，我们兰大人会继续走下去，至少在我这届和下一届，我们都要传承支教团的一种精神，那就是执着，执着于学生，执着于这片土地。”康鑫说。

让孩子们开阔视野，憧憬人生

在这个支教团里有很多的同学都来自于城市，他们走进农村、深入基层的时候，不仅是一种锻炼也是一种磨炼。当谈起最初申请参加研究生支教团时，每个人都说得不含糊。“当初我的成绩本来就可以保研，但是以前去过农村，看着那里的孩子穿着破旧的衣服，在破旧的教室里，一个个睁着大大的渴望知识的眼睛，对我的触动很大，当初就想着要去基层，要去西部，要为西部的教育做一点事情。”对于祝新月说，加入研究生支教团，也是抱着一个奉献的心。

祝新月是第十一届支教团的队员，服务地是国家级贫困县甘肃省榆中县上花岔乡中心学校，这是一所普通的公办学校。虽然初到北山，语言障碍和生活习惯的差异使她有些不适应，但是，北山的孩子们让她懂得沟通不仅仅靠语言，更多的时候需要用心去体会。“这一年与其说是我在教他们，不如说我们是在相互学习。我带给他们的是书本上的知识，而他们带给我的则是心灵上的感动。他们用自己的坚持和努力感染着我，同他们在一起的时间我深切地体会了朴实和勤劳。”祝新月说，支教老师，在这里是一个特殊的称谓，其中包含了要克服生活中的重重困难，不求回报的付出。她和其他支教者一样有个共同的心愿，就是在有限的时间里，不仅要传授给学生们知识，还要带领他们拓宽视野憧憬人生。

“用一年不长的时间，做一件终生难忘的好事”，这是兰州大学研究生支教团的口号。兰州大学的研究生支教团到现在已经顺利进行了十三届，第十四届也即将前赴基层去支教。他们中很多的成员也是曾经受到过社会帮扶的滋养，如今才反哺回报的，因为爱心是会被传染和复制的，只要他们用爱心去播撒爱心，必定会收获幸福。

兰州晚报 赵庭那

一个暑假走过十八省　助老上千位

“谁家无老，谁能不老？关爱老人就是弘扬人间大爱！”4月25日晚，在西北师范大学公益巡讲时，陈孔梅如是开场。2011年暑假，陈孔梅和她的“夕阳关怀天使”团队走过18个省116个村，帮助了1024位空巢老人，通过“爱心接力”工程培养了400多名农村夕阳关怀天使，服务时间长达12.21万个小时。

“黑屋老人”坚定公益心

门半开着，黑屋子里没有一点声响。“孔梅，我害怕。”“跟在我后面，没事的。”

2011年学校放假期间，陈孔梅和同学来到广西农村，听邻居说，这个黑屋子里住着一名孤寡老人。大家迈着轻缓的步子走进黑屋子，迎面袭来的黑却让同学难以忍受。

“闻到一股刺鼻的臭味，如果仔细听，还有一丝微弱的喘息声，我知道屋子里肯定有人。摸着黑打开灯之后，发现一个老人背着门蜷缩在床上。”陈孔梅喊了声“大爷”，大爷缓缓转过头，僵硬的表情保持着。

“陈梅，陈梅！”大爷频频的喊声怔住了来访的女孩子。

事后，大家得知，大爷名叫吴康，79岁，老伴很早离世，唯一的女儿吴陈梅多年前嫁到湖南，女儿的常年不回家，让大爷因思念过度导致精神失常。于是，大爷的生活开始变得艰难起来，吃喝拉撒都在一张床上。

“‘地狱般’的黑、刺鼻穿骨的臭味、近乎痴呆的眼神，这些强烈的冲击让我难以忘记。老大爷的孤独和可怜，看在眼里，疼在大家的心里。”说到这里，演讲中的陈孔梅有些伤感。

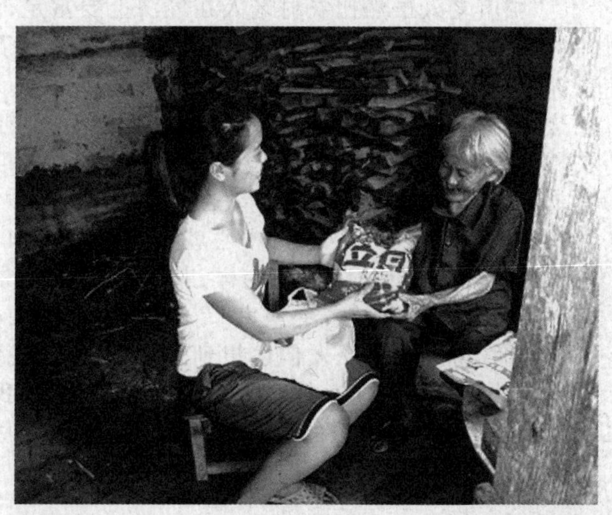

那次刻骨铭心的经历，坚定了她的公益梦想。

陈孔梅，现在是兰州大学一名大二学生，虽然年纪轻轻，但身上透露出来的自信和阅历令人刮目。

“在农村，每年都有很多子女进城打工，导致农村空巢老人越来越多，他们的生活举步维艰，精神无助。还有许多孤寡老人，年迈体弱，一生病没有人照料，日子过得十分艰辛。”陈孔梅认为，这些老人不仅仅物质上困窘，精神上更贫瘠。

2010年，刚考入兰州大学不久的陈孔梅，在一则招聘启事前徘徊了很久，最终，她加入“中国青年夕阳关怀中心”。

之后，陈孔梅参加了某个国内公益大赛，成功晋级前十强，获得了1万元公益项目启动资金，也启动了她的“夕阳关怀”公益行动。2011年6月，陈孔梅担任“中国青年夕阳关怀中心”项目执行长，分管中心项目的具体执行。

牵线搭桥让父女跨省重聚

“黑屋老人”让陈孔梅始终放心不下。2011年暑假期间，陈孔梅来到吴大爷家，给老人买了生活用品，换洗了床单和被褥。

经过多方打听，陈孔梅最终得知吴康的女儿嫁到了湖南永州市。

“怎么帮忙找到吴陈梅呢，怎么才能让他们父女团聚呢？”烦恼再三，陈孔梅给高中同学一个一个打电话，询问有没有人在湖南读书。幸运的是，陈孔梅找到了一个。

吴陈梅不是不想回家探望老父亲，只是没有能力。她的丈夫整天嗜酒赌博，儿子也早已辍学游荡。两个男人都不管家，家里所有的事情都由她一个人操劳着，而且还不得不去养猪场打工。

2011年腊月，陈孔梅和她的公益小组凑了1000元，为吴陈梅买了两张往返车票。“父女二十年后重聚的那一刻，到处都是泪水和感动。陈梅像个小孩一样，哭个不停，吴大爷的‘精神失常’也突然间好了起来。”在历时半年的不懈努力下，陈孔梅终于让父女重聚。

走过18个省帮助了1024位老人

“城市老人虽然比农村老人在经济上要富足，但精神生活并不是很好。”读书期间，陈孔梅走访中发现许多年迈的城市老人因为子女工作繁忙而无人照顾，他们的精神生活和农村老人同样一贫如洗，有些甚至成为精神生活中的“乞丐”。也就是在这个时候，陈孔梅和队友们逐渐形成了“在校期间帮扶城市老人，放假期间救助农村老人”的公益理念。“中国青年夕阳关怀中心”成立于2008年，有志愿者300多人。队友们帮扶老年人的善举也感动了社会，中心先后获得多项国家级荣誉，仅2010年11月至2011年7月，中心就募集到了近14万元公益善款。

2011年暑假，与陈孔梅一样，其他队员也纷纷背上行囊，踏上了公益之路。“奶奶，您走慢一点，我扶着您回家。”“先下床洗个脸，然后我们一起聊聊天。”在帮扶老人的同时，陈孔梅和队友们也想到另一个问题：我们走了，谁来照顾老人呢？

带着思考，“夕阳关怀”团队开始爱心接力。“我们在去过的地方，都找一些小孩子，给他们讲助人为乐的故事，让他们有空了就去老人家里，帮忙扫地，陪着聊天，给他们带去欢声笑语。”

很快，一个月的暑期结束，陈孔梅和她的团队成功走过18个省116个村，帮助了1024位空巢老人，培养了400多名农村夕阳关怀天使，服务时间长达122 100个小时。

“我们用与自己生命等值的时间去帮助别人，这其实是一种生命的互动，公益就是一种简单的生命互动。”对于公益，陈孔梅有自己的理解和解释。在西北师范大学巡讲的结尾，陈孔梅笑称自己是“打不死的公益小强”，而在她的参赛企划书里，她将“老有所伴”“老有所养”“老有所为”作为团队的发展目标。

兰州晚报 张鹏伟

从下岗职工到成功创业　王旭华不忘回报社会

今年47岁的王旭华,原是兰州美高皮鞋厂职工,1985年因企业改制下岗,成了一名失业人员。失业后,家中生活一下子陷入困境,他一度失去了生活的勇气。但是他不向命运低头,通过努力奋斗,拥有了一家公司。在创业路上拼搏奋斗的他,在能力所及的范围内,为需要帮助的人提供帮助,为百姓谋福利。

下岗之后他努力拼搏办起公司

"当时知道我下岗的消息,我感觉一切都完了。每当看到家人期待的眼神,我就有说不出的难受。"提起那段灰暗的日子,王旭华这样说。在兄弟姐妹的鼓励下,一年之后,他开了一家小卖部,经营烟酒。从外地批发香烟到兰州销售,虽然利润不大,非常辛苦,生意进行得也不太顺利,但他没有打退堂鼓,一直咬牙坚持了下来。慢慢地,他的销售也从零售转为批发,许多宾馆酒店也和他建立了长期的供应关系,定期供货,效益逐渐好了起来。

当时兰州的烟酒市场已趋于饱和,发展的空间很小。王旭华经过一番市场考察和深思熟虑,转行关注起铁路建设。那段时间,只要哪里修建铁路,哪里就有王旭华的身影。他靠自己慢慢琢磨,和施工老板问长问短,学习着经验。"在这个过程中,我发现自己的文化程度和掌握的技能很受限制,许多数据理解起来很是困难。为了掌握更先进的技能和经验,我一边着手建立自己的工厂,一边抽时间去上海交通大学学习市场营销专业。经过3年的专心学习,我取得了大专文凭。"1992年,他被德国施密特集团上海分公司邀请在单位担任主要管理工作,同时他还打理着自己的公司。经过几年的努力,他的公司由小到大,发展成为正兴铁路材料有限责任公司。

他的公司尽量吸纳下岗工人就业

"我尽量吸纳下岗工人就业,安置了30多人。"曾经有过下岗经历的王旭华最清楚下岗人员的困境。2006年,他经营的正兴铁路器材公司被市政府评定为市级文明单位。2010年7月,他被市总工会评定为市级先进模范代表。为了帮助群众尽快解决出行难的问题,他走遍了兰山村社区所有的大街小巷,认真听取群众的反映,在人代会上提出关于维修兰山村社区小巷的建议,目前居民出行难的问题基本得到解决。他每年都会投身公益事业:汶川地震后,他捐款10万元;九州滑坡后,他捐款2万元;城关区建设虚拟养老院时,他捐款5万元;舟曲泥石流后,他捐款5万元……逢年过节,他还要给辖区特困户送去慰问品和慰问金。他为辖区身患重病青年李金龙捐款5000元及药物和生活用品;为辖区特困五保户捐赠29寸彩电一台,结束了老人多年没有电视看的历史。

提起这些,王旭华笑着说:“因为我是人大代表,是曾经的下岗职工,我创业成功了要为百姓谋福利,让他们和我一样树立起生活的信心。”他每年都要定期地向城关区残联捐款、捐物几十万。为了方便辖区居民,他还在辖区修建洗澡堂,价格比别处低。洗澡堂的修建还安置了几位大龄失业人员,解决了他们的就业和生活问题。“困难是暂时的。”他这样鼓励失业人员。

兰州晚报 赵庭那 刘怡麟

用断臂铸造最美爱心　走近爱心人士王进才

“尊敬的王叔叔，你好，我们是王下小学六年级学生。当我们得知，你被高压电线不幸击中、失去双臂后，用坚强的毅力在兰州撑起了一片天地，并且用血汗钱为我们购买学习和体育用品，让我们深受感动，我们一定要学习你的这种拼搏精神。”9月10日，在雁滩打工的断臂残疾农民工王进才，收到了来自平凉庄浪县盘安乡老家的几封特殊信件，当看到孩子们字里行间天真的话语后，王进才再也抑制不住自己情感，顿时泪水模糊了双眼。

“我做了应该做的”

当天上午，记者在雁滩王进才住处看到，在一间不大的板房内，放有一个办公桌，桌上摆放着各种书籍和账单，墙上贴有各项规章制度。院落里有一间仓库及农民工宿舍等。虽然有点简陋，但收拾得格外干净。王进才笑着告诉记者：“我主要是做脚手架租赁这一行，我虽然失去了双手，但媳妇和我的伙伴——农民工兄弟，成为我另外的一双手，给予我很大帮助。”为了给农民工一个好的居住环境，他特意安装了太阳能淋浴，方便农民工干完活后洗澡。

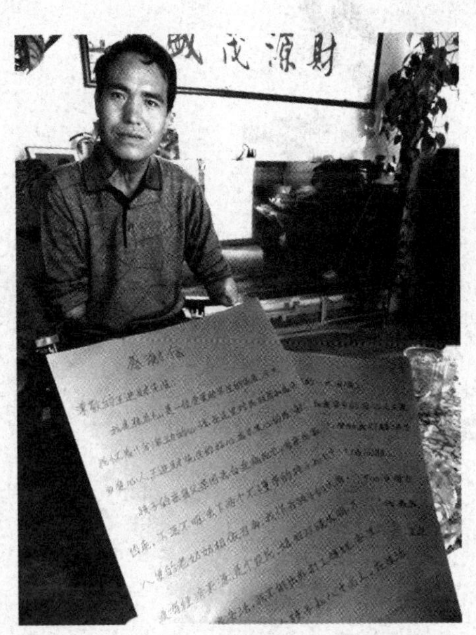

在这里，记者看到了被王进才资助过的孩子和家长寄来的感谢信，还有庄浪县民政局一份详细清单。清单上注明王进才从去年至今年，捐给贫困户的衣物和现金，领到衣物的低保户或五保户的签名，领到现金的贫困户写的收条。记者大概数了数，捐赠的旧衣物多达5000多件，并常年资助两户贫困家庭。他还特意为盘安乡王下小学送去了2000多元学习用品和体育用品。王进才告诉记者，去年12月份，他雇了一辆大卡车，从兰州拉着衣物，走到会宁境内时，下起了鹅毛大雪，只好住在附近村庄，第二天才赶回老家，将捐赠的物品交给了民政部门。对于这些，“我只是给老乡们做了应该做的事儿，不值得大家惦记、牵挂”。

他上了央视新闻联播

据了解,2009年,断臂残疾农民工王进才身残志坚的事迹经本报独家报道后,引起了市民广泛关注,全国各大报纸、网站纷纷转载。王进才在创业的同时,组建了农民工公司,解决进城农民工就业50多人。他每隔几个月,便从自己微薄的收入中,拿出部分资金,买来大米和油,帮扶社区孤寡老人和贫困家庭,成为老百姓身边名副其实的好人,得到社区居民交口称赞。前几天,兰州好人在央视新闻联播中播出时,王进才的画面不时出现。这几年,王进才将帮扶对象扩大到庄浪县老家。

据了解,王进才资助的兰州理工大大学生李铎,老家在庄浪县水洛镇,父亲去世,母亲改嫁后,一直由70多岁的奶奶和爷爷抚养,家庭经济状况十分困难。王进才得知此事后,立即给予资助,从去年开始每年给李铎1000多元的生活费,并承诺资助他完成学业。还有两名6岁和8岁的孤儿也得到了王进才资助。目前,两名孤儿正在庄浪县大庄乡老山沟村上小学,由大伯和大妈抚养。记者在感谢信上看到,两名孤儿的大伯给王进才这样写道:“今天民政局送来爱心人士给我们的救助款,帮助解决了两个孩子和老人的生活问题,我们非常感谢。”

王进才告诉记者,虽然失去了双臂,但从未把自己当一名残疾人对待。在自己最困难时,得到了许多好心人帮助,使他今生不能忘记。今后仍会继续为社会多做好事,回报大家的恩情。“减轻社会就业负担,为农民工创造幸福”是王进才以后的生活和工作目标。

兰州晚报 孙建荣

爱心接力 千名学子轮换照顾老人18年

“有一种爱叫付出,有一种力量叫感动。如果每个人都能从微公益事业做起,相信爱心一定会‘聚沙成塔’,温暖和帮助更多需要帮助的人。”3月5日,是学习雷锋日,记者跟随由市文明办组织的“‘雷锋’们的一天”采访组,走进安宁区孔家崖一座普通的小院,了解一群大学生“雷锋”们的爱心接力,18年风雨无阻地照顾双目失明的孤寡老人孔大爷的感人故事。

“我们毕业了,爱心不能毕业”

孔大爷住在一座普通的院落,家里陈设极其简单。就是这样一个家里,18年来,兰州交通大学的大学生志愿者们通过上千人的爱心接力,让八旬老人孔繁云的生活充满了阳光与快乐。

“每逢周末或课余时间,孩子们就会来看我,洗衣、做饭、打扫卫生,家务活什么都干,还经常给我买水果、日用品。”谈起大学生志愿者们,孔繁云老人的脸上总是挂着微笑,他说:“18年来,他们都叫我孔大爷,没把我当外人,一点都不嫌弃。”

做一件好事容易,可要将一件好事坚持18年,十分不易,这群大学生又是如何做到的?“一届毕业了,另一届又接上,我们毕业了,爱心不能毕业,爱心接力不能间断。”兰州交通大学青年志愿者协会主席卢小强说:“18年了,老人已经习惯了我们的照顾。而我们,从见到老人的那一刻起,就把他当作自己的亲人了。”

“看到孔大爷,就像看到我自己的爷爷一样,非常亲切。每次来这里帮着打扫卫生,一起做饭吃,围着火炉拉家常,就像到了家一样温暖。”兰州交通大学的宋婷婷家在银川,每周双休日,来照顾孔大爷是她的必修课。

2万多学子从事公益活动

其实,照顾孤寡老人孔繁云只是兰州交通大学青年志愿者协会很小的一个工作。这个协会注册的志愿者有2.4万多人,协会注册会员有3000多人。

“我们还成立了若干个志愿服务基地,从事敬老扶弱、关注智障儿童、关爱农民工子女、爱心家教进社区、预防艾滋病、义务献血、文明交通、为大型赛会提供服务等多项活动,服务范围包括安宁区、城关区、皋兰等地。”卢小强介绍,粗略统计,志愿服务活动有十多个大项目,还有一些小项目。

当记者问起有多少人因此受益时,卢小强说:“就拿关爱农民工子女、关爱留守儿童这一项来说，我们在兰州市15所学校建立起了关爱农民工子女服务基地，关爱孩子们的心理健康，帮助他们建立了爱心书屋，还开办七彩课堂、举办阳光晨跑、手工艺品制作等一系列生动有趣的活动，丰富他们的学习生活。四年来，全市约有1500多名农民工子女受益。”

“我们在帮助别人的时候，收获的不仅仅是快乐，更多是起了一个引领的作用。如果每个人都做好事、做善事，想想这个世界该有多温暖、多美好。”卢小强说：“我今年已经大四了，爱心接力棒会继续在下一届学弟学妹手中传递，将爱心进行下去。”

兰州晚报 郭兰英

“用青春和汗水换来群众幸福生活”

俗话说：“铁打的营盘流水的兵。”4年来，兰州军区驻兰某部汽车班的战士们换了好几茬，汽车班的战士们却依然遵循着他们的承诺，帮扶畅家巷社区的贫困户，资助困难学子，积极参加社区各种活动。战士们的事迹感动着社区的每一个居民，而汽车班的战士们都说，帮助群众是他们应尽的职责和责任。

从2008年开始，畅家巷社区与兰州军区驻兰某部汽车班建立双拥共建活动，4年过去了，战士们始终把帮助社区居民作为他们军民共建的重点。每当节假日，七八个战士就会来到畅家巷社区，帮助社区的孤寡老人搞卫生，清理社区垃圾，干一些力所能及的事情。小沟头129号202室陈美芳老人是社区的低保户，老伴去世后，一直和90岁高龄老母亲生活在一起，生活比较困难。但每个周末，战士们都会来到家中看望她，帮助她打扫卫生、洗衣、做饭。记得7月的一个星期天，已经是下午4点了，八名战士满脸汗水来到家里帮助她打扫卫生。后来才知道，这些战士早上就来到社区，先到广场西口，对人行道旁的垃圾进行了清扫，还擦洗了周围的公交车站台、电话亭、道路垃圾箱等。一直干到现在，虽已满身疲惫，但战士们没有言苦喊累，依然来到她家干起了擦玻璃、扫地、擦地、擦桌子等家务活儿，还给她做了一顿可口的饭菜。陈美芳老人满心感激，紧紧拉着战士们的手。最后战士们连水都没喝一口，便急匆匆地赶回了驻地。据了解，汽车班的战士们为了能尽心地帮助需要帮助的居民，与社区达成了长期共建协议，每周都会来到社区为辖区孤寡老人进行上门服务。

去年畅家巷社区的贫困学生赵静，考上大学后因家庭困难面临着无法上学的困境。前来社区帮扶居民的战士们得知这一情况后，决定帮助这个贫困的学生完成学业。战士们省吃俭用从津贴中拿出了3000元钱，送到赵静的手中，让她渡过了难关走进了学校，战士们还承诺每年都会资助赵静，帮助他完成学业。

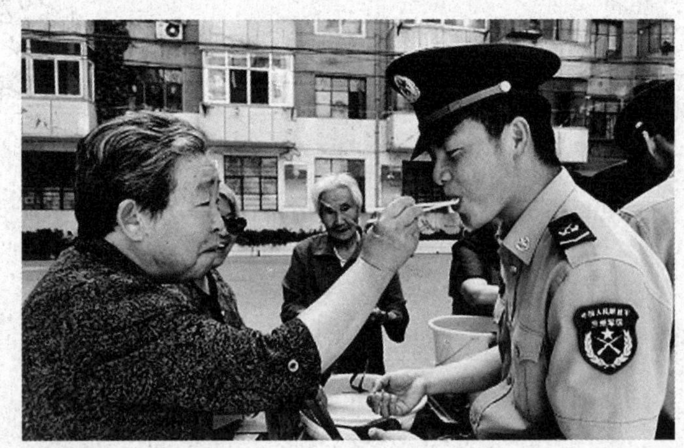

据了解，像这种资助学生、捐款帮助困难家庭的事情，汽车班的战士们经常在做，每当发放津贴时都会主动积攒一部分，

帮助社区的困难家庭。他们的资助深深地感动着每一个受到帮助的居民。

每当到了端午、中秋等节假日，汽车班的战士们都会来到社区，和群众一起开展各种活动。端午节他们与社区居民一起包粽子，给辖区的孤寡老人送上关怀与问候；中秋节他们带着月饼来到困难居民家中共度中秋佳节；腊八节，为残疾居民端上一碗鲜美的腊八粥，送去节日的祝福。这些受到帮助的居民们，把汽车班的战士们当作自己的孩子，今年端午节，当战士们将自己亲手包好的粽子送到孤寡老人家中时，老人们将粽子亲手喂给前来慰问的战士口中……战士们的爱心奉献与群众的温情回馈，是军民鱼水情的真实体现。

为了让辖区流动儿童度过一个快乐、有意义的暑假，每当假期来临，汽车班的战士们都会多次分批组织畅家巷社区的孩子们，来到军营开展体验生活的暑期实践活动。通过参观军营、体验军营生活，锻炼和增强孩子们团结协作、吃苦耐劳的品质，同时激发孩子们热爱祖国的热情。

4年来，汽车班的战士们用真情默默奉献着。他们不怕苦、不怕脏、不怕累，为辖区的美好环境奉献着，用汽车班战士的话来说："用青春和汗水换来群众的幸福生活，值得！"

兰州日报 葛强

在奉献与坚持中收获幸福

“帮助他人是一个双向的过程,也是一种精神享受,给予别人也收获自己的快乐。”这是记者采访西北师范大学知行学院青年志愿者时,这群朝气蓬勃的年轻人留下的朴素言语。他们认为,闪光青春奉献最美。从康复中心对聋儿的关爱到支教路上与贫困孩子的牵手以及守护母亲河的承诺,作为人生信念,志愿者在他们的行动中显示出与众不同的美,并用这种火热的力量舞动青春。

无声世界里留下爱的脚步

省康复中心是知行学院青年志愿者协会服务基地之一。协会每个周末都会组织志愿者去陪伴这些可爱的孩子度过美好的时光,作为志愿者的陶鑫华是其中一员。其实陶鑫华不善言辞并缺乏演讲的才能,但在他内心深处却记录下在聋儿康复中心那一点一滴的感动。在甘肃省聋儿康复中心,陶鑫华第一次看到那些聋儿心中不由产生一种怜爱。同样的无邪童年,同样的童真笑脸,而他们却生活在一个无声的世界,活动结束后那一双双童贞的眼神时刻浮现在他的脑海中。

任盈盈,是让参加甘肃省聋儿康复中心的每一名志愿者都牵挂在心的女孩。最开始,小女孩在志愿者的活动中并没有任何表情,但是后来的每一次志愿者们的到来,任盈盈都会给他们一些惊喜,一些感动。因为陶鑫华发现她在逐渐接受志愿者的关爱,并在慢慢熟悉与接受的过程中改变。陶鑫华说,记得元旦前夕,刚进聋儿中心过道的时候有几个学生在一起玩,他认出了其中有任盈盈,不由自主地就叫出了她的名字,之后发生的一幕让他终生难忘。任盈盈转过头笑着和志愿者招手。那一刻让几个多次参加聋儿康复中心活动的志愿者眼睛都发红,泪水顷刻间溢出眼眶。那眼泪包含了太多太多的感动,太多太多的欣慰,因为志愿者的努力有了成效。

支教离别时的无限眷恋

作为一名老志愿者,2008级知行学院青协青培大会成员逯耀东参加各项社会公益活动达两年之久。其中有过困难,有过艰辛,可是一道走过这段里程的志愿者收获和体会的则是快乐。“……记得和学生告别时,有个五年级的学生紧紧握着我的手,一句话也不说。就那样握着,我感到很疼,小伙子很有力。我告诉孩子自己以后还要去,这是个诺言……”作为支教志愿者,暑期逯耀东和伙伴们去了积石山县柳沟乡三坪村支教。这个地方很远,很偏僻,从那里走出去的人很少,能数得清楚。

这里偏僻到什么程度呢? 十几岁的孩子,去过县城的人一个班没几个。从他们家到县城没有车,山路步行需要六七个小时。在视野课上,逯耀东尽可能多地给学生介绍外面世界的精彩,尽可能激发学生们的学习热情,让他们通过努力,走出大山,用知识改变命运。由于时间的原因,支教是短暂的,但在这有限的时间里,他与学生建立起很深的感情。临行时,学生哭了,他也哭了,天下着雨,很冷。逯耀东班上的一个学生,一直在校门口等他,孩子没回家,要为逯耀东送行。孩子一手提着行李,一手握着逯耀东的手,孩子握得很紧,逯耀东感到了疼。一路无语,但逯耀东知道,孩子想让自己留下来,更想握住知识的手并走出山沟。

守护母亲河的美丽天使

“自从大一在那面鲜红的中国青年志愿者旗帜下宣誓以来,志愿者的身份就无时无刻不在提醒着自己:永远站在别人需要的地方。”采访时,刚刚开学不久的志愿者张广文、尚超超、朱丽娅已经安排好自己的课程,并着手开始制订新学期的志愿者活动策划方案。保护母亲河是他们的第一大任务,地点是黄河岸滨河北路省党校以西段。

为了共创美丽兰州,志愿者协会决定开展一次黄河边捡垃圾的活动。张广文告诉记者,“中国青年志愿者”并不是多伟大的称号,其实他们是这样一群人:他们奉献、友爱、团结、互助,他们不求回报地站在别人需要帮助的地方,这中间有奉献时的坚持,也有付出后的感动。自从成为个中一员后,这三年来他积极参与到无数次的活动中,每次活动都收获着难以忘怀的感动。志愿者协会换了一届又一届的新人,但保护母亲河的行动却从来没有停止过,有人说志愿者的这项长期行动功德无量,有人说他们做到了世界上人们最意想不到的事。而张广文知道,志愿者们只是做到了志愿者应该做到的奉献与坚持! 而在这奉献与坚持中他们也收获着责任与幸福……

在黄河岸边,保护大自然、保护母亲河的行动感染了很多行人,他们在志愿者的带动下悄悄地加入到这支队伍,并随手捡起自己身边的垃圾。

兰州日报 边卫霞

实习生 马靖宇

4000张笑脸都是镜头前第一回

如果给你三秒钟，你会用来做什么？打一个盹、倒一杯水或只是静静地坐着。的确，三秒钟太短暂了，或许什么都做不了。但是在我们的身边却有这样一位大学生。他和他的团队用三秒钟的时间按下快门，为很多人留下了温暖的记忆。传递温暖、传递真情，用他手中的相机为许多身处农村的老人和孩子留存下人生最美好的记忆，他就是西北师范大学的大学生袁柯。

生在乡村、长在乡村的袁柯只有两张儿时照片，再就是小学和初中的毕业合影了。和他一样，在西部地区的农村，很少有人有自己儿时的照片，逝去的童年没有留下实体的印迹。2010年，袁柯的外婆去世。外婆生前，袁柯用手机为她拍过一张照片，这张未能冲洗的照片也成了外婆一生唯一的一张照片。这份遗憾带来的伤感与懊悔让袁柯下定决心，用自己的绵薄之力，为山村居民照一张照片，将他们最真实的生活状态展现出来，为公众打开一扇了解农村的“窗”。这些照片，没有灯红酒绿，没有火树银花，没有十里洋场的霓虹灯光，却有“最美夕阳红”和“八九点钟的太阳”——那些生活得最纯粹、最有活力的农村老人和儿童。

想法是有了，但是如何去实践呢？就在袁柯彷徨时，他看到了网上的“创响新生代”青年公益挑战赛活动的通知，即面向全社会召集公益创意。袁柯突然意识到，他酝酿已久的公益计划可能就要破土发芽了。“只需要短短三秒，就能留住农村老人和孩子的回忆。”“快门三秒钟”的主题在他的脑海中猛然愈加清晰，接着他做了一份企划书，并将其寄给了组委会。或许袁柯自己也没想到，这份企划书竟取得了组委会相当高的评价和肯定。袁柯也获得了大赛1万元的项目启动资金。

资金有了，但袁柯又开始发愁了，自己从来没学过摄影，手中的设备也就是仅仅刚过千元的卡片机。怎么拍？去哪里拍？如何拍得好？成了袁柯面临的最大问题。而此时也正好到了暑假。袁柯和同学们一起来到了甘谷县苏家沟，在这里一位正在村里晒太阳的长胡子老人引起了袁柯的注意。他掏出相机，为老

人拍了一张半身照和一张全身照。之后在村子里的5天的时间中,袁柯又为村里的孩子和老人拍了很多照片。村头巷尾的每家每户都知道村里来了一群大学生,可以为村里人拍照。短短的5天时光,成了村里人最快乐的日子,挺胸、抬头、微笑……大家尽情地享受着"快门三秒钟"里的幸福和喜悦。

后来,袁柯又和他的团队去了多个小乡村,帮很多人拍下了人生为数不多的照片。每到一个村子,他就通过村委会向全村人发布消息。而每次消息发布后,就有很多村民扶老携幼来到村委会拍照。在记者的采访中,袁柯向记者一件件地讲述着他在活动中的一些故事,并总是谦虚地说自己不太懂摄影的技巧。但是当记者看到电脑屏幕上那些纯朴的人像,感动就已经在心底慢慢开始流淌。

现在随着团队影响力的扩大,袁柯已不再孤军奋战,有越来越多的学弟学妹都加入到了袁柯的团队,而他们的足迹也走遍了兰州周边的许多小山村。公益活动一直在进行,但同样也会遇到很多困难。为了冲洗和递送照片,袁柯所获得的项目资金已经所剩无几。每次出去拍照,他就把自己当家教挣来的钱垫付交通费和食宿费,对于一个还没有正式踏入社会、没有收入来源的大学生而言,公益事业所需的经费是他们急需解决的难题。"我想,我们会坚持下去,原因很简单,我们无时无刻不在被他们(拍照对象)的眼神和故事所感动。"在拿到照片后,许多人将照片挂在了家里最显眼的地方,并且用透明的塑料纸盖在上面,怕尘土弄脏。有的将照片压在了玻璃板下,有的则用一块布小心地包裹着。还有的将照片放在了炕边的木盒里,方便随时拿出来看看……"看到这些,我想我要坚持下去。"袁柯动情地对记者说道。

这几日,随着"双节"临近,袁柯和他的团队打算利用双节的时间到兰州周边没有去过的小山村,为一些家庭拍张"全家福"。"中秋是家家户户团圆的日子,我们要为更多的家庭留下他们团聚时刻的照片,为更多的没有拍照条件的人留下最美好的回忆。"袁柯告诉记者。

兰州日报 颜娜
实习生 冯凯平

偏远小学支教的"最美老师"

背上行囊出发,这是中国好人网甘肃分会会长、大爱无疆兰州负责人卓玛的生活全部。虽然一直都在路上,但这并不影响她的快乐和幸福,因为每落脚一处都有那么多的孩子在满怀期待地等着她。在甘南合作勒秀乡俄合村贫困山区、在庄浪乡村小学、在玉树的帐篷学校、在会宁的偏远山村,一个毽子、一根跳绳、一个书包、一件衣服、一张课桌、一支舞蹈、一首诗歌……卓玛在留下足迹的同时也洒下无尽的爱,成为孩子们眼里的"最美老师"。

用舞蹈架起留守儿童的梦想

9月5日,卓玛跟随支教队来到民勤县夹河乡平安希望小学支教,主要负责音乐和普通话。在支教的每一天,无论是课堂还是放学,孩子们就像一只只快乐的小鸟叽叽喳喳围着卓玛,连吃中午饭的时间也不例外。第一天,卓玛的午饭就是大饼夹着从兰州带来的老干妈,就着白开水。因为她要抓紧时间备课并更多地掌握每个孩子的情况,时间对她来说非常宝贵。中午,有些孩子偷偷地在窗外看她,卓玛笑着说,孩子们快进来。得到指令后,那些孩子一下子涌进卓玛的临时小屋。第二天,卓玛干脆把饭碗端到门口和孩子们一起进餐。因为在她的眼里,每个孩子都那么可爱,他们渴望了解外面的世界和更多的知识,而且这些小脑袋瓜里还有无数个稀奇古怪的话题等着她解答。

体育、音乐、舞蹈,这些对于城里孩子来说稀疏平常的事物,在他们看来却感觉遥不可及。今年上小学二年级的莲莲就是其中之一。她父母在外打工,自己常年跟年迈的奶奶生活,舞蹈对于她这个农村孩子来说是一个遥远的梦想。当卓玛发现在农村还有很多像莲莲一样的孩子,对舞蹈有着非常急切的渴望时就逐个家访,并将有兴趣的四名孩子集中培训。当她们随着优美的音乐,第一次踮起脚尖、张开双臂时,那份幸福终生难忘。在支教结束的汇报演出上,卓玛让自己带过的三个班的孩子集体亮相表演了配乐诗朗诵,这对于乡音浓重的孩子们来说,是第一次亲身感受音乐与诗歌的美,而莲莲她们称不上完美的舞蹈也赢得了阵阵掌声。临别时所有的孩子都来送行,其中也包括莲莲。小姑娘流着眼泪给卓玛送了一幅画,祝福语这样写道:"您是最像妈妈的老师!我爱你,也想有事时给您打电话。"而卓玛也暗暗下决心,以后要将舞蹈作为一项长期目标架起留守儿童的梦想。

支教的目光关注偏远小学

近日，刚刚回到兰州的卓玛顾不上休息又和同伴集合，坐上一辆满载着捐赠物品的客货车驶向甘南夏河。由于没有公路，路面坑坑洼洼特别颠，早上7点从兰州出发到达时已是下午3点多。村委会特意为卓玛准备了特有的民俗风味，因为他们已经是老朋友了，每年卓玛会根据不同需求及时送来电脑、桌椅或衣服。眼看着天要凉了，这次主要送的是衣服。当天村委会本着公平公正的原则将物品分别堆放成107个位置，由各家派一名代表抓阄确定。如此公平发放物品也让卓玛一行志愿者深感欣慰。其中有一位摄影爱好者当即给那些从未走出大山也从没照过相的村民们照相留影，准备回来后把洗好的照片想办法给他们捎回去。因为路途遥远，下午5点卓玛一行返回兰州，夜幕下大家在车上高兴地分享着快乐。

6月16日，卓玛应"乡村校园志愿者"团队邀请，同去甘肃省肃南裕固族明花学校回访，并为明花学校捐赠了10台电脑价值2.3万元。像这样的支教，每年卓玛都有好多次，而且卓玛并非为了支教而支教，还将很多公益活动与之相结合，卓玛说这样做才有意义。在庄浪的几所偏远小学，她可以叫出很多孩子的名字。对此，庄浪的石佩奇书记非常感动，与卓玛一起将捐资助学作为每年4月份的一项重要事情来抓。

期待社会多关注草根公益群体

频繁的公益活动和支教让已经54岁的卓玛活得非常充实和快乐。其实，卓玛作为老师，自己在45岁时就退休了。她没了工作，每月仅拿1500余元的退休工资，而其中相当一部分又用在了支教上，因为支教都是免费，公益活动还要自己掏钱包。对此她没有怨言，她就像是一位快乐的使者，每天奔走在偏远山区的学校，为孩子们送去知识和关爱。在夏河麻当扎西尖措孤儿学校、合作勒秀乡小学、肃南裕固明花乡明花学校、玉树隆宝镇措多村帐篷寄宿小学、会宁的偏远山村，都留下了她的足迹。每到一处她都要走访贫困户、孤儿及困难的单亲母亲，为他们送去力所能及的帮助，而孩子们则亲切地称她为"卓妈妈"。

卓玛的付出也得到社会的认可，前不久她应邀出席香港国际志愿者高峰会议并受到表彰，还荣获北

大“生命关爱高峰论坛”荣誉勋章。采访结束时，卓玛告诉记者，年近90的老父亲曾是一名大学老师，自己常年在外奔走老人非常支持，为了不让女儿分心，现在还自己买菜做饭，儿子和丈夫也非常支持她，有时还要拿出家用让她去做公益。但即便如此，每次活动还是会因为经费问题让卓玛为难，有时运送公益物品的车费都无法筹集。她希望有关部门和社会爱心人士能多关注他们这些草根公益群体，让爱的脚步不要停止。

兰州日报 边卫霞
实习生 马靖宇

大爱助学　真情无私为慈善

总有一些家庭因为贫穷不得已让子女失学，但人间是有爱的。有这么一个人，他用他的行动和无私的捐助，八年时间慈善公益捐款累计达到30多万元，让失学孩子重新燃起了求知希望。戴着一副眼镜，身体略显单薄，就是这样一位普通的人，在慈善公益之路上已经走了二十个春秋，参加各类公益活动累计捐款30余万元。他就是甘肃一方广告公司经理、兰州《人力资源周刊》总编辑高平，他尽己所能用爱书写着一条慈善公益之路……

深受感触　萌生念头资助失学儿童

那是1992年，高平在武威市糖酒副食采购供应站担任团委书记，一次“希望工程”捐助动员活动上，宣传画上一个小女孩睁着大大的眼睛正努力凝视。他了解了小女孩的情况后久久地注视着那双眼睛。那是一双渴望知识的眼睛，深深触动了他的内心。他想到了自己村子里也有很多因为贫穷早早辍学在家的孩子，于是他下定决心一定要尽自己的一点微薄之力来帮助这些孩子完成学业。高平向记者讲述了当年自己是怎样产生了帮助贫困儿童的想法。

高平说：“我主动从各县区上报的贫困救助名单里选择了两个当时在上四年级的贫困孩子进行资助，其中一个是古浪县，一个是天柱县。他们的家庭非常困难，可以说是家徒四壁。如果没有捐助，将面临马上辍学的险境。我为这两个孩子资助了所有学费，并鼓励他们好好学习，以后回报社会。当时我每个月的工资是200多块。”就这样，两个孩子从小学一直到大学毕业，高平对他们的资助从未间断过。

当然这两个孩子并没有辜负高平的一番苦心，他们不但学习优异并且都考上了不错的大学，一个考上了西南财经大学，一个考上了西北大学。“现在这两个孩子已经工作了，一个在

深圳,一个在成都。他们也是懂得感恩的孩子,至今和我在电话、网络上保持联系,问寒问暖,让我注意身体,别老操心工作上的事,他们有时间就回来看我,我们现在像朋友一样无话不说。”高平说这些话的时候脸上堆满了笑容。

自主创业　公益事业坚持不懈

2004年,高平开始了自主创业。通过不懈努力,他的事业取得了一定成就。此时的他,开始集中资助,尽自己所能每学期至少保证资助两位孩子,逐年累积,从未间断,迄今已有22位学生接受了资助。为了获取贫困生的信息,他翻阅了很多报纸杂志,后来得知《现代妇女杂志》上一直刊登着有关贫困生的资料信息,他便直接和这些孩子取得联系。汶川地震发生后,他还给文县、康县的两位孩子各捐助2000元并且每学期都汇去生活费,常常鼓励他们要好好学习。

截至今天,还有16名来自全省各地的孩子正在接受着高平的资助,其中最小的在上五年级,最大的上大三。高平对记者说:“他们每年都会寄来信件,并在其中附上成绩单,信件已有数百封之多。孩子的来信和他们优异的成绩让我觉得非常高兴,非常充实。我会回信鼓励他们继续努力,问问他们成长中遇到的事情,总之我和孩子们已经产生了一种朋友之间的默契。”高平打开一个柜子,记者看到里面放着厚厚的一摞书信,它们被整齐地垒放着,大约有一尺多高。随后他拿出其中的几份给记者阅读。其中有一个五年级孩子的来信,上面的字迹显得潦草不是很工整,大部分是一些祝福的话语,有“希望叔叔工作顺利”“祝叔叔身体健康”等。还有几个高中孩子的来信写得就成熟多了,祝福之外还讲述了学习生活上的事情。无论怎样,信里面都充满了他们真挚的感恩之情。

在资助贫困孩子的同时,高平在其他社会公益事业方面,也在尽自己的绵薄之力。在汶川地震、舟曲泥石流灾害、城关区虚拟养老院等各种公益事业中踊跃捐款。据统计,高平八年时间慈善公益捐款累计达到30多万元。他告诉记者:“慈善是一种社会责任,但一个人的力量是有限的,希望通过媒体加强宣传,让更多的人投入其中。特别是那些民营企业家更应该主动参与到慈善公益中来。”他说他还有一个愿望,就是办一所希望小学去帮助更多的贫困失学孩子完成学业,以后在资金允许的条件下,他还想建立一个基金,这样就能更好地把慈善事业一直做下去。

贴心服务　及时提供就业信息

值得一提的是,高平还自己投资创办了《人力资源周刊》,并免费向社区街道发放。虽说只是小小的杂志,但却凝聚了高平的无限心血,同时也确实为有需要的人提供了切实的服务。对此,城关区就业局的工作人员深有感触,他们告诉记者:“这些年正处在经济转型期,造成了很大一部分人失业,如何让这些失业者及时获取信息重新再就业一直是我们最头疼的问题。高平经理雪中送炭,主动联系并很快联合就业局创办了《人力资源周刊》。通过在街道社区免费发放,为下岗职工再就业提供服务，拓宽了就业渠道，提高了就业率，也缓解了就业局的工作压力。”

面对这一切，高平笑着说道：“报刊服务已经基本覆盖了整个城关区的街道社区。在城关区有24个街道，149个社区，每个社区有两个就业专干，算起来有400多人在服务这项工作，他们表现得非常热情。现在在七里河、安宁的一部分地方也开始进行发放宣传。以后如果条件允许，就把这份杂志继续做大做好，更好地服务社会。”

这就是高平，一个普通的人，却用自己的真心真情行走在漫漫的慈善之路上。在采访的最后，他告诉记者，他觉得自己做的很有限，希望今后能做更多的慈善事，让更多需要帮助的人感受到关爱。

兰州日报 蒋聪

7位好人组成团成立“小草爱心志愿队”

4月1日，在好人“花椒大姐”牛秀华的组织下，“井盖大王”张建民、“活雷锋”杨虎娃、医生杨莨、退休职工于延彩、从事国学教育的王瑞媛和保洁员滕兰芳7位好人成立了“小草爱心志愿队”，开启爱心之旅。

“小草爱心志愿队”草地上诞生

当日上午10时，牛秀华、张建民、杨虎娃、杨莨、于延彩、王瑞媛、滕兰芳纷纷来到市民广场，在一片草地上，“小草爱心志愿队”成立了。

牛秀华说：“我们这个‘志愿者小队’成立了，我们要在条件允许的情况下，尽可能地帮助更多的人。”主要帮助哪些人？大家展开了讨论。开朗的杨虎娃说，先想想志愿队的宗旨和目的，定下来也好执行。“这个团队刚刚成立，还不成熟，也做不了什么大事，就做做身边的小事好了，最好是可以召集更多的人加入。”杨莨说。大家你一句我一句，最后牛秀华定了目标：“我这几年一直坚持向残疾人和孤寡老人提供帮助，我们就先从这个方向做起吧。”

“井盖大王”张建民毛遂自荐：“我开出租车，可以负责运输。接老人去医院啊，或者是运送物资啊，我都可以来。”“对对，我会理发，我可以帮人理发。”于延彩说。随后，大家开始分配任务。杨莨是医生，负责给帮扶对象检查身体，做针灸和推拿；滕兰芳是保洁员，可以帮助老人或残疾人收拾屋子；杨虎娃和王瑞媛是机动队员，哪里需要去哪里；组织者牛秀华负责联系受帮助对象，对行动进行规划。

看望"三无"老人送上温暖

牛秀华道出了成立爱心团队的初衷:"就是希望把有爱心的人们都聚集起来,大家一起行动。因为单枪匹马做善事力量太小,能帮助的人也不多,现在有了这几个好心人,每人出一份力,我们就可以帮助更多的人。也希望通过这个组织号召更多的人加入,我们不需要你有多少钱,只要你有做善事的心就行。"

"小草爱心志愿队"成立的第一件事就是看望家住草场街十字的"三无"老人郭得英。郭得英老人今年70多岁,由于患有肌肉萎缩症和心脏病,生活很不方便。五六年前,牛大姐知道老人的遭遇后,一直在默默帮助他。"今天,我想带大家去看看老人。"

郭得英老人的房子很小,他称呼牛大姐为"牛妹妹"。"我心态好,得肌肉萎缩症已经40多年了,还好好地活着呢。这个房子快拆了,社区已经给我找了廉租房,等房子一盖好,我就搬进去。"老人大声说,"今天有这么多人来看我,我很高兴。等到我搬新房子的时候,你们一定要来我家,我给你们做饭吃,我做的臊子面可好吃了。"

兰州晚报 于永昭

两好人愿出资帮孩子了心愿

5月28日，本报报道了七里河区大沟小学的学生有个小小心愿——“想到市区看看水车和铁桥”之后，引起兰州好人王进才和孙田中的关注。两名好人特意赶到学校看望学生，并表示愿意出资邀请学生在“六一”节前夕来市区观看水车、游览黄河铁桥。

当天，兰州好人王进才和孙田中与记者取得联系，随后赶往学校实地查看。在了解到好多孩子还没有来过兰州市区时，两名好人立即拿出两千元，让孩子们过儿童节。两名好人还表示，将继续关注大沟小学，发动更多爱心人士向学校师生伸出援助之手。同时，在“六一”前夕，邀请师生前来市区游览公园。临走时，王进才以自己的亲身经历，向学生们讲述了残疾人身残志坚的精神。而农民工代表孙田中则讲述了农民工的酸甜辣苦。

王进才是一名残疾人，凭着坚韧的毅力，带着一帮农民工兄弟在兰州闯出了一片天地。近年来，他致力于公益事业，在他的感召下，许多爱心人士加入到兰州好人当中，孙田中就是其中之一。孙田中也是一名农民工代表，与王进才一同资助大学生，他们一同向灾区捐款，一同帮助困难户。

兰州晚报 孙建荣
实习生 曹喜玲 程震军

爱心点亮小黑屋　困难母子得温暖

一个自闭症的孩子和一个咬牙坚持的母亲住在盐场堡中心血站附近的小平房里。近日，在爱心人士的帮助下，他们终于可以睡在暖暖和和的床上了，十平方米的小黑屋也终于亮堂了。

3年前，浩浩到了上学的年龄，父母才发现儿子无法进行正常的语言表达，情绪行为也很难控制，这才开始带着孩子四处求医。他们去过很多医院，也为此花光了家里所有的积蓄，四处借债。孩子父亲只能在工地打工，每月不到两千元的工资。一年前，浩浩的妈妈带着患有重度自闭症的浩浩来到兰州金宝贝特殊儿童教育中心进行治疗。因为浩浩的情况特殊，很难租到房子。无奈，浩浩的妈妈只能把家安在盐场堡中心血站的小巷里，租住在一间不足十平方米的黑屋子里，这里是浩浩和妈妈在兰州的唯一落脚之处。因为儿子在这里接受训练一年来有明显的进步，所以妈妈也不想放弃，只好咬牙坚持在兰州生活。

10月17日，金宝贝中心的保老师前往浩浩家做家访，因为没有直达公交车，她和浩浩回家整整用了2个小时。好不容易到了家门口，一开门，一股霉味扑鼻而来，屋里光线非常昏暗，仅有一张用砖头和木板支起的简易床。母子俩每天就睡在那潮乎乎的床上，地下放的都是张浩和妈妈的衣物，其他的什么也没有。保老师回到单位后将浩浩和妈妈的境况发在网上，而且在中心内也发起了募捐。中心的老师都纷纷拿来毛毯、被褥捐给小浩浩。21日，好心人苗先生看到小浩浩的状况后，与该中心取得联系，决定帮助小浩浩和妈妈重新置办家具。

10月22日，爱心人士苗先生前往家具市场给浩浩买了新床、新桌子和凳子，还亲自开车把大件家具送到浩浩家，帮着摆好。中心的老师们还为浩浩和他妈妈铺上暖和的被褥，把大家捐来的毛毯铺上。简单地收拾了一下后，这个凌乱不堪、潮气渗人的屋子终于看起来像个温馨的家了。细心的苗先生还帮浩浩妈妈更换了节能灯泡，黑乎乎的屋子一下子亮堂了。这天晚上浩浩和妈妈终于可以在软软的新床上睡觉了，浩浩也终于可以在桌上写作业了。

兰州晚报 徐倩影

帮助他人才是最大的价值

现在兰州市西固区福利路街道兰化25街区社区工作的刘妍，是一个看似普通却乐观向上的坚强女人。1987年发生的一次意外，使她成了需要帮助的残疾人，24年后的今天，她用爱心与奉献回报社会，成为帮助别人的人。她用自己平凡的举动，帮助那些贫病幼弱者，让他们感受到社会的温暖。她捧出一颗爱心，体现了活着的价值。

1987年6月2日之前，刘妍是化工厂的一名分析工。6月2日当晚，高压聚乙烯车间物料输送管线响声震天，竟盖住了动力机车隆隆的巨响，因此在她过铁道口时被一列倒退的运货列车刮倒了，伴随着火车的呼啸、刹车冒出的火花、刺耳的声音、19米的距离，让年仅24岁的少女成了需要帮助的残疾人。“我知道，一切都得从零开始。”走过那些彷徨的日子后，刘妍重拾了对生活的热情，走上了从医的道路，但这条路很是艰难。

刘妍的爷爷是从医的，从小的耳濡目染加上家人的期盼，她在养伤期间萌生了一个想法：一定要上医学院。“既然命运给我带来了这样的打击，我就更有理由把快乐与微笑带给每一个人。”也就是这一年，刘妍从医的愿望实现了，但困难还远没有停止。她每天都要摇着轮椅去上学，经过一番艰苦的努力，她以优异的成绩从中医学院毕业了。毕业后她开始运用自己所学到的知识，为他人解除病痛。凭借着扎实的基本功和一颗与人为善、关心他人的心，她被许许多多的人认可、称赞，然而她并没有停止学习，仍然每天钻研医术，总结出更好的治疗方法。

已经退休的王老师，患有脑梗塞，造成半身不遂，并且装有心脏起搏器，无法进行运动恢复锻炼。在刘妍的帮助下，经过一年多的按摩，不仅恢复了体质，还参加了老年体育队，打太极拳。现在身体健康的王老师已经去了广州，与儿女共同生活。有的病人家住得较远，刘妍依然坚持每天给病人按摩。有时病人对恢复健康失去了信心，她总是会鼓励病人，克服困难，坚强乐观地面对生活。有时候遇上恶劣天气，她的残肢疼痛难忍，但她还是坚持去为病人做治疗。在她的帮助下，

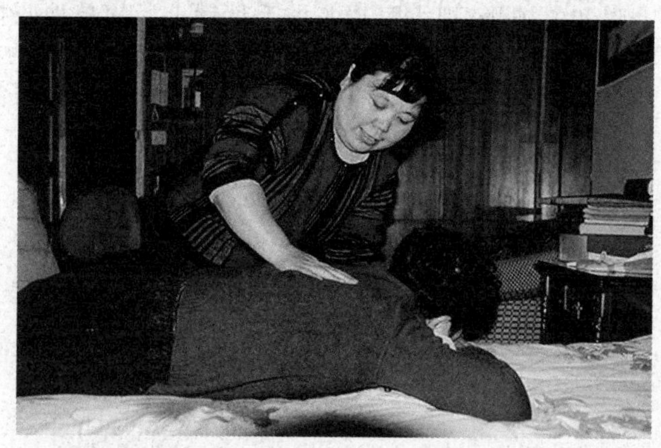

不少扭伤筋骨、碰伤皮肉的居民都消除了疼痛，周围许多有疾病的老人，也都得到了刘妍的帮助，恢复了健康。

刘妍凭着学到的知识和一腔热情，拄着拐杖义务为残疾人和有疾病的居民服务。无论是严寒还是酷暑，无论是下雨还是大雪纷飞，她都会按时赶到病者家中。至今，十多年里，已累计为社区及周围群众义务解除病痛上万人次。当问起她是什么让她一直坚持去做时，刘妍笑了，她说她做的是件很平常的事情，任何人在这种情况下都能做到。刘妍因为帮助他人的感人事迹，被评选为“2007年西固区十大道德魅力人物”。

“把快乐与微笑带给每一个人，这才是人生最大的意义与价值所在。”刘妍说。她怀着一颗感恩的心，尽自己所能回报社会，散发着自己的光和热。

中国兰州网 孙涛

孔俐:乐于助人的好少年

2010年9月20日,兰州市首届道德模范暨美德好少年颁奖典礼在甘肃省政府礼堂举行,安宁区孔家崖第二小学少先队大队长孔俐同学荣获“美德好少年”称号。说起她,全校师生们都会翘起大拇指,夸她是个优秀少先队员。

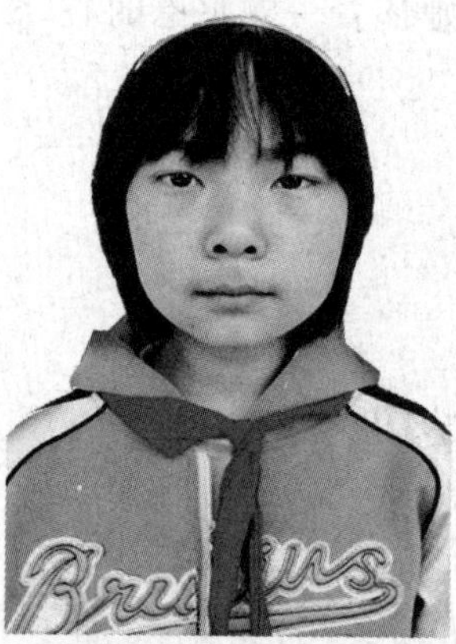

孔俐同学在各方面都严格要求自己,虚心接受老师的教育、帮助,从小她就懂得遵守纪律、讲文明、热爱集体、助人为乐。她热爱劳动,积极带领少先队员参加少先队开展的各项有益活动。学习上,她求知欲强;课堂上,她敢于提问,善于质疑;课外,她大量阅读一些有益的书报,以开阔自己的视野、增长知识。六年来,她学习成绩一直名列前茅,年年被评为学校的“优秀学生”“优秀班干部”。

孔俐同学不但品学兼优,而且还是老师的好帮手,凡事都以集体利益为先。她担任学校少先队大队长,也是班长,经常组织同学出黑板报,从版面设计到抄写。为了出好一期板报,她常常最后一个离开教室,很晚才能回家。每逢打扫卫生、班里的值日,她总是起表率作用,不怕脏、不怕累,带头干活。每当有同学学习上遇到了困难,她便毫无保留地讲解给同学听,帮助同学提高成绩。在她的帮助下,同学们的学习成绩都有了明显进步。

孔俐同学是一个助人为乐、关心他人的好孩子,学习上的优异,不仅没有滋长她的傲气,反而成为她帮助同学的有利条件。有些学习好的学生不愿和学习较差的学生交往,但孔俐认为,差生只是学习成绩有点差,但也有很多优点。正因如此,她在班里人缘很好,无论谁有困难,她都毫不吝啬地主动伸出援助之手。学校开展的各项公益劳动或实践活动,孔俐更是积极参加、认真准备,增强自己的责任感。在家里,她还是一个孝敬长辈、尊老爱幼的好孩子,主动包揽了力所能及的家务活。

孔俐不管是在学习还是生活中都深受老师和同学的好评。她说是老师的教育给了她知识,是家长的教育让她快乐成长,回报老师和家长是她勤奋的动力。辛勤的付出,收获了丰硕的成果。孔俐同学因出色表现被评为兰州“美德少年”的消息,在安宁区掀起了一股争做“美德好少年”的热潮。她将是安宁区以及全兰州每位学生努力奋斗的目标和学习的榜样。

中国兰州网 孙涛

90后战士张树晨倾力帮助耄耋空巢老人

近日,一条"榆中县定远镇转咀子村81岁老人董玉兰晚年生活凄凉,加之年事已高,老人耳聋眼花,腿脚不便,五年来过着无电无水无人赡养的艰苦生活"的微博掀起了网络热议。兰州军区一位22岁的小战士张树晨得知这一消息后,非常挂念这位素不相识的老奶奶,悄悄地从自己并不多的生活费里给老人挤出了一千元钱,又从超市里买了米面油。可正当张树晨要去看望董奶奶时,部队要集训不能离开。5月4日,记者与兰州军区居委会的主任陈莉一起带着张树晨一片心意来到了老人家中。

当天一大早,当记者看到张树晨时,这位帅气的90后小伙子,一身戎装非常精神,手里抱着一大箱给老人准备的东西,因为不能亲自见到董奶奶眼神里充满了遗憾,临行时一再嘱咐记者多了解一些老奶奶的情况。经过一个多小时的车程后,记者一行在村委会祁主任的带领下来到了董玉兰家中探望这位孤独的老人。

陈主任在向董玉兰转达张树晨的心意后,老人一直说:"这个我不能收下,真的不能收下。自己还能动不想让别人费心。"据介绍,老两口一直未生育,董玉兰30多岁时抱养了一个儿子。老伴去世十余年了,养子长大后想出去闯一闯,便将年事已高的母亲独自留在了家中。老人年迈已无力劳作,将家中几亩薄田租了出去,生活过得十分清苦。董玉兰家的院子非常破旧,3间土木结构的房屋,年久失修的屋顶用报纸糊着,已多处破损,炕上铺的床褥已很久没有清洗。漆黑的屋子没有电,没有自来水,董玉兰吃的水都是侄子从屋外的井里打来的。老人的一日三餐都是自己做。

说话间,远在兰州的张树晨打来电话,急切地想了解老人的情况,虽然他试图与老人通话,但因为老人无法听清通话内容只好中断。当记者代张树晨询问老人准备用钱买点什么时,老人幸福地说给儿子留着。她说儿子过年回家时还给她买了土豆、面粉和药。据转咀子村村支书谈东海介绍,年迈的董玉兰独自生活非常艰辛，又是村里的贫困户，村里办理第一批低保的时候就首先考虑到了她，165元的低保加上55元的养老金，已经足够老人的日常花销。由于老人年事已高，低保和养老存折一直由其侄子代管，每个月都由侄子为董玉兰购买生活必需品，再将余钱送还给董玉兰。但一年以后，由于各种家庭原因，董玉兰就一直没有见到低保金。

记者临行时，因为考虑到老人目前仍然不能解决温饱问题，就将钱交给了谈东海，希望他能与董玉兰的侄儿沟通，将钱合理安排用作老人的衣食开销，如此一来也好让张树晨的一番爱心落到实处。分别时，老人一定要让陈主任给她在门口的墙上留下战士张树晨的名字，她虽然不识字但一定要记住这个好人。而记者回到兰州后，张树晨又打来电话，想看看照片中的董奶奶，在得知老人衣服破旧，没有水吃时，小伙子有些哽咽。他说，以后有机会他一定要亲自去看看老人，给她带几件衣服，给她提点水，自己要将这份爱心一直接力下去，力所能及地让老人晚年得到关爱和温暖。

这次“凡人善举　和你一起”的采访非常特殊，是一次主人翁不在现场的采访，而且张树晨也没有太多令人震撼的事迹，但那份从兰州到榆中山村中的爱心传递却是厚重而真实的。这位可爱的90后战士，用自己的爱心和行动诠释着正能量，也用自己的点滴行动感染和启迪着身边的人。正是因为有了无数个像张树晨这样的好人，我们的生活才多了许多温暖与幸福。

兰州日报 边卫霞

兰州“慧灵”:为折翼的“天使”服务

3月7日上午,记者来到了位于七里河区火星街曦华源小区的兰州“慧灵”,虽然这个大家庭中的成员年龄各有不同,但这个大家庭却时刻散发着温馨快乐的气息。

“慧灵”是一家民办的非营利性(NGO)助残机构,目前“慧灵”遍布全国12个城市。兰州“慧灵”于2008年5月正式成立,致力于为广大智障朋友提供社区化、常态化服务。目前,兰州“慧灵”服务总人数每天达到35名左右,员工有15名,服务智障人士人数不断增加,专门为14至40岁智障人士提供专业化、社区化服务。

在记者采访中,“慧灵”的支海云老师告诉记者最多的,就是“智障是一种障碍,不是疾病”。智障人士和普通人一样,他们也有他们的天赋,有他们的需求和喜好。小海(化名)是一名中重度的智障儿童,吃喝拉撒全部由家人一手包办,刚到“慧灵”的时候,完全没有自理能力,因为长时间的家人照顾,让他形成了习惯,饭不会自己吃,也不会自己去上厕所。在“慧灵”老师们的帮助下,小海用了近一年的时间进行学习和训练,现在的小海,已经可以自己吃饭,自己上厕所,生活方面基本可以自理,还经常参加一些绘画和手工的活动。

小洋(化名)是一名唐氏综合征患者,但是在绘画方面非常有天分。在“慧灵”老师的帮助下,小洋可以独自完成绘画作品。2011年3月25日,在由兰州市残疾人联合会和“慧灵”共同主办的兰州市第一届智障人士艺术展上,小洋的作品得到了许多爱心人士的爱心认购。

2009年6月,兰州市残疾人联合会和兰州“慧灵”智障人士服务中心主办了兰州市第一届智障人士运动会,设置了100米跑、4×100接力赛跑、拔河等比赛项目,还包含了夹玻璃球、跳大绳、摸石头过河等趣味项目,旨在宣传智障知识,呼吁大众关注、接纳和支持智障人士的同时,给兰州市的智障人士一个自我展示、参与社会发展的机会。

现在“慧灵”的学员能参与到家庭模式中自己洗碗、摘菜,做一些力所能及的家务,也不害怕接触人群,甚至可以在老师的带领下去超市购物。目前,兰州“慧灵”拥有寄宿服务、2个日间训练中心、1个智障人士职业训练中心、1个青年智障人士艺术中心、1个青年智障人士画室,为兰州智障人士事业以及公益慈善事业发展做贡献着自己的力量。

中国兰州网 孙 涛

邸富源:社区居民的贴心人

现年60岁的邸富源是城关区雁南街道沙洼河社区一名“普通居民”,辖区的居民都亲切地称他为“老邸”。老邸是个热心肠,乐于助人,辖区有好多人曾经都得到过老邸的帮助,小区内的居民都把他当成自己的贴心人。他认真负责、乐于助人的精神得到了辖区居民的认可。

多年来,邸富源经常在小区里帮助行动不便的老年人买菜、修车、维修上下水,只要能干的活都主动帮助他们。2012年的春节前夕,家家都准备过年,邸富源正准备外出购买生活必需品,突然有人敲门。原来是楼上的杨奶奶找到他,说家里水管漏水,满屋都是水。看到老人那请求的眼神,他二话没说,拿起工具就来到杨奶奶家。忙完已经晚上9点多钟了,满身是水,被凉风一吹,还有些冷,但他却说能帮助别人,身上冷,心里却是暖烘烘的。小区的一名残疾人,因伤腿红肿,下地十分困难。多年来,只要碰到他需要去医院看病,老邸就陪着他一起来到医院就诊,直到很晚才回家。

老邸平时经常在小区内做帮助人的好事。大伙一遇到困难,首先想到的就是来找老邸商量。辖区居民有的失业在家,需要办理失业登记,但需要的手续有哪些,怎么办理都不知道,便想到了老邸。老邸帮助他们一起来到社区,了解清楚了需要的相关手续,并顺利地办理了失业登记证。辖区内有一位80岁的五保户,无儿无女,生活无法自理,平时生活非常困难。老邸在平时生活中经常帮助他,帮他买东西,打扫卫生,给了他很多的照顾。

沙洼河社区居委会工作人员说,像这样的事情还有很多,社区的居民把他们当成了自己的亲人。当问起老邸怎么能坚持这么多年帮助他人,老邸说:“老母亲生病多年来,社区卫生服务站和社区给我们很多的帮助,这是我和老母亲最大的感动。我要用实际行动来回报社会,帮助更多需要帮助的人。”

中国兰州网 孙涛

刁树起:乐于助人的老党员

走进火车站街道红山根东路社区,总能见到一个老人的身影。时而拿着笤帚扫着院里脏了的地方;时而一手提着水桶,一手拿着小铲清除着电杆、墙上的小广告。这个忙碌的老人,就是已经80岁的老党员刁树起。

社区里,说起大明星也许有人不知道,但说起刁树起老人,人人都会竖起大拇指。刁树起老人退休前,因年事已高,被调整到退管办工作,虽然在岗时间不长,但是他一直任劳任怨为老同志服务,把老同志的事当成自己的事,经常不辞辛苦地把物品和慰问金送到困难老同志手中,尽全力帮助生活困难的老同志。1991年刁树起老人退休后,他依然没有扔下那些需要帮助的老同志,坚持给老同志送物送钱长达十五年。

2001年刁树起老人的组织关系转到火车站街道红山根东路社区党支部后,就开始主动管起了社区里的"闲事"。多年来,刁树起老人不分冬夏一直坚持打扫楼洞卫生。每天早晨,老人都会从楼顶到一楼,一层一层扫下来,扫得极为认真。不仅如此,夏天还和老伴一起,用水冲或用拖布拖干净,尽管他们所住的地方灰尘比较多,但楼道里却十分地干净。"我和我老伴一起扫,也不觉得累,反正闲着也是闲着,就当是锻炼身体了吧。"刁树起老人笑着说,"我是党员,我就应该为人民服务。我现在身体还算硬朗,还能为社区居民出一份力,我很知足。"

老人平时经常帮助社区打扫小区院子里的卫生。老人住的小区在火车站附近,近几年这里的"牛皮癣"小广告特别多。刁树起老人就将铲除小广告当成了自己的主要任务,每天都要铲除小区墙上、电线杆上的小广告。老人忙完一天回到家后,经常是累得腰酸背疼。但由于老人常年的坚持不懈,小区里总是干干净净、整整齐齐。正是因为老人常年义务帮大家打扫卫生,大伙也形成了不乱扔垃圾的习惯,自觉地维护着身边的环境卫生。

除此之外,为居民调解纠纷也成了刁树起老人来到社区后常做的事。一天晚上十一点多了，刁树起家突然有人敲门。原来是七楼的吴老太，说是儿子和儿媳矛盾闹大了，一直争吵不停。住在一楼的刁树起老人一听，马上跑到七楼调节。弄清楚原因后，刁树起老人和老伴就对小两口进行耐心的劝说。经过一个多小时的劝说，小两口和好了，还相互道了歉。

小区里铁路职工轮班的人多，白天需要休息，刁树起老人带头让大家保持安静，不要吵闹，遇上小孩嬉闹和小贩叫卖，老人总是耐心劝说，让他们不要影响他人休息。这虽是一些微不足道的事情，但正是这些微不足道的小事，使他得到了小区里所有人的尊重。说起老人帮社区居民们干的事，老人总是笑着说："我闲不下来，所以就帮助大伙干点事，我自己有事干，也给大家行个方便。"

中国兰州网 孙涛

张宇龙:常怀感恩之心　常助困难之人

他是一名普通的社区综治员。自2003年来到社区工作至今,辖区内受到他帮助的人不计其数。小到帮辖区居民搬煤修灯,大到长年照顾辖区内生活不便的残疾人,他都当作自己的事情,乐在其中、无怨无悔。他就是盐场路街道小沟坪社区综治员——张宇龙。

记者从张宇龙工作的小沟坪社区了解到,他文化程度不高,平日里话也不多,但性情憨厚,心地善良,乐于助人。工作中勤勤恳恳、兢兢业业,生活中他是孩子的好爸爸、妻子的好丈夫。不善言辞的他,却用行动应验了他的口头禅"帮助别人,我愿意去"。尤其是几年来,他坚持照顾辖区重残户金陵家兄弟俩的事,已在兰药家属院广为流传。小沟坪社区重残户曹文英老人家,儿子双双重残,生活不能自理。年近八旬的曹文英身体日渐衰弱,还要照顾两个重残的儿子,由于收入有限,家庭生活十分困难。加之儿子重度残疾,常年卧床不起,一进曹文英家,难闻的气味就会扑鼻而来,很多人都嫌脏嫌臭,更别提去帮助他们了。但张宇龙却不曾有过怨言,每月都会按时去老人家为她两个重残儿子理发、整理家务、陪他们聊天。无论刮风下雨、白天黑夜,只要曹文英老人需要帮助,他都会第一时间赶到,风雨无阻。有一天凌晨一点多,熟睡的张宇龙被一阵急促的敲门声惊醒,打开门一看原来是曹文英老人,老人一见到张宇龙就拉着他往外走。半路上张宇龙才弄清楚原来老人的儿子不小心从床上掉了下来,年迈的老人任凭怎么努力,也无法将儿子扶起来,无助的老人便想到了这个长年照顾他们的社区综治员。张宇龙听完情况,加快步伐,赶到老人家帮老人安顿好后,已是凌晨四点了。曹文英老人每每提及此事,都会感动不已,而张宇龙只是憨憨一笑,告诉老人:"有事尽管来找我,我们是一个社区的,都是一家人,我会尽力帮你的。"话语朴实,是因为这些事情在张宇龙看来,都只是他分内的工作而已。

张宇龙不仅乐于帮助残疾人,还经常帮助社区需要帮助的其他居民。不管是换灯泡还是修洗衣机,只要有人来找他,他都会第一

时间尽自己的力量去做。由于家人生病住院需要照顾，记者是在兰州市肺病医院见到今年44岁的张宇龙。去年生过一场大病，张宇龙看起来略显憔悴，可他那朴实的微笑依旧感染了记者。他告诉记者，帮助别人，他也能从中体会到快乐，社区给了他再就业的机会，他就要珍惜，做好一个综治员该做的事情。谈及曹文英老人一家，张宇龙说："因为之前都是邻居，所以曹文英老人家的情况我在去社区工作之前就有所耳闻。他们收入微薄，老人要照顾自己，还要照顾儿子，我后来又在社区工作，帮忙照顾就更加义不容辞了。其实我也没做什么，就是打扫打扫卫生，给她儿子擦洗一下身体。脏点臭点怕什么？回家洗洗就好。"说这些话的时候，张宇龙脸上依旧是憨憨的微笑，谁又能从这微笑中看出，几米以外的病房里，病重的妻子还在等待两天后的手术呢？即便这样，张宇龙一有时间，还是会去帮助辖区的居民，用他的话说："我要对得起辖区居民们给予我的信任啊！"

朴素的话语，让整个采访过程温情暖暖。采访结束时，张宇龙告诉记者："我坚信好人有好报！社区给了我再就业的机会，我就应该珍惜。在我遇到困难的时候，街道社区的领导、工作人员和辖区的居民们也给了我很多关心和帮助。我很感谢他们，等家里事情处理好了，我一定第一时间回社区工作！好好回报关心过我、帮助过我的人！"

我们的社会需要这样的好人，我们应该像张宇龙这样，拒绝冷漠，用感恩的心去对待周围的每一个人，去帮助身边需要帮助的人。别人得到温暖的同时，我们也会从中体会到快乐！

中国兰州网 程晓靖

丁辰根:十年如一日帮邻里免费修车

凌晨6点多,正是大部分人熟睡的时候,兰州的街上一片寂静。广武门街道新华巷社区的丁辰根老人一如往日,早早起来拾掇自己的修车工具。

72岁的丁辰根老人打过小鬼子,开过坦克车,1963年转业来到兰州一家科研单位当保卫处长。丁老离休后发现,社区周围没有修车的地方,居民一旦车坏了上班就会迟到。闲不住的他于是设了一个义务修车摊,每天早上7点就开始为居民修车,10多年来几乎从未间断。如今,丁老的头发白了,腰也弯了,可这义务修车的劲头丝毫不减当年。

"在部队时我修过坦克,现在修自行车不在话下!"丁老两只手一使劲,麻利地把一辆自行车抬到修车架上。这辆车是前一天晚上一个邻居放在这儿的,车锁出了点问题,丁老答应过人家,"一天肯定修好"。

在刚开始修车的几年,丁老一直坚持每天上午修车4小时,下午修4小时。可2001年丁老在修车时突然中风,醒过来时发现自己已经在医院里了。丁老赶紧告诉老伴,快去修车铺挂出"有事外出"的牌子。"我自己没什么事,别让大家替我担心,要是有人来医院看,那也耽误人家的时间。"

自从那次中风之后,在亲友的劝说下,丁老把修车时间缩短为每天上午的4小时。但这并没减少丁老修自行车的数量,因为大家都清楚,丁老不在的时候,把车停在门口,钥匙从门缝扔进去,第二天老丁准能给修好。

丁老刚修车时,不少人都觉得他只是刚离休闲不住,心血来潮一阵子,但是丁老用实际行动告诉大家,什么叫坚持,什么叫无私。这样做不累吗?丁老微笑着说:"闲着也是闲着,看到有困难的人就帮助一下。人嘛,不能那么较真,不能因为陌生就把好心肠藏起来。"

中国兰州网 周媛

王君英:热心肠的社区助老员

王君英是兰州市城关区火车站街道红西村社区一位普普通通的助老专干,虽然从事社区专干这一工作时间不长,但她对待工作认真负责、对待老人细致耐心在社区有口皆碑。

王君英原是兰州市第二毛纺织厂职工,买断工龄离开工厂后就来到了红西村社区工作,后经城关区民政局培训并考核通过,于2011年7月1日正式上岗,成了红西村社区的一民助老员。工作中,她踏实肯干,努力学习业务知识,对与孤寡独居老人相关的优惠政策了如指掌,对老人们也照顾有加。辖区经常接受王君英照顾、帮助的老人们都对她赞誉有加。据了解,红西村社区目前有A、B类老人共20名(注:A类为"空巢"老人、"三无"老人、没有经济收入的老年人;B类为重点优抚对象老年人、90岁以上高龄老年人、市级以上劳模以及为社会做出较大贡献的老年人),王君英每周坚持访问两到三户老人,她说:"有时我去了只是陪老人们唠唠家常,也解决不了什么大的问题,但如果不去,心里就不踏实。时间长了,对老人慢慢就了解深了,感情也随之加深了。作为一名助老员,让老人在最大程度上享受到社区的关爱和温暖是我的责任。"王君英是这么说的,也是这么做的。

"老人家,您最近身体怎么样啊?"王君英走访看望居住在红山根西村96号301室的杨敬成老人时,一见面就亲切地问道,那情形就像出远门的女儿回家看望年迈的父亲一般,让人动容。杨敬成老人今年99岁,是本辖区高龄老人之一。老人经历多年漂泊,老伴去世多年,一直由其女儿照顾,平时爱看书、看报、每天写毛笔字,生活还算惬意。王君英此次来访的目的,就是要告诉老人,现在政府正在为60岁以上老年人办理居民养老保险,不用缴纳费用,只需要复印自己的相关信息、填写申请表就能够办理,享受每月55元的基础养老金。目前社区已经将老人的相关材料进行了整理并报送相关部门,正在等待办理。老人听到这个消息,高兴地对记者说:"小王就是个热心肠,社区一有什么好事儿,她总是第一时间来通知我们。我岁数大了,行动起来不是很方便,如果不是她,这次政府搞的这个对弱势群体关心帮助的好政策都不知道什么时候我们才能知道啊!"

"最近天气变化多,您要注意保暖,有什么事情就打我电话!"像往常一样,红西村社区助老员王君英在离开红山根西村219号的巴福兰老人家的时候,总是不忘记交代一句。巴福兰老人是红西村社区内的一名空巢老人,儿子去世,儿媳也已改嫁,身边无子女,和孙子一起生活。老人无收入,孙子靠打零工来维持生活,家庭生活十分困难。王君英这次看望老人,一方面是看看老人的生活上有什么需要帮助的,另一方面考虑到老人的情况,想让她办理居民养老保险。由于老人年事已高,天冷出行不便，王君英就主动跑前跑后，办妥了手续。此后，老人就能享受每月55元的基础养老金了。“这点钱虽然不多，但对老人来说，负担总是会轻一些的。将心比心，我们也有父母，也有老的一天，我只是希望能够尽自己的力量来帮助老人。”王君英这样说道。

“我就想有个人陪我说说话。”家住红山根西村246号白政华老人这简单的一句话，道出了不少空巢老人的心声。已经77岁高龄的白政华是一名退休工人，虽有6个子女，现在都已成家，老人身边长期无人照料。现在年事已高，又患有青光眼、慢性胃炎、腰椎间盘突出等多种疾病，每月虽有1200元的退休工资，但面对高额的医疗费用，老人还是很犯愁，成天闷闷不乐。王君英了解到这一情况后，立即走访老人，想通过自己的力量来帮助老人走出这一阴影，以积极向上的心态面对生活。走访过程中，白政华老人对王君英说：“我年轻守寡拉扯6个孩子不容易，现在儿女都已成家，年龄大了，病又多，身边没有人照料，就感到非常孤独、郁闷。”王君英听到老人这么说，便开始对老人进行耐心劝导，她告诉老人有困难也可以向社区反映，社区肯定会为她解决问题，因为关爱空巢老人是社区的职责。随后，王君英还向白政华老人详细介绍了虚拟养老院的相关政策。经过王君英的悉心劝导，老人心情好了很多，他感叹道：“多谢社区的关心，还是党和政府的政策好啊！”老人的儿女们在得知此事后，对社区以及助老员王君英也感谢万分，并表示以后会多抽时间关心照顾老人，尽量避免类似的事情再次发生。

王君英在工作岗位上兢兢业业，工作态度认真，待人热情，乐于助人。由于她的工作性质比较特殊，平时面对的都是老年人，这就需要更多的耐心和理解。有些老人行动不便，她便上门服务，询问老人情况，帮助老人做家务，陪老人聊天，处处体贴、关心老人。有时遇到不太善解人意的老人，她都会耐心对待，以真心实意化解老人的不满情绪，帮助老人解决生活中的困难，不曾有半点怨言。

基层工作平凡但又烦琐，每天面对的都是辖区居民的家长里短，可解决的却是居民们的燃眉之急。平凡小事见真情，在基层一线，和王君英一样的助老专干还有很多，也许她们没有走进礼堂接受表彰的机会，但这丝毫不会影响她们对待工作的满腔热情和对待需要帮助的人的一腔热血，这就是“兰州好人”最真实的体现和最真切的含义。

中国兰州网 程晓靖

常蓬彬:资助贫困学生的好老师

在兰州大学有这样一个人,人们评价他做事认真、不善言辞。从1998年至今,他靠自己的工资默默资助十多名家庭贫困的大学生完成了学业,为了不打扰受资助同学的学习和生活,资助期间从未与他们见过面,他就是兰州大学电子技术开发应用研究所所长、甘肃金籽瓜生物科技有限责任公司董事长常蓬彬。

在兰州大学,来自农村的学生较多。资源环境学院地理系97级董萌同学来自吉林,母亲病重,哥哥下岗在家,一家全靠父亲不到300元的劳保金支撑着。当她以优异成绩考上大学,由于筹集不到学费,一度产生了弃学的打算。最后她靠父亲举债,"带着一身贫困"走进了兰大。来自江苏的地质系98级王金同学,父亲因车祸去世,母亲一病不起,弟弟弃学务农,靠政府贷款上了大学……来自河北的大气系97级庞民刚同学,母亲去世,家有爷爷、奶奶,姐姐也在上大学,妹妹在念中学,家中只靠父亲一人支撑……得知这些情况,常蓬彬老师便主动与资源环境学院联系,希望通过他的资助,帮助这几名家庭困难学生完成学业。于是从1998年起,常蓬彬老师便每年拿出数千元,资助这三名同学,直到他们完成学业。像这样的困难学生,常蓬彬还资助了很多,在他长期地默默资助和关心下,同学们个个都变得更加顽强,每个人对未来都充满了信心,都用更高的标准要求自己,生活上更加自立自强,学习上更加刻苦,并且个个都取得了优异的成绩。常蓬彬所资助的大学生毕业后不但学有所成,有的还成为"爱心传递者",默默地帮助着身边需要帮助的每个人,以他们的行动践行回报社会的诺言。

常蓬彬说:"我不可能靠一个人的力量帮助所有有困难的学生,我只能尽自己的力量用自己的方式帮助尽可能多的人。"多年来,他还给"希望工程"捐款,给临夏、甘南、临洮、景泰等学校捐赠计算机70多台,图书4000余册。汶川地震后,他组织员工赈灾义卖,向灾区捐款和缴纳特殊党费,捐资救助了1名受灾学生,给兰州大学20多名灾区同学送去了爱心车票和慰问品。玉树地震后,他筹集了护手霜、防晒霜、饮料等实用物资开车送去慰问。2010年,他参与全省大学生创业计划大赛组织工作期间,发起资助贫困创

业大学生活动，募集5万多元资金，资助50多名大学生。

正是因为他长期以来帮助他人，资助大学生，热心公益事业，2010年9月荣获兰州市首届“道德模范”称号，2010年12月又被评为甘肃省第二届“道德模范”。（被资助同学姓名均为化名）

中国兰州网 孙涛

何乃柱:情系智障人士的博士社工

何乃柱是一位来自广西南宁的小伙子,现在正在攻读兰州大学民族社会学专业博士。在课余时间,他一直默默热心公益事业,为智障人士服务,帮助智障人士学习、提高自理能力,给智障人士送去了温暖和关爱。

何乃柱出生在广西南宁一个偏僻的小山村,家里有11个孩子,小时候一年才能吃上两顿肉。为了送自己和哥哥姐姐上大学,父母挪东家借西家,奔波劳碌。后来在许多好心人的帮助下顺利地考上大学。在读本科的时候,家里没有足够的伙食费,吃了上顿愁下顿,在好多人的帮助下才读完了大学。"我曾经得到过社会上好心人的帮助,现在我加入社工主要就是为了回报社会。利用专业所长服务弱势群体,是我利用课余时间开展智障人士服务工作的动力。"何乃柱说。

何乃柱一直在兰州慧灵智障人士服务机构为智障人士服务,由于兰州慧灵的男员工较少,中重度的男学员上厕所根本不知道怎么做清洁,何乃柱就主动耐心地教他们,提醒他们便后冲水、洗手等。久而久之,这些学员也慢慢习惯了上厕所要关门、便后要洗手,生活逐渐独立。

许多有智障人士的家庭的家长们并不太了解智障的常识,也不知道如何训练,何乃柱就带着兰州慧灵的社工们一起,策划举办智障人士家长联谊会,与三个社区合作举办智障人士家长培训。何乃柱一个月的工资只有1500元钱,但当他知道一些贫困的智障人士家庭困难,没钱交服务费时,他主动伸出援手,帮助这些困难家庭,并且带领义工们通过义卖、微博筹款等形式筹集了一些资金资助智障人士的伙食费和服务费。此外,他还亲自牵头策划和举办了两届兰州市智障人士社区共融民间运动会,策划举办了助残慈善慢跑。

为了让智障人士像普通人一样享受社交、娱乐、培训和就业的快乐,何乃柱提议以家庭模式来帮助智障人士,每个智障人士都是"家庭成员"。白天,智障学员在机构里接受训练,晚上回到"家里"吃饭和睡觉。何乃柱说,智障人士最缺乏的就是平等参与的机会,要让智障学员在家庭中学会如何洗碗、拖地、洗菜等,掌握独立居家生活的技能。何乃柱始终想的不是自己,而是怎么让智障人士得到更好的学习和教育。

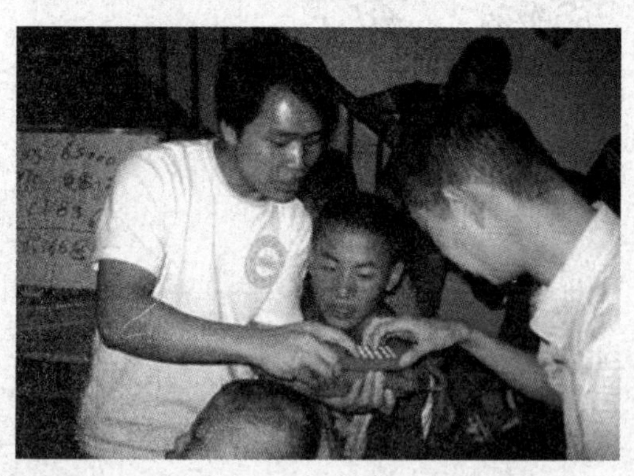

中国兰州网 孙涛

尹建敏:一个东北女人的公益之路

兰州市红古区鑫源天然气有限公司董事长尹建敏,在当地有着很高的知名度,这都源于她十多年来无数的善举。十多年来,她累计为社会捐出了近200万元,被评为"兰州市诚实守信道德模范"。

尹建敏是东北人,2001年初,她借西部大开发之风,孤身一人来到西部,寻求事业发展的机遇。投资建设了红谷区天然气输送配套工程,多年来,在努力发展壮大企业规模的同时,她不忘积极回馈社会、慷慨参与公益事业,帮助社会创造更多的就业机会,关心社会福利慈善事业。几年来,她一直坚持每月拿出2000多元工资慰问石海地区的十户五保户、困难户,给他们送去米、面、油等生活用品;她在公司成立志愿者服务队,组织员工开展"献爱心、送温暖"活动;汶川地震、玉树地震、舟曲泥石流等自然灾害发生后,她第一时间带头并发动员工捐款数万元,为灾区送去一片心意,并带领员工亲赴汶川,为灾区送去生活用品。

从红古区养老院建成的那一年开始,几乎每个月都能看到尹建敏的身影。尹建敏每个月要给这家养老院捐助2000多元的米面,养老院40多位老人一年四季要穿的衣服她几乎都"包"了。尹建敏每个月去养老院都要亲自动手,和公司志愿者们一起给老人们包上一顿饺子,热热闹闹地过上半天才离开。逢年过节她都会带领志愿者为老人们提供爱心服务,妇女节她都要给每位老大娘送去过节费;从夏装到秋装,从单鞋到防滑棉鞋,从内衣、羊毛裤到棉袄,她都为老人们细心挑选购买;每年春节她都为老人们做一身新衣、新鞋、新袜,组织员工给老人们送上文艺节目,和老人们一起共度佳节。

为了帮助贫困学子,从2005年开始,尹建敏就成立了"鑫源助学基金"每年表彰红古区高考文理科前三甲学生;表彰十八中优秀教师、优秀贫困学生;每年捐助红古区优秀贫困学生2万元生活费;资助三四名特困大学生的学费和生活费,直到他们大学毕业。红古区上海石村民贾哈菲家庭非常贫困,丈夫常年卧床,3个孩子全部考上了大学,她靠种菜供孩子们上学。尹建敏知道后,解决了孩子们的学费问题。在尹建敏看来,这不是一种简单的捐助行为,而是以道德和爱心为基础的发自内心的捐赠。十多年来,她用自己的善心帮助了越来越多的人,她的善举也得到了社会的肯定与赞扬。

中国兰州网 孙涛

李海珊:“扶贫解困　奉献爱心”是我的信念

李海珊是甘肃陇鑫实业集团有限公司董事长。作为一个民营企业家,在发展企业为社会经济发展做出突出贡献的同时,他始终坚持“扶贫解困,奉献爱心”的信念,多次为贫困地区捐款捐物,曾荣获“全国劳动模范”“甘肃省劳动模范”等荣誉称号。

二十世纪八十年代初,李海珊仅凭一把镐、二把铁锹、两辆架子车开始了他在家乡的摸爬滚打,艰苦创业。凭借独特的眼光和踏实的实干精神,李海珊以双飞电器厂为基础,以建筑业为龙头,先后组建了液化气站、养殖场等公司。为实现多元化、集团化发展,公司又组建了涉及房地产、建筑、建材、物业管理、综合服务、餐饮娱乐等多家子公司。公司大多数职工来自榆中,多年来李海珊与大家同甘共苦、荣辱与共,对待员工无比关爱。无论谁家有困难,子女上不了学,李海珊都给予了帮助和无微不至的关怀。

在发展企业的同时,李海珊不忘回报社会,热心公益事业,近年来,他先后向榆中县第一中学捐款新建教学楼、科技大楼、学生公寓等,共计人民币260万元。向1998年抗洪救灾、抗击非典,捐款、捐物计10万元。2006—2009年积极响应希望工程国家圆梦行动,在榆中、定西两地捐款16万元。2007年响应兰州市扶贫帮扶的号召,向榆中县龙泉乡庙咀村和武庄村捐助资金30余万元。向汶川地震灾区捐款28万余元、向青海玉树地震灾区捐款10万元、向舟区灾区捐款10万元。2010年10月“光彩陇原行”,向广河中学捐款10万元。多年来,公司捐资捐物共计1000余万元。“扶贫解困是我的义务,奉献爱心是我的职责。”这句话李海珊经常挂在嘴边。他回报社会、热心公益的行为,获得了社会各界的赞誉。

中国兰州网 孙涛

杜富虎:坚持献血的无名英雄

“捐献可以再生的血液,拯救不可重来的生命。”这句无偿献血的话语对于某些人来说不仅仅是一个口号,还是他们生活中践行的座右铭。这些人被甘肃省血液中心的工作人员称为无名英雄,杜富虎就是其中之一。

记者是在省血液中心采访时见到杜富虎的,当时他正在捐献血小板。这位地道的兰州汉子今年35岁,他的献血历史要从2007年算起,至今他已经献了35次血小板及5次全血,共计49 100毫升。杜富虎告诉记者,他的献血证已经积攒了十多个,现在他到血液中心献血的频率几乎是一个多月就要来一次,无偿献血已经成为他生活中的一部分。

回忆起第一次献血,杜富虎说是因为好奇,而且献血之后他并没有感到任何不适。无偿献血可以帮助更多病患的认识决定了这次献血成了终生献血的开始。

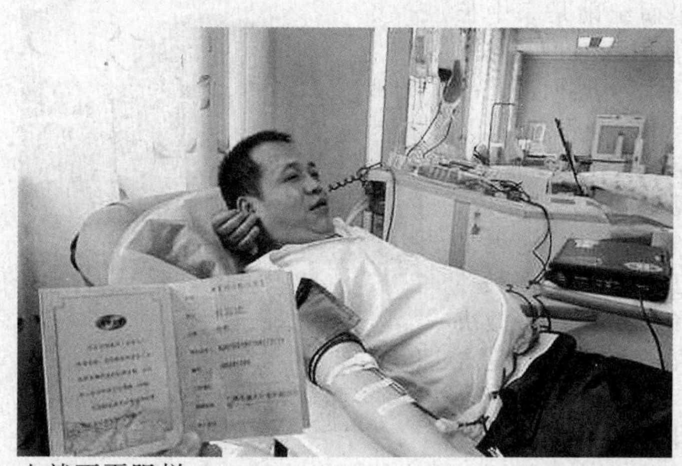

当记者问到家里人会如何看待他去献血的问题时,他笑了。原来一开始杜富虎都是瞒着家里去献血,因为家中老人仍是老思想,认为献血伤身。直到后来他习惯了献血,家里人见他坚持,也就不再阻拦。

几年下来,杜富虎坚持通过无偿献血的方式帮助他人,用行动实现奉献爱心的精神。他告诉记者,能够这样帮助他人他很满足,以后也将会把献血进行到底。

中国兰州网 王萌

纪勋:毅然捐献骨髓救人的兰大学子

纪勋是兰州大学数学院的学生。2008年省红十字会在学校开展捐献活动,他成了一名志愿者。一般来说骨髓捐献志愿者并不会立刻得到配型消息,因此,直到两年后即2010年省红十字会的来电结束了他平静的志愿者生活。当时工作人员告诉他,他与一位14岁的孩子配型成功。

作为甘肃省第八例和兰州大学第三例造血干细胞捐献者,纪勋与校内其他几位骨髓已捐献者进行了沟通,在得到相关的经验传授和心理支持后,他说服家人决定捐献。而就在捐献工作全部准备就绪时,突然出现了意外。原来家人打电话告诉纪勋,深爱他的祖母去世了,需要身为长孙的他回家参与处理后事。

骨髓捐献事宜时间紧张,若是推迟或放弃捐献,患者将有生命危险。而纪勋是家中长孙,家中需要他回乡照料。此时面对道义与孝心发生时间冲突时,纪勋紧急踏上返回河北的火车,在短短几天内结束了家中事务之后,又独自一人赶赴武汉进行骨髓捐献。手术成功,纪勋完成了救人的善举。现在纪勋已经毕业,回到了家乡河北。面对记者的采访,他很平静。自小比同龄人成熟的纪勋,有着长子长孙的责任感和自觉,很多选择都是他自己做决定。当初决定成为骨髓捐献志愿者完全是自己的意愿,他从没有后悔。

纪勋的捐献事迹使得中华骨髓库甘肃分库负责人贾伍亮非常感慨,在与记者的对话中多次提起捐献者的奉献精神。他表示希望能有更多人正确认识骨髓捐献,为挽救他人生命贡献力量。

中国兰州网 王萌

汪国泰:在社区服务中找到生活乐趣

汪国泰是白银路街道正宁路社区的辖区居民。2009年的时候他有了一个新的身份,担任正宁路社区交通协管员。由此开始了他的社区服务职业生涯。现在汪国泰担任着楼院长和社区医保专干两项工作,是社区名副其实的多面手。

真实接触社区工作要从上一次人口普查算起,当时社区需要大量人手参与普查登记工作,汪国泰看到了社区工作人员的辛苦,也感受到这项工作的重要性,于是参与到社区工作中。此后他又担任了交通协管员,在永昌路与双城门、永昌路与甘南路交接的十字路口义务疏导交通。在他担任社区文明交通劝导员志愿者的几年间,帮助老人过十字路口,帮助过往司机安全通行,减少堵车和行人过路难问题的发生。尽职尽责的服务,使得他深受辖区居民的欢迎。

交通协管员工作的成绩让汪国泰逐渐热爱上社区工作,于是他又担任起了社区楼院长,继续为居民服务。身为楼院长,汪国泰负责着300多户居民。在与居民的交往中,他感到自己也受益匪浅。与人交往是一门高深的学问,需要丰富的经验和积极地思考,而楼院长是一个更需要掌握与人相处之道的工作。汪国泰说自己从事社区工作之前和现在完全不同。那时候他并不理解社区工作的重要与难度,自然更难理解社区工作人员的难处,加上以前他性格内向,与周围的人交往得少,生活缺少活力,但是社区工作让他增长了自信,也丰富了经历。

有一次汪国泰到一户居民家为老人说明社区新的服务项目,老人的女儿态度比较冷漠,两人没能好好地沟通,令他感到非常遗憾。可是汪国泰再次登门为老人送上社区帮忙办理的公交卡时,老人的女儿态度非常热情,这让他感到与居民沟通应该注意方式,尽量把对居民有益的政策宣传说明到位,才能达到双方相互理解的效果。

正宁路社区的工作人员都说汪国泰是一名优秀的社区工作者,不仅尽职尽责还充满热情。汪国泰则说,从事社区工作让他感到快乐,也受到居民的尊重,跟老百姓切身相关的事情知道得多了,眼界也开阔了,他愿意一直将社区工作进行下去,为服务居民贡献力量。

中国兰州网 王萌

张景财:坚持“微捐”的快乐老人

在东岗街道振兴社区工作人员的带领下,记者见到张景财老人。他身体瘦弱但精神矍铄。简单得不能再简单的小屋,一只陪伴老人的鸡和几盆生机盎然的花草构成了老人家里的全部风景。就是这样一位不善言谈、生活简单的老人,他的“微捐”故事却如春风一般温暖和感染着身边的每一个人。

不记得什么时候开始捐款捐物

采访中当记者试图寻找这位80多岁老人的“微捐”记录,然而非常遗憾,老人已经不记得是从什么时候开始捐款捐物了。因为对于很多捐款老人都不留任何凭证,所以无从查找。去年刚刚接手事务的社区工作人员辛晚静告诉记者,有很多老人参与的捐款资料已找不到了,对于张景财个人捐款、物的具体数额无法给出具体的明细。另外,老人年纪也比较大了,对这些事情并不放在心上,平常得如同他生活的一部分。用老人的话说就是,生活中谁没个难事,相互帮衬一把沟沟坎坎的也就过去了。谈到这些,老人语气平和、目光慈祥。一个人做点好事并不难,难的是一辈子做好事。老人自己生活得如此清贫,可一辈子都没停下捐款的脚步,只是他的爱心账本都在每一个受过他帮助的人心里。

老人的退休工资除了用于生活开支外,并没有太多积蓄,基本上都用于身边的公益事业。汶川地震、玉树地震发生后,老人在社区带头,第一个捐款。平日里老人也时常帮助别人。

老邻居陈大爷告诉记者,住在跟前的老街坊都非常敬重张景财,谁家有个灾啊难的他从来没二话,出力出钱。他帮过的很多孩子现在不少已经长大成人,这些孩子有的在外地,有的在兰州,逢年过节也有人会过来看看老人。

当问到捐款的出发点时,张景财笑了笑说,自己年轻的时候日子过得苦,所以自己这辈子所做的事不需要记录,能帮别人就是福分。

“微捐”大爷还是一名老兵

曾经军人出身的张景财意志坚强，他1949年1月在山东当兵，后来参加过抗美援朝战争，曾十三次受到嘉奖，两次荣立一等功。1955年转业后安置到中铁工程六局，看守铁路大桥。1980年，张景财退休了。他向社区要求说：“我是共产党员，我要尽我的余生为百姓做点事，不论脏活、苦活、累活都行，我不能让国家白养着啊！”此后，只要是邻里或居民有困难，他总是第一时间赶到现场，尽自己最大的努力，帮助解决，受到左邻右舍的好评。

交谈中，老人总是说自己身体还好，应该发挥余热为人民做点事。在他居住的地方，有一段铁路旁的排洪道和一处公厕常年无人清扫，他主动担当起一个清洁员的责任，每天早出晚归清理和打扫，为此他还自己掏钱购买了一辆架子车，按时将垃圾运送到固定的集中点。他说：“人活在世上，多做对社会有益的事，这样才能心安理得。”他先后被城关区授予“先进党支部委员”“优秀党员”等荣誉称号。面对荣誉，他还是那句质朴的话：“我不服老，我还有很多事情要干。”话虽实在，但并非人人都能真正做到，而张景财就是以这样的人生哲理指导着自己的言行，秉承一个共产党员的执着和追求。采访结束了，告别时，记者和社区工作人员对老人说下次再来看他，老人脸上溢满了幸福。

中国兰州网 吕洁

孙均鹄：退休老人的二十多年慈善路

耄耋老人孙均鹄是一名省地矿局退休干部。当年他作为一名中国共产党党员，响应支援大西北的号召来到甘肃，退休后积极投身于社会工作。2007年被评为城关区“十大公德之星”。

帮助贫困、失学儿童

1991年甘肃省“希望工程”刚刚启动，孙均鹄便主动找到团省委，送去100元捐款，这是甘肃省“希望工程”的首笔个人捐助。1992年，通过团省委的联系，他开始“一对一”捐资，帮助定西县香泉乡中庄村五社的小学生马骏上学，直到1996年马骏因身体原因退学。

1996年老人开始“一对一”捐资帮助定西县香泉乡中庄村五社的小学生马桂花上学，直到其小学毕业。1997年向嘉峪关市患白血病的11岁儿童何芳献爱心200元，向永登县患白血病的9岁儿童廖明奎献爱心200元，向12岁的皋兰县脑病患儿王保春捐款200元，给皋兰县无钱上西北师大的农家少女杨言香汇去200元助学款。

1998年孙均鹄动员省地矿局九三学社支社全体成员资助西和县洛峪中心小学学生马丽娜。同时向甘肃省九三学社社员发出倡议，开展“一对一，结对子”活动，对临夏市尹王小学、和政县闫菜坪小学的22名失学儿童开展结对帮扶。他本人在1998年捐款1400元。

1999年12月、2001年和2002年，孙均鹄动员九三学社省地矿局支社社员及会宁籍职工向会宁县塬边乡坪岔小学捐款共4946元。1999年11月，他向兰州大学化工学院患急性白血病的19岁学生刘丽刚捐款200元，向会宁县塬边乡坪岔小学先后4次捐款共1100元。2000年先后捐款5次，共1200元。2001年资助西和县晒经乡中心学校三年级学生马东东小学毕业。2002年孙均鹄资助榆中县一个贫困学生上学，还资助了会宁县塬边乡坪岔小学三年级学生马鹏燕。2003年资助会宁县坪岔乡两个失学儿童。2004年，先后多次为生活困难学生捐款共1500元。

积极帮助弱势群体人员

孙均鹄老人经常通过《兰州晚报》的《今日爱心桥》栏目了解资助线索，多次救助各地遭受自然灾害的弱势群体人员。

1996年7月捐助被煤气爆炸烧伤的孙杰、李英一家。1998年3月资助因意外事故面临瘫痪的青年民工王玉琪。1998年6月资助榆中县残疾夫妇王彦才、刘翠萍，送去爱心捐款200元。1998年7月向住在兰州市刘家湾抚养弃婴的拾荒者魏玲霞家捐款。1999年1月资助兰州市邱家湾小学9岁的白血病患儿白智龙，8月资助兰州市七里河区脑出血的残疾人钱太虎。2000年分别资助了突患重病的韩亚萍和西站王家堡小学12岁的残疾儿童李鹏。2000年11月向北京市朝阳区东风乡辛庄抚养5个弃婴的好心夫妇陈荣、叶辛汇去自己的捐款。2001年救助风湿病严重的会宁县河畔乡峡门村女学生强立民。2002年7月救助榆中县兰山乡陈家庄小学学生宋福荣。2003年1月资助因被开水烫伤，来兰治疗而经济困难的会宁4岁女孩李雪梅。2003年11月救助白血病患儿刘恒炜一家。2005年4月资助甘肃省建工局家属楼失火的受灾群众。2006年3月资助十一年来抚养同父异母弟弟的三个幼儿的榆中县麻家寺王应学老人。

老有所为编写书籍

孙均鹄同志退休之后，笔耕不辍，1999年、2001年和2003年汇编出版了《保健小知识》、《续集》、《保健·养生·生活》(上、下册)近百万字，做到了老有所想、老有所为、老有所乐。

孙均鹄同志退休工资仅800元，老伴瘫痪多年(2002年病逝)，儿子下岗，孙子上学，家境并不富裕，但他把自己的全部爱心奉献给了社会，奉献给了贫困地区的失学儿童。15年来，他共捐助50多次，金额达15 000元。他常说："全国有很多家庭贫困的孩子不能上学，如果大家都出些力，很多贫困家庭的孩子就会有书念"。年近八旬的他，扶贫济困，热心公益事业，凭借自己的有限力量和爱心，做着不平凡的伟大事业。

中国兰州网 王萌

谢元成:用行动温暖人心

谢元成今年55岁,下岗多年,生活并不容易,但他多年来一直照顾身有残疾的邻居,得到了许多人的赞扬。2007年他被评选为城关区“十大公德之星”。

十多年前,居民们常看到谢元成推着一位坐轮椅的青年在家属院内散步、聊天,相互熟悉亲密的样子让不了解情况的人都以为他们是一家人,但其实上这二人是邻居。坐在轮椅上的人叫江亭,从小父母双亡,又患有遗传性软骨病,十多年前由于病情日益严重,妻子携子离他而去,生活不能自理的江亭几乎失去了生活的勇气。就在这时,邻居谢元成对江亭说:“小伙子,振作起来,以后我就是你的亲人,只要有我在,你就饿不着,冻不着!”就这样,谢元成包揽了江亭家所有的家务活,家里没米、没面了,他会准时买来;衣服脏了,他默默地洗了;一日三餐他也包了;时不时推上江亭逛马路、上公园,生病期间买药、煎药。照顾江亭成了谢元成每天的生活内容。刚开始谢元成的爱人、孩子不理解他,经常埋怨他为了别人疏于照顾家庭,但是时间长了,家里人也都被感动了。有时候,老伴在做饭时多做点,端到他手里让他送给江亭,这一帮就是十多年。

谢元成不仅在生活上帮助江亭,在经济上他也尽量资助江亭。江亭是驼铃厂职工,每月只有110元的养病补助和150多元的低保,两个姐姐也因生活困难,没办法帮助弟弟。既要吃饭,又要看病,两百多元的生活费时常让江亭头疼不已。看到这种情况,谢元成便悄悄地为他买些东西送到他家。而他自己家里的总收入其实也只是当综治员的补助和儿子打工的工资收入而已。有些认识谢元成的人时常挖苦他是“傻子”,说他这样做是“白费力气又赔钱”,谢元成听到后只是一笑,从不放到心里。如今,江亭在他的帮助下,再也不自暴自弃,对生活充满了信心。

江亭是不幸的,病魔缠身,也没有一个完整的家;但他又是幸运的,因为他有谢元成这样一位好邻居。我们真心地希望,这个社会多几个像谢元成这样的人,让人与人之间的关爱多一点,再多一点。

中国兰州网 王萌

陈妍:义务照顾残疾邻居15年

“小陈,又来看你陈叔了?”“老陈真有福气,有这么好的干闺女!”周末一大早,陈妍来到兰州市城关区柏道路75号大院门口时,院里的人们和她热情地打着招呼。

楼道后面,一位拄着拐棍的老年男子看到陈妍露出了笑容。“你忙你的,我好着呢! 才几天怎么又来了?”老陈向陈妍打招呼。陈妍亲热地叫着:“陈叔好!”老陈的家在楼道后面,是利用空地建起的平房,一进屋陈妍就打开塑料袋,取出自己烙的饼子,撕成小片递到老陈手上,又沏好茶水放到桌上。

“陈叔饼子香不香?”陈妍和老陈逗乐。“香,真香!”老陈乐呵呵地说。

“这样的场景已经15年了,我这个人平时很少流泪,可每每提起陈叔我就忍不住。”陈妍说。

小姑娘靠卖花照顾残疾邻居

1998年,23岁的永登姑娘陈妍大学毕业后,租住在柏道路一间平房内。她进出小院时经常看见一位双手残疾的中年男子坐在院里,时间长了陈妍和这位陈姓残疾人熟悉了。

一次,陈妍洗的被单晒在院里,下午突然下起大雨,上班时间无法回家心里只好自认倒霉。晚上回家,老陈将收好的被单送到陈妍手上,这让她很感动。从那以后,每天早晨老陈会敲门喊她起床上班。

这位陈姓残疾人叫陈鸿有,今年58岁,20世纪70年代一次打洞放炮炸残双手。以后单位每月发给200元生活费。

时间长了,陈妍得知老陈没人照顾,因双手没手指,平时只能吃馒头大饼。出于同情心理,陈妍心里萌生照顾老陈的念头。于是,这个小院开始出现这样的场景:每天陈妍都会做好两份饭,然后将一份饭送到老陈屋里。一天、两天,一月、两月,老陈不好意思,坚决不让陈妍再做两份饭了。可每天吃饭时间陈妍还是会把饭送过来,老陈无奈只好接收。

除了操心老陈饭食,陈妍还“承包了”老陈的衣服被褥的清洗工作。一年半载,她还会给老陈买些穿的衣服、鞋子。那时陈妍打工每月600元工资,一人生活得勉勉强强。于是,工作之余陈妍开始卖花,这样既增长了她的才干,也让手头变得宽裕。后来人们知道她卖花的原因后,许多人愿意购买她的花,人们纷纷称她“卖花姑娘”。

随着陈妍年龄增大,慢慢开始接触男朋友。每次谈对象,陈妍除了如实介绍家庭情况外，还不忘记介绍老陈的情况。听说她自愿照顾非亲非故的残疾人，好几个男朋友离他而去。后来终于有一位能接受老陈的男朋友，陈妍将他领到老陈家，老陈询问得很详细，并再三追问能不能一辈子对陈妍好。得到明确答复后，老陈高兴地笑了。

2002年秋，陈妍结婚前几天，老陈花200多元给陈妍买了一个毛毯。听说老陈不去参加自己的婚礼，陈妍知道老陈是怕给她丢人，于是偷偷给老陈买了一套西装，让他体体面面参加了自己的婚礼。

十五载如一日感动四邻

婚后陈妍随老公去了四川，她不放心老陈身体，专门买了一个手机，隔三岔五了解老陈情况。陈妍去四川期间，一次老陈不慎摔倒腿骨折，陈妍专门返回兰州照顾老陈直到身体痊愈。陈妍有了小孩后又回到兰州，照顾小孩的同时依然抽时间照顾老陈。就这样，一照顾就是15年。让她不放心的是，不久后，她可能随老公要去西安。“我要在走之前，安顿好有人照顾陈叔，所幸陈叔所在社区基本答应了此事。”陈妍讲。

老陈告诉记者，陈妍让他有了生活信心，他桌上放着陈妍孩子的相片。“每天都要看几次”，孙子“聪明得很”！一次陈妍打了孩子几巴掌，孩子对陈妍说：“你再打我，我告诉陈爷爷，把你的手也打成和陈爷爷的手一样！”老陈说完，哈哈大笑。

老陈讲，15年来，陈妍照顾他的生活比他的亲人还亲。一次，陈妍无意听到陈叔生日的日子，专门给他买了衣服、皮鞋、袜子，订了一个蛋糕，领他上饭馆过生日。以后，陈妍每年都要给他过生日。还有一次，陈妍将近半月没给老陈打电话，原来她得了重感冒住了医院。陈妍怕老陈担心，谎称回了老家，并托老公给老陈带去饼子、香肠，还给了100元钱。“陈妍老公对我也很好，知道我爱喝茶，每次来都要带些茶叶。我这一辈子遇上陈妍这样的好人是我的福分！可惜我无力报答！”老陈说着泪眼婆娑。在老陈居住的大院门口，一位摆了20多年自行车修理摊的师傅说：“院子里的人们都知道‘卖花姑娘’照顾老陈的事情，这个女孩不容易，也不简单！15年如一日照顾非亲非故的残疾人！老陈如今红光满面，如果不是陈妍，他哪里会有今天！”

中国兰州网 周 媛

凡人善举和你一起

FANRENSHANJU HENIYIQI

兰州好人故事 2012-2013

——见义勇为

火照忠:舍己救人的农民工英雄

“为了一名素不相识的落水者,不习水性的他选择了纵身一跃,成功挽救了一个鲜活的生命。这瞬间的一跃,源于内心纯朴的品质。他以自己的英勇行为诠释了人生的意义。”这是“2008感动兰州”给火照忠的颁奖词。舍己救人的火照忠以他的义举,以他的胆识,以他平凡的一生,奏响了一个感人的音符。

2008年5月29日,下午6时许,空气中充斥着燥热的气息,炎热的夏日烘烤着大地,仿佛预示着有什么事情发生。突然,一阵急促的呼救声由远而近传至兰州黄河大桥附近的黄河岸边:救命啊!救命啊!……当时正在兰州老干部活动中心茶摊当服务生的农民工火照忠,听到这突如其来的呼救声后,三步并作两步地直奔河边。只见离兰州黄河大桥20余米的渡口处,一名落水者拼命地挣扎着,时隐时现。就在同一时刻,还未来得及脱去身上的外衣,火照忠率先纵身跃入齐腰深的水中,快速向10米外的河中心落水者靠近,并终于死死地拽住了落水者。火照忠的同事邓德云在第一时间目睹了这一切后,才发觉火照忠压根儿就不识水性,情急之下也跳入河中欲施救同伴及落水者。焦急万分的人们在岸上大声呼救,也有人急忙拨打兰州水上搜救中心的急救电话……此时尚在水中的落水者连同火照忠,却离漩涡越来越近,随时都有被河水吞没和冲走的危险。就在这万分危急的关头,火照忠仍死死拉拽着落水者不放手。经过几次搏斗,火照忠拼尽全身力气,终于将落水者安全地推向同伴邓德云之后,便不知去向;而落水者和邓德云在随后赶来的搜救中心施救人员的帮助下,于水车博览园处获救上岸。因为火照忠与邓德云奋不顾身为抢救落水者赢得了宝贵时间,后经“120”急救中心医护人员紧急抢救,使落水者获得了新生。然而,第一个跳河救他的恩人火照忠,早已撇下自己年逾古稀的双亲,留下一对聪明伶俐的孩子,无声无息地消失在湍急的河流中。

在火照忠因救他人而罹难的几天里,左邻右舍、乡村干部、教师以及十里八乡的乡邻们,一个个不约而同地来到了他家,农家院落里每日都被挤得满满当当。2008年6月7日上午,在为舍己救人的英雄火照忠送行时,数百名自发从四面八方赶来的群众和社会各界人士,纷纷用自己的方式向英雄致敬!获救者的父亲也来到恩人火照忠的遗像前进行拜祭。同时,皋兰县委、县政府追授火照忠为“皋兰县2008年见义勇为积极分子”称号,同时颁发抚恤金2万元。

高尚的根本是无私,无私才能无畏,无畏才能有为。火照忠一生并没有留下什么豪言壮语,但他的灵魂犹如一颗耀眼的流星,在茫茫夜空中划出了一道美丽的光线,留给社会的却是崇高无比的精神和光彩照人的品格。

中国兰州网 孙涛

好护士当街急救八旬老人

22岁的年轻护士孙迎春，当看到一名八旬老人被车撞飞后，立即现场对老人进行抢救，为营救老人的生命争取了时间，从而挽回了老人的生命。为感谢这名挺身营救老人的好护士，老人家属拿着500元感谢金和锦旗来到孙迎春所在的医院，却被她婉言谢绝，但家属丢下500元钱就走。于是孙迎春找到老人家中退款，但家属却无论如何都不接受。拿着这些感谢金，宋迎春内心无论如何都无法接受，于是她通过本报新闻热线，找到一名年仅21岁患有血液病的女孩，并将这些感谢金捐献给她。

5月25日上午10点左右，正在静宁路兰州市博物馆附近行走的省中医院护士孙迎春，突然听到“嗵”的一声，然后就看到一辆黑色轿车将一名过马路的老人撞飞，老人在空中翻了个跟头后落在地上，当场昏迷不醒。看到老人受伤，孙迎春立即上前查看老人的病情，这时肇事司机上前企图将老人抬上车去，孙迎春当即进行了制止，并告诉司机她已经拨打了120和122，老人头部受伤不能随意抬动，需要紧急处置，等待医生的到来。随后孙迎春通过自己所学的急救技术，为老人进行了临时急救，使老人的病情趋于稳定，并为营救老人争取了时间。几分钟后，120急救车赶到现场，孙迎春立即将老人的病情告诉急救医生，并随同急救车一起将老人护送去医院。到了医院，由于急救得当，老人苏醒过来，但老人说自己体内搭有支架，目前气短胸闷。于是孙迎春立即利用医院急救用的心电图为老人进行了检查，发现老人心脏没有异常，给急救医生嘱咐后悄然离开了医院。老人后经医院全力抢救，已经转危为安。

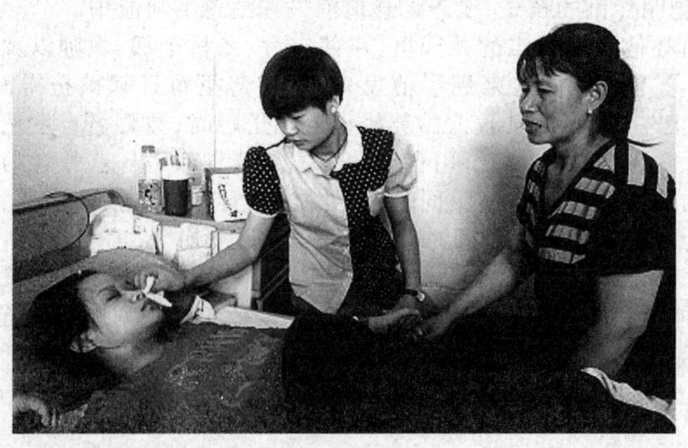

6月19日上午记者来到孙迎春所在的省中医院儿科和手足微创科,见到了正在忙碌的护士孙迎春。据护士站的一名护士告诉记者,如果当时孙迎春不在现场,受伤的老人可能很难被抢救过来。据了解,伤者李大爷由于患有心脏病,且年事已高,撞伤后最忌讳不恰当的搬运,稍有不慎将会引发骨折错位等二次损伤,在孙迎春及时、准确的救助下,老人得到了有效的保护。采访中,孙迎春告诉记者,为了表示感谢,6月13日,伤者李大爷的家人将一面印有"挺身而出,舍己救人"的锦旗送到了医院,并送上500元的感谢金。面对送来的钱,她当即婉言谢绝,但家属执意把钱留下后就走了。于是孙迎春又于17日找到李大爷,看望了还在病床上的老人,同时将这些钱退还给家属。可家属坚决不收,并再三表示这些钱是对孙迎春的一点感谢。采访中孙迎春说,她始终认为自己干了一名护士应该做的事情,500元钱她不能收,可家属执意不要,令她内心无法安宁。经过两天的考虑,她决定把这些钱捐献给最需要的人,于是孙迎春拨通了本报新闻热线,把自己的心情向记者诉说一遍。

随即本报记者通过了解得知,目前居住在兰大一院血液科的21岁女孩陈芸娟因患有重型再生障碍性贫血,每天与病魔抗争着。高额的医疗费使这个女孩准备放弃治疗。得知陈芸娟的情况后,孙迎春当即表示500元钱就捐给重病的陈芸娟。6月19日下午,记者随同孙迎春来到陈芸娟的病床前,鼓励陈芸娟一定要挺住,她的身后有许许多多怀有爱心的社会人士,只要大家献出一点爱心,她的病就有希望。然后将500元钱交给陈芸娟母亲的手中。看到孙迎春捐助的500元钱,母亲卢金梅含泪说,她一定要将女儿的病治好,让女儿幸福地活下去,并向孙迎春表示了衷心的感谢。最后孙迎春告诉记者,她所做的一切并没有什么可表扬的,而身为一名医护工作者,她也只是尽到了自己的职责而已。

兰州日报 葛强

80后军人守护3小时义救

1月4日凌晨4时,一位老人被车撞伤躺在路中间昏迷不醒,肇事司机逃逸。路过此处的陈琪看到后,连续3小时守候在高速公路附近的坡底下,紧急救护的同时又当起“交警”,招手指挥过往车辆避让以免再次撞伤老人,直到120救护车将老人送往医院救治后,他才松了口气。80后复员军人的善举感动了老人的家属。近日,在七里河区吴家园社区工作人员的联系下,被救老人张荣的家人将一面“见义勇为”的锦旗送至陈琪手中,再三表达他们一家人的谢意。

被救家属:送上锦旗感谢好小伙

家住安宁区长风新村的张荣老人,患有老年痴呆症。3日,在家人不知情的情况下离家出走,谁都没有想到老人竟然从安宁一直走到了西固。张荣的女儿说,这次父亲算是把命捡了回来,当天老人被车撞到头部和肺部,现在还在医院治疗。“为了感谢这位年轻小伙子的救命之恩,我们经多方打探,好不容易通过吴家园社区这才找到他。真的谢谢他,谢谢他们一家人,我们也不知道怎么感谢,就送上这面锦旗!现在像这样的年轻人真不多见。”她说,虽然父亲现在还在医院里救助,可是如果当时没有这位年轻小伙子沿路挡车,后果真的不堪设想。张荣老人的女儿说了很多个感谢,从每一个感谢中都可以看出她对陈琪的感恩之心,对父亲的爱。

陈琪:救人时我没想太多

26岁的陈琪,性格腼腆,乍一看,真看不出他是一位复员军人。陈琪告诉记者,当天他们一家三口去西宁办事,因为自己是第一次开车出远门,所以一路上特别小心谨慎。车开到504厂路段时,突然看见前面有一个黑乎乎的东西,开到近处才发现原来是一个人躺在地上,而且头部全是血。“当时我真没想太多,就赶紧下车去看,发现老人还有呼吸,就赶紧拨了120和110。等了一会儿,也不见有人来,我就开车去10公里外的收费站,告诉他们说这里有人受伤了让他们联系一下相关部门。”陈琪思前想后,觉得自己既然遇上了,就一定要救。于是当时他就对他父亲说了自己的想法,与父亲的想法不谋而合。他又赶紧将车开回到老人受伤的地方。凌晨4时的气温已经达到0℃以下,就在这样的严寒天气下父子俩一个打电话联系,一个人招手示意过往车辆避开行驶。

"当过兵,心眼里有保护别人意识"

陈琪告诉记者,其实事后感触还真挺多,想想当时在路上拦车,凌晨时分路上根本就没有行人,很多车辆都只是减速看看,可是没有一个人下车询问情况。或许是做了两年军人的原因,他打心眼里就有种要保护别人的意识。他笑嘻嘻地说:"人不是常说,老兵退伍不褪色,就是一种本能,真没多想。但是我记得特清楚,等120和110赶到的时候,我和我父亲都冻麻木了,我俩连话都说不出来,但是觉得心里特踏实。"

肇事司机迫于压力已经自首

兰州市公安局交警支队西固大队的刘队长说:"1月4日凌晨发生事故后肇事司机逃逸,当时就是陈琪报的警,等我们去的时候他就在现场,而且一直在事故现场保护这位伤者,避免了伤者二次受伤。我们应该大力表扬这位做了好人好事的年轻人。"刘队长还告诉记者,此案已经在1月5日侦破,肇事司机迫于公安机关的抓捕压力已经投案自首了。

兰州晚报 徐倩影 程培培
实习生 吴宏伟

好市民伸援手　患病者终得救

4月7日下午3时，位于西站苏宁电器门口的公交车站，一位中年男子突然倒地不起，口中一直吐血不止，在地面上吐了很大一摊血渍。当时正在车站上等车的朱先生见情况危急，立即进行救援。这名农村来的流浪者最终获救。

记者赶到现场时，患病者已经被兰石医院的急救车拉走。“当时，我在车站等车，看见很多人在围观，走近一看发现一位中年男子躺在地上，嘴里一直在不停地吐血，地面上流了一大摊血渍，看着挺吓人。当时围观的人很多，但是一直没有人敢上前帮助。我当时看着情况挺危急，就赶紧拨了120，并上前观察守候，大概十五分钟后救护车把这个男子拉走。”拨打120急救电话并进行救助的朱先生告诉记者当时的情况。

一位环卫工人指着地面上的黑色衣服说：“这件衣服就是那个吐血男子的！早上10点左右，我工作时就看到那位皮肤非常黑的男子，穿着一件脏兮兮的绿色衬衣，蹲坐在黄金商场的门口，眼神比较古怪，当时我还看见他喝了两瓶矿泉水，地上放着一张十元人民币，以为是拾荒的人。后来又看见他靠坐在一家商铺的角落处，不仅地上有一摊血渍，而且嘴角还有未干的血渍。那男子看我一直在看他，还瞪了我几眼，所以我也不敢上前询问。”

记者随后赶到兰石医院，在重症抢救室见到这位吐血男子，负责抢救的医生告诉记者，病人情况十分不稳定，已经下达了病危通知书，由于吐血量已达800～1000毫升，而且还有继续吐血的症状，急需输血救治。虽然患者一直处于清醒状态，但是说话有些颠三倒四，怀疑有精神疾病。目前，院方已经与患者在永登县龙泉村的家属取得了联系，截至记者发稿前，病人家属已赶到医院。

兰州晚报 徐倩影 程培培
实习生 吴宏伟

一位值得尊敬和赞扬的“大好人”

七月的榆中热浪袭人，眼看着天就要下雨，可是榆中县路政大队的张壹平和他的同事们依然像往常一样，穿着整齐的制服去“路上”执行公务。无论刮风下雨，还是烈日炎炎，去“路上”是张壹平他们不变的工作。

巡查公路设施完好状况、制止车辆违章违法行为、了解公路违章建筑和乱占公路用地现象……这些都是张壹平平时去“路上”的工作。日复一日，年复一年，二十多年来，这样琐碎而又繁杂的工作对于张壹平来说既是职责又是责任。

张壹平今年已经50岁了，是榆中县路政大队稽查股股长。从事路政工作已有二十多年，工作中的他始终以一名共产党员的标准严格要求自己：勤奋工作，严于律己，宽以待人。他曾被县委、县政府授予“见义勇为积极分子”，多次被县交通局、路政大队评为先进工作者。

见义勇为　勇斗歹徒

1998年4月的一个下午，当时的张壹平还在榆中县拖拉机养路费征稽站甘草分站任站长。在完成征费稽查工作返回的途中，路经国道309处，看到有一辆兰州永城出租车行的红色小轿车停靠在路边，有一人正在紧张修理。张壹平和另一位同志见天色已晚，停车准备帮助修车。在与司机搭话时，张壹平发现司机答非所问，说话含含糊糊，神态慌张，出租车内有一男一女，看上去非常紧张恐惧。于是张壹平对司机提出要求检查其证件，这时司机慌了手脚，拿出了匕首。张壹平见歹徒凶恶，情况十分危急，急中生智大喊一声：“尕魏，拿枪来。”两个歹徒一听，吓得撒腿

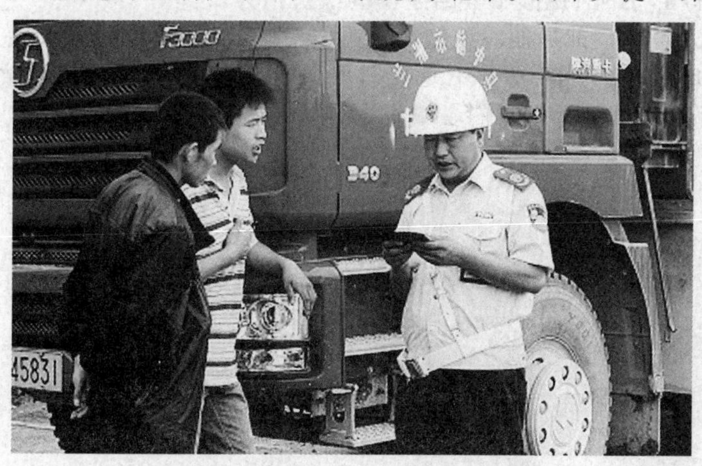

就跑。由于山高路陡天又黑,张壹平未能抓住他们。随后张壹平等到金崖派出所报了案。之后,经过询问得知,该女青年是兰州市永成出租车行的,那天下午五时左右,两个男青年在兰州坐上出租车,一路哄骗,将她骗到无人处抢了她的车并将她身上的钱、手表等财物抢劫一空,然后,歹徒自己将车开到了金崖巴石沟。由于当时车出现问题被迫停车修理,正在修车时遇到了张壹平和同事,这才使女青年得救。

孝亲敬老关心他人

张壹平的老母亲已经90岁高龄。张壹平始终把孝道放在第一位。母亲有病时,他及时找大夫,背着母亲去医院。在家里,每天帮老母亲铺床盖被,换洗衣袜。在母亲有病不能下床时,帮母亲穿衣洗脸。夏天,给母亲打扇驱蚊;冬天,把母亲扶到阳台晒太阳。这些似乎都是些小事,可是在母亲心中这是儿子对自己的爱。母亲有时心疼儿子,叫儿子不要老是管她,张壹平却说“孝敬父母是子女天经地义的事”。

张壹平不仅孝敬自己的老人,还关心别的老人。他们村里有一个六十多岁的老人,因病瘫痪在炕,儿子又长期在外,张壹平总是带着老人爱吃的东西去看望他。听说残联为残疾人员发放轮椅,张壹平主动和乡上、村上联系,向残联说明情况,写出申请,争取了一辆轮椅送给老人家。老人激动地说:“壹平真是一个大好人啊!”

清正廉洁　爱岗敬业

“公生明,廉生威”,这是张壹平的座右铭。他分管的工作都是对外交往较多的业务,他坚持做到“常怀为政之德、常思贪欲之害,常想律己之心”,真正做到了“常在河边走就是不湿鞋”。

当分管路政工作时,张壹平自己驾车跑完我县境内全部干线公路,初步了解公路违章建筑和乱占公路用地等现象,研究措施,制定制度,对路政工作遗留问题做彻底清理,该收的费一分都不能少,做到秉公办事,标准统一,人人平等,去年一年完成目标任务17万元,挽回了公路建设的经济损失。

也许有人说这些都是他应该做的,有人说这些都是平凡的,可是正是这些工作中和生活中的琐事、碎事,却并不是我们每个人都能做到,且能把它做好的。张壹平做到了,那么他就是那个我们心中应该尊敬和赞扬的人。

兰州日报 杨贵智
通讯员 季桂珍 陆谦

奋不顾身勇救落水儿童

“当我们每个人遇到不寻常事的时候，都会做出不寻常的举动。当我们在做出不寻常的举动的时候，我们的脑海里并不是想着自己会成为什么大英雄，也不是想着自己会得到些什么，而我们所想的仅仅只有一句话：对得起自己的良心。”在面对诸多媒体采访时，吴俊辉感慨如是说。8月3日，兰州倚能电力集团召开“第十一届全国见义勇为模范”吴俊辉同志表彰奖励会，隆重表彰奖励奋不顾身、勇救落水儿童的倚能顺达公司员工吴俊辉。该公司团支部还宣读了向吴俊辉同志学习的倡议书。

公园人工湖冰面破裂，4名嬉闹的小学生不慎掉入湖中。危难之时，他不假思索地跳进湖里。在群众的帮助下，4名落水的儿童被全部救起，无一伤亡。他的义举在当地传为佳话，同时他在2012年7月19日北京人民大会堂参加了“第十一届全国见义勇为英雄模范表彰大会”，获得“全国见义勇为模范”称号。他就是兰州倚能顺达电力有限公司一名普通员工吴俊辉。

“当时没想太多，就一门心思地去救人。救助那些挣扎在生死边缘的人，尤其是救助几个可爱、活泼而幼小的生命，我觉得任何一个善良的人，都会伸出自己的双手。”这是吴俊辉在获得“全国见义勇为模范”称号之后的肺腑之言。而事情还要从2009年11月19日说起，当日下午3时20分左右，就读于景泰县二中高三（五）班的学生吴俊辉和几名同学相约来到景泰县公园，准备缓解一下备考的紧张心情。就在几个人一起欣赏着公园的美丽景色时，有4个小孩正在结冰的湖面上嬉闹，4个人玩得那样起劲，让吴俊辉和同学们羡慕不已，并回想起了自己的童年。然而就在这时，吴俊辉的思绪突然被不远处的吵闹声打断，他看到有十来个人围在一起，不知道发生了什么事情。于是，吴俊辉不假思索地冲了过去，随着距离的缩短，他听到有个稚嫩的声音在急迫地呼喊：“救命，救命……”

途中，吴俊辉获悉4名小学生在公园人工湖冰面上滑冰嬉戏时，突然冰面破裂，致使4名小学生全部掉入湖中。听到此消息后，吴俊辉的心情变得非常沉重，并以最快的速度赶到事发现场。他拨开围观的人群看到，3个小孩在一个不大的冰窟窿里面挣扎,不断地敲击着四周的薄冰,冰冷的湖水不断地灌进他们的嘴里,还有一个小孩早就昏了过去,静静地漂在水面上。此时,吴俊辉来不及多想,不假思索地冲进湖里展开救人。湖底呈锅底状,全是淤泥,非常光滑,使他难以站稳,冰冷的湖水刺激着他的神经,使他每走一步都很艰难,有好几次差点滑倒。那几个孩子看到他更加拼命呼喊着:"哥哥,救我……哥哥,救我……"吴俊辉挪动着脚步,用胳膊肘打碎湖面上的冰块,深一脚浅一脚地走向几个孩子。他先把一个昏过去的孩子拉到后背上,然后用两手拉着另外的3个孩子,想赶快走出去。但是孩子们已经被冻得毫无体力,再加上湖底复杂的路况,吴俊辉步履艰难,挣扎着一点点向湖边靠近。当他接近岸边时已经精疲力尽,身体已被冻得不听使唤,难以支撑。就在此时,一位年轻人向吴俊辉扔过来一根木棍,最终,吴俊辉抓住木棍,在围观群众的帮助下,将孩子们一个一个拉上了岸,而他也终因筋疲力竭昏了过去。"后来得知那几个孩子全部脱离了危险,特别是那个已经昏迷的最小的孩子也脱离了危险,这是让我最高兴的事情。"清醒以后,吴俊辉得知4个小孩安然无恙后激动地说。

吴俊辉的英雄事迹,感动了许多人,各级政府对他的事迹进行了表彰奖励。2010年3月份,吴俊辉被评为"白银市见义勇为先进分子"。2010年10月,吴俊辉高中毕业后,应聘来到兰州倚能顺达电力有限公司,从学习汽车修理干起,由于工作踏实认真,积极钻研,主要负责顺达车友沙龙的车辆快速保养、轮胎更换,四轮定位等工作。"在招录吴俊辉时,当在场的所有人得知他不会游泳还义无反顾地跳进湖中救起4名落水小孩的壮举后,在场人的内心都有一种感动,就冲他舍己救人的举动,公司当即决定录用他。"兰州倚能集团顺达公司负责人对记者说。在2010年11月份,吴俊辉被授予"甘肃省见义勇为英雄"的光荣称号,随后,又被白银市景泰县推选为"十大真情感动人物"。2012年7月19日,第十一届全国见义勇为英雄模范表彰大会在北京人民大会堂举行,吴俊辉获得"全国见义勇为模范"称号。

兰州日报 伊晓明

通讯员 把多利

男子背受伤老人挪动一小时下山求救

2月22日晚8时30分许，在兰山二台阁附近，一位74岁的老大爷下山时不慎摔伤。

为将受伤老人及时从山上救出，好心人李在光背起老人，一脚深一脚浅，踩着雨雪天湿滑的路面，沿着颠簸的山路向山下森林救助站，一步一步挪去，整整挪了一个小时……

事后，经过苦苦寻找，获救老人终于在中国石油勘探开发研究院西北分院找到了这位好心人。昨日中午，老人家属将一面锦旗送到了李在光手中，并对恩人表示感谢。而他却说："要是谁遇到这种事都会伸手帮助的，这是一件小事。"

男子傍晚登山　路遇受伤老人

2月22日晚，天上飘着雨雪，李在光像往常一样下班后送孩子前往五泉山广场附近补课。由于孩子补课需要两个小时，他决定去爬兰山。

20时30分左右，当他下山走过二台阁下的分岔路时，发现台阶上有一顶帽子，但他并没有多想。再往下走了不远，他突然看到路边站着一个人。

李在光心里咯噔了一下——这么晚了这人在这里做什么。由于光线较暗，他看不清对方的脸，只看到这人胸前挂着个牌子。

"一开始我还以为这人是山上巡逻的就没有在意。只是打了个招呼问他'你也爬山啊？'因对方并没有回话，我就继续往山下走。"李在光说，在继续下山的过程中，他寻思这个人年纪已经不小了，走起路来摇摇晃晃，会不会是出什么事了？因为觉着这个人也许需要帮助，李在光决定回去看个究竟。一路返回后，他发现老人好像要摔倒，就赶紧冲过去扶住了他的手。在接触的一瞬间，李在光明显感觉到老人的手很冰凉，还看到他脸上有很多血。

随后，李在光发现老人胸前挂着一个牌子，上面写着家庭住址和联系电话。

背着老人挪了一小时

李在光仔细查看老人的胸牌后，得知老人患有老年痴呆病。

"我先让他站在原地别动，然后赶紧拨通了胸牌上的电话号码。可能是由于山体屏蔽的原因，手机信号不好，还没说什么，电话里就挂断了。于是，我就继续扶着老人往山下走，其间，老人的家属和110民警不断给我打电话询问老人的伤情。"

大约10分钟，下山的路变得很陡，老人走起来非常艰难，李在光二话不说背起老人向山下走去。

“那一段路没有台阶，坡度很大，再加上下雨后山路十分泥泞。我背着老人根本走不稳，尽量想站稳别摔倒，但最后还是摔了一跤。我赶紧调整姿势，由于滑倒前的时间较长，我做好绝对不能摔倒老人的思想准备，所以摔倒时我就先坐到地上。又走了一阵，我实在走不动了，我就将老人扶到路边休息，心想等老人家属和警察到来。可等了好一会儿，也没有看到他们。于是，我只好继续背着老人下山……”李在光说，他就这样一步一步背着受伤的老人向山下挪去。短短一段下山路，他们走了将近一个小时。终于，他们走过了那一段没有台阶的路。快到山脚，路旁有一个森林救助站，他赶紧将老人背到值班室。事后，警察和老人的家属闻讯赶到，才将老人送往山下。看到老人和家人团聚后，李在光赶紧下山接孩子。

李在光：当时很害怕救人之后遭讹诈

昨日中午，记者见到了这位见义勇为的李在光。今年40岁的李在光，是中国石油勘探开发研究院西北分院科技文献编辑部的一位编辑。记者见到李在光时，他再三推辞表示没有必要接受感谢。对此，该院科技文献编辑部石主任说：“其实这件事23号李在光就向我说了，虽然救了人，但他内心深处有一丝担忧。因为老人是怎么受伤的没人能说得清楚，害怕救人后被伤者家属讹诈。事发第二天早上，李在光一上班就汇报了此事，将事件经过详细告诉了我，并说出了自己的顾虑。当时我告诉他，你见义勇为做了好事啊，不用害怕。如果到时候要是上法庭，我们陪你一起去。你是我们单位全体职工的榜样，我们大家都应该向你学习。”

记者从李在光单位了解到，李在光不光在工作岗位上兢兢业业，之前从事科研工作，是单位的技术骨干。中国石油勘探开发研究院西北分院党群处赵处长介绍，李在光不只是敬业，他平时为人诚实，待人接物都很坦诚，虽然为人很低调但却经常帮助他人。单位也是这几天才知道这件事，接下来将会对李在光所做的好人好事在全院开展大力宣传并进行表扬。

家属：要没有李在光，老人可能就没了

当被救老人的儿子和老伴将锦旗递到李在光手中时，他依然推辞着。他说：“真的没有必要谢我，遇上当时的情况是谁都会出手帮忙的。现在我觉得做得最对的就是，当时遇到老人感觉不对后，转身回去救人……”老人的儿子张先生告诉记者，老人患有糖尿病、老年痴呆症，所以经常会走丢。当天中午两点半左右，老人声称上厕所就再也没有回去。家人在附近寻找后始终没有找到，下午6点半赶紧报警，但没有结果。就在全家人万分焦急的时候，好心人李在光的电话让老人家属万分欣喜。张先生说：“当我们接到电话赶到森林救助站时，赶紧将老人接了回来，还没来得及感谢李师傅他却悄悄走了。之后通过寻找才联系到李师傅单位，真是太

感谢了！之前经常听一些人在街上救助老人却被家属讹上的说法，我要说的是老人受伤只是一些刮伤，受伤和李师傅没有任何关系。如果当时没有李在光，老人可能就没了……还是好人多啊！”

兰州晚报 陶承志

石油工人奋不顾身勇救落水女子

8月3日晚，当一名轻生女子突然跳入湍急的黄河中，两名略懂水性的青年男子毫不犹豫地跳入水中，将轻生女子救出。而这两名青年却没有留下姓名悄然离去。经过多方了解，才得知两名见义勇为的青年男子是中国石油西部管道甘肃输油气分公司员工张遂和史凡。

当日晚9时许，正在兰州港附近黄河边散步的张遂和史凡突然听到有人大呼"有人跳水了，救人啊，救人啊！"的呼叫声，于是立即顺着声音跑到黄河边。两名青年女子在河边大声呼救，而河中央一名女子正在水中拼命挣扎，此时水已经将河中的女子淹没。看到这些，略懂一点水性的张遂和史凡丝毫没有犹豫，顾不上脱掉衣服就冲进冰冷湍急的河水中，向轻生女子游去。张遂首先游到落水女子身边，他上前一把将轻生女子的衣服拉住，随后游过来的史凡也紧紧将轻生女子的手拉住。这期间，落水女子多次用力挣扎，试图摆脱张遂和史凡两人，再次沉进水中轻生，但两人毫不放松，终于成功地将这名落水女子解救上岸。

上岸后，与被救轻生女子同行的两名女青年拿出一沓钱向张遂和史凡表示感谢，被张遂和史凡婉言拒绝，随后张遂和史凡悄然离去。次日轻生女子的家人经过多方打听终于找到了见义勇为的张遂和史凡，而他们再次谢绝了酬谢金。

张遂和史凡在危难关头，不顾自己安危，勇救落水女子的善举，很快被在中国石油西部管道甘肃输油气分公司得知。分公司号召全体员工向张遂和史凡学习，同时对两人给予嘉奖。

兰州日报 葛强

巡逻士兵勇斗夺包歹徒

8月12日晚10时30分，手捧鲜花的李女士站在漆黑的路上准备打车回家。突然间，一名从树后窜出的男子将她的手包夺走后飞快逃窜。此时，正在巡逻的兰州军区某部士兵徐金山听到呼救声后，仅用5秒钟就将歹徒扑倒在地。8月16日，受助的李女士家属向见义勇为的士兵送上了一面“勇斗歹徒忠诚卫士”的锦旗。在荣誉面前，士兵徐金山谦虚地说道：“这是我应该做的……”

深夜打车回家遭抢 路人穷追不舍

8月12日晚10时30分，市民李女士逛完夜市后满心欢喜地怀抱一束漂亮的鲜花，乘公交车从南昌路站下车后，由于路上十分漆黑，李女士放弃转乘公交车的想法，打算打车回家。正当李女士边走边招手打车的时候，一名男子从夜色中窜出来，猛地将她手中的手包夺走后，飞快朝东面逃离了。李女士发现自己包被抢后，慌张中大喊一声捉贼，然后丢下花束，勇敢地顺着歹徒逃跑的方向追去。几位路人听到李女士的呼救声后，也跟在了后面，在夜色中帮助李女士一道奋勇直追。

巡逻士兵迅速出击 5秒扑倒歹徒

瞬间，宁静的夜空被打破，一个黑影在飞奔逃跑，五六名路人对其猛追。也就在此时，正在巡逻的兰州军区某部战士徐金山听到了众人呼喊捉贼的声音，便快步上前打探情况。就在徐金山行走了5米之后，他发现一个黑影向着大门口飞奔而来，后面有许多人在猛追不舍。凭以往的巡逻演练经验，徐金山警觉到，前面跑的人肯定是歹徒。关键时刻，徐金山大喊一声“站住”之后，朝着歹徒的方向飞奔而去，仅用了5秒就将歹徒扑倒在地。随后赶到的路人和战士将歹徒带回了派出所。

士兵徐金山:这是我应该做的

昨日上午,当家属将一面写有“勇斗歹徒　忠诚卫士”的锦旗送到兰州军区某部连队之后,徐金山谦虚地说道:“这是我应该做的。”李女士十分激动地表示,尽管自己包里没有值钱的物品,但战士徐金山这种勇追劫匪的见义勇为行为,让她深深感动,并说如果每个市民都像徐金山这样有正义感,我们的社会就会安全很多。在记者的采访中,目睹事件全过程的路人纷纷称赞徐金山。他们说,在大力倡导社会主义荣辱观的今天,这位士兵见义勇为的行为就是“以团结互助为荣”的生动写照。

兰州日报 葛强

小女孩晕倒车厢里　公交车送她上医院

一名9岁小女孩突发疾病在车厢里晕倒后，司机当机立断，把公交车变成“救护车”，迅速将其送入医院，当孩子接受救治时，司机又返回岗位……

小女孩突然瘫倒

5月22日清晨7时许，正值上班高峰期，司机屈强驾驶自编号为3172的72路公交车行驶在马路上。当车辆行驶至安宁区十里店桥车站时，意外发生了，一名小学生突然晕倒在地，脸上一副痛苦的表情，口中发出“呜呜”的呼救声。车上乘客被这一幕惊呆了，一时间，大家不知所措，都不知道应该如何施救。

司机屈强发现车内有乘客病发后，立即上前查看情况。孩子究竟是患了什么病会突然晕倒？屈强不敢乱下判断，他说，当务之急，是将孩子送进医院，只有尽早治疗，才能避免更严重的危险。

众乘客纷纷相助

但是，早高峰路段，道路堵车相当严重，纵使拨打120急救电话，医务人员也不可能尽快赶到现场，于是，屈强做出决定：“现在必须把孩子送进医院，请乘客们配合一下！”面对车上60多名乘客，屈强坚定地说道。

令人欣慰的是，尽管乘客们大都着急上班赶时间，但遇到此种突发情况，没有一人提出质疑，当屈强回到驾驶室，平稳地将车辆开往兰州陆军总医院安宁分院时，乘客们自发地照顾起孩子，尽量不让孩子受到颠簸。

7时10分，车辆驶入医院大门，屈强将孩子转交给医护人员后，又请求单位领导前来照应，而他自己却匆匆离开，发动72路公交车，将车上乘客送往目的地……

从孩子的书包上，公交公司人员找到其父母的联系电话，当得知孩子被送入院的事情后，张爸爸感动万分：“感谢兰州公交第三客运公司，感谢你们救了我的孩子……”

兰州晚报 刘磊

无名好心人捐4万救病儿

赵家祺今年1岁多,本该和同龄的小朋友一样快乐地成长,可他却遭遇了比同龄人更多的痛苦。由于得了眼部肿瘤,左眼已经失明,右眼视力急剧下降。面对如此困境,作为农民的父母亲,为给孩子治病已经花费了12多万元的医疗费。就在他们困难无助的时候,却在火车上遇到了好心人的帮助。

火车上遇到好心人

家住临洮县红旗乡嘴上村的马女士一家以种地为生,今年8月,马女士发现1岁的儿子视力似乎有问题。后经过兰州一家医院诊断,儿子患的是左眼视网膜母细胞瘤。家境贫寒的马女士东借西凑,开始前往北京各大医院求医。短短1个月,马女士已经花费了12万元为儿子治疗眼睛。而就在他们为儿子的医疗费一筹莫展的时候,遇到了好人马先生。热心市民马先生告诉记者:“8月底,我从北京返回兰州的火车上,在车上听列车长说,在最后一节车厢,有一个1岁男孩的家长说孩子得了视网膜母细胞瘤,挺可怜的。我和孩子的妈妈聊天中了解了一下孩子治病的情况,到北京治疗已经花了很多医疗费,但效果不是很好,治病的过程很艰辛,孩子的爸爸在临夏打工,靠微薄收入给孩子看病,妈妈每个月带儿子去北京治疗一次,每次花费1万左右。听到她的遭遇,我十分同情,在下车时留了个电话号码给孩子的母亲,如果到兰州要治疗,需要什么帮助就让她给我打电话,我会尽最大的努力。

高额医疗费难倒母亲

10月9日,记者在省肿瘤医院17楼3号病房,见到了小家祺。小家祺妈妈的右手残疾。小家祺一天的治疗费用要3000元左右,这对一个来自农村的家庭来说是无法承受的。小家祺虽然只有1岁多,他还不能用自己的语言表达什么,但对于妈妈说的话,他基本上都能听得懂。说起儿子的病,妈妈很痛心,但是提起别人对自己的资助,她又百感交集。小家祺的妈妈告诉记者:“不知道儿子的眼睛能不能治好,但我不会放弃治疗,作为一个母亲,我要尽最大的努力给他治疗。我们家里太困难,没有什么经济来源,我们都是农民,实在没有办法的话就捐肾给需要的人,给我儿子凑些医药费。孩子的左眼无一点视力,北京的大夫告诉我,目前化疗也不敢做,害怕会变为恶性肿瘤。”几乎绝望的她,却在回兰州的列车上遇到了这位好心人。

好心人帮忙不留名

到达兰州后，马先生带马女士跑了多家医院。自9月17日来省肿瘤医院后，已经花费了47 000元医疗费，其中4万元的医疗费是马先生交付的。马先生所提供的医疗费，现在还不够给小家祺在省肿瘤医院放疗用。一个人的能力毕竟是有限的，要想彻底治好小家祺的病，还需要更多的医疗费。马先生提供了这么多帮助，当马女士询问恩人的家庭地址、电话号码时，他都婉言谢绝。马先生希望通过报社的呼吁，让更多的爱心人士能够参与进来，将这份爱心传递下去。采访中，记者得知马女士身上只剩回家的车费，看到无奈与绝望的马女士，记者也掏出了身上仅有的300元钱，希望她能给孩子买点营养品。

兰州晚报 刘磊

刘建军:见义勇为好司机

提起刘建军,兰州市公交集团第四客运公司的员工们无不竖起大拇指。其实,刘建军就是该公司77路4001号“共产党员”车组的一名普普通通的驾驶员。从事公共汽车司机这一工作十七年来,他敬业尤佳,月月出满勤,且每月都超额完成任务,放弃公休、加班加点工作更是家常便饭。近三年来,他的出勤率达到100%,完成生产任务指标达到120%以上,为第四客运公司的发展做出了积极的贡献。

初见刘建军,他身材魁梧,坚定的目光透出男子汉的坚强和果敢。说起几年前的经历,他坦然说道:“这是我应该做的,绝不能让不法分子得逞。”作为共产党员和车组的一名驾驶员,刘建军始终认为,党员是一面旗帜,是引领行动的先锋模范,更要做到“在工作中看得出、在生活中辨得出、在关键时刻冲得出、在危难关头豁得出”。他是这样想的,也是用行动证明了这样的想法。2007年秋天,两名操着外地口音的男子在西关十字站上了77路公交车,此时刘建军正当班。这两名男子上车后便径直来到了车尾,坐在了倒数第二排一名30多岁乘客的旁边。当车辆行驶至西津西路糖酒市场附近时,坐在倒数第二排的乘客发现自己的上衣兜被旁边的男子割开了一道口子,口袋里的现金已丢失了一部分,就在那名男子准备再次下手的时候,丢钱乘客立即反抗,谁料穷凶极恶的歹徒拿出了随身携带的刀具,坐在其旁边的另一男子也站起来摁住了失主。看着明晃晃的刀子就在自己的眼前,那位男乘客当时被彻底吓倒,哪还顾得上反抗。刘建军从后视镜发现后,立刻加快车速准备将车开到附近的派出所,发现异样后,持刀歹徒迅速窜至驾驶位置,用凶器胁迫刘建军,要求其立刻停车并准备伺机逃跑。歹徒的匕首就顶在刘建军背后,情况非常危险,可刘建军并不慌张,他借口要靠边停车,猛踩一脚刹车并趁机捡起一根铁管,与持刀歹徒展开了搏斗,同班售票员慌乱中拨打了110。经过一番搏斗,歹徒终于被刘建军制服,随后赶来的110民警,将持刀歹徒押回了派出所,乘客丢失的现金也被顺利追回。事后,面对受害人、工作单位及媒体的赞扬,

刘建军只是平静地说:“我当时也没有多想,只想要保护乘客的人身财产安全,这是每个公交司乘人员应该做的,我相信换作任何一个我的同事,都会这么做。”他始终认为,驾驶公交车和驾驶其他车辆有着很大的不同,驾驶公交车不但要完成经济指标,确保每一名乘客的安全也是义不容辞的责任。

在日常行车中,刘建军认真负责并且注重操作方面的细节。他不但对自己的行车路线了如指掌,哪个路段坑多不平,哪个路段道路狭窄,什么时间人车混杂,他都能做到心中有数。当遇到非机动车、小孩、残疾人、老人时,他总能做到“宁听三分、不抢一秒”,“礼让为主”成了他行车安全的制胜法宝。不仅如此,17年的驾车经历,使他养成了出场前检查车辆的良好习惯,由于检查周密,便从根本上杜绝了事故的发生。近三年,刘建军驾驶的车辆完好率达到了98%以上,用他的话说:“其实开车很平凡、很普通,但是只要一坐到驾驶室,手握住方向盘,看到满车的乘客,那种强烈的责任感便油然而生,跑好这一班车也就成了下意识的反应。”他的心里,永远装着乘客,时时想着乘客,得到了77路很多乘客的一致好评。

一如既往的优秀表现和工作上取得的突出成绩,让刘建军多次获得集团公司、客运公司表彰的“优秀共产党员”称号。日常工作中,他虚心好学、无私奉献、淡泊明志,当乘客遇到危险、困难时,他临危不惧、挺身而出,在平凡的岗位上用自己的真诚和无私、英勇和正直,维护了公交企业的形象。城市中行驶的公交车就像一条永不知疲倦的鱼,穿梭于人声鼎沸的闹市中,游弋在川流不息的人群中,日复一日、年复一年地不断重复。刘建军作为一名普通的公交司机,他以淡然坚定的人生态度,执着无悔的职业追求,走着自己的路。在自己热爱的事业和岗位上,他和他的那辆“共产党员”号车,在西固城到西关十字长达20公里的“琴弦”上,正风雨无阻的弹奏着一曲激昂、奋进、诚信、和谐的公交乐章……

中国兰州网 程晓靖

老人街头摔伤　陌生女士留下千元救助

5月5日中午12时45分，一位50多岁的老人在经过南关十字时突然晕倒在地，路人纷纷伸手施救。最令人感动的是，一位与老人素不相识的女士慷慨解囊，当场将1000元现金交给急救人员，没留下姓名就带着孩子匆匆离去。

记者从城关公安分局刑警责任区七中队了解到，5月5日下午，该队接到刑警责任区六中队移交过来的一起案件：一位老人头部受伤，生命垂危。民警赶往医院和事发地调查走访，结果发现老人是意外跌倒受伤。记者从监控视频上看到，5月5日中午12时45分，南关十字中信银行门前，一位手拎袋子的老人脚步虚浮，走了几步后突然后仰倒地。看到老人摔倒，路人纷纷停住了脚步，将老人围起来关切地询问情况。

乘坐8路车路过此地的陈女士第一个拨打了120。她告诉记者，事发时她乘坐的8路车正好堵在路上，她透过车窗看到一位提着东西的老人突然摔倒在地，便立即拨打了120救护车。

中信银行前报刊亭的老板冯女士看到老人摔倒后也加入了救护的行列。冯女士告诉记者，老人摔倒后耳朵里面都是血，大家都不敢动，只能围着他询问伤势和家庭住址，但老人已经意识模糊了。13时，急救人员赶到现场，将老人抬上救护车准备送往省二院。此时，一位带着孩子到停车场取车的女士掏出1000元现金交到出诊大夫张医生手中，表示自己要为老人出医药费。张医生询问她的联系方式，但她摆摆手说不用了，救人要紧，便离开了。冯女士说："真是个好人，围观者都竖起了大拇指。"

5月7日下午，记者来到省二院急诊科。刘护士长告诉记者，5月5日13时许，患者被送入了急诊科，经过简单救治后转入了精神内外科监护病房。当时患者神志不清，双耳出血，病情危重，但又没有家属陪同，医院立即开辟绿色通道抢救。好心女士捐出的1000元钱由张医生交到了医院，为老人做了脑部CT。经诊断，老人的病情为脑挫裂伤和脑膜下血肿。不幸的是，经过一天一夜的抢救，老人还是在5月6日下午3时许因伤重离世。

5月7日上午，城关公安分局治安大队民警通过老人衣兜中的电话号码联系到了其家人。据了解，老人姓王，55岁，是一名在职工人，平时就有头晕的病。王老先生的女儿说："虽然父亲已经离世，但我还是要感谢所有在他最无助时伸出援手的好心人。"

兰州晚报 王进

480余名小偷“栽”在他手里

在兰州,好多公交车司机都认识他,好多坐公交车的乘客都知道他,他就是兰州市公安局交通治安分局西站派出报的反扒民警——杨海林。一个活跃在兰州公交线上的反扒“剑客”,一个让盗贼闻风丧胆的英雄。不论是在公交车上,还是公交站点,不论是在枢纽站,还是在人员密集的公共场所,只要有他的身影,窃贼就会望而生畏。从警十年,杨海林共破获各类刑事案件320余起,抓获犯罪嫌疑人480余名,为群众挽回损失折合人民币20余万元。

“反扒民警的工作就是跟车走,跟人走,只要上公交车就意味着进入了工作状态。”杨海林告诉记者。每天早上6点多他就出门了,坐上公交车便开始了一天的工作。他坐公交车上班,不坐直线车,不坐快公交,而是专选乘客多、线路长的“热点公交”,为了能多抓贼,他往往特意还转乘几次公交车,这样既“耽误”了上班,又不能“按点”回家。就像他说的:“只要一上车,自已就不知不觉地进入了抓贼的工作状态,如同军人上了战场。”

去年冬天的一天早上,杨海林从家出门后坐上一辆16路公交车,一上车,只和司机李师傅微微点了一下头,谁也不说话。常年坐车,他们之间已经形成了一种默契,一个眼神,一个动作,便是一种无声的交流。车上人不多,零零散散地坐着几个人,一种职业的习惯使杨海林又注意到了两个分别坐在后面的一男一女,凭直觉他想这又是两个赶“早场”的贼。当公交车行驶到雁滩家具市场车站,一个中年男子上来坐在车的第三排靠左的位置上,没一会,坐在后面的那个女的就来到车门口的位置坐下,男的则坐在了中年男子的后边。快到盘旋路时,车上的乘客已经多了许多,在门口那个女子的掩护下,年轻男子已将手伸向中年男子后边的口袋里……这一切早已被“贴”上来的杨海林观察得一清二楚,就在该男子将偷到的钱包向同伙转移时,杨海林也把手伸了过去,将那一只偷到钱包的手牢牢地抓住。早已坐过站的杨海林在失主的协助下带上嫌疑人从和平饭店坐上出租车直奔派出所。

“抓小偷最宝贵的是时间,破案最重要的是证据,这一切都需要靠黄金5分钟来搞定。”杨海林说。有一次,他休息在家,老婆知道他有6点钟出门“溜达”的毛病,5点半就把饭端上了桌子。吃完饭出门后,他又不知不觉地转到了扒窃案多发的盘旋路附近,随便上了一辆公交车在最后一排坐下。正巧,就在他前排座位上,一个女贼正毫不顾忌地用刀片割旁边一乘客的衣服。她用刀片割开衣服后,把里面的钱包偷出来,拉开拉链取出钱将钱包再放进乘客的衣服内,而后居然拿出偷来的钱一张一张地数。这个过程很快,就在这个女贼数钱的时候,杨海林慢慢靠过去,二百、三百、四百……杨海林“帮着”女贼在数。随着声音的增大,女贼发现在她的身后，犹如一副特写镜头：一张大脸，淡定地看着她。还没等明白过来，她的手已经被牢牢抓住。

“公交反扒工作是一项平淡而烦琐的工作，每天都要面对。在公交线上抓贼，虽然破获的都是一些小案子，处理的都是一些小事情，解决的都是一些小问题，但都与老百姓的利益戚戚相关，每一件都牵动着老百姓的心。杨海林同志今年已50挂零了，但他仍然默默无闻地执守在反扒战线上。用他自己的话讲，“我就是人民群众的一头老黄牛，只要生命不息，我的反扒工作就不止”。市交通治安分局西站派出所所长张军告诉记者。

兰州日报 伊晓明

杨飞:勇救落水孩童的好少年

皋兰县四中的杨飞同学,是一位穿着朴素、有点腼腆的少年,然而就是这样一位普普通通的少年却是一位见义勇为的小英雄。就是因为他勇救落水孩童,被学校评为“见义勇为之星”,并被评为兰州市首届“美德好少年”。

2010年6月1日,彭大妈的孙子明明(化名)和表姐出去玩耍,不慎落入深约2.5米的水渠中,明明的姐姐撕心裂肺呼喊救命。听到喊声后,正与家人一起吃饭的杨飞,马上冲到水渠边,看到了明明在水中拼命挣扎,他没有考虑自己的安全,立刻展开了救助,冷静沉着的他没有贸然入水。在经过瞬间的思考后,他借助两道横栏,在保护自己的同时尽力去抓水中的孩子,而此时孩子在水中时沉时浮,随水波摇摆,杨飞根本无法一次性成功。聪明的他看孩子还没有沉入水底,迅速上岸,像一个优秀的运动员向前冲去,赶在孩子的前面,抓住横栏,当孩子漂浮至自己处,杨飞身子下沉,稳稳地抓住了孩子的衣服,一把将孩子提了上来。此时孩子已经口中呛水,神志不清。杨飞又一次发挥了他的聪明才智,利用自学的救生知识,采取倒提、拍后背的方法使孩子突出了口中的水,逐渐恢复了神智。看着他们姐弟俩能够安然无恙地步行回家,杨飞默默地回到了自己家中。临走时,他还一再叮嘱姐弟俩千万不要将此事说出去。

明明姐姐将事情告诉了彭大妈,彭大妈安顿好孩子后,再次来到事发现场寻找好心人,可是找了许久,也没找到救孩子的英雄。彭大妈根据孩子们说的,分析对方可能是中学生,于是彭大妈领着两个孩子,来到事发地附近的村子打听寻找。6月3号,当彭大妈带着两个孩子来到村口时,一个少年的身影映入了他们的眼帘。“奶奶就是他!”两个孩子异口同声地喊。情急之下,她急忙上前询问,就这样终于找到了救孩子的小英雄——杨飞。

当人们问起杨飞为什么会勇敢救起落水孩童时,杨飞腼腆地说:“当时我没想那么多,只是想着尽快将落水的小孩救上来。”

中国兰州网 孙涛

好人杨建军:勇救集体山林被火烧伤

在我们普通的生活中,有许许多多平凡的人,他们没有慷慨激昂的豪言,但是他们以朴素的道德情感和做人良知,默默地为社会尽一己之力。兰州市榆中县清水驿乡清水村的杨建军就是这样一个人。

勇救集体山林被大火烧伤

杨建军同志于1992年12月1日志愿入伍,2000年被授予三级士官,2003年12月1日退伍。在部队期间,见义勇为对杨建军来说是常事。2011年4月30日,对于杨建军来说是个特殊的日子。这天,村里的集体护山突然着火,他不顾家人的反对和劝说,毅然拿起铁锹独自一人上山救火。就在不明山火就要被扑灭时,突然刮起的大风又将余火点燃,杨建军也被迅速卷入大火之中无法逃生。他的脸部、腿部、双手多处被烧伤,后经医院诊断确认,杨建军的腿部、脸部为三级烧伤,双手为四级烧伤。

村里人眼中的杨建军

在村里人的眼中,杨建军为人热心,喜欢助人。

一位村民说:"村里有谁遇到困难他都愿意出一把力帮助,谁家老人生病要去医院他会帮忙,谁家地里活干不完,他也会帮忙"。

清水驿乡清水村支部副书记杨发明说:"我们应该学习他的见义勇为的精神,积极参与社会治安综合治理,确保国家和集体的财产安全。我们也一定会继续关注杨建军同志的生活问题,帮助他早日恢复健康。"

日前,记者了解到,这位为救火而被烧伤的年轻人已被县综治委授予"见义勇为"光荣称号。

中国兰州网 周嫒

杨景辉:送走失儿童回家

孩子是父母的心头宝,如果孩子走丢了,必然会给这个家庭留下难以磨灭的伤痛。前几天陈家夫妇就遭遇了孩子走丢事件,但幸运的是失而复得,一家团圆。这其中的功臣是在兰工作的榆中人杨景辉。

8月的一天中午,陈师傅的母亲去接孙子乐乐放学。在回家的路上,奶奶为了给孙子买蛋糕吃暂时放开了乐乐的手,谁知不久两人就走散。年仅6岁的乐乐找不到奶奶又身无分文,于是凭记忆向西,往位于土门墩的奶奶家步行。

此时陈师傅的母亲已经焦急万分,好不容易才借到电话通知陈师傅,一家人赶忙到学校和西站附近寻找。正在孩子毫无音讯的时候陈师傅的妻子接到一个陌生来电告知,孩子在西站等家人来接。原来杨景辉中午从公司中集·幸福里下班路过西站发现一个孩子站在十字路口哭,路口人来人往无人过问。西站车流量大十分危险,他担心孩子有危险就上前询问。在耐心了解后,孩子才说出了母亲的手机号码。为了陪伴孩子等待家人,杨景辉错过了上班时间,回到单位后他对此事绝口不提,因此公司的同事们都不知情。

在采访中,杨景辉说他所做的只是小事,帮助他人是举手之劳,孩子丢失家人的担忧可想而知,他将心比心自然要伸出援手。

从孩子走失到陈家夫妇接到孩子,经历了两个多小时,期间陈家人的焦急与慌乱可想而知。陈师傅告诉记者,接回孩子的那一刻,他们一家人既感动又感激,幸亏有杨景辉发挥爱心帮助年幼的孩子,否则后果不可想象。陈师傅希望社会大众能了解杨景辉的好人事迹,也祝愿杨景辉好人好报,一生平安。

中国兰州网 王萌

英雄司机:吴永胜

吴永胜是兰州市光大出租汽车公司的一名普通司机。长期以来,他爱岗敬业,诚实守信,助人为乐,恪守职业道德,经常义务接送危重急救患者,多次想方设法送还失主遗失物品,协助警方抓获犯罪嫌疑人,在平凡的岗位上做出了不平凡的业绩。今年4月20日,在甘肃省庆祝"五一"国际劳动节暨表彰"五一双奖""工人先锋号"大会上,甘肃省总工会授予全国见义勇为英雄司机吴永胜甘肃省五一劳动奖章,省委副书记欧阳坚为这位在兰州市民口中被传诵的好人、英雄司机颁发了奖章和证书。

2011年2月13日凌晨,市民卢女士在城关区铁路局金轮广场附近遭到4名男子的持刀抢劫,吓得她站在路边惊慌失措。这时,驾车路经此处的吴永胜看到前面4个人突然开始往前奔跑,只留下一女士原地发呆。见此情形,他突感事情不对头,便立即掉转车头,将车开到事发地并停到还在瑟瑟发抖的卢女士身边。急速解救被劫女士,并不顾个人安危,朝劫匪逃跑的方向追赶。在追赶途中,吴永胜一边开车一边迅速掏出手机报警,并协助公安民警,将歹徒全部抓获归案。他被中华见义勇为基金会授予"全国见义勇为英雄司机"荣誉称号。

省总工会号召全省广大职工以吴永胜同志为榜样,学习他临危不惧、见义勇为的大无畏精神和服务人民、助人为乐的奉献精神,学习他模范践行社会主义核心价值观,大力弘扬工人阶级伟大品格和劳模精神,为推动科学发展,促进社会和谐做出新的更大的贡献。吴永胜也用自己的好人精神不断指引着各行各业的人们,向正义看齐。

中国兰州网 丁小岚

吴军:最勇敢的司机职工

吴军,是兰州公交集团第四客运公司三车队50路4093号车组驾驶员,现年34岁。

2012年7月17日晚20点40分许,一辆由西向东行驶的装满天燃气的槽车行至西津西路崔家大滩路段时,因车辆左后轮刹车毂过热导致轮胎自燃,槽车司机用完随车的两个灭火器后无奈火势较大,浓烟滚滚,仍未将火扑灭,又试图用矿泉水灭火。而因为崔家大滩地处西固区与七里河区交接处,人烟稀少,再加上已是傍晚阴雨夜,无人帮忙,槽车驾驶员一时间束手无措,大火威胁着车身上部满载着易燃易爆物品的天然气车体。如果火势不能及时得到控制和扑灭,一旦引燃车上的天然气而引发爆炸,后果不堪设想。

就在这万分紧急的情况下,吴军驾驶50路4093号车由东向西路经此处,紧急关头,他毫不犹豫地立即停车,将公交车靠边后拿起了随车自带的两个灭火器,越过花坛隔离带直奔失火的槽车。经过10余分钟的奋力扑救,大火终于被扑灭。在火被扑灭后,吴军悄然离开了现场。事后,他说:“当时我根本没有想到个人会有危险,只想到要保护国家的财产是我义不容辞的责任,这是每个公交司乘人员应当做的。”

吴军作为一名驾驶员,在兰州公交企业已辛勤工作10年。在日常工作中,他虚心好学,团结友善,无私奉献,养成了良好的职业道德,树立了正确的人生观和价值观,弘扬了公交企业的良好形象。他在平凡的工作岗位上用自己的真诚和无私,用自己的英勇和正直,谱写了一曲当代公交人临危不惧、无私奉献、见义勇为、乐于助人的华彩乐章,展现了公交职工崇高的思想境界和精神风貌。他是公交企业广大职工中的先进代表,也是广大职工学习的楷模。

中国兰州网 周媛

农民工手指被锯　好交警紧急救助

“警察同志帮帮我吧，疼死了。”11月7日中午11时，正在广场东口十字执勤的中队长苏卫东，发现一名手指被电锯锯伤打车赶去医院的农民工后，二话不说，立即启动警车将伤者送至医院，并陪同伤者看病直到手术安排确定后才悄悄离开医院。

当日中午11时30分，进入中午高峰段的东岗西路车水马龙，东岗交警大队中队长苏卫东在广场东口十字对过往车辆进行疏导。就在其疏导南北方向车辆按序通行时，一位满身是血的男子急匆匆地跑到十字，向疏导交通的中队长苏卫东求助称，自己的工友在作业时手指头被电锯切断了，现急需到解放军第一医院进行手术，但是一路上车辆较多，频繁遇到红灯耽误时间，希望交警能帮忙开通“绿色通道”。情况紧急，苏卫东立即随同该男子到十字东侧的一辆面包车上，将面色蜡黄、疼痛难忍的伤者搀扶到自己的警车上，立即拉响警笛，前往位于静宁路的解放军第一医院。在送往医院的途中，受伤男子的工友告诉苏卫东中队长，当天干活时，50多岁的工友不小心被电锯将右手三个手指头锯伤，中指基本上被锯掉了。事发后，自己立即拦停了一辆面包车送往医院。可是从段家滩赶往解放军第一医院，车流量大，途中频繁遇到红灯，路程上耽误的时间对手指连接手术会带来很大影响。为了尽快到达医院，自己才向十字指挥交通的交警求助。

不到10分钟时间，苏卫东中队长就将伤者送到了医院。尽管顺利抵达了医院，但细心的苏卫东中队长发现，由于两位工友都是外地人，对医院办理手续的程序不了解，如何尽快办理手续接受治疗成为又一难题。面对被疼痛折磨得快要晕掉的伤者，苏卫东中队长停好车后，将伤者搀扶到急救室，来回奔波为其挂号办理住院手术。为了不耽误最佳手术时间，苏卫东中队长楼上楼下奔波，联系医院方尽快为伤者安排好了手术时间。一个小时过去了，下午1时10分，受伤男子的手术时间确定，其家属也来到了医院。一切安排妥当之后，苏卫东安抚完伤者，便悄悄离开了医院，继续到广场南路巡逻劝返乱停放的车辆。记者了解到，送伤者到医院并为其奔波联系手术的好交警，正是荣获“最美交警”称号的东岗交警大队中队长苏卫东。他用实际行动再次证明了一名普通交警的责任感，平凡中彰显出伟大。

兰州日报 葛强

凡人善举和你一起

FANRENSHANJU HENIYIQI

兰州好人故事

2012-2013

——诚实守信

环卫工人拾金不昧多方寻失主

2月2日，市民季女士拿到了丢失近一周多的钱包。看着钱包里一分不少的现金和各种卡，季女士激动地拨通了本报新闻热线，希望通过本报来表扬一下这位拾金不昧的好人。事情究竟是怎么回事呢？记者进行了一番了解。

1月底的一天，市民季女士和丈夫乘出租车回家，在回家的途中由于粗心，不慎将自己的钱包丢到了出租车上。虽说钱包里的现金不是很多，但是身份证以及各种卡却非常重要。于是季女士试着寻找和联系出租车司机，希望寻找到钱包。但是找了一圈，都没结果。就在季女士放弃了找钱包时，她突然接到了自己平时做美容的一家美容院的电话，告诉她有人捡到了她的钱包，并和美容院取得了联系，希望找到失主。经过一番周折，季女士联系到了捡到自己钱包的小伙子，并顺利地取回了钱包。季女士非常感动，一再要求给小伙子拿点钱"表示表示"，可是小伙子却婉言拒绝。而当季女士想知道这个小伙子的姓名和单位时，小伙子却不肯说，最后根据所处的位置和小伙子的工作服，季女士才得知，原来这名小伙子是城关区雁滩环卫市政所的一名职工，名字叫作冯尚凯。

小冯告诉记者，那天晚上他和几个朋友吃过饭打车回家，无意中在车的后座发现了一个钱包。之后，小冯发现钱包里有身份证以及各种卡，于是他打算按照身份证上的地址把钱包寄过去。可就在这时，细心的小冯爸爸提醒小冯，这个人现在不一定住在身份证上的地址处。于是，小冯的爸爸又仔细地把钱包看了一遍，发现里面有张美容卡，卡片上有美容院的电话。随后，小冯的爸爸拨通了美容院的电话，通过美容院找到了失主季女士。

记者了解到，在小冯所在的单位雁滩市政环卫所，捡钱包已经不是什么新鲜事了，而是一项"光荣传统"。由于工作性质，环卫工人常常在一线工作，于是也就多了很多"捡钱包"的"机会"，但每每此时，环卫工人们都会第一时间将捡到的钱包返还。据统计，2011年这里的环卫工人拾金不昧，向失主返还的各类财物的总价值超过150万元。

在雁滩市政环卫所的一个小小记事本上，写满"良心账"。面对巨额取款单、现金、电脑、手机、银行卡……月收入只有千元的环卫工人不为所动，美丽的心灵一如他们的外表一样朴实。环卫所的一位负责人告诉记者，自从2011年以来，为了弘扬拾金不昧的良好风尚，环卫所把好人好事作为一项硬指标，列入环卫工人以及各个保洁站的考核任务。据不完全统计，该所400多名环卫工人中，30%以上的人有过捡拾失物交公的经历。在环卫所办公室的一面墙上，挂满了失主送来的锦旗。墙角的文件柜里，也存放着许多失主留下的感谢信。在留言本上，记者看到一位失主写道："在当今物欲横流的社会里，收入微薄的环卫工人能面对巨款不心动，确实难能可贵！"

兰州日报 颜娜

街坊眼中的“活雷锋”

在盐场堡街道小沟坪社区一间简陋的平房里，记者见到了街坊四邻口中的“活雷锋”张宇龙。因为去年连做了两次手术，他的身体非常虚弱，但他依旧很乐观。家里前来看望他的老邻居把原本就不大的房子围得满满当当，因为大家盼望张宇龙早点康复，赶紧回到大家身边。张宇龙是盐场路街道小沟坪社区一名普通的综治员，文化程度不高，言语不多，但心地善良，乐于助人。在小沟坪社区，张宇龙集理发师、泥瓦匠、搬家工人等于一身，只要有人求助，他从不拒绝，7年里风雨无阻，被大家称为“全能型综治员”，就是这个普普通通的人给街坊四邻带来许多感动。

帮助别人，我愿意去

“帮助别人，我愿意去。”这是张宇龙的口头禅。他觉得自己所做的事都是举手之劳，微不足道。他是这样说的，也是这样做的。在兰药家属院，张宇龙照顾社区曹大妈家两个重残儿子的事广为流传。由于两个儿子重残，生活不能自理，年近七旬的曹大妈心力交瘁，家庭生活十分困难。一进他们家，一股难闻的气味扑鼻而来，别人都嫌脏、嫌臭，但张宇龙不嫌弃，他每月都会按时去老人家为她的两个儿子理发，还会帮他们整理家务，陪他们聊天。不管刮风下雨、白天黑夜，只要老人有需要帮忙的事，他都毫不犹豫地帮忙。有一天凌晨一点多，熟睡的张宇龙被一阵急促的敲门声惊醒，打开门一看原来是曹大妈，老人一见到张宇龙就拉着他往外走，半路上张宇龙才得知老人的大儿子从床上掉下来了，老人无法将他搬到床上，只好来找张宇龙。张宇龙二话没说赶到老人家里，帮她安顿好儿子已是凌晨四点了。曹大妈泪流满面地说：“我家有两个残疾儿子，别人都嫌弃，但是你不嫌，每次有困难，我都要麻烦你，这心里着实过意不去。”张宇龙安慰老人说：“不要哭，有事尽管来找我，我们是一个社区的，就是一家人。”

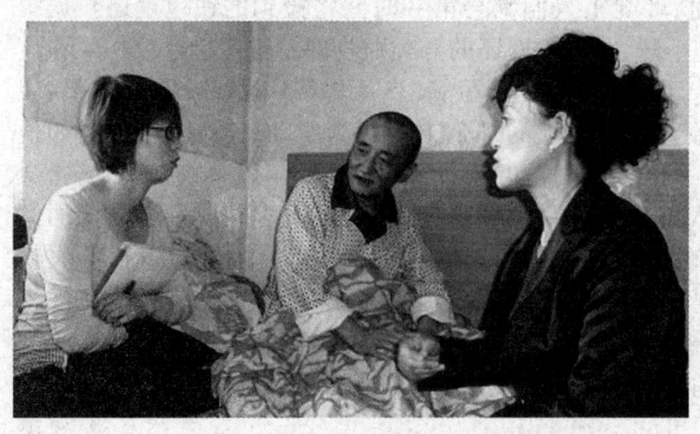

社区里很多居民都请张宇龙帮过忙，而不管是换灯泡还是修洗衣机，只要有人来找他，张宇龙都会尽力去做。

被人需要就是一种幸福

2010年7月的一天，张宇龙突然觉得浑身难受，去医院检查后发现自己得了重病需要手术。但由于妻子长期有病在家不能工作，孩子正在上小学，张宇龙无力承担手术费。最后通过跟亲戚朋友借钱才凑够住院的钱。住院期间，他仍惦记着社区工作和社区需要帮助的居民。昔日张宇龙无私帮助他人，当他患病卧床时，辖区许多单位和个人纷纷伸出援助之手。盐场路街道、小沟坪社区还举办了爱心募捐活动，参与募捐的包括辖区内的企事业单位和个人。活动为张宇龙募捐到4万余元爱心款。很多社区居民还到家中看望张宇龙，大家都牵挂着这位好邻居。

在社区工作人员搀扶下看望张宇龙的范玉梅老人告诉记者，自己一个人居住，由于眼睛患有白内障，生活十分不方便。前几年楼上的水管坏了，她去找社区，张宇龙过来几次就修好了。从那天起，张宇龙经常到家里给她理发，换煤气罐，买煤、买菜，帮这帮那从未间断。如果不介绍，大家都以为张宇龙是她的亲儿子。

张宇龙用一颗爱心搭建起了和谐社区的氛围。他历年来不仅荣获兰州市"十佳好人"和"全能型综治员"等荣誉称号，更是街坊四邻眼里的"活雷锋"。张宇龙告诉记者，其实人活着被人需要就是一种幸福。他现在身体已经恢复得差不多了，等到天气暖和些就可以上班，他希望能早点和大家一齐忙活起来，报答关心他的人。

兰州日报 边卫霞

72路司乘人员捡六千元钱归原主

3月3日下午18时30分左右，公交第三客运公司五车队72路3361号车驾驶员刘澄宇，将车行驶到万里厂终点站后，他像往常一样对车辆危险品、遗留物进行检查，结果发现车厢右侧第三个座位内侧有一个黑色女士提包，便将包拿到站房，交给当班站员李辉玲，并与车队长联系。清点遗留物，发现包内有现金6835元、身份证、汽车驾驶证、化妆品等，随即车队多方联系均无果。

当晚20时20分左右，该乘客才发现自己的包不见了，心里非常着急，于是抱着试一试的态度找到72路万里厂终点站。到终点站后失主找到一位站员，请她帮忙找寻失物，可是自己又不记得是哪辆车，于是站员和一名驾驶员陪着该乘客在每辆72路车上查找。正在寻找时，一位站员告诉失主，包已交到车队，并告知了车队长的联系电话。核查无误后车队人员将丢失的包亲自交到失主手中，当乘客拿到失而复得的包时感激万分。为表谢意，第二天该乘客又到车队，想请站员们吃饭，但被婉言谢绝了。司乘员说：“这是我们应该做的，每个公交人遇到这种情况都会如此。”

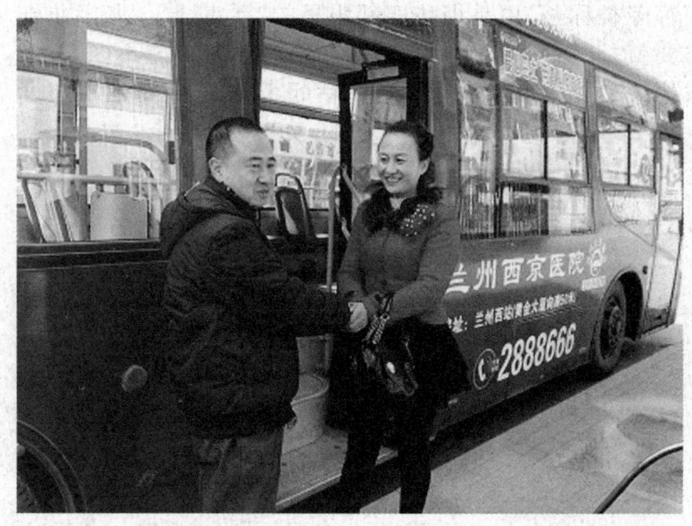

兰州日报 蒋聪 买鑫

来兰游客钱物失而复得 “美丽兰州”赢得衷心称赞

5月7日,广州来兰游客程先生向记者讲述了一件拾金不昧令其非常感动的事情。早上7时许,程先生办完退房手续后在休息区等朋友,临行时不慎将皮包忘在了沙发上,当他乘车离开准备前往下一个行程目的地时,突然发现自己装有6000余元现金、护照、驾驶证、4张银行卡以及各种材料和证件的皮包不见了。情急之下他抱着试试看的想法,给位于静宁路中段的“速8”酒店前台打了个电话,结果被告知皮包被一位住店的旅客发现并交于前台收好,请其速取时他的心情无比激动。

上午11时许,记者来到了酒店,为程先生保管皮包的前台服务员魏其红正在礼貌快捷地给客人办理住退房手续。在得知记者的来意后,她腼腆地一笑说,这是她应该做的。最后还是店长助理牛晓丽向记者讲述了事情的来龙去脉。她的第一句话就是,程先生真是太幸运了,现在还是好人多啊!随后,牛晓丽道出了其中缘由。她说,程先生5月6日住在该店的219房间。店里经常会有客人将钥匙、钱包、手机丢在客房里,他们发现后都会替其保存好。作为店里的工作人员,给客人营造一个舒适的住宿环境,保管好遗忘的物品是分内之事,算不了什么。程先生的皮包不是遗忘在客房而是丢在了门口的休息区,店里在前台和每个楼层客房区都安装了监控器,可唯独休息区没有,而且这个区域是人员流动性最大的一个地方,如果有谁发现皮包后带走,店里的工作人员也很难发现。可是同住店的一位先生,早上在休息区等待早餐时发现了程先生遗忘的皮包并交到了前台。值班的魏其红与她一起清点了物品,因为没有程先生的联系方式,所以就先让前台妥善保管等待失主来取。

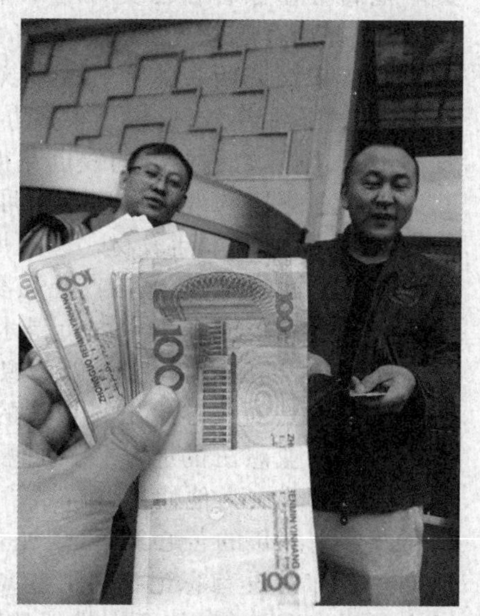

上午9时许,程先生和朋友拿到失而复得的皮包后非常感动,由于赶时间在离开兰州时向记者表达了自己的感激之情。他说,除去现金,仅皮包里的证件从挂失到补齐也够自己忙活个把月的。对他而言,兰州此行收获的不仅有“中国西北游,出发在兰州”的美景、朋友之间的深厚友谊,还有兰州人的文明素养。

兰州日报 边卫霞

他用双手为下岗人员托起就业梦

刘效春，曾是城关区无线电二厂的一名职工，每天按时上班，回家给孩子辅导功课，虽然生活很平淡但却很满足。但是1998年，无线电二厂实行了改革，他成了一名下岗工人。十多年过去了，刘效春不仅通过自主创业用汗水改变命运，成为兰州市通士达高低压开关厂的厂长，而且他用双手为10名下岗人员、3名创业者托起就业梦想。

刘效春说，自己把苦难当成了一种财富。近五年来，为了让下岗失业者和有志创业者少走弯路，他不仅大量吸纳下岗失业者，在社区的创业明星报告会上用自己的亲身经历为他们加油鼓劲，到家里去给4050人员做思想工作。

原来，刘效春刚起步时也是在朋友的指点和家人的鼓励帮助下，将自己多年的积蓄拿出来，成立了兰州通仕达高低压开关厂，主营生产开关柜。刚开始，厂子只有几个人，办公室就是两间平房，开拓市场需要自己去跑，产品运到外地，自己也要跟工人们一起卸货到凌晨三四点钟。但是他一点都不觉得辛苦，感觉生活很充实。他满心憧憬着自己美好的未来，但几个月后问题来了，虽然他的产品质量很好，却没有顾客愿意光顾。他跑了好几家单位，向他们推销自己的产品，但他们都以原先从来没有听过这个厂子将刘效春打发了。看着那么多的产品积压在仓库里，刘效春非常着急，他想了很多办法，但是都没有什么效果，最后连员工的工资都发不出来，刚开始创业凑的钱也花得差不多了。

创办小旅馆的残疾居民李玉坤一直都称刘效春是他的助梦人，除了精神和经济的帮助，更似一本活教材。李玉坤告诉记者，当年就在刘效春一筹莫展不知道该如何打开局面的时候，靠着产品质量过硬和诚信达成了一笔生意，这是刘效春人生的第一笔生意。而在生意如鱼得水时，他还不忘每天学习那些成功的创业者的经验。同时，对于身边有就业、创业想法的人，他都会伸手拉一把。李玉坤说，自己开办小旅馆就是刘效春给出谋划策的。据了解，刘效春还经常将自己的经历当教材去指引有创业想法的朋友，帮助他们度过生意中最黑暗的时光。有时还会放下自己手中的活儿去为他们排忧解难。

经过十多年的苦心经营，现在刘效春的企业也有了一定的规模。生意成功了，但刘效春却并没有忘记身边那些需要帮助的人，而是身体力行去帮助有梦想的年轻人实现自我价值，如开大排档的陈梅、做汽车装饰的朱海文等等。虽然，这些行业与其经营的业务相距甚远，但创业的道理是一样的，在困难的时候刘效春总是跑前忙后。说到这些幕后的辛苦和损失，刘效春说，每个人心中都有一个舍与得的正确答案，作为一名助梦人，他收获的是幸福和快乐。

兰州日报 边卫霞

粗心大意丢失证件　宾馆员工热心送还

平凡的人们给人最多感动。在兰州市区，前几天同样也发生了一起拾金不昧的感人事迹，事迹的主角是一位宾馆的普通员工。拾到失主丢失的钱包后，通过各种方式，他找到了失主，并把东西完璧归赵。昨日，失主吴先生找到了本报记者，向记者讲述了事情的过程。

吴先生告诉记者，6月13日晚上，由于他自己疏忽大意，不慎将装有钱包、驾驶证、身份证、银行卡、票据等贵重物品的小挎包丢失。这些东西对于他来说十分重要。就在他万分着急的时候，他接到兰州蓝宝石大酒店郭经理的电话，告知酒店有一位职工捡到了他的一些证件，让他去认领。当他在酒店大堂看到久违的证件的时候，心情十分激动。他看见，自己的证、卡、票据等被整齐地装在一个塑料袋内。于是，吴先生想给这位捡到自己东西的同志一些酬金，表达谢意。但可贵的是，这位工作人员婉拒了吴先生的回报，甚至连姓名都不说。最后吴先生通过人保部经理查到了他的姓名。他叫张振武，是酒店人保部的一名普通员工。

拿回失而复得的物品，吴先生非常开心，他对记者说道："我没想到张振武同志会有这样的善举，实在感人。"这次失而复得的经历，使他真切感受到张振武同志及蓝宝石大酒店人员急人所难、拾金不昧的品格以及热心滚烫、助人为乐的精神。"同时我也深知只有倡导全员道德建设、推行和谐人性管理、激励职工多行善举、营造良好企业文化的现代企业，才会拥有这样高素质的优秀职员。"

后来记者辗转联系到了捡到东西的张振武，他说，自己是在上班时捡到这个包的，宾馆经常开会教育员工们要有良好的习惯和素质。他说，觉得这事很平常，换成谁都会这么做。

兰州日报　颜娜

“最美环卫工”拾金不昧传播正能量

身披鲜红的被面、手捧艳丽的鲜花……6月28日上午，站在皋兰县城市管理行政执法局“最美环卫工”表彰大会领奖台上的环卫女工周红霞一脸的幸福和自豪。当她从领导手中接过“最美环卫工”荣誉证书时，台下120余名皋兰县环卫工报以热烈的掌声，而更多的则是送给周红霞敬佩的目光。

今年3月30日上午十时许，正在皋兰县城育才路“园丁楼”家属院门口清扫保洁的环卫工人周红霞，随手捡拾到一只女士手提挎包。她现场打开查看，包内装有一沓厚厚的现金、一张银行卡、一张身份证和一张献血证等贵重物品。周红霞心想，丢了手提包的失主心里一定会着急，她决定就地等待失主前来认领。约莫半个时辰后，失主便风风火火地赶来了。经一番询问和核实，前来认领手提挎包的女士是一位县城做小本生意的妇女。当失主见到失而复得的钱物后，竟激动地抱住“大好人”周红霞哭了起来。现场，百感交集的失主为了感激好人，忙不迭地从包内掏出一沓现金硬往周红霞手里塞，又诚邀“贵人”去酒店里吃顿酒席，可这些都被她好言谢绝了。

“最美环卫工”拾金不昧传播正能量

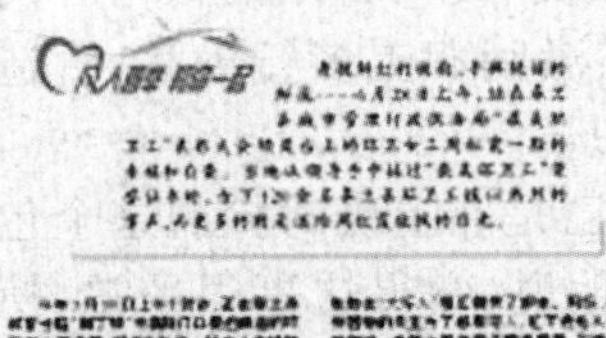

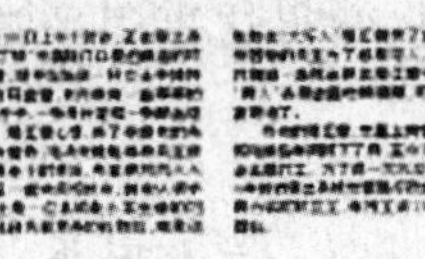

朴实的周红霞，家里上有老下有小。丈夫和她前些年同时下了岗，至今丈夫在县上一家企业里打工。为了供一双儿女上学读书，自己4年前被皋兰县城市管理行政执法局环卫所招聘为临时环卫工，每月工资710元，家境并不富裕。

为了弘扬环卫工人周红霞拾金不昧的行动，“七一”前夕，皋兰县城市管理行政执法局研究决定对环卫工人周红霞拾金不昧的先进事迹进行隆重表彰，并颁发“最美环卫工”荣誉称号，奖励1000元现金以资鼓励，并号召全系统120余名环卫工以周红霞为身边的好榜样，以“最美环卫工”释放的正能量迅速提升城管环卫行业窗口的新形象。

兰州日报 魏周延 董永前

通讯员 郭靖

扶危济困携手公益　好律师倾心专业播爱心

站在正义的天平下，他是为民伸张正义的好律师；面对弱势群体，他总能给予法律援助和及时帮助；对于人民调解、法学教育和日常的公益事业，他更是不遗余力，做到精益求精。作为律师事务所的主任律师，他并没有去刻意追求办案的收入和客户的多少，而是把主要精力放在超越律师职业本身的社会责任上，同时还热心于各种公益事业。他的律师职业本身就因为高远的立意和高尚的追求而结出了不一样的美丽花朵。他就是我市优秀青年律师雷声。

倾心专业领域　用心做好人民调解

在兰州市的司法界，当提及雷声这个名字时，很多人都会把他和"人民调解"这个词紧紧联系在一起。早在《人民调解法》出台前几年，他就把目光瞄准医患纠纷这个社会热点，洞察到以司法确认的方式解决医患纠纷的可行性。目前，兰州市内两家大型医院的首起医疗纠纷司法确认案件均由雷声律师代为办理。仅这两家医院每年就通过司法确认化解医患纠纷数十起，快速有效地化解了原本较为突出的社会矛盾。雷声为构建和谐社会做出了一名律师的努力。

心系弱势群体　用法律撑起保护伞

作为一名为社会提供法律服务的职业律师，雷声从未敢忘记自己的社会责任。他深知要使法律的公平正义得以弘扬，就必须让弱者也能感受到法律阳光的温暖。七里河区村民赵某的承包地被他人无故侵占，当找到雷声律师时，赵某全家老小跪倒在地，把全部的希望都倾注在他身上。这使雷声强烈的责任感和正义感得到激发，他不但免去高额的律师代理费，还赔上交通费、查档费等办案成本，义无反顾地接手这一援助案件。为取证，他跑遍了赵某村里

的几乎每户人家。该案经过4次审理，终于维护了赵某作为一个农民的土地承包权利。赵某为此感激不已，他到律师事务所感谢时说："以后我一定要送自己的两个孩子也去学法律，为全社会的弱势群体维护公平正义！"

教人学法懂法　传授法律坚持信念

"授人以鱼不如授人以渔。"这便是雷声秉承的信念之一。因为有这样的信念，他还担任着大学里客座教授的职责。平日他要为大学生担任模拟审判和行政诉讼两门课的代课老师。因为长期的实践和扎实的专业功底，雷声的课格外吸引学生。在教学时，他模拟实践控告演练，模拟庭审现场，让学生们学习的成果得到实践。除了给学生授课外，在雷声所在的雷诺律师事务所成立以来，他们已经连续3年时间联合甘肃政法学院举办"雷诺律师杯"大赛。这个比赛现在已经成为兰州市高校内法学院知名的比赛。也因为这个比赛让更多法学学子得到了更好的历练，雷声同时也在自己所在的雷诺律师事务所为更多的学子提供实习锻炼的机会，真正地将课本上的知识转化为实践。

热心公益事业　帮助他人播撒爱心

他热心公益事业，积极参加社会公益活动。他经常带家人去兰州市儿童福利院，给孤儿和残疾儿童送去书籍和学习用品；他经常去贫困山区为那里的孩子送去书本和衣物；他经常为孤寡老人提供免费法律帮助。他还带领全所律师积极参加各种捐款、捐物活动。在兰州市司法局和律师协会组织的为贫困山区孩子捐图书等活动中，雷诺律师事务所的全体律师积极响应，得到了上级领导的好评。在他的倡导下，全所律师和工作人员还积极参加献血、法律援助等公益活动。

"雷声忽送千峰雨，花气浑如百花香。"这是雷声的同事因为他名字送给他的两句诗词，而他也如同这两句诗词中所写的一样，为弱势群体送去了及时雨，为更多有需要的人送去了正义的百花香气，在采访雷声的时候，记者问到他的成功秘诀时，他笑着说："哪里有什么秘诀啊，只是我时刻谨记着'纪律、耐心与爱'。"

兰州日报 颜娜

拾金不昧好的哥

5月31日，当来自陇南的王先生从白东林手中拿到2万元现金时，竟然激动得不知道说什么才好，只有一个劲儿地说着："谢谢。"面对失而复得的2万块钱，王先生特地制作了一面写有"诚实可信美名扬，拾金不昧品德高"的锦旗，以表达自己对于奔马车行和的哥白东林的感激之情。

5月30日中午11时左右，兰州市奔马出租汽车公司的白东林在停车打扫车内卫生时发现，车内后排上有一个印有农村信用社的纸袋。白东林打开后看到，里面装着3摞现金，其中100元的一沓，50元的两沓，整整2万元。除此之外，没有任何别的线索。

面对巨额现金，白东林立即驱车到了车行，将装有2万元现金的纸袋交到了奔马公司。由于装有现金的纸袋里没有任何有关失主的联系线索，奔马公司赵经理立刻与本报记者取得了联系，希望通过本报及其他传媒发布招领启事，以寻找失主。

在此过程中，陇南籍失主王先生更是焦急万分，在茫然无助之际，他来到辖区派出所寻求帮助。在兰州市出租汽车行业协会等有关方面的共同努力下，翌日，经过双方最终确认，王先生拿到了失而复得的2万元现金，并为兰州市奔马出租汽车公司送上了一面锦旗。

为此，兰州市出租汽车行业协会还特别提醒广大乘客，在乘坐出租汽车时，一定要索要车票，看车号，下车时要携带好自己的随身物品。

6月1日，白东林接受了记者的采访。白东林说："开出租汽车已8年了，以前捡到过手机，但都给了乘客。这次捡到钱后，我首先想到的是这位乘客可能急坏了，就一心想赶紧找到他。咱将心比心，大家挣钱都不容易，谁丢了2万元钱能不着急？再说了，就是拿上这钱心里也不安神啊！"白东林真诚地说。

质朴的语言折射着他宽厚、朴实的胸怀和金城的哥应有的闪光品质，真诚希望在兰州出租汽车行业能有更多像白东林一样的好的哥。因为他们是游走在金城街头最美的一道风景，更是兰州文明城市的传播者和实践者。

好样的，白东林！你为兰州人增光添彩，咱兰州人为你而喝彩！

兰州日报 张万宏

热心售货员吴玉芳:用善举丈量人生

她是光辉布料市场飞云阁131号的一位普通售货员,个头不高,衣着朴素,无论什么时候脸上总是洋溢着笑容。她经常说,做一个有道德的人,内心就会有幸福感;只有心存善念,才会生活得踏实。她是这样说的也是这样做的,她用手中的尺子丈量着布料,也用温暖的善举丈量着人生……

拾金不昧感动失主

6月28日,市民张先生前往光辉布料市场准备扯块布料给自己做裤子。正当他准备量体制作时突然发现自己的钱包不见了,里面不仅有现金还有两张信用卡以及相关的证件。心急如焚的张先生四处寻找无果后,抱着试试看的想法来到吴玉芳的柜台前询问,吴玉芳在一一核对了钱包的样式、钱数与相关证件上的姓名之后,将钱包拿出来交还给了张先生。

张先生的钱包里除去信用卡,还有1300余元的现金。张先生非常感动,他当即掏出两百元钱表示谢意,却被吴玉芳婉言谢绝。张先生说,如今社会上,好多人把金钱与利益放在高于一切的位置,吴玉芳拾金不昧的行为让他非常感动。

瘦弱身躯撑起三口之家

当记者来到光辉布料市场时,吴玉芳正和往常一样接待顾客、整理布匹。她说,这点举手之劳的小事根本不值得采访。在随后的交流中记者得知,吴玉芳的丈夫因为身体不好常年卧床在家,自己原来在第一被服厂上班,前两年也下岗了。丈夫的医疗费用是家中的一大笔开销。儿子学习非常用功,前两年高考时仅仅因为三分之差与心仪的大学失之交臂。作为一位母亲,她又何尝不希望自己有足够的资本帮助儿子走进心仪的学校。但是她有心无力,只能教育儿子,"高考是人生路上的一个节点并非目的地,只有踏踏实实认认真真走好每一步才能收获美好的人生"。如今,儿子已经大专毕业,刚刚参加工作开始分担母亲肩上的担子,非常孝顺懂事。这与母亲的言传身教是分不开的。

吴玉芳是卖布料的,可是却舍不得给自己添置一件新衣服。吴玉芳说,丈夫生病在家,自己便成了家中的顶梁柱。前两年下岗后,自己没有时间去失落,而是急忙重新找工作,因为家中事无巨细都要她操心,自己必须把各种压力转化成动力,她要赚钱为丈夫治病,还要供儿子读大学。生活上的各种磨炼也让她对生命有了更深的体会，对帮扶和善举有着更为深刻的理解。

乐于助人成为“老人迷”

采访中记者了解到，吴玉芳乐于助人的事例不胜枚举。吴玉芳总是耐心地让买布料的老人慢慢看，细心比。因为花钱做一身满意的衣服，对于老人而言也不容易。有时为了几十元的布料，老人要坐着公交车来回好几趟，每次吴玉芳都会耐心接待。隔壁柜台的工作人员见记者来采访也过来搭话，说她的回头客是最多的，所以同事们不仅欣赏其人品还笑称吴玉芳是个“老人迷”。吴玉芳从来都讲诚信，哪个柜台的人要是有个什么事离开一会儿，都愿意托付吴玉芳帮忙照看一下生意。

在保安部值班的市场工作人员小任告诉记者，光辉布料批发市场一共有400多个门店，1000多名工作人员，吴玉芳虽然只是其中一名普通打工者，但在这里工作两年期间，不但老板非常器重她，把全部的摊子都交给吴玉芳管理，而且她用自己的行为影响身边的销售人员诚信经营、乐于助人，也为市场赢得了口碑，树立了形象。眼下，兰州正在建设文明城市，希望各行各业有无数个像吴玉芳这样的人，用乐观积极的生活态度，为他人做出行动的榜样。

兰州日报 边卫霞

实习生 马靖宇

酷暑中 八旬夫妇急寻失主

8月13日，韦妙珍和颜昌兴两位八旬老人，捡到装有数千元的钱包后，苦寻失主数小时，并动员全家人多方寻找失主。8个小时后，当失主从两位老人手中接过失而复得的钱包后，两位老人才如释重负，并露出了满足的笑容……

韦妙珍和颜昌兴老人今年年逾八旬，老两口每天按时按点地过着有规律的生活。而8月13日的一件事情，却打破了老两口平静的生活。当日中午，两位老人从社区阳光餐馆吃完午饭后，颜昌兴老人先回家，而韦妙珍老人却一边溜达着向自己的家走去。当走到东岗西路民航售票处附近的马路隔离地段时，韦妙珍老人突然发现地上有一个类似钱包的东西。老人再次仔细一看，果然是一个黑色的钱包。于是老人捡起钱包，打开一看，发现里边有一叠厚厚的钞票和银行卡、身份证。看到钱包里的东西，老人立即四处寻找失主，但过往的行人都匆匆从她身边走过。想到丢失钱包的失主一定很着急，于是老人拿着钱包守候路边，等候前来寻找钱包的失主。半个小时过去了，却始终不见有人前来寻找，于是老人决定先回家，与老伴商量如何寻找失主。

匆匆回到家后韦妙珍老人详细地将自己捡到钱包的过程告诉了老伴，随后两位老人打开钱包清点钱物，发现钱包里有现金4900元，两张银行卡和一张山西太原一个名叫马俊的身份证，还有一些票据。两位老人拿着钱包经过分析认为，这个钱包肯定是前来购买飞机票或者乘坐航空大巴的人丢失的，如果不及时找到失主，可能造成失主无法购票或者延误飞机。于是老两口再次相互搀扶着来到捡到钱包的地方，等候失主。时间过去了近一个小时，而失主还是不见踪迹。怎么办，焦急的两位老人此时没了主意，再次回到家中，两位老人坐卧不宁，想到失主因丢失钱包而无法购票、乘机，俩老人心里更加焦急。突然，颜昌兴老人说："给儿子和儿媳打电话，让他们帮助寻找失主。"随即老人立即拨通了儿子的电话，将捡到钱包的情况告诉了儿子，并要求儿子立即回家，帮助寻找失主。

下午5时许，儿子颜先生和爱人匆匆回到家中，并再次检查钱包里的东西，希望从中找到

联系失主的方式。在检查中发现了一张虹云宾馆的结账清单，于是颜先生立即打电话与虹云宾馆联系，希望能提供失主的信息。但虹云宾馆工作人员告诉颜先生，对方是通过携程旅行网订购的房间，并向颜先生提供了携程旅行网的电话。随后颜先生立即拨通了携程旅行网的电话，向对方诉说了失主丢失钱包的过程，并希望携程旅行网提供失主的电话号码。但对方却告诉颜先生，他们要对失主的身份进行核实后才能提供联系电话。就这样又是几个小时过去了，但依然没有任何消息。无奈之下，颜先生决定向媒体求助，帮助两位老人寻找失主。

当日晚8时30分，当记者来到老人的家中后，看到两位老人满脸的焦急，来回走动。当老人把情况向记者介绍后说，现在他们老两口最大的愿望就是让这个丢失的钱包完璧归赵，否则他们的心里不踏实。就在记者采访时，颜先生的手机突然响了，随即颜先生高兴地告诉父母，携程旅行网核实后已经与失主取得了联系，目前失主正在向这里赶来。听到这个消息，两位老人的脸上露出了高兴的神态，并连声说："找到就好，找到就好。"大约10分钟后，失主来到老人家中。当从两位老人手中接过自己丢失的钱包后，失主马俊连声道谢。

采访中，马先生告诉记者，他是山西太原人，来兰州出差，当日中午在民航售票处附近乘坐出租车时，不慎将钱包遗失在马路上。当时自己并没有察觉，当赶到机场后才发现自己的钱包不见了，由于没有了身份证无法登机，他连忙将机票退了后四处寻找遗失的钱包。马先生说，他一直以为钱包遗失在出租车上，于是四处寻找出租车司机，根本没有想到遗失在马路上。就在自己感觉没有任何希望时，携程旅行网打来电话，告诉他自己的钱包被两位老人捡到了，并正在设法与他取得联系。听到这个消息，马先生真是喜出望外，连忙赶到了老人家中。在现场，马先生在向老人表示感谢后说："真没想到丢失的钱包能找回来，兰州市民的素质真高！"

记者了解到，韦妙珍老人曾多次在路上捡到钱包等物品，她每次都想方设法寻找失主，并将遗失的物品交回的失主手中。韦妙珍和颜昌兴两位老人说，捡到钱包后他们首先想到的就是寻找失主，根本没有其他任何想法。对于他们来说，不是自己的东西，自己拿了也会良心不安，即使再困难也不会有任何私心杂念。这也是他们做人的宗旨。

兰州日报 葛强

坚守一个信念　实现一句承诺

“如果我能见到他，我最想告诉他的一句话是要珍惜生命，因为这次重生他不仅仅为自己而活，也是为父母、为所有帮助过他的人而活。”汪记平说。今年9月，汪记平在中国人民解放军空军总医院成功捐献造血干细胞，挽救了一名白血病少年的生命，同时成为我省第17位造血干细胞捐献者。作为一名默默无闻的奉献者，2007年以来，汪记平坚持每年献一次血，目前已累计献血1000毫升。

1977年，汪记平出生于天水甘谷的一个普通农家，16年前来到兰州发展，现在是兰州信诚办公设备有限公司员工。2003年3月，汪记平参加无偿献血时了解到我省正在筹建中华骨髓库甘肃分库。听了工作人员介绍的相关情况后，他义无反顾填表加入了骨髓库，成为一名造血干细胞志愿捐献者。这个善举源自一篇新闻报道，说的是一位台湾同胞千里迢迢，辗转数地，来到祖国内地挽救一名白血病患者的故事。

当时，身边的大多数人并不能理解他的这种行为，认为他只是一时冲动。但后来的事实充分证明，志愿者真正实现捐献靠的绝不是一时冲动。

十万分之一，是白血病患者与捐献者的配型成功率。人海茫茫，对于白血病患者来说，这无疑是在“撞大运”；而对于志愿捐献者来说，也许就是在“不刻意”之间做了一件好事。汪记平所说的这种不刻意，需要付出的只是一点勇气。救人，是让自己的心灵得到一次净化。

转眼近十年过去了，当成为志愿捐献者这件事已经随记忆在风中消散时，一通电话辗转找到汪记平，打破了他原有的平静生活。电话来自中华骨髓库甘肃分库工作人员。从工作人员口中汪记平得知，有一位远在北京的白血病患者与他配型成功，问他能否不变初衷。一诺千金，在这一刻，被汪记平书写得淋漓尽致。他决定履行当初的承诺，赴京捐献造血干细胞，救人于危难之中。

汪记平原本就是个健谈、开朗的人，加之有了这次亲身体验，说起捐献造血干细胞的相关知识他总能滔滔不绝，俨然一个标准的专业人士。平时，汪记平总是关注媒体关于白血病和造血干细胞的报道，这成为他了解相关知识的一个渠道。白血病患病率，多少人等待造血干细胞，白血病又让多少个家庭家破人亡……每当一串串冰冷的数字映入眼帘时，汪记平就很受触动。汪记平的这次北京之旅让他有了更加直观的感受，看到有那么多幼小的生命遭受病魔的摧残，汪记平的心被深深地刺痛。此时，救人更像是一种信念，需要去坚守，去实现。

这位被救的少年是幸运的。13，这个原本被宗教蒙上了阴霾的符号，却在这里成为他的幸运数字。原来，之前与他初配成功的有12个志愿者，但出于种种原因，这些人要么不愿履行当初的承诺，要么干脆失去联系。汪记平是第13位。用一位甘肃分库工作人员的话说，汪记平就是“最后一根救命稻草”。这句话一点也不夸张，谁也不能保证还有第14个人会出现。

9月5日，汪记平在甘肃省红十字会一名工作人员的陪同下抵达北京。连续5天，医务人员向他体内输入加大剂量的动员剂。加大剂量，是因为汪记平身材高大、魁梧，要想在规定时间内得到足够量的造血干细胞只有这个方法。在完成了一系列的捐献准备后，9月10日、11日，汪记平分两次进行造血干细胞的采集，顺利完成了捐献。

说起此善举，汪记平笑着说：“这件事情其实很正常、很轻松，感觉就像是在献血，只是时间长了一些。”了解他的人知道，他这是“故作轻松”，不想让家人担心。全身酸痛，痛到骨头缝儿里，像是得了一场重感冒，这才是真实的感受。

汪记平是一名默默无闻的奉献者。2007年以来，他坚持每年献一次血，目前已累计献血1000毫升。

汪记平是个热心人。同事们反映，他平时很爱管闲事，也非常乐于助人。调解邻里纠纷、处理店面前的小摩擦，总是少不了他的身影。这次造血干细胞捐献的善举，更是演绎了一段“没有亲缘关系，却有血缘联系”的佳话。

依照国际惯例，捐献完成一年后，若受捐者要求，可与捐献者相见。这是对受捐者的一种保护。汪记平说，他如果有幸见到被他挽救的这位少年，他一定告诉少年要珍惜眼前的一切。作为亲历者，他见证了为了一个生命动用社会力量的过程，这一过程伟大而光荣。

捐献完成回到兰州后，汪记平被人“围观”。亲戚朋友纷纷问他：“你是怎么捐的骨髓？是在哪里‘钻洞洞’了，是后背还是脚底板？”这些问题在专业人士听起来一定显得无知，就连汪记平这样的准专业人士都觉得哭笑不得。但这是事实，无知必然误解，误解必将制约做出正确的判断和行动。汪记平说，希望自己能尽绵薄之力改变这一现状。

兰州日报 刘晓芳

兰州环卫工感动北京游客

2月28日下午3时许，环卫工人柳莹珠和马色个在酒泉路东侧的马路边的垃圾箱内发现了很多被丢弃的票据、证件和一张当晚的火车票。两人想，这很可能是小偷得手后丢弃的，失主一定很着急，便想方设法寻找失主。1个小时后，两人终于找到了失主。拿回丢失证件和火车票时，失主由衷地对两位环卫工表示感谢，而两人却说："这是我们应该做的。"

两名环卫工急寻失主

2月28日下午，天空有点阴霾，城关区市容环卫局道路清扫保洁管理队第二管理站的环卫工人柳莹珠和马色个，像往常一样在酒泉路清扫。下午3时许，马色个在清理酒泉路东侧一个垃圾桶时，发现很多被遗弃的票证，其中还有一张崭新的火车票。马色个意识到，这些东西很可能是得手小偷丢弃的。随后，马色个叫来同伴柳莹珠。柳莹珠一看，马色个捡到的火车票恰恰是当晚9时58分由兰州开往西安的火车票。

"这一定是外地游客丢失的！"柳莹珠和马色个商量了一下，将垃圾箱翻了个底朝天，把被丢弃的票证全都捡了出来。可是怎么能联系上失主呢？识字的柳莹珠仔细翻看了所有证件、票据，终于在一张单子上发现了一个电话。随后，两人抱着试试看的态度联系一下。电话通了，果然是失主！

下午4时许，失主驱车前来。拿到了丢失的票证后，他拉着两位环卫工人的手久久不愿放开，口中不断重复"谢谢，谢谢"。

我们的心灵是美丽的

3月1日，记者与失主在兰州的朋友取得了联系。一听是记者，这位朋友说："一定要好好谢谢这两位环卫工人。"在进一步的了解中，记者得知，失主名叫白景，这次从北京来兰州市出差。2月28日中午，失主白景和兰州的朋友一起在大众巷里吃小吃。就在端食品的工夫，背包就不见了。背包内有些重要的单据，还有当晚去西安的火车票。据失主的朋友介绍，背包里相机、现金等贵重物品都已经被小偷窃取，能找到火车票已经是不幸中的万幸了。

在采访过程中，环卫工人柳莹珠和马色个的话语并不是很多，在她们的脸上记者看到更多的是淳朴的笑容。对于这件事，两个人表示这是她们应该做的，"虽然我们每天身上沾着灰尘，但是我们的心灵是美丽的"。

兰州晚报 仇彬 曹亮

公交员工帮助钱包找主人

“碰到这样的好心人，我的运气实在太好了！钱包里有身份证和十多张银行卡，卡上两万多元钱，一分都没少。”2月13日上午，满女士从76路天鹅湖终点站调度站党支部书记手中接过失而复得的钱包后感激地说。

2月12日下午，满女士搭乘76路公交车去西站，不慎将钱包丢失。钱包丢失后，满女士实在想不起来丢到哪里了，只有干着急。当晚，公交公司的一个电话让她喜出望外。原来，钱包被公交公司工作人员捡到，并上交到了调度站。

公交第四客运公司第四车队马队长说：“当日下午，76路4110号车乘务员朱鹏英在打扫车辆卫生时发现了一个钱包，里面除了失主的姓名外再没其他信息。后来，她在建设银行工作人员的帮助下，通过银行卡客户信息，终于联系到了失主。

兰州晚报 崔李平 陶莹

兰州好人巨额现金面前不动心

5月15日，市民刘先生捡到一个装有两万多元现金及各种银行卡和一万两黄金金票的钱包后，他并没有动心，而是积极主动地寻找失主。

原来，这几天河北唐山市十多名企业家来到甘肃考察投资。在这期间，甘肃省河北商会杨副会长一直陪同。5月14日晚，企业家们喝了点酒，大概在15日零时许，几名企业家坐在酒店大厅聊天，随后各自回房间休息。直到清晨7时许，企业家毛先生才发现，装有巨额现金的钱包不见了，想来想去可能在大厅聊天时丢失了。于是大家分头来到酒店大厅寻找，但并没有任何线索，毛先生几乎绝望了。由于考察团当天要去张掖考察，临行时，毛先生将此事托付给了甘肃省河北商会杨副会长，希望通过商会找到钱包下落。

无巧不成书。在兰新市场做服装生意的刘先生，当天晚上去蓝宝石大酒店看望朋友。大概在15日凌晨1时许，与朋友也坐在酒店大厅聊天，突然在沙发底下发现了一个钱包。当打开钱包发现，里面有两万多元现金和五六张银行卡，还有一张一万两黄金金票，可是却没有联系方式。找不到失主，刘先生也是心急如焚。由于夜已很深，刘先生等了半个多小时后，仍没有失主前来认领，刘先生只好来到总服务台，将捡到钱包一事说明后，并留下自己手机号码，希望失主尽快与自己取得联系认领，几经周折，钱包终于找到了主人。

记者在采访刘先生时，他说，自己在兰州做生意也有十多年了，绝不能因自己给兰州人脸上抹黑。君子爱财取之有道，不是自己的一分也不能拿。

兰州晚报 孙建荣

粗心乘客遗落5.5万元　好心的哥直奔车行上交

陇南来兰州办事的梁先生和朋友在乘坐奔马出租车行的出租车前往银滩大桥附近办事时，不小心将5.5万元现金遗失在车上。好心的哥捡到现金后，如数交回车行，并找到了失主。

乘坐出租车丢失5.5万元现金

梁先生告诉记者，10月22日上午10时许，他和朋友从瓜州路附近乘坐出租车前往银滩大桥附近的一家4S店去取维修的车辆。到了目的地后，他和朋友因争着掏车费，忙乱中没有索要发票就下车了。出租车离开后，他和朋友进到4S店取车，等到想起来手提包不见了时，出租车已经离开了。手提包里装有5.5万元现金，还有一些证件和生活用品，梁先生十分着急。因为没有索要发票，也没有记下出租车车牌号，要找回丢失的包犹如大海捞针。之后，他们抱着试一试的态度，在4S店调取了监控录像，录像显示他们乘坐的是一辆绿色出租车，上面有“兰州奔马出租车行”字样，但看不清楚车牌号码。无奈，他们只好拨打电话报警，并联系交通广播电台发布了寻物启事。

的哥拾金不昧现金物归原主

与此同时，兰州奔马出租车行车号为甘A·85465的出租车司机刘林忠师傅，在返回市区途中，从后视镜中看到后排座位上有一个黑色手提包。他停车检查发现，包里有厚厚的几叠人民币。想到失主肯定很着急，所以刘师傅中途也没有拉其他乘客，就直接将车开到了奔马出租车行。到车行后，他将手提包交给前台工作人员进行登记，希望工作人员尽快通过证件上相关信息找到失主。

之后，当梁先生拨通奔马出租车行的电话询问时，工作人员告知有师傅捡到一个黑色手提包，让失主尽快赶到车行核实。当日下午3时许，失主梁先生和朋友赶到位于九州大道的奔马出租车行。经过核对后，工作人员将5.5万元现金和证件如数归还梁先生。拿到失而复得的手提包后，梁先生激动地说，没想到奔马出租车行的司机师傅如此高尚，面对巨额现金毫不动心，有一颗金子般的心。

记者采访刘师傅时，他说：“不管钱多钱少，总是别人的钱。捡到钱后，我的第一反应就是交回公司。万一失主的钱有急用，我们捡到不归还，失主的心情可想而知。”奔马车行的经理告诉记者，将号召全体驾驶员向刘师傅学习，并给予刘师傅1000元现金奖励。

兰州晚报 刘磊

王志超:捡到东西还给人家,就这么简单

3月31日这天上午,天庆集团商贸公司商管部接到了一个感谢电话,电话来自一个王姓先生,为了感谢一个不留姓名、拾金不昧的青年。这个青年,就是王志超。

记者在雁滩天庆嘉园附近见到了刚刚下班的王志超,今年36岁的他笑起来像个大男孩,黝黑的脸上架着一副金属框眼镜。“捡了人家的东西,还给了人家,就这样简单的事,真的不用采访。”听说要采访,王志超起初不愿意,觉得这种小事没必要弄个专访。在记者的一再劝说下,他不情愿地答应了采访要求,对记者诉说了当天发生的情况。

记者了解到,王志超是天庆集团商贸公司商管部的一名普通员工,平时主要负责公寓的管理工作和商管方面的协调工作。在此之外,王志超还有一份额外的工作,人手不足的时候,他便会去青年会所帮忙。一个多月前的一天,王志超在青年会所上班,在他整理打扫场地时捡到了一部诺基亚手机,“我记得当时有一位客人打完羽毛球后接了个电话,然后随手把电话放下了,后来他肯定忘了,没有拿走”。王志超想,平常人丢了任何东西都会着急,何况是电话这么重要的物品,也许电话本身不值钱,但电话里存的资料和电话号码肯定非常重要。王志超将电话收了起来等待失主来上门来领,然而等了两个多小时,仍然不见有人来认领手机,于是在苦等了两个小时后,王志超决定要主动联系失主。王志超想到青年会所是一家会员制的休闲娱乐场所,会员都会有详细的资料登记。于是他通过核对失主手机的通话记录和会员登记的资料,找到了失主的朋友,在打电话询问后,终于找到了失主。直到晚上8点多钟,失主来认领了手机,王志超仔细核对了失主身份后,才将手机交还给他,这时已经是晚上9点多钟了。

拾金不昧是中华民族的传统美德,也是一个人良好道德风尚和崇高社会责任感的具体体现。当记者问到王志超捡到手机归还失主时有没有犹豫,王志超说:“这是别人的,又不是我的,有什么可犹豫的。”王志超捡到手机也许只是一件小事,然而就是这些点滴的小事和理所当然的话语,才能体现出道德的闪光点。

中国兰州网 孙涛

刘易:世代藏书为公益　一心建馆了父愿

在我们身边,有这样一位退休老干部,多年来他奔走呼吁、身体力行开办公益图书馆,造福乡邻。他开办的免费图书馆“绿云书庵”,三年多来已接待读者3万多人次,前来借阅图书、杂志的有老人、学生,还有很多打工者和做生意的小商人,同时还是附近学生们放学之后的“公共书桌”。他就是刘易,一位已经退休的老党员。

退休前的刘易,在兰州大学从事园林绿化管理工作,他负责的学校绿化工作使得兰州大学曾被评为“全国绿化先进单位”,还多次被评为省、市、区的“造林绿化先进单位”。2001年退休后,刘易作为绿化方面的专家,参加了兰州市大砂沟重点造林工程项目,圆满完成四项共1000多亩艰巨的造林绿化任务。2002年3月他承包了市区南山簸箕掌385亩林地的荒山造林任务,筹建了兰州市城关区劲松造林场。刘易秉承父亲“改造河山,造林绿化”的事业,为兰州的生态环境建设做出了积极努力。刘易的父亲刘亚之先生是甘肃省著名的农林专家和园艺专家,1978年荣获首届全国科学大会重大成果奖,被誉为“农民科学家”。刘亚之老人生前有一个愿望,他希望将自己拥有10 000多册书籍的个人书斋办成民间公益图书馆回报社会,但终因年迈,未能实现。临终前,老人立下遗嘱,要求独子刘易必须创建“绿云书庵”,让自己毕生珍藏的书籍发挥最大的作用。

2005年,刘亚之先生以93岁高龄谢世。刘易按照父亲建立民间图书馆的遗愿,开始着手筹办图书馆。为了办好民间图书馆他还多次参观考察了国家图书馆、首都图书馆、清华大学和北京大学图书馆等多所图书馆,还带领馆员到天一阁、岳麓书院,学习取经。从2005年开始,经过三年的努力,在省、市、区、乡各级党委、政府和兰州大学相关部门的大力支持下,他用全部40万元拆迁补偿款,多方协调、克服困难,终于建成一个具有兰州民居特点的四合院式的民间图书馆“绿云书庵”。

绿云书庵大门口有一副对联——“为民众建书馆实现父愿,兴中华树新风德行双修”。这是刘易亲笔为书庵写的,也表达了他的决心和愿望。建成后的绿云书庵占地400多平方米,建筑面积260多平方米,有房舍20多间,馆内设图书阅览室、甘肃文史图书室、报刊阅览室、书库、办公室和刘亚之故居陈列室，另外，还专门开设了一间少年儿童阅览室，为当地学龄儿童提供读书场所。刘易还在临街制作了阅报栏和绿云书庵宣传栏，每日更换多种报纸，定期更换图片，供人们阅读学习。

按照绿云书庵的规定，外借阅读只凭身份证登记，适当交纳低额保证金，还书时全额返还，真正体现了图书馆的公益性。目前，已运转了三年多的书庵藏有刘易全家几代人和社会各界捐赠的各类书籍30 000余册。有报纸、刊物30多种，有义务工作者和聘请的工作人员5人。专门为周边学校的学生设置了一个能容纳20多人的放学后做作业的免费自学室，给来兰州打工的农民工子女提供了便利的学习场所。现在经常有中小学生放学后集聚这里，读书做作业或翻阅书报。这种关爱青少年、关爱老年及农民工弱势群体的高尚品德，受到了学生家长和社会各界的一致好评。

中国兰州网 孙涛

李家桢:执着于理想的兰州通

李家祯,甘肃静宁县李店人。在兰州工作生活的他,自1996年下岗以来,一直致力于兰州便民信息的收集整理和推广,十年间历尽艰辛,向亲友借钱、向银行贷款,先后自费出版了《便民手册》《交通手册》《如厕手册》《游览图册》《医患手册》等9本《兰州通》系列丛书,在手册中积极介绍兰州、宣传兰州。3万多册图书和7万多张详细的地图为兰州市民和来兰旅客提供了极大的方便。老伴儿何金环回忆,那时候家里的话题就是《兰州通》的主要内容,以前不知道兰州有多大,现在还真觉得兰州是个了不起的城市。

十年辛苦编写《兰州通》丛书

李家祯老人从2000年初开始,每天早出晚归。就凭着当时每月200多元的生活费,李家祯跑遍兰州大街小巷,白天骑着自行车在全市走街串巷,详细收集我市的宾馆、饭店、学校、旅游景点等为居民和旅客服务的详细地址、联系方式,晚上整理加工。

回忆那时收集资料的故事,李家祯颇为感慨。编写铁路客运票价时,他问遍了火车站售票大厅的窗口,终于得到了车次、发车时间、各种票价的详细资料;为了拍照片,他骑着自行车一个公园一个公园地跑,但公园不让免费进,他只得买票进去。

为弄清楚兰州有多少家医院及临床专家的所长,他跑遍兰州市所有医院,每到一家医院,李家祯就先掏1元钱买一个病历本,上面有医院的简介、电话号码,然后再仔细查问专家门诊、上班时间,并写明坐哪一路公交车可以到达。

为了解公交线路情况,李家祯

骑着自行车到公共汽车站抄站牌。带着家里准备的大饼和开水，他舍不得在外面吃饭，就连一碗牛肉面都没吃过。短短几个月间，李家祯骑着车最远跑到了西固、沙井驿，来回有50多公里路，摸黑赶回家，已经累得跌倒在床上不能起身。

执着理想贷款出书

有人把这位拿个小本子、总在问东问西的小老头视作“神经病”，也有朋友对他冷言冷语，但更多的是好心人。在西站公交站亭，因车牌高他眯缝着眼咋也看不清楚时，几个好心的年轻人帮着，把站名工整地给抄上了。

而这些对不怕吃苦的李家祯来说都不难，最难的是出书的时候家里没有钱。借遍了亲戚朋友，李家祯只好把房子抵押到银行，贷出一点钱买书号、付印刷费。为了出书，他对自己非常“苛刻”，自己患有糖尿病，只吃最便宜的药维持。由于交不起700多元的暖气费，几年前家里就已经把暖气片拆了，生了一个煤炉，既取暖又做饭。

十多年的坚持，换来了一本本内容翔实、服务性强的手册，换来了兰州老百姓和外地客人的一片叫好声。

李家祯的故事感动了金城人，他先后获得省首届“光荣之星”、兰州市首届“十大公德之星”等称号，并在兰州市电视台《零距离》开播二周年活动中获“最佳支持奖”。

以身作则孝字为先

现在的李家祯老人居住在酒泉路中街子社区，他的大家庭生活非常和谐，其中的首要秘诀正是以身作则。李家祯九十高龄的母亲住院时，他和老伴按时按点送饭，晚上两个人就在医院陪床，直至老母亲康复出院。不管寒冬酷暑，李家祯和老伴都始终坚守孝字为先。这种感人至深的亲情就像接力棒一样一代代地往下传，传给了两个儿子，又影响了孙子。

无论大节小节，不管多忙，全家人一定要在一起吃个饭。李家祯老两口都有糖尿病，每个月光两人的药钱就要四五百元，可收入来源只有李家祯一千四百元的退休金，“买些药，剩下的老人身上花一点，孙子身上花一点，就没了，日子虽然过得紧，但从来没愁过”。李家祯的老伴何金环对记者说。一个家庭要想和谐，心态是非常关键的，有了一颗平常心，家庭才能和谐，关系才能融洽。

植树造林教育后代

每年四月，李家祯老人就会带领全家人到山上植树，不但让全家人锻炼了身体，而且在劳动中一家人的关系也更加亲密。“我孙女和孙子每年一到四月就盼着上山植树，像过节似的!”李家祯老人笑着跟记者说。

李家祯只有初中文化，是什么让他为了自己的小小梦想执着地走到了今天。当李家祯老人听到我问的问题的时候，淡淡地笑了笑：“好多人不明白我不惜借贷做这么麻烦的事是为什么，我也知道挣不了钱，可能还会亏本。但我心里头就有这么一个念头，想为大家提供信息，想让大家少跑冤枉路少花冤枉钱，艰难我一人，服务更多人，就这么简单。”

中国兰州网 王萌

马玉堂:捡到手机主动联系失主

兰州市民小王联系到本网记者,希望通过中国兰州网感谢一个好心人。原来昨日下午小王的手机失而复得,她也因此感受到凡人善举带来的温暖。

7月4日下午,小王乘坐33路公交车外出工作,但是忙碌中将手机落在了车上,直到半个多小时后她才发现手机失踪,一时间可是急坏了。虽然心里觉得手机肯定找不回来了,但还是抱着试一试的心理拨打了自己的电话号码,没想到电话居然接通了。对方告诉小王他已经拨打了几个手机中的电话号码寻找失主,小王的来电也让他自己放了心。

接电话的人是二热十字华富招待所的老板马玉堂。他告诉记者,昨日下午他一上公交车就发现有一部手机在座位上,于是赶忙拨打手机中的通讯记录寻找失主,就在接到小王的电话前,他刚刚拨通了小王家人的电话号码,请对方前来取回手机。马师傅说,作为伊斯兰教的忠实信众,不能拿着别人的财物不归还,他必须找到失主。

小王表示,手机价值约一千多元并不贵重,重要的是里面有许多无法找回的电话号码,如果丢失会对她的工作造成极大影响。虽然平时小王在中国兰州网上也看到过许多凡人善举的宣传报道,但这次经历让她对凡人善举有了新的认识,也感受到作为受益者在善举中得到的心灵温暖,因此希望借助兰州网表扬马玉堂师傅的行为。

手机失而复得看似是一件小事,但俗话说“莫以善小而不为,莫以恶小而为之”,马师傅在捡到手机后不仅仅是等待失主联络,而是积极地多方联系寻找失主,可见他归还手机的行为并非是一时起意的结果。我们期待着有更多的人愿意做善事、做好事,把善意带来的温暖传递给更多人。

中国兰州网 王萌

——敬业奉献

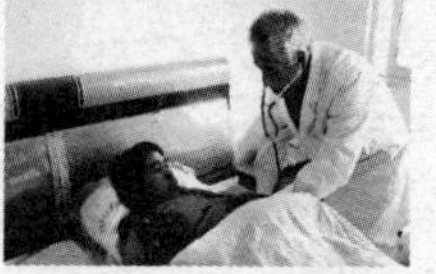

8年准确预报12次地质灾害
居民们亲切称他为“保护神”

七里河西园街道林家庄社区地处华林山脚下，由于该山体地质疏松，经常发生滑坡、裂缝等地质灾害，严重影响着山下十多户居民的生命安全。从2004年起为了有效地监控山体异常，地质部门和社区专门配备了一名地质监测员，综治员邓东海就是从那时开始了漫长的地质生涯。8年来，他时时刻刻把居民的安全放在心上，每天背着一个工具包，手持一把卷尺行走山坡上，用心去监测山体活动的迹象。8年来，他成功预防了12次重大地质灾害的发生，被当地居民亲切地称为“保护神”。

2月11日上午，记者在七里河西园街道林家庄的山坡上见到了正在监测山体现象的邓东海。一身粗布的工作衣上沾满了土灰，只见他将两截铁桩栽入地下，然后用绳子将两个铁桩连起来。邓东海说，最近发现这里的山体有活动迹象，于是他用这种方法监测山体是否有移动现象，一旦发现连接的绳子被拉直或者拉断，就很可能出现山体移动或滑坡，这就必须通知山下居民及时疏散。说起自己当一名地质监测员的过程，邓师傅感触地说，8年前这里的山体经常出现山体活动和滑坡现象，他目睹了居民的房屋被埋、财产受到损失，而且好几名居民为此付出了生命的代价。为了确保山下居民的安全，政府部门对这里的山体进行了加固，并准备配备一名地质监测员。听到这个消息后，他主动找到社区，表示愿意肩负这个责任。通过培训后，他走上了地质监测员的岗位，干上以后才知道这个工作的责任之大是以前没有想到的。一旦由于自己监测和监控不到位而发生滑坡，那将对群众的生命和财产造成难以估量的损失。从那时起，他每天奔波在山上，仔细地观察山体的细微变化。监测完山上又来到居民家观察房屋有无裂缝、扭曲的现象，以便综合数据进行分析。

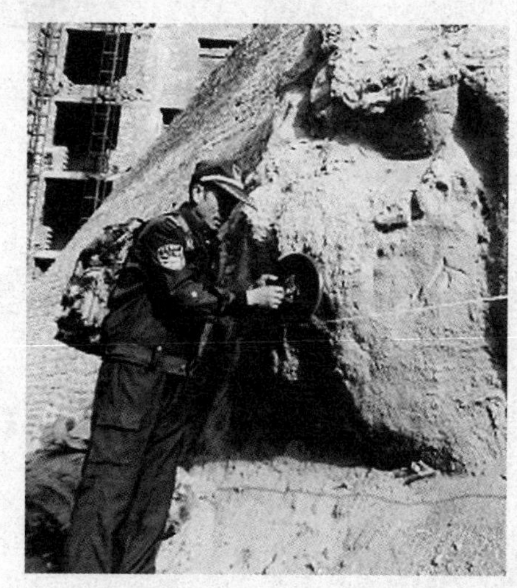

2009年9月6日，我市连降大暴雨，山体和居民家中都出现了险情，邓东海一面向上级部门汇报灾情，一边组织监测区域的12户居民紧急转移。当12户居民刚刚疏散完毕，山体发生了大面积滑坡。由于邓东海处理果断，此次滑坡没有造成人员伤亡，群众的财产也基本完好无损。由于邓东海处处想着群众的生命安全，这里的居民都非常尊敬他，现在监测区的居民都亲切地称他为自己的“保护神”。

8年来，在邓东海的认真工作和居民的帮助下，他预报重大灾情12次，均得到成功预防，受到有关部门的高度赞扬。如今，部分监测区域筑起了护坡，住在危险地段的部分居民在社区的动员下，也逐步搬离到安全区域。暂时搬不走的13户居民，仍在邓东海的监测范围。2011年邓东海被评为“兰州市优秀地质监测员”。采访最后，邓东海说：“看到居民们的生命财产得到保障，看到山体的情况逐步稳定，我再苦再累也是值得的。”

兰州日报 葛强

遗体整容师尹春永：为生命留存最后的尊重

每天天还没亮，在兰州市华陵山殡仪馆，尹寿永就已开始了一天的工作。初遇尹寿永，给人感觉非常和蔼、憨实、朴素。就是这样一个普通的人，在这个不平凡的岗位上坚守了16年，并且还干出了成绩。得知记者要对他进行采访时，尹寿永连忙拒绝说：“我没什么可采访的，这就是我的工作。”通过坦诚的沟通后他才勉强同意。现年54岁的尹寿永从惧怕逝者到成为一名高级遗体整容师，这一路他走得辛苦又漫长，但却走得坦然走得令人尊敬。

让逝者安息让生者得到慰藉

采访中记者了解到，刚开始工作，尹寿永也是非常害怕，并不能完全适应。他说，第一次上班的情形已经有些模糊，只记得当时自己吐了。1996年，尹师傅从七里河的一家综合工厂调到兰州殡仪馆，面对这份令人望而却步的工作，他矛盾过、苦恼过，整天和尸体打交道，恐惧时常困扰着他，而且家人也不能理解，朋友疏远他，有的甚至不再与他来往，这一切使他背负着巨大的精神负担和思想压力。对此，尹寿永说：“其实工作辛苦对于我们来说没有什么，别人的不理解则让我们的心里挺不是滋味。像我女儿，一开始都不愿意给同学说我的工作。还有朋友们家里有个啥喜事都不愿意叫我去。见了面，手也不愿跟我握，总觉得我的手是天天碰死人的。”就在尹寿永最痛苦的时候，殡仪馆接到一具在黄河里浸泡了40多天严重腐烂的遗体。浓烈的恶臭连家属都不愿靠近。尹寿永说，当时他也想退缩，但他就是凭着善良和对死者的尊重，强忍着呕吐开始认真地工作。经过6个多小时的清洗、整容后，遗体开始变得安详且没有异味，两名亲属非常感动。

通过这样的事，让对工作有逆反心理的尹寿永留了下来，但真正让他触动心灵并摒弃偏见，把平凡的工作当成伟大的事业去追求的还是因为1998年的一件事。那时候，尹寿永工作才两年多，要为一个出车祸的年轻男子的遗体整容，当时遗体几乎面目全非，死者父母健在，还有一个年幼的孩子。当天死者70多岁的老父亲在痛失儿子后哭着跪在地上苦苦哀求尹寿永给其儿子整容，而一旁的遗孤还在母亲怀里不停哭泣。受到感染的尹寿永心里特别不是滋味，他强忍泪水答应尽力，希望通过他的努力让死者能走得安详一点儿，让他的家属看见遗体时能够稍微欣慰一些。

尹师傅说："我们其实把死人看得比活人更重要，我们非常尊重死者，并希望通过我们的工作可以让他们安息。"在随后的十多年里，尹寿永还对传统的整形美容方法进行了积极改进，摸索和总结了一套实用的防腐、整形美容经验。

为6000多名逝者提供服务

熟悉尹寿永的同事都知道，多年来他有一个习惯，兰州殡仪馆正常上班时间是早上七点半，但他总是提前一个小时到，无论刮风下雨从不间断。手机也是24小时开机，一旦有突发事件，哪怕是半夜尹师傅也会赶到。提到工作，尹寿永说："给死者化妆并没有人们想象的那么简单，因为化妆品抹在活人脸上，它会被吸收，容易上妆也涂得均匀，可是尸体不会吸收化妆品，有时动作稍慢些，刚涂上的化妆品就又花了。所以要想手艺精湛，除了反应快动作麻利外，还要懂得美学知识和雕塑技巧，再就是要有外科大夫的本领。对于那些因车祸、机械事故等原因而死亡的人，我们常常要做的第一件事就是尸体的拼凑对接，然后根据死者的照片，尽可能地复原其本来的面貌。鼻梁塌了的，我们给捏个假鼻子；脸颊瘪了的，我们再给贴丰满……当逝者家属看到他们的亲人躺在那儿很是安详，心里便得到了莫大的安慰，逝者也可以走得很体面。我们的心里也会很满足。"

其实，在尹寿永平淡的语气背后却是常人难以克服的困难。2002年8月，一场灾难造成28人死亡，已经下班的尹寿永接到通知后，不顾一天的疲惫急忙赶往单位，因为天气酷热，遗体不能停留要尽快处理。他和同事们一起一具一具地开始清洗、缝合、整形，整整忙了一夜。"关心最悲伤的人，抚慰最痛苦的心。"16年来，他在工作岗位上默默无闻，踏踏实实，先后为6000多名逝者提供服务，赢得了逝者家属的肯定和赞扬。2006年11月他被国家人事部、民政部授予全国民政系统个人最高荣誉——"孺子牛奖"，获奖后温家宝总理亲自接见并与尹寿永握手。

兰州日报 边卫霞
实习生 王娟 翟家宝

敬业老教授担架上讲完最后一课

再有几个月,西北师大生命科学学院的马正学教授就要退休了。2012年11月26日,一次意外的摔伤,让马正学教授住进了医院。即便是这样,老教授也没有放弃要为学生们上好最后一节课的念头。

俗话说,伤筋动骨一百天。更何况马教授已是年近六旬的老人。虽然医生一再嘱咐他,3个月内不可以下地,一定要平卧静养。但马教授已经暗自做好了要为学生们上好本学期最后一节课,也是他退休前最后一节专业课的准备。在他的一再坚持下,术后19天,马教授就出院回到了家。随后,他躺在床上开始为上课做准备。

在担架上完成最后一课

上月28日,术后尚不足一个月的他以要去医院复查为借口,瞒着妻子女儿,被事先约好的几名学生用借来的担架抬出了家门。

下午3点,马正学教授被西北师大生命科学学院2012级生物科学班的5名男生抬进了电阶教室。由于摔伤的股骨头被手术中植入的钢板所固定,马正学教授只能坐在担架上为学生们讲课。得知马老师要来给大家上课,2012级生物科学班的63名学生早早就来到教室里迎接老师的到来。闻讯赶来的还有其他班级的几十名学生。在接下来的近3个小时里,偌大的电阶教室里,近百双眼睛紧紧地盯住担架上的老师,听老师为大家上完他教育生涯中的最后一节专业课。

“那节课马老师讲的是‘脊索动物三大特征和次要特征’。原本说好上一个小时左右的课,可马老师足足讲了两个多小时。我们知道,马老师想用有限的时间帮助我们解决尽可能多的疑惑。你想,一个正常人两个多小时保持一个姿势不变都很难做到,何况马老师股骨头还被钢板固定,身体上的不适可想而知,可老师始终

保持着微笑,为我们上完了最后一节课。看着担架上的他,我们大家很难过,也很感动!”一位姓陈的学生说。“平日里上课,总有同学中途出出进进,那节课,来听课的所有同学听得特别认真,两个多小时中,没有一个人出去过。”学生赵东光说。

上好课是教师的职责

上月30日下午,经联系,记者在马正学教授家中见到了他。

躺在沙发上的他当时正在查阅资料。提及微博上的消息,马正学教授说自己也是刚刚才知道的,之前没想到学生会拍照片,还给发到了微博上。

1978年,马正学从西北师范大学生命科学学院生物学专业毕业留校任教。35年来,马教授送走了一批又一批学生,如今的他可谓是桃李满天下。今年7月,马正学教授将迎来60周岁的生日。这也意味着,他将从教师岗位上正式退休。

据了解,在马教授摔伤之前,这学期他所担任的2012级生物科学班的生物科学专业课程已经基本结束,进入复习总结阶段。马教授摔伤后,在他指导下,这门课的复习工作一直由他的研究生负责。如此看来,最后一节总结课,也可以让研究生或者其他老师代为上课,为何要自己亲自去上?面对记者的提问,他说:“最后一节总结课很重要,研究生还缺乏实践经验和教学积累,作为一名教师,为学生传授知识是最大的责任,只有以身作则,才能做到言传身教。既然这门课由我担任,我就不能误人子弟,更何况这也是我从教以来为学生上的最后一节专业课了。”

对于微博上网民们的反响,马正学教授说:“为学生上好每一节课,是每一位教师应尽的职责,我只是做了一名教师应该做的。”

兰州晚报 马文艳

老人疾病突发　热心民警护送回家

一名六旬老人在回家的途中，突然牙疼来袭，疼痛难忍的老人寸步难行，就在老人感到无助之时，热心的市民纷纷拨打电话向110求助。在接到群众求助的报警后，城关公安分局张掖路派出所两名民警及时赶到现场，将老人抱上警车前往老人家。在得知老人家住六楼后，一名民警不假思索地背起老人，一名民警双手搀扶着老人，最终将老人安全地送到家中。老人激动地说："我真的不知道怎么感谢两位民警，他们待我真如亲人一般。"

两位热心的民警来自城关公安分局张掖路派出所，20多岁的李峰盛是省警校的学生，在张掖路派出所已经实习一个多月的时间，而另一名中年民警叫郭建军，是李峰盛的师傅。事情还要从4月11日说起，当日下午5时许，正在张掖路派出所值班的民警郭建军和李峰盛突然接到指挥中心的指令，位于南滨河路市委向东200米处有位老人需要求助。接到报警后，郭建军和李峰盛整理了一下着装后马上驱车赶往现场，警车刚过市委不长时间，两人便看到路边围了很多人，两人将警车停稳后，走进围观的人群看到，一名60多岁的老人拄着拐杖站着，另一只手则捂着脸颊，表情非常痛苦。通过询问老人的老伴，两位民警获悉老人姓朱，住在山字石一家属院，老两口没有儿女，相依为命。当日下午4时许，朱老先生牙痛的老毛病又犯了，就在老伴的搀扶下来到南滨河路市委附近的一家牙科诊所看病。诊疗完毕后朱老先生刚刚走出牙科诊所不远，突然感觉牙痛再次袭来，剧烈的疼痛折磨得老人寸步难行。老伴被朱老先生的样子吓坏了，束手无策的她便拿起电话拨打110求助。

"老人疼痛难忍，必须尽快将其送回家中。"民警郭建军通过观察后当即对李峰盛说。随即，李峰盛跑到警车跟前迅速地打开了车门，而郭建军则走到朱老先生的跟前，小心翼翼地将朱老先生抱起，后将朱老先生抱到警车上。在朱老先生老伴的指引下，李峰盛驾驶着警车向朱老先生家走去，一路上，为缓解老人的疼痛，郭建军不时地说："老人家，忍一忍，马上就到家了。"警车经过拥挤的车流，穿过狭窄的小道后，终于到达了朱老先生的楼下。待车停稳后，两名民警将两位老人先后搀扶了下来。"真是太谢谢你们了，我们自己走上去就可以了。"朱老先生的老伴激动地说。

看到朱老先生根本走不了，并在得知老人家住六楼后，从警多年的郭建军首当其冲地走到朱老先生跟前，弯下腰对老人说："大爷，您腿脚不方便，让我们来背您回家吧。"朱老先生听到民警的一席话之后，激动得眼中泛起泪花，同时点头表示同意。就在这时，年轻的李峰盛冲到郭建军跟前笑着说："师傅，您的身体也不好，老人就让我来背吧，您在旁边搀扶一下就可以了。"听到李峰盛说的话后，郭建军慢慢起身笑着对李峰盛说："好吧，咱们师徒两人一起将老人送回家。"随即，李峰盛背起老人向家属楼的单元门走去，而郭建军则用双手扶着老人，生怕老人一不小心再摔下来。

李峰盛和郭建军护送着老人一口气上到了四楼，由于楼道内没有地方休息，李峰盛便背着老人稍作休息之后，终将老人安全地放到卧室的床上。看着两位民警汗流浃背，朱老先生老伴又是递茶又是递毛巾，而郭建军和李峰盛婉言谢绝后，急匆匆地返回到警车上，又开始了新的工作。

"其实我们也没做什么，当天老人走不动路更别说上楼了，我们背老人上楼是义不容辞的，也是人民警察应该做的。"4月16日下午，记者找到民警郭建军和李峰盛谈及当天的一幕，两人笑着对记者说。

兰州日报 伊晓明

他们用自己一身污渍换来10万人的清洁

“宁肯一人脏，换来万家净。”这是二十世纪五六十年代清淘工人时传祥的真实写照。如今，在我们这座城市里，仍能看到清掏工人的身影，他们每日拿着清掏工具，行走在居民小区中间，干着最脏最累的活，为城市的整洁和居民的生活默默辛劳。2月18日，记者走进兰州市房地产经营公司庆阳路房管所物业维修股清掏小组，通过4名清掏工人一天的工作，感受他们在平凡的岗位上的辛勤付出——他们在为千家万户带来整洁的同时，也赢得了百姓的赞誉和敬意。

18日上午8时许，清掏小组的4名工人带着铁皮捅和清掏工具向山字石早市附近的一居民小区走去。组长周彦军告诉记者，他们这个清掏小组一共有4个人，年龄都在40到50岁之间，从事清掏工作已经有30年了。他们管辖着大约20万平方米的居民小区和单位，居民约有10余万人。每天平均要清掏15到20个污水井和居民住宅。今天他们先去的山字石这个小区的污水井是清晨6时堵塞的。到达现场后，周彦军立即和3名工人投入到工作中。当工人王建用工具打开堵塞的污水井后，一股黄水喷出，并散发出刺鼻的味道，令人窘息。但王建却并不介意，熟练地将井盖拉到旁边，其他3名清掏工人立即用铁皮捅杆开始疏通。疏通过程中，4名清掏工人虽然戴着手套，但由于水井已经溢满，有时整个手套都进入污水中，但4名工人顾不上这些，依然紧张工作着。这时，清掏工人李剑辉看到堵塞得比较严重，于是打开另外一个污水井，下到井中，从另外一个方向疏通。不久，只听“咕咚”一声，堵塞的污水井疏通了，溢满的污水顷刻间排出。另外一个水井中李剑辉快速从井中爬出，身上沾满了污渍，鼻子里还插着两根香烟。看到他的这个样子，其他3名工人哈哈大笑，并走上前去，亲切地拍着他的肩膀说，“恭喜沾上喜气了”。看到这些，记者深深敬佩他们这种奉献精神和乐观的工作态度。随后4名清掏工人向下一个清污点赶去。

4名工人每到一个点，都是快速熟练、有条不紊地工作，一个点基本上半个小时就能解决问题。周彦军说，冬季对他们来说工作环境要好得多，到了夏季，由于天气炎热，清掏时恶臭味简直令人无法忍受，有时下到井中闷热和窒息令人昏厥。他们在工作中出现呼吸道发炎，身上出红疹，但依然仍顶着烈日清掏。他们只有一个心愿，就是他们的工作能得到大家的认可和理解。

在随同4名清掏工人采访中，记者看到许多居民路过清掏中的污水井时，都掩鼻快速跑过，有人甚至露出鄙夷的目光。面对这些，4名清掏工人似乎早已习以为常，依然埋头干活。周彦军说，他们早就习惯了这种情况。因为如果没有清掏工人，城市环境谁来维护，居民家中的整洁和方便谁来保障？他们不在乎工作有多累、有多脏，只是希望得到更多理解和尊重。而当记者想用镜头记录他们工作时，4名清掏工人却没有一个人愿意上镜，都说他们只是干了他们本职工作，不值得报道。记者只能在他们专心工作时“偷拍”一张照片。

傍晚7点钟，当4名清掏工人在酒泉路清理完第17个工作点时，已经疲惫不堪。就在他们准备收工的时候，一位老人走了过来说，她家的下水管道堵塞了，是否能帮忙疏通一下，周彦军立即和杨建勋带上工具向老人家走去。20分钟后两人下来，并和其他人向外走去。这时老人追了下来，手里拿着50元钱喊他们，但4名清掏工人没有回头，快步走进夜幕中。记者了解到，只要有居民提出，这4名清掏工人都会帮居民清掏下水道，且分文不取。

兰州日报 葛强

用爱点亮盲人读者心中的那盏灯

"你是我的眼,带我阅读浩瀚的书海……"这是一首非常流行的歌曲,当这首美妙的歌曲在耳边响起,很多熟悉的人就想到了她——杨涛,安宁区盲人图书馆一名普通的工作人员。她每天接待盲人读者,帮助盲人实现读书的梦想……

从最基本学起做好服务准备

2011年8月,安宁区图书馆盲文及盲人有声读物阅览室正式建成。也许是缘分注定,同年10月,在安宁区残联的安排下杨涛来到了这家特殊的图书馆,成为盲人阅览室的工作人员,自此也开始了书写她与盲人读者之间一个个感人的故事。

刚开始工作的杨涛对盲人有声阅览室的一切很陌生,还要面对阅览室种类繁多的盲文书籍。杨涛回忆说:"第一天来上班,我先要熟悉阅览室的资料和设备等基本情况,看着这些盲文书籍我也非常好奇,打开一看却发现自己一窍不通。"为给盲人读者带来最专业最好的服务,杨涛和馆长李桂兰走访了省图书馆、市图书馆,借阅了大量的盲文图书来学习体会。为给盲人读者带来专业服务,在为阅览室配备图书时,两个人还特别对盲人读者进行了考察,找到读者可能比较感兴趣和需要的图书。杨涛还专门让管理设备的同事对她进行了系统培训,直到熟练掌握阅览室的所有阅读设备。

走街串巷寻访盲人读者

在阅览室刚开放时,鲜有读者踏足,这可急坏了阅览室的工作人员,于是杨涛提出亲自上门拜访盲人读者。看似简单的拜访工作,实施起来却举步维艰,在全区那么多居民中寻找盲人读者就像大海捞针。杨涛沟通协调各个街道、社区,与残联专干积极配合,一次次统计查找,最终找出了各个社区、街道的盲人名单。每位盲人的年龄、身体状况、学历等情况,杨涛都进行了细化分类,分析出哪一类盲人最有去阅览室的需求,再根据需求程度开始挨家挨户走访,介绍盲人有声阅览室。杨涛说,怎样去介绍阅览室,怎样激发盲人朋友对阅览室的兴趣是她所要面临的最大问题。"在走访盲人读者之前我把阅览室所有的图书和音像制品进行造册,我必须拿着这些资料才能入户,在见到盲人朋友时才能清楚地告诉他们阅览室有哪些书、哪些音像制品以及能帮助盲人读者做什么。"在走访过程中,有些盲人读者非常乐意接受邀请去阅览室体验,但有些盲人读者因为自身原因不相信和不愿意去阅览室。面对拒绝，杨涛并没有轻易放弃，她一次次敲响盲人住户的家门，了解熟悉他们的生活，更全面详细地介绍阅览室的情况，直到盲人读者来到阅览室露出满意的笑容，她才真正舒了口气，“看到他们的笑容，我觉得非常有成就感”。杨涛说，到现在为止，阅览室已经接待了五十位盲人读者。“虽然，目前我还只是走访周边的几个街道社区的盲人读者，但是我一定会将这个工作继续做下去，我希望全区甚至全市的盲人朋友都能来我们阅览室。”杨涛坚定地说。

把爱蔓延到读者生活

每一位来到阅览室的读者，什么时间来，什么时间离开，杨涛都认真做记录。除了在阅览室给予盲人读者们最好的服务外，在生活中，杨涛更是竭尽所能帮助盲人读者。在这些盲人读者眼中，杨涛不仅是贴心的工作人员，更是他们的知心好友、大姐姐。在盲人读者不方便独自出行的时候，杨涛就牺牲休息时间，把读者需要的图书或者音像制品送到家里去。在这些盲人读者中有一位21岁的女孩，自己孤身一人在兰州一家盲人按摩院打工生活，因为没受过专业盲人按摩院的培训，小女孩便在空闲时间来阅览室自学按摩知识。这让杨涛既感动又心疼，于是帮助她寻找更多的按摩书籍，还关心她的生活。在一来二往的接触中，小女孩也慢慢向杨涛敞开了心扉。“平时她要是没事的时候，就会给我打打电话，聊聊天，说点最近的生活情况和一些心事，我也常去她家里看望，看看她有没有什么需要帮助的，她行动不方便，一个人在外生活不容易。”杨涛说，现在她们俩关系好得像亲姐妹，如果好几天见不到小姑娘来阅览室她就会很担心。像这样的例子还有很多，杨涛说，其实每一位图书馆工作人员都为盲人读者奉献了许许多多，她所做的都是应尽的职责。

兰州日报 颜娜 谷瑞

王一航：让农民满意是我最大的心愿

他说，“我是一个很平常的人”，然而这个“平常人”三十年如一日，扎根在甘肃省高寒阴湿贫困山区开展马铃薯研究，把一生最宝贵的年华奉献给甘肃马铃薯事业；他说，“我只是干了一些很平常的事”，然而这些“平常事”为农民增收80多亿元，选育出陇薯系列马铃薯新品种10个，在甘肃全省以及宁夏、新疆、青海、陕西、四川等周边省区累计推广4000余万亩；他说，“我干的事都是一些别人在干的事”，然而育成的陇薯7号与LK99，填补了国内油炸食品及全粉加工品种的空白，实现了专用加工品种的国产化和本土化；他说，“我从来没想过要干的不同凡响”，然而选育成功的超高淀粉型新品种陇薯8号薯块淀粉含量达到22.91%～27.34%，实现了高淀粉育种的新突破，达到国际先进水平。他被农民们亲切地叫作“王科学”“洋芋王”，他就是始终把“让农民满意”放在第一位的马铃薯育种专家，甘肃省农科院马铃薯研究所所长、研究员——王一航。

“减产了我赔，增产了我一分钱不要”

王一航是“老三届”高中毕业生，快毕业时遇上了“文化大革命”，失去了上大学的机会，不得不回到农村老家定西市渭源县农村。那里是一个非常贫穷的地方。在农村，他整整当了9年的农民，受尽了各种磨难。1977年国家恢复了高考，当时王一航已29岁并成家有了孩子，但凭着深厚的学习功底与对科学知识的渴望，他考上了甘肃农业大学。1982年1月毕业后，王一航申请来到农科院粮作所设在渭源县会川镇的马铃薯育种站，由此开始了他长达30年的“洋芋人生”。为农民增产增收、谋富裕，成了他一辈子不解的农民情结。

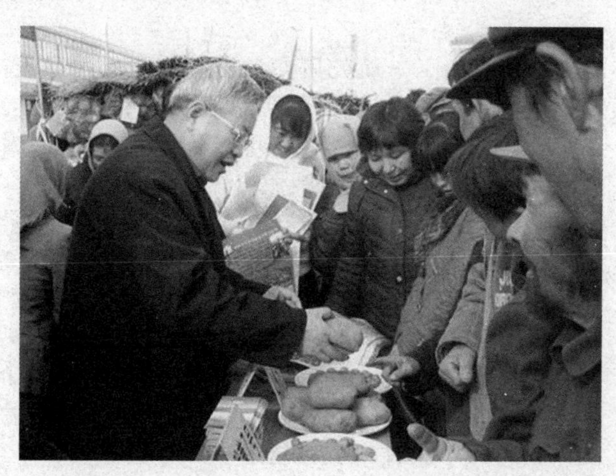

“搞农业科研不能只在自己的实验田里种，还要到生产实践中去，要经过老百姓的认可，到百姓的田里种。一项科研成果，技术再好，水平再高，如果老百姓不用，或者说老百姓用不起，那对于我们搞农业

科研的来说就是白搭。只能放在实验室里的,那能起啥作用?国家给你资金让你搞科研,你走不进千家万户,那这个科研成果能有多大的作用?"王一航说。这个有着花白的头发,绛紫色的脸,微胖的中等身材,操着一口纯正渭源口音的64岁老人,始终把农民的疾苦深深地放在自己心里,时刻把农民的喜好纳入自己的育种目标。

在研究开发马铃薯种薯组培脱毒快繁技术时,为了能使繁育出的脱毒种薯农民买得起,王一航千方百计想尽一切办法,在保证质量的前提下尽力降低繁育成本。为了达到这一目的,王一航在国内首先研发成功试管苗全日光培养技术体系,改传统的试管苗电灯光培养为日光培养,培养容器由三角瓶改为罐头瓶,培养基简化为仅用大量元素,培养水由蒸馏水改用自来水等等,从而使繁育成本大幅度降低40%,促进脱毒种薯走进了千家万户。

王一航说:"甘肃的农民穷,承担风险的能力很差,如果给农民新品种种植,结果造成减产,农民一年的日子怎么过,所以我每当育出新品种拿给示范户去试种,试种前我就告诉种植户,如果试种造成了减产,减多少我赔多少。我一开始就给农民承诺,但是我心中有数,我要解除他们的后顾之忧:减产了我赔,增产了我一分钱不要。所以农民对我非常欢迎,非常欢迎我去他们地里做些示范。"

在科研工作之余,王一航还积极为推广马铃薯新品种及先进的繁种技术、栽培技术而奔忙。每年都要组织举办各种形式的农民技术培训班,深入田间地头,为农民提供技术咨询服务。经常是走到哪里,就将农业科学技术讲到哪里。有一次在定西市安定区内管营镇,计划七八十人的培训课,居然来了三四百人,在镇政府领导的协调下,借用了政府会议室来为大伙讲课。看着大伙渴望科学知识的殷切目光,原本一个小时的培训讲课,王一航讲了将近四个小时。近几年来,王一航搞科技培训和技术服务的脚步遍布渭源、临洮、安定、通渭、岷县、陇西、会宁、秦城、西和、礼县、东乡、康乐、天祝、山丹、民乐、高台等地,先后组织举办农民培训班300余次,培训农民3万余人次,免费印发技术资料10万余份。

30年的马铃薯育种科研路

30年来,王一航先后参加和主持完成国家、省部级马铃薯科技项目20余项,相继选育出陇薯系列马铃薯新品种10个,在甘肃全省以及宁夏、新疆、青海、陕西、四川等周边省区累计推广4000余万亩,取得了巨大的社会经济效益,为促进甘肃省乃至全国马铃薯产业发展做出了突出贡献。

主持育成的高淀粉马铃薯新品种陇薯3号,薯块淀粉含量高达20.09%~24.25%,是国内第一个淀粉含量超过20%的马铃薯新品种,是我国马铃薯高淀粉育种的一个突破,成果水平属国内领先,现已成为甘肃省马铃薯主栽品种和淀粉加工专用品种,成为甘肃省马铃薯生产的知名品牌。该品种获甘肃省科技进步二等奖、农业部中华农业科技三等奖,入选甘肃省科技厅公布的"甘肃省'十五'重大科技成果"。

主持育成的陇薯5号由于抗旱性突出、产量高,受到广大干旱地区农民群众欢迎,于2006年获甘肃省科技进步二等奖。

主持育成的陇薯6号于2005年通过国家农作物品种审定委员会审定，成为甘肃省第一个国家级马铃薯新品种，在甘肃、宁夏、新疆、四川等省年推广面积达310余万亩，获甘肃省科技进步一等奖。

主持育成2个薯条及全粉加工专用新品种陇薯7号与LK99，填补了国内油炸食品及全粉加工品种缺乏的空白。选育成功超高淀粉型新品种陇薯8号，薯块淀粉含量达到22.91%～27.34%，实现了高淀粉育种的新突破，达到国外高淀粉育种的先进水平。近几年，陇薯系列马铃薯新品种在省内外每年推广700余万亩左右，分别占甘肃省和西北地区马铃薯种植面积的1/2和1/4以上。

主持完成的“甘肃省贫困地区马铃薯优质种薯脱毒快繁体系建设”项目，建立和完善了甘肃省马铃薯种薯脱毒快繁技术体系和脱毒种薯推广网络，开创了全省马铃薯脱毒繁种产业新局面，获甘肃省科技进步三等奖。主持完成的“高淀粉专用马铃薯陇薯6号、陇薯3号繁种技术体系研究及产业化示范”项目，获甘肃省科技进步二等奖。作为主要完成人完成的“甘肃省马铃薯产业重点项目规划研究”成果，获甘肃省科技进步三等奖。

主持的省农科院会川马铃薯育种站，在马铃薯新品种选育与品种资源征集保存及创新利用方面成绩显著，特别是在抗晚疫病育种和高淀粉育种方面，处于全国领先地位，并且建设了先进的脱毒种薯繁育基地，成为甘肃省马铃薯科技创新基地和人才培养基地，也是全省马铃薯新品种与新技术的辐射扩散中心，2005年被国家农业部命名为“农业部马铃薯资源重点野外科学观测试验站”，2011年被确定为“农业部西北旱作马铃薯科学观察实验站”。正是会川马铃薯育种站长期马铃薯育种工作的有力带动，使渭源县成为闻名全国的“中国马铃薯良种之乡”。也正是由于陇薯系列马铃薯新品种及其高效低成本脱毒繁种技术提供了强有力的科技支撑，定西市成为全国最大的马铃薯脱毒种薯繁育基地、商品薯生产基地和马铃薯加工基地。

马铃薯研究成为全甘肃省农业科研的优势学科，王一航也成为全省公认的马铃薯学科带头人。他在2008年被农业部确定为“国家现代农业产业技术体系”马铃薯岗位科学家，2009年入选甘肃省领军人才第一层次人选，2010年获甘肃省政府授予“甘肃省科技功臣奖”。

“让农民满意就是我最大的心愿和追求”

为了发展马铃薯育种事业，王一航在农村第一线一扎就是26年，常常不分节假日，成天泡在试验田里，和农民一样干着农活，还要不断地进行观察记载。播种时节，为了保证试验的种植质量，王一航要亲手扶犁，一整天下来累得人腰都直不起来，但第二天还得接着干。收获时节，是最忙的时节，为了不使试验出现什么差错，王一航带领他的团队一面收挖、考种、测产，一面装卸、搬运。半个多月的收挖期后，整个人都累得爬不起来，连饭都吃不下。“农业科研在外人看来是很辛苦，但我觉得，当你钻进去了，就不再是苦，反而觉得是一种乐趣。尤其是当你经过那么多的辛苦而选育的新品种受到广大农民欢迎时，你心里的那种无法言表的满足，真是一种莫大的享受。”

为了解除自己的后顾之忧，全身心投入到马铃薯育种事业上，王一航索性将家也搬到会川育种点上，在那里一住就是13年，直到两个孩子考上大学，才搬回兰州。说起家庭，王一航总觉得亏欠家人太多，“我不是一个称职的丈夫，也不是一个称职的父亲，更不是一个称职的儿子”。因为忙于工作，王一航很少管家里的事。家务活一应是妻子承担，两个孩子的生活和学习也全凭妻子在照顾。80多岁的老母亲长期瘫痪在床，王一航也很少能抽出时间回家探望，直到去世也没能在老人家床前尽孝。“说实话，我这辈子我最对不住的人有两个，一个就是生我养我的母亲，一个就是和我相濡以沫的妻子。”

30年来，王一航的工作得到了大家的认可，得到了农民群众的称赞，也得到了各级政府部门的表彰奖励。2000年被国家科技部授予“科技扶贫先进个人”，同年获“振华科技扶贫奖”；2004年获国务院政府特殊津贴；2006年被甘肃省科技厅与人事厅评为“甘肃省‘十五’期间十大杰出科技人才”，被甘肃省委宣传部、甘肃日报社、甘肃电视台评选为“感动甘肃‘2006’十大陇人骄子”；2007年获农业部“全国农业科技推广标兵”称号、“甘肃省‘五一’劳动奖章”、“全国‘五一’劳动奖章”、“全国道德模范提名奖”；2008年获“中国科协西部开发突出贡献奖”；2009年入选甘肃省“庆祝新中国成立60周年感动甘肃人物”、获农业部“新中国成立60周年‘三农’模范人物”荣誉称号，还受邀参加了首都各界庆祝中华人民共和国成立60周年大会观礼活动。曾先后两次受到中共中央总书记、国家主席、中央军委主席胡锦涛的亲切接见。2009年6月6日中共甘肃省委做出“关于向王一航同志学习的决定”，省委宣传部还组织编辑出版了记叙他成长历程的《一个农业科学家的奉献》一书。

目前64岁的王一航依然坚守在工作岗位上，为广大的农民谋富裕、谋幸福。“我当前和之后的工作，就是遵循省委王三运书记的指示，争取用两年时间，使全甘肃省马铃薯做到脱毒种薯全覆盖，让农民实现增产增收。让农民满意，就是我最大的心愿和追求。”王一航如是说。

中国兰州网 孙涛

好校长“浇灌”出最美乡村校园

位于红古川里的兰州二十四中，近年来发生了脱胎换骨、翻天覆地的变化。而让这所经历了半个多世纪风雨的老中学焕发青春、发生巨大变化的人，就是该校的带头人党仁福。

学校环境得到改善

“刮风天，宿舍屋顶往下掉土落灰，还掉小虫子。下雨天，屋墙潮湿，地面渗水……”1996年从张掖调入二十四中的教研室主任顾学怀，回忆起当年刚到学校时的情景依然记忆犹新。这种极差的学校环境，后来却被一个人改变了，他就是党仁福。

2003年，党仁福走马上任，任二十四中副校长。此时，老校长生病住院休养，学校所有事务都落到了第一副校长党仁福的肩上。党仁福利用课余和休息时间，进各年级组、校各办公室、教研室作调查研究。他把高出校园水平面1米多的坑洼不平的操场土方挖运走，平整了操场，使操场面积增加了6000平方米，为学校节约资金30多万元。

危旧宿舍焕然一新

当时的二十四中只有一栋二十世纪八十年代修建的700多平方米的单面3层楼，其余全是五六十年代修建的土木结构房屋，都属年久失修的危旧房。党仁福看在眼里，急在心头，他暗自下决心，要在最短的时间里全面改善办学条件。没钱，找亲戚、朋友借，找银行贷，发动教职工出资……之后，党仁福带头以个人名义向信用社贷款45万元，又多方筹措到105万元，于2004年9月新建起了2160平方米能容纳700多名学生住宿的学生宿舍楼，从根本上改善了学生的住宿条件，也消除了安全隐患；2007年，投资35万元、建筑面积450平方米的教工宿舍楼又拔地而起；2008年，争取国家中小学危房改造专项资金185万元，建成2600平方米综合实验楼……

如今，走进二十四中，就会看到一栋栋新教学楼、学生宿舍楼。在党仁福任职副校长到校长的短短几年间，二十四中累计投入1500多万元，使校园环境发生了巨大改变，成了红古川里的最美乡村校园。

有了良好的教书育人环境，还必须有一支过硬的教师队伍。这些年来，许多年轻的新教师被补充了进来。2005年高考，二十四中取得了自恢复高考以来的历史最好成绩。

兰州晚报 闫继海 李漾

热心"公交哥" 助老又帮弱

1980年出生的杨勇是一名公交车司机，然而这名年轻的司机已经在这个平凡的岗位上工作了10年。这些年来，他一直热心助人，坚持帮助老弱乘客，得到了同事和乘客们的一致好评。

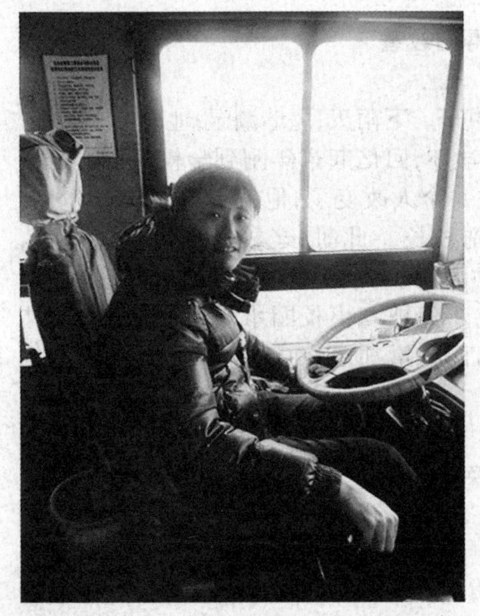

2月2日下午，郭女士与70多岁的父母乘坐车号为甘A·31097的31路公交车，司机杨勇多次按响广播，希望有人主动为老人让座，却无人响应。无奈之下，杨勇建议驾驶座后面两位乘客给老人让座，结果不但没有得到允许，反遭一顿埋怨。但是在杨勇的多次询问之下，终于有两位乘客给老人让了座，这让来兰探亲的郭女士一家很感谢。事后，郭女士说，当时她并不知道所乘公交车司机的名字，打电话到公交公司后才知道的。她说，作为一名从外地来兰的他乡人，看到杨勇如此认真负责，心里觉得很温暖，全家人都很感谢杨勇。虽然事情不大，但却体现出杨勇热心助人的高尚品格。

杨勇帮助老弱乘客的事屡见不鲜。2011年11月8日杨勇像往常一样开车，李女士陪着年事已高的父亲回家。由于她双手提着两大袋东西，杨勇见老人上车困难，便从驾驶座上下来，扶老人上了车，这一举动令李女士记忆犹新，心存感激。

就是因为杨勇乐于助人的精神，他帮助老弱乘客的事迹曾经三次被登报表扬。说起这些，杨勇咧着嘴笑着说："受表扬什么的我没有想过，只是想让每位乘客都安全舒心。"

中国兰州网 孙涛

马剑勇:法官应当是“传道者”

今年刚满40岁的马剑勇,中等身材,不是很魁梧,甚至走在大街上,没有人会去注意到他。然而在甘肃,马剑勇已是一位知名人物,他“以诚待民、守信于民”的审判宗旨,使得他在任法官期间,审理的案件无一超审限,无一被发回或改判。马剑勇不畏权,不唯上,始终坚持合法性审查原则,依法审理,公正判决,得到了群众的信任和良好的口碑。2003年至2006年连续三年荣立个人三等功。2007年,经公众和评委投票,荣获首届“甘肃省直十大杰出青年”荣誉称号。凭借优质高效的审判业务能力、耐心细致的工作态度,马剑勇荣膺全国“诚实守信”道德模范提名奖。

法官应当是“传道者”

“群众利益无小事”,这不是一句空话。马剑勇把立党为公、执政为民理念落到实处,踏踏实实地立足岗位,真心实意为民办实事,满腔热情为民办好事,尽心竭力为民解难事,不但急群众所急、忧群众所忧,还了解他们“急”在何处,“忧”为何事,通过自己辛勤的工作,把人民群众的利益实现好、维护好。在办案中,马剑勇不惧辛苦不怕麻烦,有时会步行十几公里去乡间勘查现场,与当事双方座谈,不厌其烦地做当事人的工作。几年前,民勤县两个村的农民为一块国有荒地的土地使用权发生了纠纷,县政府做出了一份确权决定。其中一方不服,向人民法院提起了诉讼,提出政府的确权决定不尊重历史,不符合生产劳动实际,没有为村子预留拉水、拉料、运送农具的农用车道路,导致农业生产无法进行。案件进入二审之后,双方矛盾加剧,争斗随时都会发生。案件主办人马剑勇法官在初步了解情况后,立即驱车400公里深入到土地争议现场。在烈日炎炎中,他步行十多公里,在田间地头席地而坐,与村民们就争议土地的历史沿革、使用现状、纠纷起因唠家常,同时不失时机地做村民和村干部的思想工作,竭力化解矛盾,缓和对立情绪。最终,争议双方

均息诉服判,恢复了正常的生产生活秩序。

"一件案子,对法官来说普普通通,对当事人,一生可能就一次。维护一个当事人的合法权益,社会对法律的信任就增加一分,伤害一个当事人,就会多一群怀疑法律的人。要让当事人认可公正,不能一判了之。"有时,一些群众从报纸上看到了他写的文章和点评的案例,经常打电话或者亲自前来咨询法律问题,他从来都是耐心细致地解答,给群众一个满意的答案。"法官应当是'传道者',不但要判,还要释理,把法律的理念传递给当事人。"马剑勇说。

不断提高司法水平全心全意服务于民

在马剑勇任职法官期间,努力做到快办案、办好案,以案件审理的优质取信于民。2006年,马剑勇审结的行政诉讼案件数占全庭案件数的19.4%,办案数量位居全庭第一,超额完成岗位目标责任工作量的150%。他审结的案件中有57%的案件在立案后的30日内即予审结,只用了法定审限的一半时间;有31%的案件仅用了法定审理期限的三分之一。同时,还保证了所有审结案件的裁判文书在合议庭研究决议之后的1至2日之内即制作完成并签发交付印刷,部分案件甚至是在合议当日即制作、签发、打印。

多年来,马剑勇潜心钻研基础法学理论和应用法学理论。他撰写各类调研报告、领导讲话、领导署名文章、经验交流材料、学术论文六十余篇,先后在省法院机关刊《审判理论与实践》和甘肃法制报上发表《行政审判裁判方式的变革》《现代司法理念》等数篇学术论文和审判实务理论文章。撰写的学术论文、调研报告连续多年在全国法院、全省法院评选中获奖。其中撰写的《浅析行政审判中人民法院裁判的不彻底性》一文获全省法院五十周年学术讨论会一等奖、优秀调研成果二等奖;论文《知识产权归责原则问题研究》获全国法院第十五届学术讨论会优秀论文三等奖、全省法院学术讨论会三等奖;论文《浅议司法的形式化》获2004年度全省法院学术讨论会一等奖、获全国法院第十六届学术讨论会二等奖,并获全国一等奖提名;论文《解决纠纷还是规则之治》在全省法院2005年度学术讨论会上再次获一等奖,在全国法院第十七届学术讨论会上获二等奖。同时通过个人不懈努力,完成了在职法律硕士学位的攻读,取得了法律硕士学位,撰写的学位论文《略论司法的形式化及法官的"形式主义"思维模式》被兰州大学评选为优秀毕业论文。在理论研究的同时,重视调研成果的转化,能够理论联系实践。参与完成的《张掖六县区速裁制度的调查》重点课题调研报告获全省法院重点调研课题评比二等奖。撰写的公文在省法院公文评比中获一等奖。几年来,还积极承担全省法院行政审判专业培训班的授课任务,并帮助省直行政机关和地方政府培训行政执法人员,授课累计200多个课时。作为编委之一,编写了由甘肃文化出版社出版发行的《民告官案例点评》一书,还参与编写了用于指导全省法院国家赔偿审判工作的《国家赔偿法讲座》一书。

中国兰州网 孙涛

杨海军:铁路安全的“守卫者”

“我1992年参加铁路公安工作,先后做过押运警、看守警、乘警以及铁路派出所查缉民警,20年的铁路警察生涯,让我意识到,要想做一名好警察,要做到机智勇敢,心系群众安危,时刻做好奉献准备。”杨海军如是说。这位始终奋战在查缉工作第一线的铁路警察,从警以来,一直专心致志地奋斗在工作岗位上,保卫着人民的生命和财产安全。

“四勤”“四查”铸就辉煌战绩

在查堵工作中,杨海军注重边学边练,边练边查,勤学苦练,不断总结自己的查堵经验,坚持“勤看、勤问、勤练、勤查”的“四勤”工作态度,坚持“望、闻、问、切”的“四查”工作法,坚持五个“必查”:身份可疑的必查;体貌特征可疑的必查;行为可疑的必查;携带物品可疑的必查;穿着打扮不合季节的必查。多年的查堵工作,让杨海军树立了让犯罪分子闻风丧胆的“海警长”形象的同时,也取得了辉煌的战绩和荣誉。

2008年3月3日19时30分,杨海军在兰州车站西出站口从1719次下车旅客中,扫描着每个出站的旅客。在拥挤的旅客中,突然一对青年男女进入了杨海军的视线,他果断将二人带至公安值班室进行盘查。当两名青年进入值班室后,女青年一下瘫倒在地,经检查当场从犯罪嫌疑人欧阳康所穿羽绒服左右口袋分别查获用黑色塑料袋包裹并用黄色胶带捆绑的毒品海洛因327.4克。

据不完全统计,从警以来,他直接和参与破获刑事案件500余起,抓获犯罪嫌疑人500余人,缴获毒品海洛因约10公斤,仿制式手枪46把子弹800多发。仅2008年以来,侦破涉毒案件35起,抓获犯罪嫌疑人37名,缴获的毒品海洛因1222.22克,毒品添加剂100克,查获自制手枪1把,黑火药220克,抓获公安部网上通缉的逃犯3名。曾荣立个人一等功一次,二等功二次,三等功二次。2000年获得

“全省优秀人民警察”荣誉称号，2003年获得全国“优秀人民警察”“甘肃省公安系统模范卫士”荣誉称号，2006年被评为“全省优秀缉毒民警”，2008年获甘肃首届道德模范“敬业奉献模范”荣誉称号。

铁路安全的“守卫者”

2004年的一个平常的工作日，杨海军和同事在候车大厅巡视。当他们巡视到一楼电梯口时，一高一矮两名男青年可疑的形迹引起杨海军的注意。出于职业敏感，杨海军一边暗示其他两名同事向这二人靠拢，他一边走近神情更加紧张的矮个子。“同志，请你出示一下身份证件！”没想到，矮个子竟然出示的是一张假身份证。被识破后，高个子突然拔腿向候车大厅外奔去。事不宜迟，杨海军一个箭步上前，将矮个子掀翻在地，交给增援过来的民警控制，自己又冲上去协助同事抓捕高个子。此时，快跑出候车大厅的高个子边跑边从怀中掏摸，眼疾手快的同事赵强便大喊一声：“注意！有枪！”候车大厅，人头攒动，一旦发生枪战，就有可能伤及无辜旅客。三人奋不顾身地冲上去，将高个子扑倒在地，使其无法动弹。从高个子手里掰下一支已上膛的仿“六四”式手枪，又从其腋下缴获了另一支未拔出来的手枪。后经调查发现，这一高一矮竟是甘肃宁夏两省公安正在抓捕的杀人恶魔。高个子叫姜雪峰，矮个子叫翟慧平，他们伙同另外两人，于2004年2月13日，在宁夏中卫枪杀两名民工后一路潜逃，又于4月21日，在白银市跟踪两名回家的市民，持枪入室，抢劫财物后，残忍地杀死这对夫妻。为此，甘肃省政法委对兰州铁路公安机关的战绩给予了高度评价。

2009年9月24日，杨海军被评为甘肃省首届“我最喜爱的十大人民警察”。这位无私奉献、顽强拼搏的铁路一线民警，以自己的实际行动，诠释着“人民警察为人民”的宗旨，谱写着自己无悔的铁警人生。现在的杨海军依然坚持不懈地奋战在查缉工作的第一线。2012年2月1日9时25分，杨海军和同事在兰州车站东出站口执行查缉任务时，发现一男子形迹可疑，随即上前对该男子进行盘查并带至公安值班室，当场从该胡姓男子身上搜出白色晶体状毒品冰毒一包（重约46克）、褐色疑似中草药壹小包。

“能得到老百姓的认可，是对我最高的奖赏和恩赐。此时此刻，我最想感谢的人是理解和支持我们铁路公安工作的广大人民群众，我想说：请大家放心，我将以此殊荣为动力，以最大的热情投入到铁路安全保卫工作之中去。”杨海军说。

中国兰州网 孙涛

“这孩子，真是比亲闺女还贴心啊！”

在西固区先锋路街道幸福社区，提起民政专干俞静，每个人都会说“真是个热心人”。她对工作尽职尽责。

2008年6月，俞静因单位效益不好而买断工龄，在社区的帮助下，走上了社区公益性岗位，从事社区低保、民政工作。她十分珍惜这次再就业机会，工作中兢兢业业，起早贪黑，积极为居民群众办好事、办实事，用自己的实际行动回报社会。每当低保和廉租房等惠民措施开始申报时，她总是耐心地给社区内每一位生活有困难的群众打电话通知。遇到一些行动不便的居民，她还会贴心地主动上门服务，认真地为困难群众填好每一张表格，做好每一项记录，加班到深夜2、3点更是家常便饭。每一位享受到政策补贴的居民都对她充满了感激之情。遇到特别困难的居民，她还经常用自己微薄的薪水帮助别人买米买面，添衣置物。俞静不只是对自己的工作认真负责，当同事们遇到工作量大或者工作难题时，她也会全心全力地帮助同事。打扫卫生、整理材料、统计数据……不论什么工作，只要同事们叫一声“俞静”，她都会微笑着答应一声“来了”，她会先帮助别人，再加班加点完成自己的工作。

去年，幸福社区开办了“老年日间照料服务站”，使社区的空巢老人能吃上干净、卫生、可口的饭菜。细心的俞静发现年逾八旬的独居老人李静德连续几天都没有去餐厅就餐，她便急忙去老人的家里查看情况，发现老人因年事过高，身体不适，无法下楼就餐。俞静毫不犹豫地担任起了照顾老人生活起居的重任，每天给老人打水送饭、洗漱穿衣，帮助老人打扫卫生，陪老人说话、聊天、散步、看电视、晒太阳，风雨无阻。逢年过节还给老人送去米、面、油、包子饺子、春联窗花。老人一说到俞静，就开心得笑得合不拢嘴，一见到俞静，就紧紧地拉着俞静的手，眼里含着感动的泪水说：“真是个好孩子，真是比亲生闺女还贴心啊！”

这就是俞静，她用贴心、细心和耐心对待工作和身边的人们，做好社区和居民的桥梁，深受同事和广大居民的赞扬。

早春的午后，阳光普照，小区里老人们晒着太阳，孩子们嬉戏玩耍，多么和睦温馨的一幕。正是因为有社区工作者的默默奉献，生活中才多了这一幕幕温暖和谐的画面。社区工作者用默默无闻的付出，在平凡的岗位上诠释了人生的价值，让自己普通的人生熠熠生辉。

兰州晚报 滕效宏

风雨里,他们用爱守护生命线

雨情就是险情!雨情就是命令!连续多日的降雨,在缓解了旱情时,也让社区每位地质监测员的精神紧绷起来。风雨里他们默默无闻地辛苦付出,为兰州市民守护着安宁。5月14日、15日、16日三天,记者走进地质监测一线,记录下了雨夜中他们的点点滴滴……

时刻关心汛情为居民服务

"今晚又是一个难眠之夜。"5月14日下午4点半的时候,看到天色骤变的东岗街道地质灾害监测员侯桂花心里开始计划着晚上巡查的工作。刚刚入夏,大雨让天气凉了许多,雨淅淅沥沥下了近一天,这让侯桂花心里一直不安,她时刻关注着天气预报。傍晚时分,侯桂花又拿起了自己的巡查记录本走进了长城村的住户家中,提醒大家加强警惕。作为一名监测员,每年5月到10月的汛期,看天气、走访住户、发布预警信息、24小时蹲点值班已成为侯桂花平常工作中最重要的部分。侯桂花主要负责的长城村小街居民区是整个辖区最容易发生灾情的地方,也是2010年"9·6"发生暴雨时的重灾区。"那时,我也是第一个到达现场,并通知街道撤离疏散群众的。"24小时蹲守监测点值班是监测员最基本的工作之一,只要是在汛期,一旦有阴雨天气,侯桂花必然会出现在她的监测点上。

风雨无阻监测地质灾害隐患

马永红、王小平两位地质灾害员从事该项工作都有四年时间。三天连续强降雨,他们每天都到有安全隐患的大砂坪社区左家湾17号河洪道旁居住的三处院落

查看险情。因为连日的忙碌加上气温下降，马永红有点感冒发烧，虽然身体很不舒服，但手头上的工作一点也没落下，即便是凌晨也要冒雨检查，总怕因自己的疏忽大意，给社区居民带来不必要的麻烦和损失。

14日，怡景新村社区地质灾害监测员姚莉、王红霞不顾个人安危冒雨对她们所负责的辖区地质灾害隐患监测点进行了巡查，并帮助安顿遭受水患的居民。15日凌晨，怡景新村社区地质灾害监测员在确定日常地质灾害隐患点白土巷64号、90号、94号安全后，继续涉水沿白土巷巡查，发现白土巷96号院中积水已达20厘米，老旧房屋比较危险，而此时又联系不到房东，雨水已经快漫到屋内，院内居住的14位居民已经无法在院内出入。她们趟着污水，卷起袖子在院子的下水口认真检查积水原因，十几分钟后终于查明了原因。随后，大家一起及时将院子下水道内的淤泥、垃圾清掏干净，下水道终于疏通了，院内积水被彻底排除了。

坚守地质灾害防范第一道关

16日早上8点多，人们刚刚上班，记者看到在自强沟44号至62号，自强沟82号，自强沟59号至71号，自强沟62号，地质监测员们已经严密监控，同时他们还对辖区排洪沟渠进行了清理和疏通，通过严格执行危险地段及隐患点日巡查制度、汛期24小时领导带班及干部值班制度等一系列措施，力求尽最大努力保障居民群众的生命财产安全。

地质灾害监测员是街道地质灾害防范的第一道关卡。针对街道辖区地质灾害隐患点多、成灾后危害大的情况，伏龙坪街道地质监测员通过采取“一查两定三响应”的方式，严抓狠抓防汛工作。每年汛期时，街道城管办工作人员、各社区负责人及地质监测员都要对辖区的排洪道、地质灾害点等重点部位进行彻底的防汛安全检查，对防范措施不到位的进行再督促再落实，同时要求各社区责任人、地质灾害检测员加强各自辖区内隐患点的巡逻巡查，确保各处隐患都能得到有效的防范。每天由地质监测员将当天及未来三天的天气情况张贴在街道公示栏，加强提醒，做好预警。

兰州日报 边卫霞

“为居民们做事,苦点累点也值!”

今年55岁的邓东海,既是七里河西园街道林家庄社区一名综治员,又是一名地质监测员。该社区靠山体,与华林山相连,沟坡内住有10多户居民,是地质灾害频发地点,同时也是市、区国土部门重点监测区域。地质监测员邓东海每天身背一个工具包,手持一把卷尺行走在辖区间,用尺子丈量山体活动的迹象,以确保辖区广大居民的生命财产安全。8年来,他成功预防了10多次重大地质灾害的发生,还调解邻里之间、婆媳之间大小矛盾300多起,被大家誉为“居民的贴心人”。

“能为居民们做点事,值!”

一个工具包、一个小铁锨、一把卷尺,这就是地质监测员邓东海的全部家当。2月8日下午,记者在林家庄社区见到邓东海时,他正准备去监测点巡查。林家庄一带有近10处地质灾害监测区域,去年住在监测区域的一户人家房子有裂缝,又赶上下暴雨,邓东海害怕这家人出事,就让他们搬到自己家住,直到危情解除后才让这一家人回家。2009年9月6日、7日,连降大暴雨,致使路面积水到膝盖处,邓东海一面掏下水管道,一面赶快向上级领导汇报灾情,并将监测区域的12户居民紧急转移,没过多久便发生了山体滑坡,由于邓东海处理果断,幸未造成人员伤亡。8年来,邓东海预报重大灾情12次,均得到成功预防,受到有关领导高度赞扬。如今,部分监测区域筑起了护坡,住在危险地段的部分居民在社区的动员下,也逐步搬离到安全区域。暂时搬不走的13户居民,仍在邓东海的监测范围。2011年邓东海被评为“兰州市优秀地质监测员”。当记者问干这个工作累不累时,邓东海说:“为了居民们的生命财产安全多做点事,累一点、苦一点不算啥,值!”

“调解矛盾,用真诚打动他们”

“我的家庭并不富裕,但很幸福、温暖!”邓东海有两个女儿,正在上高中和初中,媳妇身体不太好,在家做一些家务活。在别人眼里,邓东海不仅工作认真、负责,在家还是位好丈夫。林家庄共有人口6200多人,邻里之间、婆媳之间矛盾常常发生,所以邓东海又主动充当起家庭矛盾的“化解员”。8年来,邓东海调解大小纠纷和矛盾不下300次,为辖区居民之间团结、和谐起到了积极作用。邓东海告诉记者,2008年的一天,有一对邻居为了一条通道,闹得不可开交,多次协调后双方就是不肯让步,后来经过他5次上门耐心、细致的劝慰,两家终于握手言和。还有一家住户，由于婆婆经常唠叨，儿媳妇死活要和婆婆分开居住。邓东海知道后，多次上门劝说儿媳妇："孝敬老人是中华民族的传统美德，不能因老人有缺点就不要了。家里有老人多有福气啊！不仅帮助你看孩子，还可以帮你做点家务，一定要善待老人。"最后在邓东海的真诚感召下，这家媳妇认识到了自己的错误，给婆婆承认了错误，再也不说分开住的话了。

兰州晚报 孙建荣

她，是居民的好医生

在东岗世纪新村社区，提到兰泰医院世纪新村卫生所的刘红玲医生，人人都会竖起大拇指："刘医生的医术就是好！"

"这个大夫好，上门看病从来不收出诊费。"世纪新村A区的住户朱妈妈提起刘医生就一个劲儿地夸："上回我吃了隔夜饭，肚子疼得要命，我忍着疼给这闺女打了电话，没一会她就带着药箱来了。给我打了一针后，又是给我搓手，又是给我揉肚子，我睡觉前还给我把脸洗了，又用热毛巾给我擦脚。我说你还有小孩在家快回去吧，她非要看我睡了再走，就这么一直给我伺候到晚上10点钟。第二天我好点了想把出诊费给她，但是这闺女死犟，硬是给我退回来了。真是个好闺女！"

世纪新村社区很多人都认可刘医生的医术。居民们都说，平时谁家有人生了病都会给刘医生打个电话问问该吃什么药，刘医生的人品、医术，都深受居民喜爱！

3月5日，记者来到兰泰医院世纪新村卫生所见到了刘红玲医生。卫生所里环境干净整洁，医疗设施也挺齐全。听到记者要采访，刘红玲显得有点紧张，一直重复着："不要采访我，这都是我的本职工作。"交谈中记者发现，刘红玲十分谦虚，她说现在她最大的心愿就是尽快让卫生所争取上社区诊所，这样就可以用自己的医术为更多居民服务了。

兰州晚报 仇彬 曹亮

好民警无私奉献为民服务

他从警24年来，长期奋战在缉毒和刑侦一线，始终心系群众，严打犯罪。每一起大大小小案件的侦破，都凝聚了他和战友们的心血和汗水，特别是关键时刻，他身先士卒，勇挑重担，不怕流血牺牲；面对毒枭的威胁恐吓和金钱诱惑，他坚守本色，岿然不动，高举正义之剑，迎头痛击。他就是2013年在首届“感动金城十大政法人物”暨人民满意“十佳”颁奖晚会，荣获人民满意的“十佳公安民警”荣誉称号的兰州市公安局安宁分局刑侦大队大队长——徐光明。

2003年初，安宁地区的毒情形势十分严峻，时任安宁公安分局禁毒大队大队长的徐光明心急如焚，他暗暗下定决心：一定要铲除毒患，还百姓一方净土。在认真分析全区毒情的基础上，他确定了以打开路、“打零包与破大案”相结合的扫毒工作思路，向毒品犯罪发起了凌厉攻势。他经常深入辖区，与吸毒人员谈心，劝他们远离毒品，重新做人。同时，围绕毒品的来源，排摸线索，挖掘信息，艰苦经营，秘密侦查。经过连续四个多月的深入排查，终于捕捉了一条重大贩毒案件线索。他组织大队人马在城关区民勤街架网布控一个多星期后，成功破获“6·06”特大贩毒案，缴获毒品海洛因2.3公斤。据不完全统计，从2010年10月到2013年1月，安宁公安分局禁毒大队共破获毒品案件60余起，缴获毒品海洛因近30公斤，抓获毒品犯罪嫌疑人70余名。

2010年11月，因工作需要，徐光明被交流到分局刑侦队大队任大队长。面对新形势，他认真分析刑事犯罪特点，主张运用视频、信息化等新型侦查手段，与传统刑事技术相结合，大打合成战、技术战，全面提升侦查破案能力，不断引领打击犯罪工作取得新突破。接任两年来，他先后组织破获各类刑事案件450余起，辖区命案全部告破，打掉犯罪团伙20多个，打击处理犯罪嫌疑人100余名。

2011年2月18日晚9时20分许，安宁某国际购物中心一楼珠宝专柜营业员发现柜台被盗，被盗物品有钻戒80枚、项链2条、摆件2座，价值约90余万元。警令如山，徐光明立即率大队侦技人员赶赴现场，调查走访，全力开展案件侦破工作。他带领民警反复勘查现场，并根据现场视频资料，确认了犯罪嫌疑人逃跑的时间及路线，很快便将犯罪嫌疑人孔某抓获归案。这起盗窃数额巨大、社会影响恶劣的特大盗窃案，在徐光明和战友们近70个小时的连续奋战下成功告破，战友们称赞徐光明是一位善打硬仗、善破大案的刑侦尖兵。

作为一名基层民警，徐光明拥有一颗菩萨心肠，他始终把战友当作亲人，急人所急，想人所想，用他的侠骨柔情和人格魅力，凝心聚力，带出了一支关键时刻豁得出来、危难关头冲得上去、有坚强战斗力的尖刀队伍。徐光明热爱公安事业，始终把工作放在第一位。他的日历上没有节假日，没有双休日，没有每天8小时工作的概念，加班加点成了常事。常年的劳累，使他患上了严重的颈椎病、骨质增生和关节炎等疾病。父亲早逝，年过七旬的母亲经常一个人孤单生活，还要为他担心；妻子是一位小学教师，默默承担着照顾老人、料理家务的重担；女儿从记事起就知道爸爸很忙，很少在家陪她……尽管徐光明没有尽到一个做儿子、丈夫和父亲的责任，但在家人眼中，他永远是一个好儿子、好丈夫和好父亲。

兰州日报 伊晓明
通讯员 魏立武

十年如一日为迷途者找回幸福

今年51岁的王生国，是城关区靖远路街道金城关社区的禁毒专干，从事社区禁毒工作已有10个年头了。十个寒来暑往，他用艰辛、泪水、执着，为一个个迷途灵魂找到了幸福的归宿。

说起来王生国以前是一家国有企业的正式职工，也曾经有过辉煌的过去，可是因单位破产成了一个下岗失业人员，而妻子也早于1998年下岗，加上儿子上学，使得原本一个幸福温暖的小家一下子生活变得很困难。社区了解到王生国的情况后，及时为其办理了低保，解决了他们一家日常生活的基本问题。2003年3月社区聘用王生国当了一名社区禁毒专干。在回顾自己十多年来的禁毒工作历程时，王生国说其中的酸甜苦辣很多，而对于工作的热爱却源自于心中的感恩。因为刚从事这项工作时，自己对吸毒人员确实有这样那样的偏见，认为他们都身有恶习、不好接触、难于管理，加上对他们每个人各方面的情况都不了解，自己在工作中也没有头绪，而且对吸毒史人员帮教档案的填写制作及明细分类工作业务不熟练，尤其是对他们戒断毒瘾后怎样开展帮教和如何进行管理一窍不通。更让他痛苦的是，因为每天都在跟吸毒人员打交道，妻子、亲戚、朋友都曾经拒他于千里。

可王生国是一个非常倔强的人，他不顾一切干扰一头扎进工作中。吸毒者往往因家庭破裂、事业失败、信誉扫地、前途渺茫，受他人的歧视而导致情绪不稳，悲观失望，甚至绝望，使他们逃避现实。吸毒史人员马林就是这样，以前是一位个体工商户，经营着一家生意不错的牛肉面馆，在兰州市很有名气。他1990年2月开始吸毒，导致饭馆关门。2004年6月因违法复吸被查获，送劳教戒毒三年。在马林劳教戒毒期间，原本幸福的家庭破散，妻子与他离婚，带孩子离他而去，家中年迈的母亲为他流干了眼泪，在受了很大的精神打击后，离开了人世。2007年7月解教后，王生国上门帮教，马林拒不配合，并且摔门谩骂，但王生国并没有放弃对他的关注，长期性接二连三上门给他提点菜或寒暄几句。终于有一天，被感动的马林向王生国讲了自己的困难和处境。如今，马林重新组建家庭，开始了新的生活，并且逢人就说是王生国挽救了他。

其实，在这十年的时间里，通过自己的无私付出挽救了多少个像马林这样的戒毒者，王生国自己也记不清楚。多年来，王生国已经在不知不觉中养成了一个习惯，自己在平时上下班的路上，留意观察，发现有吸毒史人员或者他们的亲属，就主动上前打声招呼，了解他们的近期情况和家庭生活中存在的困难问题。而且他还把在排查当中发现的各种问题及时写在记事本上，回到社区后马上归纳整理，把发现的新情况和新问题及时向领导汇报。就这样爬山进沟，挨门串户风里来雨里去，定时或不定时地去吸毒人员家中家访。而一旦接到在狱在所人员出狱出所时间通知后，不论何时、多忙，王生国都会第一时间赶到派出所领人。而每每说起这些，王生国总是说："自己就是吃点苦、受点累都是小事，只要负责的吸毒人员能找到自己、找到归宿，就最大的幸福。"

兰州日报 边卫霞

甘做城市道路上的螺丝钉

他是一位普通的交通民警，却在交警岗位上做出了许多不平凡的事情。他就是七里河交警大队一中队中队长王军。每天早上5时许，当大家还在睡梦中的时候，王军已经发动警车，从东岗镇奔向七里河，开始了他敬业奉献的一天。

王军曾是一名军人，2003年转业至兰州市公安局成为一名交通警察，一晃10年过去了，他始终对交管事业充满了热爱。从警10年来，他一直战斗在交警工作第一线，长年累月与道路、行人为伴，夏冒酷暑、冬战严寒，无论条件多么艰苦、任务多么繁重，他总是兢兢业业，任劳任怨，经常加班加点，忘我工作。2011年兰州国际马拉松赛在兰州首次举办，为了确保赛会的交通，他凌晨就带领中队民警在辖区各路口、路段掌握路面情况及交通流量，及时拖移故障车辆，设置管制隔离设施，一直到赛会结束，确保了赛会的万无一失。

在公安部开展的爱民实践大走访活动中，王军和西湖街道取得联系，主动缴纳"一元爱心党费"，从2008年起至今已自愿缴纳现金12 000余元，受到其救助的孤寡老人、大中专学生近40人。同时，王军克服家远等诸多不利因素，多年来坚持每天护送辖区七里河小学师生安全过马路，被七里河小学聘为学校交通安全辅导员。他利用工作之余，深入学校校园，为学校师生讲解交通安全法基本知识，确保学生的绝对安全，并和众多学生、老师建立了深厚的感情，被学校师生亲切地称为"我们师生的保护伞"。每年高考期间，也是王军最忙的时候，10年来的每年高考，他都会主动护送肢体残疾和住家较远的考生，用警车接送忘记带证件以及考生用具的考生，10年来累计护送高考学生80余人。

在采访中，王军的所作所为感动着身边每一个人。据同事介绍，去年五月的一天，一名七十岁的老人刘某在运通北口过马路时，被一辆微型货车撞倒，刘老太太伤势严重，不能动弹。正在执勤中路过此处的王军，见状后立即拨打120急救电话，并用自己所学医疗知识给伤者做了伤口的简单包扎，随后赶来的120急救车将刘老太太送往附近的医院。老人病愈出院后非常感动，特意向大队送了一封表扬信以示感谢。

由于王军工作出色，他获得了许多荣誉。2005年至2009年连续5年被评为"兰州市公安局交警支队先进个人"；2006年被七里河区委区政府评为"汽车南站综合治理"先进个人；2007年被兰州市公安局评为"优秀共产党员"；2010年被评为兰州市"十佳人民满意交警"。但王军在荣誉面前却始终保持着戒骄戒躁的作风，依然兢兢业业、勤勤恳恳、踏踏实实、默默无闻地工作着。采访中，王军告诉记者，他非常热爱交警这个光荣而神圣的工作，只要自己在交警岗位上一天，就会认真站好每一班岗，成为城市道路上一个永不生锈的螺丝钉，哪里需要就到哪里。

兰州日报 葛强

满载爱心　兰州的哥梁海龙的平凡事迹

11年来，他从事出租汽车行业没有一起投诉举报，拾金不昧并热心投身公益事业。舟曲受灾他踊跃捐款，九州滑坡他免费接送受灾群众，每年高考他都是高考直通车的爱心驾驶员。他用优质的服务，博大的爱心体现着一个当代出租车司机的风采。他就是奔马出租车行的驾驶员——梁海龙。

坐在梁海龙的出租车上，记者看到出租车内一尘不染，座套干净整洁。车上还备有卫生纸、风油精之类的物品。“随着天气逐渐转热，身体不好的乘客会出现晕车或心情烦闷，我准备的这些物品就是想让乘客能更舒服。”记者从这些细节中可以体会到梁海龙的职业精神。梁海龙是2001年进入出租汽车行业的，在奔马车行从事驾驶员的工作中，始终恪守职业道德，热情服务，严于律己，经常助人为乐，无一人投诉举报，拾金不昧多次，共上交失物价值3万余元。采访中记者了解到，他做的好事数不胜数，去年11月的一天，梁海龙在营运中发现副驾驶有一个黑色钱包，内有银行卡、身份证等很多证件，还有近千元的现金，他回忆不起是哪位乘客丢失的物品，于是他放弃营运时间，沿途在前几个乘客下车的地点寻找失主，当失主看到梁海龙驾车送还失物时充满了感激。像这样送还失物的事还有很多很多，小到一串钥匙，大到贵重财物，他都想方设法送还到失主手中。为了能够更好地避免乘客遗失财物，梁海龙在日常的营运中已经养成了随时随地提醒乘客带好随身物品的习惯。一句真诚热心的问候，让每一位乘客都能感受到他热情周到的服务。

梁海龙还积极投身社会公益事业。舟曲发生灾害，梁师傅来到兰州市出租汽车行业协会捐款1000元；2009年九州山体发生滑坡地质灾害，梁海龙看到因地质灾害造成很多市民出行不便，带头组织“爱心车队”免费接送出行不便的市民，在社会上得到了广泛的赞誉；每年的“高考爱心直通车”等社会公益活动都能看到他的身影，虽然这些活动肯定会影响到他的经济收入，但他从不计较个人得失积极参与，得到了社会的认可。

在从事出租行业的11年中，梁海龙得到了同行们的敬佩、乘客们的赞誉，得到了政府、行业主管部门及公司的表彰。2007年9月，梁海龙所驾驶的车被评为全省出租汽车行业“文明示范车”；2007年10月，他在兰州市出租汽车行业协会精神文明建设优质服务知识竞赛中荣获一等奖；2008年1月，他被评为兰州市出租汽车行业“百名服务标兵”；2009年9月，他在兰州市出租汽车行业驾驶员服务流程比赛中荣获二等奖。同时他连续五年荣获兰州奔马公司“优秀驾驶员”称号；多次被评为兰州奔马公司“全年无事故、无违章、无投诉标兵”，在驾驶员当中具有良好的信誉。2010年4月梁海龙被省委、省政府授予“甘肃省劳动模范”称号。为了回馈行业协会多年来对自己的培养，梁海龙向行业协会奖励基金捐款1000元。

梁海龙在平凡岗位上默默地奉献着，为每一个出行的乘客提供最为优质的出租客运服务。他的无私奉献为兰州出租汽车行业做出了榜样。

兰州日报 葛强

胡向伟:13年侦破刑事案件800多起

他没有惊人的豪言壮语,也没有惊天动地的伟大事迹,只有一颗对事业赤诚的心,一腔对群众深沉的爱。他是一位个性强、思路新、有韬略、有远见的基层刑警。他是刑警战线上的"铁人",13年的时间里侦破800多起刑事案件,几乎每五天多时间就侦破一起刑事案件,他用自己的行动,实现了自己的人生价值。他以自己的行动,赢得了百姓的信任,用无悔的追求,展示了一个公安卫士的风采。他就是榆中县公安局刑警大队副大队长胡向伟。

24岁进入公安系统至今,在漫长的13年破案岁月里,他所参与侦破的800多起刑事案件中,没有一起冤假错案。这对于一个刑警来说,足以证明他已经实现了自己的人生价值,无愧于这个职业。

初见胡向伟,给人的感觉就是实在。魁梧的身材,憨厚的笑容,见到记者还带着几分不好意思的感觉,可是当他说起自己经历过的案子的时候,却如数家珍。2010年7月15日11时,永靖县陈进镇某村村民姚静报案称,自己于7月5日被三男一女从靖远县绑架到榆中县来紫堡乡"芙蓉酒吧"后,四人对其实施了抢劫、强奸并强迫其在"芙蓉酒吧"卖淫。胡向伟立即带着侦查员悄悄来到来紫堡乡,找到"芙蓉酒吧"后扮成消费者,秘密收集证据。掌握了该酒吧老板金某、张某作案的证据后,立即对其实施了抓捕。由于案情重大、性质恶劣,该案被甘肃省公安厅列为挂牌督办案件进行侦查,先后侦破14起案件,抓捕犯罪嫌疑人10名,将这个集抢劫、强奸、强迫、介绍、容留卖淫的黑恶势力团伙最终送上了审判台。

胡向伟说自己干的是拿枪的"粗活",可他侦破的800多起案件中无一疏漏足以证明,他所干的"粗活"一点儿也不粗。胡向伟笑着说:"我从办理第一个案件起,就立下'办案就要办成铁案'的规矩。为此,每办一个案件都要进行剖析反思,总结得失,积极收集兄弟单位和其他同事在执法办案中存在的问题和值得借鉴的好做法。"

一起起迂回难破的案件,一个个惊心动魄的场面构成了胡向伟的刑警生涯。他说,选择了这份职业,是自己所爱,是群众的嘱托,也是更多人的安宁所在,所以他会继续承担起相应的责任。为了这份责任,他义无反顾、义不容辞!

兰州日报 颜娜 伊晓明

自定"五心准则"全心为民解忧

今年45岁的闫英本是兰州市公安局巡警支队的一员，2007年闫英请缨去社区做片警，在安宁区西路街道万里社区一待就是5年。如今，辖区的逾万居民，他认识其中的大部分，谁家有年迈的老者、谁家有新生的婴儿、谁家子女外出打工……许多居民家中的琐事他都耳熟能详。在从事基层警务工作的这些年里，只要是居民的事，闫英不管是分内分外都会抢着干，被居民们亲切地称为"知心人"。

一个从北京打来的求助电话

为给居民多办实事，让他们能及时找到自己，闫英将自己的照片和电话贴在社区公示栏和警务室外。不久，辖区居民都记下了这名热心片警的电话，遇到麻烦也总是找他。

2007年8月20日凌晨2时许，闫英突然接到从北京打来的求助电话，对方自称是王春莲老人的孙女，平时每天晚上都使用座机与家中的老人联系，可这两天却打不通电话了，想让他帮忙看看。放下电话后，闫英立即赶到王春莲老人家。在门口敲了一个多小时后，老人终于开门了。见到老人安好，闫英心中的石头也落下了，而此时已是凌晨4时。

经过了解，90多岁的王春莲老人与66岁的儿媳李先荣生活在一起，4个孙女先后到北京就业。前几日，家里因为粉刷房屋不慎将电话线挂断却没发现，导致在外的孙女联系不到家中的老人。了解情况后，闫英用自己的手机拨通了老人孙女的电话，让多日未联系上的祖孙3人打开了话匣子。

看着面前的一家人抱着电话泣不成声，闫英觉得虽然有些事在旁观者来看很小，但是对于当事人却是天大的事。从此以后，闫英会不定期照顾这两位老人的生活。王奶奶于2008年查出了食道癌，生活不能自理加之行动不便，闫英便通过个人关系联系到门诊部，让医生到她家中上门就诊，一直维系到2010年2月14日王春莲老人去世。

华侨评价:效率"超越美国警察"

别看闫英只是个社区民警，所使用的警务装备也很普通，但他却赢得了"超越美国警察"的评价。

去年10月，一位姓陈的美籍华人在万里社区一家餐馆吃饭时，遗失了自己的包,里面有价值两万多元的物品,以及陈先生一些珍贵的研究资料。当陈先生满头大汗找到闫英并告诉他事情经过后,闫英立即帮陈先生寻找丢失的包。4个小时后,通过走访和调阅监控录像,陈先生丢的包找到了。陈先生感叹道:“咱们国内的警务设备虽然落后,但是办事效率比美国的都高。”

翟某是万里厂退休工人,家境不太富裕。2011年3月29日,翟某遇到了几个推销抽油烟机的不良商贩,因见抽油烟机便宜,又禁不住几名推销员巧舌推荐,他就以700元的价格购买了一台抽油烟机。谁知使用几天后,抽油烟机就出现了故障,家人这才发现买了“三无产品”。随后,老人多次到工商部门进行反映,由于没有发票,工商部门无法为她维权。闫英了解情况后,立即通过视频监控调取了当日监控录像,很快就查到了不法商贩所使用车辆的车牌号,通过这一线索顺藤摸瓜,最终在市区某路一日杂店内找到了不法商贩。经过多方做工作,商贩终将骗取的700元现金退还给老人。

记得住居民琐事记不住儿子晚饭

工作中闫英为自己编制了一份“五心准则”:一为敬畏心,敬畏才能厚德载物;二为感恩心,感恩才能承担责任;三为宽容心,宽容才能接受群众监督;四为平常心,平常才可修身养德;五为欢喜心,欢喜更能尊重生命。正是怀着这样的“五心”对待群众和工作,闫英赢得了居民的赞誉,为处理矛盾纠纷打下良好的基础。

闫英先后为辖区行动不便老人、残疾人40余人,“上门服务”办理了第二代身份证;对于有困难的群众,闫英还垫支了办证费。几年来,闫英在工作之余,一直与辖区肖祖兴、肖雪梅等十多名残疾人保持着密切联系,时常看望和给予照顾。

为了工作方便,2009年闫英将家搬至社区附近。一门心思扑在工作上的他,能够记得居民家里谁的煤用完了,能够记得谁的低保没着落;却经常忘记上学的儿子没人做饭吃。为此,还在青春期的儿子时常会埋怨:“你到底是不是我爸?”面对儿子的抱怨,闫英虽然心有内疚,但是一听到居民的求助,就总是将儿子抛到脑后了。但是,每隔一段时间,他也会抽出时间与儿子沟通一番。他告诉记者:“儿子也只是一时的抱怨,过后就没什么了,他理解我这个爸爸。”

兰州晚报 赵雨欣 张静

进屋了解天下事　登台演尽农家乐

他出生在一个贫困的家庭，却有着对文化知识的渴望。

他从小没钱念书，长大后却将自己挣的钱投资到了乡村的文化站。

他有太多的故事和爱好，这从满屋皆是报纸杂志可窥一斑……

他就是榆中县清水驿乡清水村文化站站长杨津。

阳春三月，走进榆中县清水驿乡清水村时，田里泥土芬芳阵阵扑鼻而来，村里洋溢着热闹的气氛。“这个村最值得一看的是村文化站。”年轻有为的清水驿乡乡长王国福一边对记者介绍，一边把我们引到了位于村中心的一个二层楼院落。干净整洁的院子里，三五个妇女正在扭着秧歌；一楼的接待室里，七八个老人正在唱着颇有地方风味的秦腔。二楼的活动室里，三三两两的年轻人正在仰望满墙的摘报栏。记者注意到，四面墙上的“报栏”内既有春耕方面的新闻，也有刚刚结束的全国“两会”的信息，更有农村致富故事的通讯，图文并茂、生动易懂。“这是我们村文化站的特色，老百姓非常喜欢阅读。”一位说着典型地方方言的小个子中年人说道，剪报的目的就是让农民们更直接地了解信息。

这个人正是村文化站的“当家人”——杨津。

已过半百的杨津是一个热爱文化的人，从小没有条件上学读书，长大后他有一个愿望就是让农民们有书看、有知识学。从1984年开始，杨津就开始自掏腰包在村文化站请老师、做培训，并且连续九年在全村举办谜语竞猜活动，丰富农民的文化生活，也让农民们增长了不少知识。

2010年，他的“身份”变了，年过半百的杨津被聘到清水驿乡文化站当站长！虽然这一夙愿来得晚了些，但他怀着为老百姓服务的理念，也为了完成自己从小的心愿，他在文化站扎下了根。文化站就是他的第二个家，他也将所有的心血都倾注在了文化站里。

起初，文化站订阅了各种报纸，杨津欢天喜地地等着老百姓前来阅读，可是时间一长，他看到来看报纸的人寥寥无几。后来才发现年

轻人都太忙了，而老年人又都眼睛不好使，看不清报纸上面的字。苦思冥想，杨津想到了一个好办法，那就是每期报纸来了后自己先看报纸，看到报纸上浅显易懂的或和老百姓息息相关的文章他就会剪贴下来，然后将它们贴在一大块一大块的“剪贴本”上。一张、两张……一年下来，他的“剪贴本”布满了活动室的墙，这样的方法吸引了许多人，村民们时常会来活动室看看这种生动有趣的“墙体报纸”，就连小孩也经常来看，杨津也为自己的劳动杰作而自豪。

两年来杨津将文化站越办越好。现在文化站里有图书阅览室、“图书馆”、书画展览室，还配备了电脑和多功能组合音响等器材设备。放眼整个文化站图书馆，一排排书整齐划一，散文类、书法类、农业技术类，旧的、新的，各类书籍整齐地排列在书架上。

杨津告诉记者：“现在全站有图书3000多册，村民们和周围的孩子们平时都在这里看书、借书。”

在文化站里，最开心的要数那些老人们了。“平时孩子们都出去打工了，待在家里孤独寂寞，文化站为他们开拓了一片新天地。”在文化站的阅览室，清水村的村民张秉珍正拿着一本养殖技术的书看得津津有味，他对记者说：“冬天农闲了，我待在家里也没什么事干，村里的文化站真好，我现在几乎每天都来这里看看农业科技方面的，看看新闻，听听秦腔，不仅增长了知识，还不觉得无聊了。”提起站长杨津，村民王耀斗说：“杨津在文化站两年多，对老人们都很照顾，随时在这里看书，听秦腔，他还要给我们烧水，从来不怕麻烦，对村里人的文化很重视。他剪贴的图片新闻，图文并茂，让我们看起来很方便，很清楚。”

到了快过年的时候，杨津还要充当村里的总导演，为村民们排练节目。文化站的多功能设施也能派上用场，村民们在文化站唱歌、跳舞，杨津也忙得不亦乐乎。

岁月虽然染白了杨津的黑发，但他在充满希望的文化田野上耕耘的劲头和快乐却未减。现在杨津每天依然乐此不疲在文化站忙着。那些剪贴画，那些“图书馆”的书，那些村民们的书画，都成了杨津最珍贵的东西。

兰州日报 杨贵智
通讯员 郭云莲 季桂珍

用爱心唤回迷途青少年

“每个孩子都来自‘天堂’,他们有很强的可塑性,只要父母教育得当,任何一个孩子都能成长为品德高、有教养的人,从而拥有一个完美的人生。”这是王一鸣眼里的青少年。王一鸣是一位六十多岁的老者,身上那件洗得发白的灰色夹克和胳膊弯里的蓝色布包已经构成他的个人标签。自2000年他就开始从事社会公益事业和志愿服务活动。十几年的风风雨雨、浮沉起落,目的只有一个,那就是用爱心唤回迷途青少年。回首往事,老人用一句话来概括:“胸怀大目标,脚踏实地干,一心为大众,无私天地宽。”

老人告诉记者,要想真正成为一名受民众欢迎的志愿服务者,首先胸中要有个明确的大目标,那就是为大众谋福利,而不是为个人家庭去追名逐利。为了挽救许多上网成瘾的青少年,王一鸣于2004年底自费创办了城关区“青少年精神文明辅导站”和《天下父母心》网站。由于资金不足,他将自己唯一的一个大套住房以大换小,倒腾出几万元充当经费。后来这个网站办火了,有人来找他投资入伙,但条件是要拉广告、搞创收。特别自2005年夏季重庆师大的陶宏开教授来兰在省政府礼堂做过报告之后,辅导站和网站名气更大了,来找王一鸣做广告的也更多了,但老人始终不为所动,一直坚持网站的非营利社会公益性质。

时隔多年,一些居民在回忆当时的情景时,也禁不住眼圈泛红。说起眼下已经大学毕业的儿子时,居民李梅无不感慨地说,当时有一段时间孩子迷恋网吧,学习成绩一落千丈,那时他从媒体上得知王老师家每天吃的是从菜市场捡来的烂菜,而且他还将自家的住房卖掉办公益事业挽救上网成瘾少年,真是非常感动。另一位姓余的老者在提及王一鸣时感叹道,王老师做的是一件有利于子孙后代的大好事、大善事,比人们去庙里烧上多少香都强啊!

采访中,王一鸣的话题始终都没有离开青少年教育。他说,现在的父母一心只关注孩子吃得如何、穿得怎样,进的是不是重点学校,有没有特长,对于孩子成长过程的心理健康状况却是知之甚少。2005年冬天,有一个孩子因为恋网与父母闹矛盾,要从32层高的卧室窗户往下跳,情急之下家长请他去说服规劝。当王一鸣了解清楚事情的原委之后,仅用半个小时就劝说这位上高二的男孩离开了窗户,事后孩子还与他成了好朋友。当时,家长拿着一个很厚的大信封到他家致谢,但是被王一鸣十分委婉地谢绝了。多年来,被王一鸣帮助的青少年到底有多少,他自己已经记不清了,只是老人的爱心脚步一直没有停止。

据了解,王一鸣经常深入学校、社区作报告,参与的学生家长已达数万名。同时,通过以学生家长为服务对象的《天下父母心》网站,制作了成功对话、奠基工程、社区论坛、故事连载、大案背后等10个网页，成为青少年和家长朋友倾诉、咨询、交流、学习的一方"阵地"。并针对未成年人和家长心理咨询需要，成立了青少年精神文明辅导站，专门开通"心里的话儿对我说"热线。老人告诉记者，其实自己在做志愿活动时常常会被人误解，而且这么多年有些人经常说他是个傻子，不为自己计划打算，尽干一些出钱出力的傻事。但老人却认为，只要自己实实在在做对得起良心的事，公道自在人心。

采访时，老人正在忙两件事。一个是写书，王一鸣想将自己这么多年与青少年打交道的心得记录下来。他认为，如何开展中小学生的青春期教育？如何把握好青春期教育的"度"？对各学校开展这项教育活动如何进行考核？如何认识青春期教育与知识教育的地位？这是摆在教育行政主管部门面前的难题，同样，也是让学生、学生家长，甚至让社会困扰的难题！所以他想将自己身边的实例进行梳理。另一件事就是受商学院志愿团队的邀请，到农村去给那里的留守少年儿童上课，通过近距离的接触，以解部分学生的"青春期之困"。

兰州日报 边卫霞

卡口检查站的守护者:滕兆庭

在人生的道路上,每个人都在用自己的足迹书写着自己的历史。在兰州市公安局交通治安分局有这样一位长年在卡口检查站工作的人,他用自己13年的工作经历,书写出了一份让人敬畏的人生答卷。13年,破获刑事案件70余起,其中重特大毒品案36起,重特大运输枪支案2起,查处治安案件467起,抓获违法犯罪嫌疑人70余名……他就是兰州交通治安分局天水北路派出所民警滕兆庭。

滕兆庭,个头不高,身材显胖,头发有些花白,走起路来稳健有力,说起话来总是面带笑容,显出一副和蔼可亲的样子。"滕兆庭作为所里的骨干力量,是查车、堵截、审案、抓贼的多面手,他不仅承担正常的值班备勤任务,而且还要负责所里的吃喝拉撒睡,工作起来认真、细致、到位。"韩家河派出所领导说。2000年9月23日,滕兆庭到市交通治安分局政工科报到后的当天上午就被车接到了韩家河派出所,当时叫卡口检查站。那时检查站还是几间普通的平房,除了带班的正式民警外,有几名联防队员在路上查车。

办案民警都知道,韩家河一直是毒贩进出兰州的主要通道,也是警方设堵的重点部位。但因为地理环境和自然条件的独特,造成毒品犯罪屡禁不止。作为"东家"的滕兆庭觉得:自己在此处有办公场所,占有天时地利人和,毒贩休想从自己的眼皮底下溜掉。2006年,全市开展禁毒大会战,他当时想:只要我在班,绝不能让毒贩从眼皮子底下溜掉。他至今还清清楚楚记得:2月27日15时,当时正在和队员上路执勤的滕兆庭发现从临洮方向开来一辆出租车,立即示意该车停车接受检查,当发现该车没有进行出城登记时,他就有点纳闷。按规定出租车出城是要进行登记的,而这辆车为什么会冒这么大风险,当时抢出租车的案子很多,都是将出租

车骗出城作案的，莫非有其他什么原因？他和另一名同事在对车辆进行检查时发现，包车人似乎有点故作镇静的样子，目光远眺，故意避开他的视线。就在检查完司机和乘客的身份证件后，要对车体进行查看时，乘客慌慌张张递上了一根烟，好像有意要分散他的注意力。经过检查，在车内后工作台上发现有香皂大小一样的1个方块，并用多层塑料袋包裹的可疑物，后经鉴定，竟是重达351克的毒品海洛因。

由于长时间超负荷工作，加上饮食不规律，2012年10月，滕兆庭因高血压突发住进了兰大二院，知道内情的同事们都明白：他这是累倒的。就在住院的第三天，因为一起毒品案，滕兆庭又回到了单位，这一忙就是十几个小时。等再回到病房时医护人员生气地对他说："你这病我们没法治了。"没办法，他只有好言解释：以后再不会这样了。"13年来，我在自己的工作岗位上没有干出什么惊天动地的事业，也没有做出什么突出的贡献，只是比其他同志起得早了点，干得多了点，时间长了点，做事认真了点，做了一些自己应该做的事，但组织上却给予了我很多很多。"记者采访时，滕兆庭是这样评价自己的。

兰州日报 伊晓明

坚守大山深处的全科大夫康明全

西固区金沟乡杨家咀村地处高寒山区,交通不便,经济条件比较落后。多年来,这里条件艰苦,医疗人才缺乏。但有一位乡村医生,却在这里驻守了38年,用自己毕生的精力服务着一方百姓。他就是西固区金沟乡杨家咀村卫生所村医康明全。在村民眼里,康明全就像全村人的家庭医生。他的坚持与真诚赢得了村民的信任和社会的感动。

坚守:大山行医38年

西固区金沟乡杨家咀村是个偏僻的地方,与永靖、七里河接壤,山大沟深,交通不便,康明全就生长在这里。20世纪70年代,20出头的康明全高中毕业后待在家里,有时参加集体劳动,帮父母干农活。

康明全走上行医道路,与切身经历的一件事有关。"我那时候有个侄女四岁多,拉中毒性痢疾,这个地方只有一个大夫,去永靖了,远得很,叫不来,把我侄女耽搁了,没救过来。我们这个地方像我侄女这样死掉的小孩太多,我觉得这个地方需要这么一个人给人看病。"康明全有点悲伤地说。于是,康明全决定放弃所有的理想和打算,开办一间诊所。1974年,康明全正式走上了行医的道路,这一干就是38年,风雨无阻。他把美好的青春献给了大山,也献给了他挚爱的乡亲们。

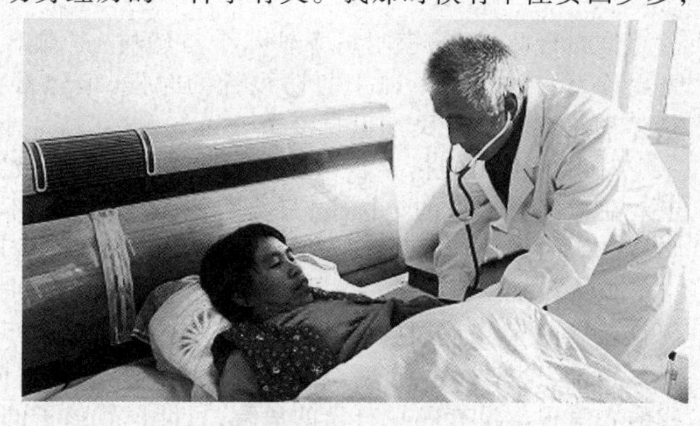

自学:成为全科大夫

刚开始,康明全靠自学,主要用中医治疗。20世纪80年代,康明全参加了几次短期培训后,开始运用中西医结合的办法给乡亲们看病,并取得了行医资格证。"村医什么病都得瞧,必须得多看书,我还给人家接生呢。"老康自豪地说。

老康说,自己当赤脚医生时,是在自己家里给人看病。诊所一段时间用的是村委会的房间，一段时间自己掏钱租用别人的房子，1995年还自己筹资在村中心盖了一间铁皮房当看病点。直到2009年，村上建了标准化卫生所后，康明全的诊所才算固定了下来。“这平房是政府出资修建的，条件已经很好了。”老康憨厚地笑着说。

评价：我们都信任他

20世纪70年代，康明全高中毕业在村里也算是个有文化的人。在他周围从医的人有许多，一部分人因收入低不干了，回家种植百合或外出务工；一部分人通过考试进入城区医院，成为带编制、领工资的正式大夫。而康明全把两次机会都让给了别人，原本可以进城当大夫的他留了下来。“现在他们虽然生活得比我好，但我一点也不后悔。”康明全说。

在采访中，当地群众告诉记者最多的是，“康大夫很热情，态度好，价格便宜，我们信任他”。随着卫生事业的发展，西固区的上万村民和居民建立了健康档案。而在康明全的心里，也有一本自己的健康档案：谁家有小孩，爱生什么病；谁家有老人，常患什么病，他都心里一清二楚，时常打电话了解情况。“患者的需要，就是对我的要求。”康明全还经常走村串户，为那些行动不便的老人看病送药。

出诊：总是随叫随到

作为行政村，杨家咀村下辖八个自然村，方圆十多公里。老康每天早早起床，先出诊，再回来坐诊，碰上打防疫针的时候，他经常要在村子里步行两个来回、走30多里路到各个村民家里打疫苗。

对山大沟深的杨家咀村而言，夜间出诊是个极大的挑战，黑灯瞎火路确实难走。在村民王见礼的记忆中，只要叫他，不管多晚，不论刮风下雨，康明全总是有求必应。“有时候，凌晨两三点了，他还要出诊。”村民康明信说。有一次晚上11点多，一个孩子得了急性肺炎，家长跑到康明全的诊所请求他出诊，康明全二话没说背起药箱就出门了，为了赶时间，康明全决定抄小路前行。这段路一边紧靠山体，一边就是悬崖，没有手电，康明全就用划火柴照亮的办法向前一步一步地挪动。“当时在我的心里根本没有顾忌自己的危险，只惦记着孩子的病情。”康明全说。

由于长年风里来、雨里去，老康的双腿在1986年就患上了严重的关节炎，右胳膊也因下雨时出诊摔伤再也无法伸直。加上长期走山路，膝关节磨损严重，现在他走起路来明显有些跛。

期望：让儿子来接班

“您现在已经61岁了，还打算继续做乡村医生吗？”记者问。康明全沉思了一会儿说：“只要我的身体允许，能跑动，我能干动一天就干一天，直到干不动为止。我干不动了，就让我儿子来这儿干，这个地方毕竟需要这么一个人给老百姓服务。”

“康大夫，孩子感冒了，我来买点药。”康明全出诊回来已是下午6点多了，他顾不上休息，与等候的村民交谈，询问病情，开方拿药。太阳的余晖透过窗户照在老康有些疲惫的脸上。温馨的话语、憨憨的笑容、熟练的动作，都融入这个山村的画面里。康明全犹如无私的阳光，守护着深山里的乡亲们。

兰州日报 董永前

用爱的笔触记录乡村变化

“从家里到村口需要856步，从家里到村委会再到乡上的电视站需要1956步……”这样的丈量、这样崎岖的山间小路，四十年来他不知重复了多少遍。从日出到深夜，从三十而立到如今即将步入知命之年，他用自己蹒跚的脚步记录下了这个山村的每一寸土地。作为一名农民记者，作为一名农民党员，他用自己的镜头和笔触、用自己默默地奉献“见证”着这个乡村面貌的变化。命运的劫难、家庭的破碎，没有将他击垮，他用共产党员顽强的意志书写着自己的乡村传奇。今年50岁右脚残疾的农民记者杨国荣，坚守在乡村为村民服务，书写报道农民生活、维护乡里的有线电视，一干就是8年，已经深深影响着这个乡村，感染着村里每一个人。

在杨国荣看来，他之所以喜爱写作，与自己对文学的喜好和残疾有很大关系。1995年，在村办企业上班期间的一次维修设备过程中，他的右腿意外地被卷入飞速旋转的铰刀，不幸失去了右脚，从此落下了终身残疾。杨国荣说，死神和他开了个玩笑，但残疾给生活带来的种种磨难曾经让他苦恼、彷徨。一次偶然的机会，他迷上了写作。从此，他的步伐再也没有停下来，走村串户，挑灯夜战，书写着山村农家的新鲜事，反映着农民的心声和呼声，15年来已在全省、市、县媒体发表新闻稿件3000余篇。

2012年的一个夏天，一份挂号信让榆中县银山乡孙家湾村王家湾社这个小小的地方沸腾了起来。原来是农民党员杨国荣的作品《感恩惜存》荣获2012年全国散文作家论坛征文大赛二等奖。这封信是中国散文学会协作中心寄来的，这也是对杨国荣书写生涯的一次极大肯定。走进杨国荣的家中，从家里的摆设可以看出这个家庭并不富裕，而简单的陈设中一台新式的电脑和一台摄像机引起了记者的注意。“这个摄像机是小高清，电脑配置也好，都是我为了搞好新闻报道专门配置的。”杨国荣有点不好意思地对记者说道。摄像机加电脑，价格一点都不菲，而这对于这个家里摆设如此简单的农民来说，是如何购置的呢？在一旁的杨国荣妻子为记者解开了这个谜团：“一天舍不得吃、舍不得喝，连电冰箱都舍不得买，攒下钱来就为了购置这些东西，他写报道用得上，我们

家里人自然也支持。”带着略微羞涩的笑容，这个朴实的农村妇女没有一丝怨言地对记者说道。记者了解到，正是因为家人的支持和杨国荣本身不懈的坚持和努力，才成就了杨国荣今天的十里八乡有名的农村记者名号。名号背后更体现了他对新闻报道事业的执着。除此之外，他还一直坚持维护乡里的有线电视。

2004年，得知村上缺广播电视技术员，他主动请缨，把没人干的活自己揽下来，承担起全村180户村民的有线电视线路、设备的维护重任，一干就是9年。那一年，银山乡有线电视工作因为待遇太低，点多面广，管理难度大，出现了无人管理的尴尬局面。杨国荣主动找到榆中县广电局领导，申请让他来管。他说：“我想干的就是别人不愿意干的，现在农村文化生活极其缺乏，群众需要通过电视来丰富精神生活，我就是想力所能及地为群众做一些事。”“人不能光追求金钱，一分耕耘，一分收获，我能帮村民解决问题，能给村里带来欢乐，我知足了！”杨国荣告诉记者，“虽然当广电局技术员，每个月只有300元补助，有村民说不够辛苦钱，但我是个残疾人，而且是个党员，应该为村民带头。让群众能看上电视，就是我最大的满足。这也是我的快乐和幸福。”他说因为右脚残疾，山路不好走，有线电视修理维护、收费几乎全靠步行。但是他觉得自己的这些付出都是值得的，因为看到村里人文化生活变得越来越丰富，他自己也能书写出更多喜闻乐见的农村报道。

兰州日报 颜娜

魏石磊:向更多人传递道德的力量

如今,在兰州的市民中间,提到"道德讲堂"这个名词,很多人都不会陌生。而在道德讲堂的背后,城市的文明也愈加得到提升,城市的每个角落都渗透着强劲的文明气息。2012年,"道德讲堂"在兰州全面开讲。从各个单位到各个街道社区,"道德讲堂"不仅创新了公民道德的教育方式,而且与城市文明建设融为一体,成为推动社会主义核心价值体系建设,提升市民文明素质和社会文明程度的有效平台。而在这个平台的推广中,有着很多默默无名的奉献者,他们不是这项工作的专职者,却都带着一颗虔诚的心,付出了无限的努力,目的就是向更多人传递更多道德的正能量,从而让我们的社会变得更加美好。伏龙坪小学的教科研主任魏石磊就是其中的一位,从"被动"地走上讲堂到如今自己研究发展这项工作,魏石磊老师带动了更多人向善从善,一起加入公益事业。

今年35岁的魏石磊老师是伏龙坪小学的一名教师。2012年,道德讲堂开始在兰州市全面推广,当时城关区的活动开展需要一名有相关经验的主持人。在大家的一片推举声中,魏石磊有点被动地走上了这个主持人的位置。"道德讲堂会不会只是一个形式主义的东西呢?在市民中起到的影响、作用能有多少呢?如何去做才能真正起到潜移默化的作用呢?"带着这些思考的问题,魏石磊开始了"道德讲堂"的主持人之旅。拿到相关的资料和文件之后,魏石磊开始去了解钻研"道德讲堂",他想只要用心去做,道德讲堂应该能取得较好的效果。经过细心的备课,4月份,在省图书馆,由魏石磊老师主持的第一场"道德讲堂"拉开了帷幕。"自我反省、唱歌曲、学模范、诵经典、发善心、送吉祥",随着魏石磊老师精心设计的六个项目一一展开,随着一段段身边的感人故事被讲述……全场的市民热泪盈眶,有的忍不住在现场哭了起来。在互动环节,很多市民有感而发地诉说了自己的心得,纷纷表示,这样的活动真是太让人受教育了,这样的方式也让人们浮躁的心灵暂时搁浅,得到了前所未有的心灵洗涤。活动结束后,好几个人还找到了魏石磊老师,当即邀请他带着"道德讲堂"一起去自己所在的单位辖区开展演讲。

第一次道德讲堂观摩会的成功，让魏老师更加坚定了把道德讲堂做好的决心。走进各个街道社区、走进更多的企事业单位，魏老师把“道德讲堂”给予的正能量传递给更多的人。

在执着于这项事业的同时，魏石磊在生活中也是身边人的道德模范，孝敬老人，敬业爱岗，定期为贫困家庭的孩子捐助、支教。谈起自己所做的这些公益事业，魏石磊不愿意说太多，他觉得一个传播道德的人，自己首先应该是一名道德公益事业的践行者，这是最基本的。本着这样的原则，魏石磊也从来没有间断过身体力行地做与公益有关的一些志愿服务。在历史的长河中，任何一项伟大的事业都需要太多人不断地推进，而魏石磊就是推动“道德讲堂”在兰州发展的人之一。积极执着于这项事业，并且把它当作终身事业去做，魏石磊希望“道德讲堂”真的能让更多人听了之后可以心生自省，吸取到更多的道德力量，贯彻到日常的生活和工作中，从而推动整个社会发展。

兰州日报 颜娜

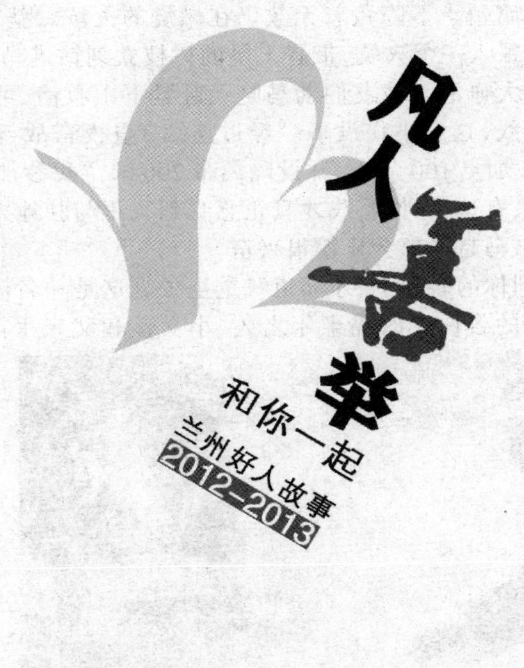

硬汉马赵飞　爱洒第二故乡

他先后荣立二等功两次、三等功一次，参加灭火作战百余次，抢险救灾八次……2010年被评为“抗洪抢险救灾先进个人”“拥政爱民先进个人”。他穿迷彩14年，为什么有这么多的花环？他究竟有着一种怎样的人格魅力？

“在警营里，他是一个响当当的硬汉；在驻地群众心里，他是一个热爱第二故乡、真情爱民的‘活雷锋’。”身边的战友和驻地群众都这么评价他。他就是今年31岁的武警兰州森林大队一中队中队长马赵飞。

马赵飞留给人的第一深刻印象，就是他黝黑的脸颊右侧的那块伤痕。这是他在灭火战斗中留下的印记。其实，熟悉他的人都知道，像这样的伤痕在他身上还有22处。2011年6月7日，兰州市永登县连城国家级自然保护区天王沟段突发森林大火，导致近900亩林地遭侵袭。马赵飞受命组织第一梯队所属人员奔赴火场。根据前指命令，他带领中队水泵分队转战在各个山头，负责扑打明火压制火头。山火过后的腐殖土下隐藏着无数仍在燃烧的火坑。就在马赵飞巡查火场时，烟雾弥漫中不慎踩入一个火坑，带着火星的树枝立刻钻进马赵飞的防火靴里，腿上顿时被烫出几个大血泡。战友们劝马赵飞赶紧下山救治，可马赵飞淡淡地说了一句：“轻伤不下火线，这点小伤没事。”经过连续3昼夜奋战，部队扑打火头十余个，清理火线3公里、烟点100余个，开设隔离带200米。“我参加过的大大小小森林灭火有百余次了，只有这个时刻，我才真正感觉到我正与驻地人民同呼吸共命运。”每当提起灭火战斗，马赵飞都会显得很兴奋。

“踩到你的肩膀上，才知道我重生了。”这是一名被马赵飞挽救了生命的小女孩发自内心的告白。时隔半年之久，小女孩和父亲手捧锦旗再次探望恩人马赵飞。

马赵飞回忆起当时的情景还心有余悸。2009年7月11日下午，兰州市白塔山公园的后山内，小女孩因道路不熟，下山时不慎滑下山崖，命悬一线。马赵飞接到群众求救电话后，带领5名战士迅速赶到事发地点展开救援。“抓紧绳子！坚持住！千万别松手！”马赵飞一边大声向女孩喊话，鼓励和加强她的求生意念，一边不停在心中盘算营救计划。女孩被困地点坡陡沟深，植被稀少，土质疏松，稍有差错便会跌落悬崖。而唯一让马赵飞看到希望的是，女孩在双臂环绕小树的同时，脚下正好可以勉强踩着凸出的石块保持平衡。山顶至女孩被困处约30米。“固定绳索一头，一人留守，其他人跟我下去救人！”马赵飞一声令下，战士们迅速将准备好的绳子一头绑在山顶一棵大树上，马赵飞带领4名官兵拉着绳索攀着岩石向山下慢慢移动，来到女孩身边，将绳子紧紧系在小女孩的腰部后，并让女孩踩到他的肩膀上让战士往上拉。经过近3个小时的奋力营救，女孩终于安全脱险。

“马赵飞在抢险救援当中是一把好手，在日常生活中，只要得知谁家有困难，他也会慷慨解囊，帮助困难人群暂度难关。”马赵飞的同事说。一次偶然的机会，马赵飞得知临时驻地附近张大姐家生活非常困难，被街道社区列为“五保户”。于是每年春节，马赵飞都会带着粮油、米面和蔬菜去看望她。去年5月24日，当他听到被驻地媒体记者称为“全能型综治员”、被《零距离》栏目组评选为兰州市“十佳好人”的张宇龙身患重病时，他带头捐款，短短几分钟内，大队就筹集到爱心款3049.7元，并由他亲手送到患者家属的手中。其实，马赵飞自身经济条件并不好。爱人没有稳定工作，在部队驻地临时打工。“平时从他的口袋里想翻出100块钱都难。”战友们善意地调侃道。的确，生活中马赵飞是一个非常节俭的人，战友们很少看到他为自己买点什么。但是，就是这么一个普普通通的军人，靠着省吃俭用积攒下来的钱，近年来先后为灾区群众、贫困山区儿童等捐款3万余元。

兰州日报 伊晓明

通讯员 王瑞欣

“正能量大叔”热情洒满社区

不高的个头，瘦瘦的身材，真诚的笑容，热心的帮助……小小的身体似乎总有着用不完的能量，带给身边社区居民的不仅仅是各种细心贴心的帮助，传递出的更是生活的热情和满满的正能量，在社区他被大家称为正能量大叔。他就是今年58岁的西固西柳沟街道古浪路社区志愿者范金禄。多年义务从事志愿工作，范金禄做的或许都不是什么惊天动地的大事，但是在这些细小的事情之中，他的执着和坚持却为他赢得了更多的尊重。

今年58岁的范金禄是省建构建公司职工，在工作中团结协作，扎实肯干，任劳任怨，认真遵守公司各项规章制度和工作纪律，较好地完成了公司安排的各项工作任务；在生活中，他不畏艰苦，团结邻里，乐于助人，热情地投入到社区组织的各类志愿者活动中，为构建和谐社区做出了突出的贡献，得到了社区领导和辖区居民的一致好评。

西固预制厂南院常住人口多，周围坐落着304橡胶厂、西固热电厂等大型工业厂房，卫生环境不是很好。在每周志愿者卫生活动，范金禄同志总是最勤劳的一个，他经常拿着铁刷、扫帚等清洁用具和其他志愿者们奔波在市场、楼院及街道上。对于最难打扫的卫生死角，每次都是他带头去打扫，不辞劳苦，不打扫干净绝不罢休。每次一打扫就是一天，院子里的环境干净了，居民们的心情自然也好了。在范金禄的带领下，大家都自觉了很多，不再乱扔垃圾，很多人还主动地加入到了维护环境的队伍之中。看着整洁干净的院落，院子里的一位大妈由衷地感叹道：“一个人带动大家把卫生搞好了，别的人也不忍心破坏，还主动维护环境，多好啊！这就是榜样的力量。”

看着每天笑呵呵的范金禄完成了这一系列工作时，或许你很难想到他其实是一名糖尿病患者。但是乐观、积极向上，让他征服了病魔。有时候社区刷墙、覆盖小广告需要石灰粉，他自己不顾得病的身体，亲自背着装满石灰的编织袋步行来到社区，身上都沾满了白灰，但是他从来都不计报酬，笑着说都是自己应该做的。他的积极乐观影响了很多人，而整个社区志愿工作的开展也因此变得更加容易。

在工作闲暇，范金禄还经常帮助辖区老人们做一些力所能及的事情。谁家电器坏了，他义务去修理；哪家没有煤气了，他骑着三轮车去帮忙灌气；天气热了就组织院子里的老年人出来晒太阳、打打牌，陪他们聊天，为他们讲解生活新闻及资讯，给辖区老年人带来了欢乐。58岁的年纪，比起社区七八十岁的大爷大妈们还是很年轻的，所以社区的大爷大妈们都管范金禄叫小范。每到闲暇时刻，大家也都盼望着这个“小范”同志能来到他们身边。

别看不是很年轻，但是范金禄非常喜欢接受新事物，能够意识到信息的重要性，认为黑板报、宣传栏会给居民生活带来极大方便，因此他与辖区刘秀诗同志一起为辖区南院办黑板报。刘秀诗同志负责编排、写字、画画，范金禄同志负责查找素材等工作，由他们办理的生活小常识、卫生小常识等黑板报得到了居民们的普遍好评。

一件件琐碎的小事，构成了范金禄志愿服务的全部，但是正是因为这些贴心的小事，也让社区的人们记住了这个乐观积极、助人为乐的大叔。而提到自己所做的一切，范金禄总是说："这都没什么，能为大家帮点小忙我也高兴。"而正是这些朴实的话语，让大家真正感受到了这位正能量大叔的可爱与无私，也让社区更多的人不禁竖起了大拇指。

兰州日报 颜娜

马拉松志愿者——大赛靓丽风景线

有一支身着白色衣服的志愿者团队,他们坚守在各自的岗位,默默无闻地奉献,保障了大赛的顺利进行。他们没有过多的言语,但是却有着同样的热情和心愿,共同保障好马拉松比赛的每一个细节……

6月10日凌晨3时,甘肃农业大学的夏雨就已经洗漱完毕,准备出发了。因为她们必须要赶在凌晨5时前到达赛场。因为心情激动,夏雨几乎是彻夜未眠。尽管没有睡好觉,她还是准时神采奕奕地出现在志愿者队伍之中。在10日当日的马拉松比赛中,夏雨负责的工作是五公里起点处的秩序维护。虽说这一工作相对比较枯燥,但夏雨还是充满了斗志。早晨6时,已经有市民陆续来到赛道,原本宽阔的马路由于人越聚越多变得拥挤。尽管夏雨和她的同学们一再维持秩序,但还是不时有参赛市民挤到前面。"请大家退到线后面,不要拥挤……"夏雨大声喊着维持秩序。随着人越来越多,她的声音也被淹没在人潮之中,于是夏雨和她的同学们拉起了手站成了一排"人墙"。时间一分一秒地过去了,距离马拉松赛开始还有半个小时,此时在人潮的拥挤之中,夏雨和她的同学们已是满头大汗。尽管如此,她们还是面带笑容站得笔挺。在采访中她告诉记者,这一点累根本不算什么,能为马拉松服务她感到特别荣幸,也特别高兴。这将是她人生成长道路上的一笔宝贵财富,所以她会珍惜做志愿者的每一分钟,把每一秒都做到最好。

赵芳芳是兰州商学院英语专业的一名学生,自从马拉松举行之前的几个月报名参选马拉松志愿者成功以后,她就多了一项任务:每天坚持练习英语口语。为什

么要进行口语练习呢？原来她此次担任的是马拉松比赛中的现场翻译志愿者工作。因为这一使命，她练习得也愈加勤奋起来。“要是有外国参赛选手问我问题，我可不能回答不上来啊！而且得说纯正的口语。所以一想到这里，我就充满了热情，想着赶紧把自己的口语练得更好！”赵芳芳微笑着对记者说道。6月10日，带着多日的练习成果和满腔热情，赵芳芳来到了比赛现场。但是和她想象的不大一样，在现场她并没有和外国选手说上话，具体的翻译机会也很少。但是提起此次做志愿者的经历，赵芳芳依旧充满热情地说道：“我志愿，我服务，我开心。”

甘肃省卫生护士学校的李英也是一名志愿者，她在本次大赛中的志愿工作是送水。她告诉记者，作为护校的一名学生，能参加这次志愿活动，她感到特别自豪。同时，为了更好地服务运动员，她也是费了很多心思。“其实送水这件事很简单，但看着专业运动员风驰电掣般地跑过来，我们送水的时候也很忐忑，生怕自己送水不到位影响了运动员的比赛。所以在进行这项志愿工作之前我仔细琢磨了送水的动作、时机，还找了自己的同学做实验，反复练习这个简单的动作，为的就是更好地把自己手中的水送到运动员的手中。”

1.5万名志愿者，1.5万张不同的笑脸，但是他们有一个共同的心愿——更好地为马拉松比赛服务。不求回报、不求得失，他们是志愿者，更是新时代凡人善举群体中的一个个缩影。在他们身上，我们感受到了热情，更感受到了一颗颗质朴之心背后无私奉献的爱。

兰州日报 颜娜

“乘客安全，我才会安心！”

公交车是城市交通的主动脉。大家每天都会乘坐不同线路的公交车，遇见不同的司机。在车辆运营过程中，并不是每一位司机都能做到“文明用语、模范服务”等规范，而53路公交车司机袁忠伟，以他热忱的服务、文明的语言每天感动着乘坐公交车的乘客们，被大家誉为文明使者。他总是说——“乘客安全，我才会安心！”

11月12日上午，记者在袁师傅的车上看到，每当上下车停靠到站点，袁师傅都会告诉乘客：“慢点上，慢点上，不要着急。请抓好扶手，不要着急，到站了再下……”。一位乘客告诉记者，这位司机师傅对乘客太关心了，她乘坐了许多公交车，很少能听到这样温暖的声音！虽然是一句简单的提示，但是并非每个人都能做到，说真的，这是很少见的。袁师傅对乘客的关心和温馨的提示，感染着每一位乘客。在一个月之前，朋友乘坐袁师傅的车之后，对记者感慨地说，今天遇到了一名和其他公交车司机不一样的司机，并将袁师傅的车号告诉了记者，让记者亲身感受袁师傅与其他公交司机的不一样之处。当日，记者上了这趟公交车。刚上车，坐在后排座位，到了下一站，袁师傅温暖的提示语言让记者开始注意这名司机。当记者确认他就是要找的那位驾驶员袁师傅后，记者便从后排座位坐到了袁师傅身后的座位上，仔细地观察。袁师傅理了个光头，大眼睛，高个子，微胖的身材。在记者的印象中，这种标准的西北大汉应该不是一个细心的人。但是从西站到雁滩，一路上他都是热心地提示、耐心地回答，的确让记者和其他乘客对他有了不一样的印象。

采访中乘客姚先生告诉记者，袁师傅比较热心，时刻提醒乘客注意各方面的安全，工作比较负责任。乘客林先生说，他对袁师傅的印象非常深刻。林先生说，他家在西站，每天上班要从西站乘车到雁滩，53路是他必坐的。他经常遇到这位“特别”的司机。第一次遇到他的时候，他觉得这位司机非常有意思，他每到一站的时候都会特别细心地给大家介绍，“到会展中心啦”“上车一定要抓好扶手”“马上要转弯了”“大家把扶手抓好”“要给老人让座了”等等，觉得坐他的车特别有意思，特别热闹，特别亲切。林先生觉得所有的公交车

司机如果都能像这位师傅一样热心，一样的尽职尽责，那乘客乘坐公交车的时候也是一种乐趣。

当公交车开到53路东面的终点站时，记者表明了身份。袁师傅告诉记者，他叫袁忠伟，今年42岁。当问到为何要不厌其烦地做好温馨提示时，袁师傅笑着说，就是发自内心地想做好自己的本职工作。他说，有时候报站器声音小得很，岁数大的老年人听不见。因为他遇到过这个事情，所以就记住了，到站后就大声提醒乘客，并提示大家下车一定要慢。其实这也是关系乘客安全的一种表现，乘客安全了，他心里也就高兴了。袁师傅说，“我们是做服务行业的，这是我的工作。我应该做好，做好了，乘客就会支持你的工作，用心对你。乘客安全了，我才会安心。”

兰州日报 葛强

护航"兰马" 800交警情暖金城

第二届兰州国际马拉松大赛于6月10日圆满举行。作为交通的疏导者和管理者,兰州市800多名交警和协警从早上5时许就赶到各自的岗位上辛勤工作。他们用自己的汗水确保了马拉松大赛的道路畅通安全,同时也留下了一个个感人的故事,谱写了一曲"凡人善举"之歌。

10日上午7时30分,正在静宁路北口执勤的城关交警大队三中队中队长杨宏,看到四名身着运动服的市民匆匆跑了过来。他们是参加马拉松赛的选手,由于家距离赛场比较远,紧赶慢赶还是没能到赛场,眼看比赛马上就要开始了,无奈之下只好请求交警帮助。杨宏听到几名运动员的讲述后,二话没说立即发动警车,将四名运动员快速送到现场。到达现场后,四名运动员紧紧抓住杨宏的手,向他表示了衷心的感谢。

上午9时许,马拉松比赛已经正式开始,城关交警大队二中队中队长王卫东和几名交警正在金昌路北口执勤时,突然从人群中传来一个小男孩的哭声。只见一名大约四五岁的小男孩正在路边伤心地哭泣。孩子一边哭泣一边断断续续地说,他和爸爸来看马拉松比赛,与爸爸走散了,他找了好长时间也没有找到爸爸。听到孩子的讲述后,王卫东心想孩子的父亲一定很焦急,但自己又不能离开执勤地点,于是他立即利用电台向各个执勤点的交警喊话,让大家在各自的执勤范围内帮助寻找孩子的父亲。然后他拉着孩子的手,一边执勤一边等候回话。10分钟后,电台里传来滨河路执勤点上一名交警的回话,告诉王卫东,他们找到了一位丢失小孩的父亲。几分钟后,一名气喘吁吁的男子跑到王卫东面前,一把抱起小男孩。看到父亲找到了走失的孩子,在场的交警们都露出了微笑。孩子的父亲连连道谢。

上午6点40分,在南滨河路通渭路口附近,四中队中队长王鹏愿正在做交通管制的最后检查。这时一辆微货车由西向东从赛道行驶过来,当行驶至距离王鹏愿100米远的距离时,微货车突然停在路中间不动了。王鹏愿立即上前告知对方马上就要交通管制,请立即离开赛道。可司机苦着脸说,他的车突然出现了故障,无法正常行驶。听到司机的讲述,王鹏愿立即爬到车下帮助司机维修车辆。20分钟后,无法行驶的车辆发动起来了。司机的感谢之情难以言表。王鹏愿却说,为了保障马拉松赛道畅通,为了方便司机和市民出行通畅,他只是做了自己应该做的事情。

上午10时许,正在静宁路北口附近执勤的一中队中队长雷志强看到一名身穿运动服的老人在附近来回转悠,便上前询问。得知老人今年77岁,来自山东烟台市。这次和老伴一起专程来到兰州参加马拉松5公里的比赛。当老人跑到终点静宁路北口时,却怎么也找不到回宾馆的路,只能在附近四处寻找。雷志强听到老人迷失方向后，立即请老人上了警车，然后仔细询问老人去过哪些地方。老人告诉雷志强，她是乘坐了4站路的公交车后，在一个公园内领到运动服的。雷志强立即向别人询问马拉松运动员领取衣服的地方。当得知是在水车博览园后，雷志强将老人送到了水车博览园。看到水车博览园的雕塑后，老人告诉雷志强她就是在此领取服装的，从这里到她居住的宾馆一共有4站路，于是雷志强陪着老人边走边寻找，经过一个小时的寻找，老人终于在东方红广场附近想起了自己居住的宾馆。当雷志强将老人送到宾馆后，正在焦急等待的老伴看到老人在交警的护送下安全回来，紧紧地抓着雷志强的双手，表示感谢！

大赛期间，发生在交警身上这样的感人事例还有许多。这些事情看似琐碎，却凸显了我市交通警察良好的精神风貌，那就是，他们爱岗敬业、无私奉献，他们将人民群众装在心中，时刻准备着为人民服务。他们是凡人善举的忠实践行者。

兰州日报 葛强

身残志坚　断指书写美丽人生

今年42岁的荣卫民，是大唐兰州西固热电有限责任公司的一名普通职工，曾荣获"2008年全国电力行业技术能手"和"2008年度感动大唐人物"；在2002年甘肃省第二届残疾人职业技能竞赛网页设计中获得第二名；2004年被西固区授予"残疾人自强模范"；在2005年甘肃省第三届残疾人职业技能竞赛中获第二名；在2007年全国第三届残疾人职业技能竞赛中获得第一名，并获得劳动和社会保障部授予的"全国技术能手"称号。同年11月，荣卫民代表全国残疾人参加了在日本举行的国际残疾人职业技能大赛，并取得了第六名的好成绩；曾代表甘肃省选手参加了全国第三届残疾人职业技能竞赛，获得了计算机类技能竞赛计算机调试工(计算机组装)第一名。

如此多的荣誉背后，是他不懈的努力，从发生意外到不幸残疾，再到自学计算机并多次担任志愿者，荣卫民用自己并不完美的断指书写了别样精彩的美丽人生。

1983年春天，一次意外的火灾，父亲亡故，荣卫民和姐姐被大火烧伤，他的双手被烧成残疾，失去了十指，也使荣卫民永远失去了正常人的生活。身残志不残，积极乐观面对人生，是荣卫民的真实写照。他的业余生活同样丰富多彩，爱好广泛。计算机是他的业余最爱，他因此在西固区也是小有名气。在不断刻苦努力学习及妻子和家人的大力支持下，荣卫民的计算机水平可谓"越来越酷"了，从一般的系统维护、组装到网页设计、网络布线，无所不能。现在，他不仅是单位电脑的义务维护员，而且朋友、同事的电脑出了问题或是有人要买电脑，都爱找他帮忙，他总是随叫随到。

自己的技术精通了，也不忘帮助别人，每每残联有什么活动，他都积极参加。同时，他还帮助许多残疾朋友，教他们电脑知识，为他们做"业余心理咨询师"。在一次残联活动中，荣卫民结识了一位叫杜当愚的小伙子，小杜由于工作原因导致双目失明，情绪低落，非常消极。荣卫民能够体会这位小伙子的心情，希望在力所能及的范围内帮助他。通过交谈，杜当愚得知荣卫民在计算机方面有所研究，渴望能得到他的帮助，学习这方面知识，荣卫民欣然答应。由于杜当愚的家在七里河，而荣卫民在西固区，相距较远，荣卫民利用自己的休息时间教小杜计算机知识，为他安装盲人软件，并带他散步，用自己的亲身经历鼓励这位盲人小伙子。现在，小杜在家里通过网络和外界交流，又将自己学到的电脑知识传授给像他一样的残疾朋友。更让人欣喜的是，去年杜当愚代表甘肃省残联参加了"盲人计算机组装比赛"，获优秀奖。为了给杜当愚增加信心，荣卫民把自己当年去日本参加比赛的工具送给小杜，让他轻松地去北京比赛。

采访中，记者了解到荣卫民还是“关爱生命万里行”活动小组的一名志愿者。“关爱生命万里行”活动小组以预防青少年心理危机、加强生命教育、关注青春理想信念为主旨。荣卫民负责“关爱生命万里行”活动小组甘肃工作站的网站日常维护等工作。除了做好自己的本职工作，网络上只要朋友们有电脑方面的问题请教他，荣卫民都会细心、耐心地解答与帮助。当然，社区的电脑系统出现故障，大家第一个想到的也是找荣卫民帮助，因为他不仅技艺高超，还特别随和，所以大伙都特别信任他。

荣卫民乐于助人。张晓波是一位盲人按摩师，2005年与荣卫民相识。因为张晓波平日要看一些中医学方面的资料，荣卫民给他下载、打印了好多专业方面的资料。为了让晓波更方便，荣卫民把重要的视频刻录成光盘亲自给晓波送去。张晓波感动地说：“荣卫民真是一个好人！”荣卫民去兰州六十九中学给学生做生命教育讲座，用自己的亲身经历鼓励更多的青少年：人生不如意之时常有，生活有时无法更多地选择，但是我们可以选择对待生活的态度。讲座结束后，荣卫民听一位老师说，她们班的一位残疾姑娘很自卑。荣卫民了解情况以后，专门挑选了几本曾经鼓励过自己的书籍，亲自去学校送到了这位残疾姑娘手中，并鼓励她要坚强地生活、战胜自我。

帮助别人，书写精彩人生。很多熟悉荣卫民和听了他事迹的人，都会不由地对他竖起大拇指，但是荣卫民却总是说：“我自已经过了磨难痛苦，是社会大家庭的爱和温暖让我有了直面生活的勇气与信心。现在我有能力回报社会了，所以更要去做志愿者，今后还要帮助更多需要帮助的人，奉献自己的力量。”

兰州日报 颜娜

社区志愿者默默奉献　为马拉松“保驾护航”

伴随着今年兰州马拉松的结束，那些激动人心的呼喊与加油助威似乎还停留在我们的耳畔。侧耳倾听之间，不仅有运动员的奔跑声，更有周围居民的加油助威声。大家都知道为了这次马拉松的成功举办，很多人都付出了艰辛的努力。在这些人中，有一支队伍尤其值得注意。他们是来自兰州市各大街道社区的志愿者。从马拉松前期的各项筹备工作到马拉松结束后的一些收尾工作，他们也付出了很多努力。

6月1日，距离马拉松开跑还有9天的日子。这天，金港城社区的工作人员发现在沿着社区滨河路的几栋楼楼顶处堆积着很多杂物，有的甚至还搭上了一些简易的棚子。“这些都是临街的楼面，楼顶上堆积了这么多杂物，不仅看上去不雅，还有可能会影响到航拍效果。”社区工作人员找到相关人员，请他们把楼顶上自己的杂物清理一下。但是，相关人员并没有接受社区工作人员的建议，有些甚至给社区人员吃了“闭门羹”。无奈之下，社区书记、主任带着社区工作人员利用中午和下午下班后的时间开始清理这些楼顶垃圾。6月的中午，楼顶气温超过30℃，但是为了马拉松的整体效果，金港城社区的工作人员在最短的时间内打扫了楼顶卫生，为马拉松的开办创造了良好的环境。

作为马拉松赛道的一段，整个东岗西路街道掀起了一股为马拉松服务的热潮，而且还为马拉松特意成立了一支绿化志愿者队伍。“马拉松前期每天我们都会安排技术人员走街式指导，保障盆花的成活率；同时，加强了对盆花摆放工作的督导检查，对行动迟缓、落实不力的，将对责任单位和责任人给予严肃批评甚至处理，保证不折不扣地完成盆花摆放任务。”街道的负责人告诉记者。记者还了解到，在马拉松前期，东岗西路街道还组织全体干部、社区工作人员，放弃周末休息时间，积极开展市容环境卫生整治工作。

在马拉松比赛的当天，大家看到了这样的一支加油队伍。他们身着统一颜色的T恤衫，手里拿着自己绘制的海报、旗子。站在赛道旁加油，为每个运动员呐喊助威。统一的加油呼喊声、挥动着的鲜艳旗帜，给奔跑路过的运动员增添了许多信心，让运动员奔跑的步伐更加有劲。这是来自哪里的加油队伍呢？记者了解到，原来这支加油的队伍来自酒泉路街道张家园社区。啦啦队的组织者告诉记者，马拉松前期，她们一些想给马拉松加油的人在社区的组织下成立了专门的啦啦队志愿者，为的就是这一天给马拉松的所有运动员好好加油。“你别看我们这些啦啦队志愿者只是站在路边给运动员加油，我们的喊声都是经过科学训练制定出来的，非常符合跑步的节奏，更适合给马拉松加油呢！”啦啦队的成员之一开玩笑地对记者说道。

一个个不同的面孔,一个个不同的声音,也许他们为马拉松的付出微不足道,但正是因为这些一个个点滴的微小,才促成了马拉松完美成功的举办。他们是马拉松背后最普通的付出者,但是他们的付出却默默无闻、不图回报。他们更是用自己的行动诠释了马拉松背后最平凡的凡人善举。

兰州日报 颜娜

黄天恩：爱运动更爱家乡

6月23日，记者来到安宁区西路街道长风社区，再次见到65岁的黄天恩。老人还沉浸在“兰马”大赛的兴奋之中。一身参赛的运动服被作为一份沉甸甸的荣誉放在家中最显眼的地方。记者第一次见到黄天恩老人是在三年前。当时兰州刚刚提出要举办国际马拉松大赛，但是具体时间尚未确定，这样的好消息让一生热爱运动的老人兴奋不已。如今，三年时间过去了，黄天恩老人实现了自己的“兰马”梦。

黄天恩老人是长风厂的退休职工，也是社区的一位“名人”，因为，他有好几个身份——“环保志愿者”“社区爱心使者”“‘兰马’运动员”。平日里，黄天恩老先生穿得最多的就是运动服。这位65岁老人总是说“生命不止，运动不息”，他一直主张生命在于运动，要在运动中感受环保，体验真正的绿色运动。十多年来，他用自己的绵薄之力践行绿色环保运动的理念，一直义务宣传环保知识，并参与许多由政府或各社会团体组织的环保活动，同时影响和鼓舞身边的每一个人，坚持绿色环保运动。多年来，他一直热爱马拉松长跑，曾先后8次参加北京国际马拉松比赛，并且取得了优异的成绩。

在三年前的采访中老人告诉记者，他最大的梦想就是能够参加在兰州本土举办的国际马拉松比赛。当时有这样一种说法，“由于西部地区经济发展相对落后，又受到环境气候等条件的影响，像国际马拉松等这样的大型体育赛事很难会选择在西部地区举办”。针对这一说法，老人骑着自行车，用自己的方式坚持不懈地对外进行宣传：“兰州是一个比较理想的马拉松训练、比赛的城市，因为它的海拔与大气压强都比较适合运动员训练，这是低海拔的东部沿海城市所不能达到的。”

当听到兰州被确定可以举办“国际马拉松赛”时，老人喜极而泣！因为黄天恩爱运动更爱家乡，即便是时隔几年，提及此事黄天恩的眼眶仍然有些湿润。当记者询问他在家门口跑马拉松赛的感受时，老人随即又像孩子一般兴奋起来，他用“自豪”二字来形容自己的感受。老人说，“兰马”对于千千万万热爱运动的兰州市民来说，心中的荣耀无以形容。

“在马拉松比赛的前一天，我在北滨河路边捡拾草坪里的纸屑。因为我个人认为，让‘兰马’完美的不仅是赛程还有环保。”黄天恩老人说。比赛过后他最关心的不是自己的成绩，而是赛道沿线观看比赛的居民手里的饮料瓶是否乱扔，草坪花木是否被践踏。这就是黄天恩，在老人身上不仅有对运动的热爱，还有对绿色环保的痴迷。

记者问他，作为一名运动员为什么要这样重视环保？黄天恩说，1999年他到北京第一次参加北京国际马拉松比赛，当时他在自己的运动衣上印着“爱兰州”字样的标语，引起了众人的关注。自己热爱运动热爱长跑，除了锻炼身体、磨炼意志外，更重要的是宣传自己热爱的城市，宣传环保知识，让城市变得更美丽。

作为一名志愿者，黄天恩用自己的爱心温暖他人。他长年照顾长风厂退休职工张卫民的事迹被大家所熟知。洗衣厂职工李洪元，妻子患病，是长风社区的困难户。黄老先生了解到他们的实际困难后，多次为他们跑社区反映情况，帮助他们办理政府补助。黄天恩的热心，让夫妻俩非常感动。

今年的“兰马”赛，黄天恩获得了男子全程永不放弃奖。老人告诉记者，运动给了自己很多感悟：人生也是一场马拉松，跑完全程，就是胜利。今后，他会继续努力，与运动同行，倡导绿色环保，通过绿色“兰马”让世界认识兰州。

兰州日报 边卫霞

实习生 马靖宇

帮别人就业是我最大的梦想

"一次就业机会,不仅可以改变一个人的命运,同时也会改变一家人的生活状况。"近日,在东岗街道新兴社区的就业明星报告会上,春燕毛衣编织坊的主人、社区居家就业明星现身说法。但是在成功的背后,这位明星却要特别感激一个人,她就是社区的就业专干孟淑霞,一位勤勤恳恳工作、用自己的努力成就他人就业梦想的人。

就业关系个人命运

社区的就业专干,是一个非常普通的岗位,工资不高可一天到晚忙的事不少,既要负责居民的各项社保,还要帮助失业人员再就业、辖区企业招工和退休人员社会化等。就以新兴社区而言,辖区现有世纪新村、酒钢黄河沿家属院两个居民小区(共9个住宅小区40栋楼)和长城村、东岗小街两个居民点;辖区内有行政事业单位3个,各类企业7家,个体工商户96户;辖区居民3577户、7408人,具有劳动能力居民2274户、5002人。从事就业专干10年,这些情况孟淑霞早就熟烂于心,平日里虽然工作繁杂,但孟淑霞的心不乱,每一项工作都细致入微、每一家的就业情况都了然于心。

采访时,孟淑霞说:"就业关系到一个人一生的命运,所以就业专干要用心来干工作,担起肩上的职责。"10年前,孟淑霞也有下岗再就业的深切体会,所以现在作为就业专干,她在工作时总能将心比心,时时处处替就业者着想。

暖心话救了轻生者

辖区居民刘兵(化名),几年前不慎误入歧途,虽经几番努力解除了毒瘾,但也因此丢掉了工作,居无定所,生活拮据。社区就业站了解他的情况后,迅速成立"一对一"帮扶工作小组。社区书记王银萍与孟淑霞,全面负责刘兵的职业介绍、基本生活保障、心理咨询、政策宣传等工作。孟淑霞先后给刘兵介绍了不少工作,但由于他以前的不良记录总是被打零工的单位解雇。加之刘兵住的房子又临近拆迁,他面临既无住处又无工作的困难境地,对生活悲观失望,甚至有了轻生的念头。孟淑霞主动上门找刘兵谈心,并挨家挨户地跑辖区单位,费尽口舌地说服用工单位,终于在兰州新派克仓储服务有限公司为刘兵找到了一份合适的工作,解决了他的住宿、就业难题。

在一次帮助刘兵办理养老保险的过程中,孟淑霞发现其原单位已缴纳了17年的养老保险,也就是说即使他不再接续养老保险,也有资格在统筹年龄时享受社保待遇,这一下就解除了刘兵的后顾之忧。事后刘兵激动地说:“是社区的帮助挽救了我,也让我对今后的生活充满了希望。”

失业人员的贴心人

在孟淑霞身上,这样的温暖故事不胜枚举。今年45岁的苏全原是兰州钢厂财务处工作人员,2002年12月他与兰州钢厂解除劳动合同后,经过一年多的考察和市场调查,取得了广东紫薇星实业有限公司特许专卖权,申请成立了专卖店,专营家用医疗器械系列产品。2011年,为了扩大经营,苏全向社区申请失业人员小额担保货款,但因没有合适的担保人而无法办理。孟淑霞了解到他的困难后,多次亲自上门对专卖店的营业状况、目标人群、收益预期、投资回报等进行了专业分析,并对该专卖店进行了为期一个月的蹲点考察,在确定了项目的稳定性、安全收益后,主动提出以新兴社区“信用社区”的政策为苏全担保。最终苏全拿到了10万元无息贷款,不仅解了燃眉之急,扩大了经营,还吸纳更多的失业人员就业。

在新兴社区的就业报告上,记者看到了这样一组数字:2011年,新兴社区新增就业人数135人,完成制定目标的103%;其中“4050”人员再就业55人,完成既定目标任务的423%;再就业培训50人,完成既定目标任务100%;累积发放小额担保贷款201万元;城镇失业率控制在1%;劳务输转人员100人,完成既定目标任务118%。几年来,登记失业人员就业率都保持在98%以上,登记就业困难人员就业率始终为100%。就业专干的岗位因为太辛苦,一般人都很难坚持三四年,但是孟淑霞却用爱心和责任心为他人铺就了一条条就业之路。通过不懈的努力,社区先后被省、市、区三级政府评为“充分就业社区”。对此,社区的再就业者这样说:“在这些荣誉和数字背后,是孟淑霞与同伴的辛苦付出。”

兰州日报 边卫霞

实习生 马靖宇

80后街道专干:我的工作有苦也有甜

梁金是80后,她是临夏路街道劳动就业和社会保障事务所的一名普通专干。从事街道社区工作6年间,她细心地做着手头的每一项工作,热情地为每一位前来参加养老保险的居民服务。面对登记、录入、电话通知等一系列繁杂工作,她告诉记者:“我的工作有苦也有甜,我干得很快乐。”

采访中,梁金告诉记者,她要指导每一位前来办理保险的居民,将纸质信息填写正确,然后待他们走后,再一一核对将其做成电子版。“无论是纸质表还是电子档案都是要存档的,绝对不能出错。”梁金的同事说,梁金总会核对好几遍档案表,若哪位居民的信息写得不清楚,她都会打电话过去再三确认。对于这位年轻的“80后”,劳保所所长马爱萍给了很高的评价:“这孩子是我们所里为数不多的‘80后’党员专干,踏实、认真还有主见和思路,工作效率也高。”

去年10月份,参保的居民王正华所留的信息有误,她打了3天电话,都联系不到本人。为了不耽搁王正华办理养老保险,她专程去城关区社保局翻查了原始档案。拿着抄来的家庭住址,梁金决定上门去通知。哪知地址只留了路牌、门牌号,根本无法确定王正华家的具体位置。就这样梁金从上午找到下午,又通过同事查找方位,终于找到了王正华家,但又被告知房子被出租了,梁金向租户说明了来意,才联系到了王正华的儿子,随后找到了王正华老人。说到这,梁金笑笑:“当时真怕耽误他办理养老保险。还好,让我找到了。”

兰州晚报 张静 赵雨欣

王海燕:警察的综合素质决定执法质量

在兰州所民警的指引下,记者在火车站候车大厅第一次见到这位怀孕8个月的“准妈妈”——兰州所28岁女民警王海燕。当时,她正在候车室进站口解答旅客求助。在回答时,她总是满脸微笑,笑脸相迎。怀孕8个月的她,肚子已经高高隆起,合身的警服已经系不上扣子。隆起的腹部、过大的重量让她始终保持右手支撑腰部的姿势。在海燕工作间隙,记者询问她为什么不请求领导调换一个轻松舒适的岗位时,她用手支撑她那“超负荷”的腰部答道:“领导已经很照顾我了,我现在从事的是兰州火车站旅客进站秩序维护和受理旅客求助工作,我以前在兰州车站售票厅从事查缉追逃工作,比现在辛苦多了。现在春运了,挺忙的,所内警力少,力所能及地做一些工作还是可以的,每天能够多一点地解决广大旅客的求助,看到他们顺利平安踏上回家的征程,再苦再累也是值的。”这时一位旅客问道:“请问兰州至乌鲁木齐的T295次旅客列车在哪里候车?”海燕赶紧迎上去解答。

从兰州车站派出所民警口中得知,王海燕怀孕之前,是所内查缉追逃能手,从警4年多,先后抓获网上逃犯18名,破获运输毒品案件2起。2009年5月31日上午,值勤丙班的追逃能手孙杰在对售票厅巡视时,发现一名男子神情紧张,形迹可疑,随即上前控制,通过仔细盘问,见疑不放,严查细审,成功抓获了一名公安部网上逃犯。在警长们将该男子带到值班室进行讯问时,王海燕立即补岗开展追逃工作。过了十几分钟,一名中年男子进站,对他的身份证比对时,手中的警务宝典提示有相关信息记录,王海燕看了一眼警务宝典显示的逃犯信息:王和平(男,宁夏中卫市人,内蒙古鄂托克前旗公安局立案)。“我的神经立刻绷紧了,听到自己的心‘砰、砰……’地剧烈跳动,感觉我的心马上要跳出来了,我暗自握拳,指甲深深地嵌入手心,强忍着激动的心情,学着老同志教我的经验,告诉该男子其身份证因为消磁无法刷出信息,将该男子骗至公安值班室,和值班室的警长们一起将该男子抓获。后面半天时间,心情一直处于亢奋状态,领导们交接班

的时候夸奖我机智勇敢，心里那个美滋滋的，当时想着：干警察，真带劲。”

有一次，一名中年男子随身藏匿了两把管制刀具进入候车室坐车，被安检查危人员手检出来。该男子自查出管制刀具后，气焰极其嚣张，不断大吼大叫，当时候车室进站通道都被围观的人员堵塞了。王海燕当即将其带到值班室。该男子在值班室仍不收敛，还是咆哮不断，口出污言秽语。在这种情况下，王海燕没有被他嚣张的气势所吓倒，不和他发生正面语言冲突，等他情绪稳定一些后，对他动之以情、晓之以理，先从法律条文上告知其已经触犯了《中华人民共和国治安管理处罚法》第三十二条之规定，而不是他个人认为的携带的只是用来削水果的水果刀，并告诉他刚才在进站口大闹已经严重扰乱公共场所秩序，按照法律规定处五日以上十日以下拘留处罚。在耐心教育、法律学习后，该男子的嚣张气焰立即“软”了下来，主动承认了自己所犯的错误，对自己携带管制刀具、在进站口大闹的行为表示深深歉意，并自觉缴纳罚款，接受公安机关处罚。王海燕说：“身为一名警察，工作中的泼辣是一项必要的素质。在日常工作中，我们会碰到形形色色的人，有犯罪分子、违法人员，还有各种群众，有求助，有纠纷，有无理取闹，会碰见各种情况，警察的个人综合素质决定执法质量的好坏。”

现在去火车站候车大厅，依然可以看到王海燕忙碌的身影，怀孕8个月的她依然每天工作10个小时，为来往的旅客解决困难，为旅客的出行安全贡献一份自己的力量。

中国兰州网 孙涛

洪玉线：一心为民的好支书

“洪书记”——这是一个多么亲切的称呼。所说的“洪书记”就是兰州市榆中县小康营乡洪亮营村支部书记洪玉线。因为有他，洪亮营村引进了大棚油桃种植技术；因为有他，洪亮村农民人均纯收入从2007年以前的不足2000多元增加到现在的5000多元；因为有他，洪亮村的村民们走上了脱贫致富的道路。不幸的是，这样一位敬业奉献的好书记却于2010年3月6日因突然心脏病发，倒在了他倾注了大量心血的大棚里，虽经全力抢救，但仍然未能挽救他年轻的生命。当时，年仅46岁。

洪玉线任村干部7年来，身先士卒，埋头苦干，不计名利，放弃了自己经营的砖厂，一心扑在集体事业上，为洪亮营村摆脱贫困落后、加速发展呕心沥血。他虽然离开了，但是乡亲们却永远惦记着他。在村民们眼中，洪玉线不仅是个肚子里很有墨水的文化人，也是个能干大事的能人。1995年，洪玉线大胆地承包了村里的砖瓦厂，在他一天天的奔波下，这家濒临倒闭的砖瓦厂渐渐红火了起来。2004年12月，村委会换届选举中，洪玉线因为经济基础好，乐于助人，脑筋灵活，被村民一致推选为村委会主任。

要致富，就得学技术。为了带领全村人走上致富路，2007年，洪玉线先后两次自费赴山东寿光考察、学习，最后把目光盯在科技含量很高的第四代日光温室大棚油桃种植技术上。洪玉线先后组织村民分六批赴山东寿光实地学习油桃种植技术。为了找好销路，洪玉线组织成立了瓜果蔬菜专业合作社，对油桃实行统一包装、统一品牌，积极筹划举办油桃营销推介会、采摘节。通过一系列的包装推介，使油桃销售行情一路看涨，2009年全村油桃收入达150万元，平均每个棚收入3万元。

“群众利益无小事”，这是洪玉线常挂在嘴边的一句话。全村300多户人家的温饱疾苦，他常挂心间。村民朱桂芬因家庭矛盾喝了老鼠药，洪玉线闻讯后急忙开车把朱桂芬送到县医院，并垫付了800元医药费。村民刘永春家无钱买煤过冬，洪玉线亲自送去500公斤炭。村民万云珍患糖尿病没钱住院，洪玉线主动送去800元钱。在洪亮营村村民看来,洪玉线不像个村官,更像是自己家里的人。

在任“村官”的7年时间里,洪玉线带领群众硬化村社道路6公里;筹资15万元全面修建了村文化活动中心;解决全村301户1260人饮水安全问题;为村民每户补贴50元,架设了有线电视光缆,让全村人看上了清晰的有线电视节目……因为洪玉线,洪亮营村党支部和洪亮营村分别在2008年、2009年被县委先后评为“先进党支部”和“三争一促”活动示范村,洪亮营村在2007年、2008年被兰州市委、市政府评为“市级文明村”和“新农村建设先进试点示范村”。2008年,洪玉线被兰州市政府表彰为“农村优秀实用人才”称号。2010年5月初,中共榆中县委追授洪玉线同志为“一心为民的好支书”荣誉称号,并做出《关于在全县开展向“一心为民的好支书”洪玉线同志学习活动的决定》。

时代的进步需要良好的道德风尚来引领,社会发展需要道德模范的力量来推动。洪玉线用自己的行动、用自己的无私奉献,弘扬着友爱、互助、进步的时代精神,为社会树立了一根新时代的道德标杆。

中国兰州网 孙涛

列车员轮流当保姆　母子俩顺利回家乡

一女乘客旅途中突现精神异常，将自己三四个月大的婴儿丢弃在车厢里不管不顾。孩子的啼哭声引来了列车乘务人员，几名女列车员轮流喂养照顾孩子，直到列车顺利到站并交由该女子的家人接走。这是3月6日在深圳西开往兰州的K134次列车上发生的一幕。

昨日，K134次列车长赵辉回忆道：3月6日上午，列车刚开出淮滨站不久，就接到17号车厢乘务员对讲机呼叫，称车厢里发现了一名年轻女子，疑似精神异常，她将自己三四个月大的婴儿丢弃在车厢地板上，婴儿啼哭不止。

闻讯后，列车长赵辉迅速赶到17号车厢，只见车厢地板上放有一名婴儿，一名年轻女子站在一边自言自语神情木然，对啼哭的婴儿不管不顾。

为了便于照顾，赵辉将这名女子和婴儿带到了餐车。在餐车上，几名女列车员轮流照看婴儿，大家从女子的行李中找到婴儿的奶瓶、奶粉，冲好奶粉给婴儿喂服。此时，年轻女子呆坐在车厢里，嘴里喃喃自语，依然对婴儿不管不理。赵辉吩咐餐车为这名女子准备了早餐，列车员从女子随身携带的行李中发现了她丈夫的电话号码，赵辉随即与该女子的丈夫取得联系。据其丈夫介绍，该女乘客患有间歇性精神病史，这次妻子抱着孩子要回河南老家，自己因忙碌并未同行回家。随后赵辉联系到其河南家人，等列车到站后由家人将这母子俩接走。

当天下午3点，列车到达郑州站，女子的家人已在车站等候，他们对列车员一路对母子俩的照顾和服务感激不已，并送上了一面锦旗。

兰州晚报 许晗

“拉面之歌”唱出暖暖家乡情

“黄河水和成的面，揉成一团团，西北风把它拉成了细细的线，一清二白教育我做人，三红四绿美了自己的家园……”这首由我省农民歌唱家杨福红倾情献唱的《一条拉面》，6日在“2012中国·兰州牛肉拉面节”上博得了在场人士的一片喝彩。这首《一条拉面》是由农民歌唱家杨福红自己作曲，由著名音乐家温喆吉填词的一首曲目，简简单单的唱曲道出了享誉全国、独具特色的兰州美食——牛肉面的所有特色和西北汉子对这种美食的切实体验。那么，这样一位农民歌手怎会谱写出这样一首歌曲，打动著名填词人并为其量身定制歌曲歌词？

乡音是儿时最温馨的记忆

杨福红，出生于甘肃灵台县什字镇宅阳村新庄社。幼时家贫，身体抱恙的父母艰辛拉扯着5个孩子。“我是家里的老小，那时我们一家兄弟五人都在上学，父母身体又不好，家里负担重，为了支持前面的哥哥姐姐学习，我在初二那年选择了辍学，并开始外出打工。那时拿的钱不多，我每个月都会寄些钱给家里人。”朴实憨厚的杨福红这样告诉记者。在田间，在一家7口生活的破旧的窑洞里，杨福红经常会听到母亲在唱歌。“就是在那种艰苦的环境中，唱歌成了我们一家团圆、亲情触动最好的场景。那场景一直感动着我，使我爱上一串串音符带来的快乐。后来，我参加的很多表演也给我带来了满足感和成就感。成为一名歌手，自此成了我想要追求的梦想。”杨福红说。

带着歌声和拉面走向全国

在外打工的日子很苦，没技术，体力又不好，年幼的杨福红做过搬运工等很多苦力活。一天，干完活，饥肠辘辘的他在回家的路上看到街上有一位拉面师傅在门口拉拉面，上下翻腾的白面，“梆梆”作响的面板声，配合着街边随意播放的音乐，让这个怀揣梦想的孩子看得呆住了。“这实在太美了，学习它，还可以谋生。”杨福红心里激动不已。于是告别了家人。他来到牛肉拉面之乡的兰州学习拉面技术。可是没有钱怎么办呢?杨福红就到牛肉面餐馆里给人免费打工，想借此学习拉面技术。可是，一个月过去了，他并没有学到什么技术。“老板看我不容易，就给我一个月的工钱，说‘小伙子，去学校好好学吧，你很勤快，会学出个样来的’。”杨福红回忆道。拿着这带着恩情的60元钱，杨福红进入了拉面学校学习技术。早起晚归，每天他都付出着比别人更多的努力。和面、揉面、拉扯面条、调汤，在一道道拉面学习的过程中，杨福红收获的是一个普通人即将收获的喜悦和期待。“边听歌边拉拉面是我最大的享受,那时我就想,我要把这个拉面拉到最好,把歌也唱到最好,然后带着我的歌和兰州的拉面走向全国,让所有的人不但吃着面美,听着歌还要心里美。说实在的,能做好这份工作,我很骄傲。”杨福红说。

回馈爱心帮助需要关怀的人

为了回馈在艰辛音乐路上帮助过他的人,现在有着国际御厨联合会会员、中国拉面大师、甘肃省民间文艺家协会会员等多项身份的杨福红,时常用微薄之力帮助那些需要帮助的人。杨福红经常带着他的歌声去贫困的乡间,去希望小学,为那里的孩子们歌唱,并由此获得了由他所公益演出学校颁发的“爱心大使”奖。杨福红还主动给受灾地区的群众捐款,奉献一份爱心。

“有一次钱花完了,也没找到合适的工作,我和妻子在公园里抱头痛哭。这时,一阵歌声传来,我看见一个退休的老人在那里听着音乐跳舞,就走到老人面前说:‘老伯伯,我给你唱首歌,你给我个饭钱好吗?’”老伯很吃惊,但答应了他的请求。清亮的歌声在公园里弥漫开来,有很多人驻足观看、叫好,老伯伯和周围的一些好心人问清了他的情况,给了他一番鼓励和一点资费。这让杨福红感动不已。“那位老人的事一直温暖着我,我也同样想带给需要它的人群,让他们可以一样快乐。”杨福红这样告诉记者。

让兰州拉面有了自己的歌

“我们兰州的拉面享誉全国,可是很多人都把它看成一门技艺。虽然我只是个拉面师,但我一直想把拉面的精湛技艺和音乐的美融合在一起呈现给全国的观众,让他们对兰州拉面有一种更高层次的看法。”杨福红这样说。机会终于来了,央视《非常6+1》向他敞开了怀抱。

“海选的时候有几千人,我当时很担心,但为兰州拉面而歌的梦想一直激励着我。我走进海选厅,选唱了《我的母亲》。那时母亲正病危,我很牵挂,可能是这份真情打动了评委,他们中的有一个人当即流下眼泪,说:‘小伙子,回去等消息吧……’几个月后,我终于登上了《非常6+1》的舞台。”作为兰州的一名普通拉面师,杨福红唱出了西北汉子特有的豪迈,赢得了现场观众的一片掌声。在随后的《星光大道》《向幸福出发》等节目中,他陆续唱歌、表演兰州拉面绝活——面丝穿针孔。

可是,总是翻唱别人歌的杨福红还不满足,他要让兰州拉面有自己的歌。几经辗转,杨福红找到了著名作词人温喆吉。温喆吉被他执着的精神打动,为他谱写了《一条拉面》的歌词,曲子由杨福红自己来编唱。杨福红告诉记者:“看着这些词,想着家乡兰州的种种乡情,我唱出了甘肃人自己对兰州拉面的感情。我把这首歌献给‘2012中国·兰州牛肉拉面节’,希望可以赢得更多人为兰州拉面而骄傲的情感共鸣,我也想带着《一条拉面》和兰州拉面一起走向全国。”

兰州日报 安君吉平

帮扶智障孩子　以爱的名义前行

齐刘海儿、大眼睛、活泼开朗、说话时声音非常甜、舞蹈优美……这位看似还有些学生味的老师名叫曾静。孩子才刚刚两岁,但身为母亲的她却很少在家,而是将母爱献给了每天与其朝夕相伴的一群智障学员。在一个平凡的岗位,一位普通的80后妈妈,用爱心每天照顾着、陪伴着一群特殊的孩子,这就是曾静。

在位于兰州市七里河区曦华园小区一栋住宅楼上的兰州慧灵智障人士服务中心,是一间不到70平方米、两室一厅格局的房间,两间卧室是工作人员的办公室,客厅则被用作学员的教室。两间地下室,其中一间是学员做手工的工作间,另一间兼有学员午休、员工宿舍和仓储的功能。这就是曾静工作的地方。在这里,曾静和其他9名专职老师长期负责智障孩子们康复、学习和生活,媒体的朋友给他们起了一个温暖的名字叫"爱心九人行"。

"来客人时,是不是该问好。我们一起说:您好!"每次中心来客人,曾静都要教学员们与其礼貌地打招呼。就是这样简单的一句问候,她已经重复了成百上千遍。可由于智障人员的特殊性,23名学员每天总是让这里充斥着各种吵闹和千奇百怪的无厘头行为,即便是在曾静的口令下,也会出现学员捏衣角、拉鞋带的现象。曾静对于他们的"小动作"和不理睬并未太在意,总是带着微笑说:"来,我们一起跳支舞好吧。"

"阿姨,请喝茶。"19岁女孩林林长得非常漂亮,通过康复训练现在已经会擦窗户和收拾桌椅了。曾静对于林林的表现大加赞赏后,林林显得非常开心,嘴里还不停地喊着什么。曾静说,林林刚来时总是不停地咬自己的手指或喃喃自语,从不与同伴玩,有时上厕所就一直蹲着,谁也拉不起来。仅仅是教她端茶这个简单的行为,曾静平日里就不知要付出多少。其实,无论年龄大小,他们都是孩子,有时甚至还不如正常的小孩子,所以对于学生曾静不仅需要细心的呵护、科学的引导,更重要的是要有爱心。她说自己刚上班时,恨不得马上就让他们康复,懂得与人交往、理解亲人爱他们的苦心。但事实上,对于智障人士来说,康复的路非常漫长,曾静的工作就是在不断地重复中度过。

记者了解到,这里的老师更换频率非常高,原因就是太辛苦了。所有的康复训练都是在不断地重复和爱心积累中一点点轻微地发生改变,背后的汗水与艰辛却无人能知。对于学员,曾静脸上总是挂着微笑,每个动作都充满着爱。曾静说:"每天和这些天真的孩子们在一起,虽然比较累,但是心情很好。这是一个最普通、最平凡的工作,却有着特殊的意义,我觉得我的工作就是我的快乐。"

兰州日报 边卫霞

实习生 马靖宇

以心交心的金牌调解员

“如花似玉的季节，充满希望，充满梦想；而这又是一个特别的年龄，印证成长的历程，告诫我们的所作所为将要承担相应的法律责任；今天通过这个讲座，给同学们举行一个守法生日典礼，你们的人生将从此更精彩，从幼稚走向成熟，从被主导走向主导……”近日，城关区临夏路街道、城关区临夏路司法所为辖区60多位中小学生举行的一场名为“阳光下成长”的暑期主题活动，通过青少年法制讲座为同学们举行了一场“守法生日典礼”。在讲座现场，和同学们互动知识问答就是临夏路街道司法所所长崔砚……

11次不辞辛苦上门调解

“基层司法行政工作的‘秘诀’只有八个字：将心比心，以心交心。”38岁的城关区临夏路街道司法所所长崔砚坐在记者面前，徐徐说道。而就是这个面色恬静的女子，内心却充满着坚强、执着的信念和对工作的一股“倔劲”。临夏路街道地处兰州商业最集中区域西关十字周边。这里有一般工薪阶层、政府救助对象，也有高级白领、外来务工人员；高档商品房与大量经适房并存，大型商场与小商小贩同在，是典型的混合型社区。居民结构多元，诉求和矛盾多样，贫困人口较多，老龄化程度高……崔砚深知这些特点。

今年元月份，临夏路桥门社区居民谢女士来到临夏路街道、临夏路司法所反映：自从生完孩子后，婆婆一直不让她看孩子，请求调解。“接到她的反映后，我冒着大雪去她们家调解，没想到第一次去就吃了个‘闭门羹’。”这起历时半年多的调解让崔砚记忆犹新。为了调解好谢女士的这起家庭纠纷，崔砚在第一次上门无果后，她积极向社区、派出所、综治办等谏言，成立了联合调解组，每周都与谢女士及其家人联系，摆事实、讲道理，但其家人一直不愿配合调解，还多次把联合调解组的人员拒之门外，使得

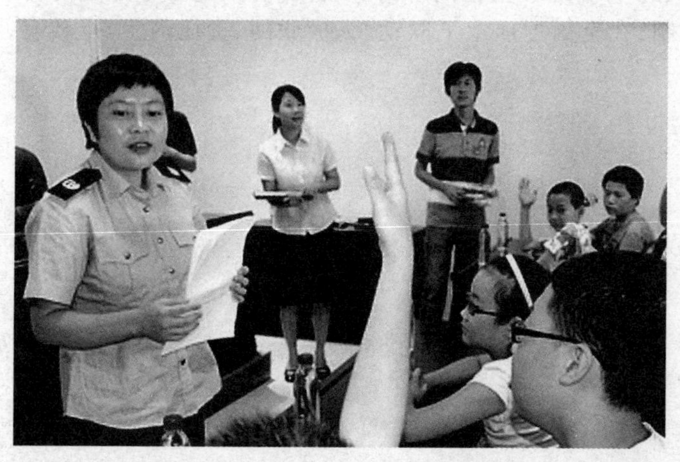

调解工作举步维艰。

“我想还是我们的工作没有做到位。后来,我和社区的同志为她联系了律师、妇联等机构,建议她走司法程序,但当事人顾及孩子小,希望通过调解化解矛盾。”7月5日,崔砚和联合调解组顶着烈日,第11次走进谢女士家,面对调解组上门调解,谢女士的家人认识到自己的所作所为不合情理,表示主动配合调解,也答应谢女士的要求。至此,这起家庭纠纷终得和解。

“背靠背”方式　解开“医疗”纠纷

无独有偶,临夏路街道辖区居民潘女士的老父亲日前到西关一药店买药时不慎摔伤并住院,与该药店因医疗费用支付问题发生纠纷。潘女士认为父亲在药店摔伤,药店应全额支付父亲的医疗费用,但该药店负责人认为老人摔伤与药店无关,且摔倒时已派人将老人送到医院并垫付了部分医药费,后期老人因子女照顾不周导致次伤害的药费不应由药店支付,由此双方发生争议和冲突。

接到调解申请后,崔砚带领司法所工作人员当即前往事发地,并向当事人了解情况,展开调解。但双方态度比较强硬,矛盾加剧。在劝说无果后,崔砚和工作人员采取摸索出来的“背靠背”调解方式,单独约谈潘女士和药店,对其逐个开导、劝说,潘女士也逐渐意识到自己处理纠纷的方式有不妥之处,表示父亲次伤害的费用不再追究。经过多次劝说调解后,药店方表示愿意支付老人次伤害前的全额医疗费用。

“我们不仅要在服务地方经济发展和维护基层社会稳定中做调解员,更要做宣传员和护航员。”崔砚所长介绍。目前,司法所与街道党工委、各社区间已经形成一个良好的互动效应,司法所在临夏路街道7个社区开展了“法律进社区,幸福你我他”系列法制宣传活动,举办了以“维护妇女合法权益、营造和谐家庭”“关爱流动人口”等主题的法制宣传讲座。

崔砚表示,目前,司法所建立了街道、社区两级人民调解网络。该街道7个社区全部成立了调委会,选聘144名楼院长担任纠纷信息员。同时,建立矛盾纠纷排查、预警、调解、处置四个机制,在全街形成上下联动、纵横联网、责任落实、运转有序的大调解格局。

兰州日报 蒋聪

拄着一根拐杖坚守三尺讲台

“老师，您好吗？我要回来了，来为您手中的火炬接力。忘不了，第一次看到您背影时的震撼。瘦削的双肩，吃力地前后摇晃着，单薄的身体就像一片脆弱的叶子在风中飘摇。一根拐杖，缓慢但沉重地敲击着水泥地面，一声，一声，让我生命的旋律因它而改变了节拍，让我无怨无悔地开始了和您一样的朝圣之路……”这是位已参加工作的榆中县第一中学毕业生写给张成林的信。

张成林是榆中县一中老师，他讲课生动、为人开朗，喜欢和同学们聊天讨论，很多同学都抢着去听他的课。他拖着一条病腿，拄着一根拐杖，在课堂上坚守了28年，没有一次迟到或请假。他用“坚韧”“坚守”感动了千千万万个学生，也在实现着他的教师梦。

“高房”里成长

张成林三岁那年，一场突如其来的高烧竟给他带来终身痛苦——“小儿麻痹”，一条腿残疾了，几乎不能站立。年幼的他只能依靠父亲给做他的一根简易拐杖支撑着行走。灰色的童年让他在同龄人面前抬不起头。

“那年我五岁了，家人不愿看我一个人在家待着，给我盖了一间‘高房’”，张成林回忆道。“高房”是西北农村特有的小阁楼——在院子角落里的土台，筑上台阶，盖上一间小屋。从此，张成林的梦便开始了。

有了书房，家人又买来各种书，他躺在里边的土炕上，捧上一本书，便已愉悦异常。那时的他从中学到了许多道理，也获得了别样的快乐。他忽然间想：如果把我从书中得到的这些快乐能够分享给别人，那该多好。此时他的心中便有一颗教书育人的种子。

“还是一根拐杖，它不只是为支撑身体的重量，还相伴我度过了无数个青春岁月。”张成林说。

求学的道路异常艰辛，他至今忘不了在市图书馆读书的日子里人们向他投去的惊异目光。高中毕业，好多大学因为“残疾”婉言拒绝了他。为了能圆儿时的教学梦，他奋发图强，在图书馆里一待就是一天。直到后来有一次在社科阅览室遇见了甘肃人民出版社著名的马牧编辑。马牧向甘肃广播电视大学推荐了张成林，他终于成为一名大学生，离儿时的教书梦更近了。

“月儿伴我行” 圆了教书梦

为了实现自己电大毕业能教学的梦想,他每天凌晨三四点起床,在学校的路灯下读书。毕业后,他如愿以偿成为榆中县一中一名光荣的人民教师。他坚守三尺讲台,整整28年没有耽误过一节课,上课期间没有离开过学校一天。

在采访中,张成林已毕业的学生张晓燕对记者说:“从我出生到现在,只钦佩过两个人,一个是我的父亲,一个便是张老师。他的坚毅、博学和善良折服了所有的学生。”“今天又下大雨,张老师的学生可能去背他了。”记者采访时恰逢雨天,同一个办公室的张丹老师告诉记者,28年来,每逢下雨或下雪,学生们都会自觉去张老师家门口接他,将他背到教室,“我说过多少次让他们不要来了,这些孩子就是不听话。”张成林的话里有抱怨,但也透着另外一种幸福。

兰州晚报 刘蔚霞

山顶小学最后的“代课校长”

在离兰州30多公里的阿干镇马场小学，靳尚有被称为“最后的乡村代课校长”。这是因为，靳尚有手下只有2名老师、1名保安和5名学生，而且随着孩子们小学毕业，明年学校将“关门”，校长和两名老师都将“下课”，告别“代课生涯”。

30载春夏秋冬，靳尚有虽然只是一名“代课老师”，但他在三尺讲台上培育了上千名学生，将自己的青春和知识奉献给了大山。

辛苦教书路走了30年

6月26日，当记者驱车前往马场小学时，由于山路中断，记者只好向靳尚有校长求助。随后，靳尚有骑摩托车前来接记者。但是当他从山顶的学校赶到阿干镇上时，已经骑了10年之久的爱车却怎么也不动。曾经的学生小陈在镇子上跑车时

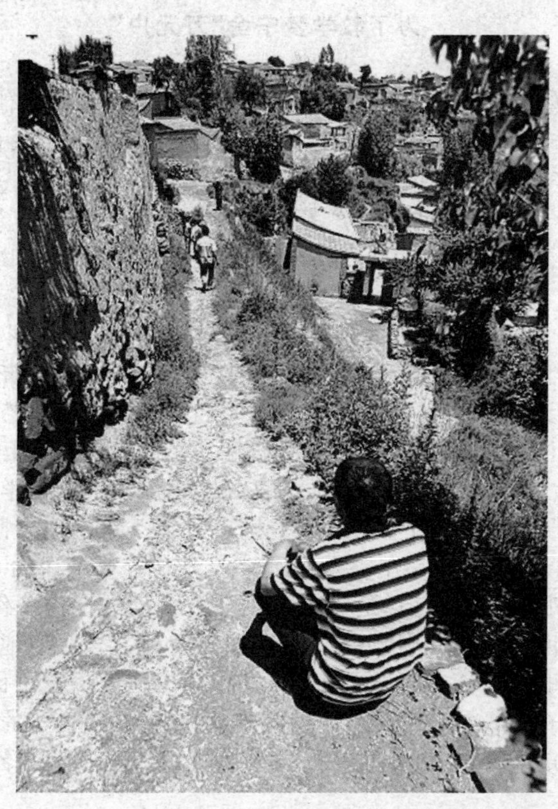

看到老师的窘境后，二话没说便开着面包车载着老师前来接记者。

马场小学坐落在山顶，海拔2700多米，是兰州海拔最高的小学。从阿干镇到学校还有15公里的山路，乘坐面包车也要1个多钟头。山路蜿蜒曲折，加上前一天刚刚下了大雨，山路狭窄湿滑，面包车不断打滑，记者捏了一把汗，而靳尚有和司机小陈早已习以为常。

靳尚有几乎每天都是骑摩托车或者步行走过这条路。2000年，他从坪岭小学调到马场小学。由于家在镇子上，他每天去学校要走15公里的路。起初的三年，他每天都步行去学校，15公里的山路跑一趟就要3个多小时，一个来回就是6小时。“看着这条山路真的很痛苦，走到半山腰的时候就走不动了，每次我都对自己说‘没事，就当锻炼身体’。”不管刮风下雨，靳尚有风雨无阻。最艰难的是在冬天，山路上积雪三四十厘米厚，他常常陷在积雪中不能动弹。直到2003年，靳尚有东拼西凑借了些钱买了一辆摩托车，从此才告别了步行上班的艰难日子。

靳尚有的辛苦教书路，同为代课老师的妻子赵霞看在眼里疼在心里。“前两年因为路途遥远交通不便，学校需要的物品都是人背肩扛。每次步行上班，他的手中总不会空着，今天拎点涂料，明天背点油漆，后天提几瓶墨水。”赵霞说。由于长期风里来雨里去，靳尚有的身体也越来越糟，落了一身的病。除了常年骑摩托车得了关节炎，还患上了腰椎前盘突出以及后缩退性病变，上课时总是头晕站立不稳。

为了教学梦宁舍“万元户”

30年前，靳尚有还是个20出头的毛头小伙子，做小生意的他已经成了“万元户”。有一天，村里人说坪岭小学要招“代课老师”，他放下手头的生意就跑去报名。“我一定要努力实现我的人生理想，哪怕是一名‘代课老师’。”那年9月，他来到阿干镇坪岭小学当了一名“代课老师”。上课时听到孩子们问一声“老师好”，他的内心就增加了一份责任感。他坚定地告诉自己，无论遇到什么困难，一定要坚持下去。

靳尚有在坪岭小学一待就是16年。2000年，靳尚有被调往马场小学担任校长。不管是坪岭小学还是马场小学，教室都破烂不堪，冬天像冰窖，春天像风洞，学生们坐在教室里瑟瑟发抖。为了给孩子们准备过冬的煤炭，靳老师有时亲自去小煤窑里挖煤。煤老板被感动了，常给学校资助一些过冬煤炭。山路坡陡、弯多、路窄，遇到下雨和下雪天，靳尚有就和老师们翻山越岭背学生上下学。孩子们上学回家路上很不安全，于是他带领师生在山路上挖出一级一级的小台阶。教室破了，靳尚有又带领老师抹墙、刷涂料，在讲台上是一名老师，下了讲台就成了一名泥瓦匠。不管条件如何艰苦，靳尚有总是默默地坚守着自己的这份工作。

多少回有人劝说他“与其当代课校长，不如回家种百合”，但他说：“我就是舍不得这些孩子们。山里人生活都很贫穷，之前常有孩子因家境贫困面临辍学，但我想不管怎样都要让孩子把书念完。”面对遇到困难的孩子，他就和大家一起想办法让孩子们继续读书。2003年，靳老师多方寻找，找到好心人每年赞助3名学生各300元。

工资虽微薄梦想从未变

大山里的人很苦，孩子们苦，老师们也苦，代课老师和校长最苦。

虽然50岁的靳尚有从教近30年，在马场小学担任“代课校长”也已13年，但一直只是“代课老师”。同样和靳老师默默坚守这所山村小学的还有另外两名老师闵英武和赵青军。他们同样也是“代课老师”：闵老师从教24年，赵老师23年。由于山村条件差，路途远，公办老师没人愿意来，学校全靠这些默默坚守的“代课老师”支撑。多年前，几位老师本来有转正的机会，但因为各种原因，他们总是与机会失之交臂。1992年，为了进修，靳老师卖掉了家里唯一的三间房。就在进修期间，国家给了“代课老师”转正的机会，但靳老师错失了机会。作为“代课老师”，靳老师的工资十分微薄，从每月22.5元到40元再到60元、150元，从今年1月份起，他的工资才从1000元涨到了1200元。

近几年，山村经济得到发展，村民们种植百合有了一定的收入，村子里有钱的人从大山里搬到了镇上居住，镇上有钱的人搬到了市区。山村里留下来的村民越来越少，学生也从80多名减少到了5名。明年，这5名五年级的学生将从马场小学毕业，村子里也没有了学龄儿童，马场小学也将“关门”，靳校长和两位老师有可能从此离开讲台。提起这些，靳老师说，他要做好最后一任“乡村代课校长”。

兰州晚报 于永昭

居民们亲切地叫他“最美小巷医生”

4月23日一大早,家住城关区雷坛河社区的王女士带着4岁半的女儿就近来到社区卫生服务站。“孩子又感冒发烧了,这几天嗓子干疼干疼的,而且咳嗽不止。我们一旦有病就到社区卫生服务站就诊,这里不但方便,而且很放心。”王女士说。

这家社区卫生服务站位于临夏路街道北园小区,服务站的主人是缪瑜文。因为热心助民,他深受居民的信任,被居民们亲切地称为“最美小巷医生”。

社区大名人

缪瑜文今年43岁,他的社区服务站在雷坛河社区很有名气,街坊邻里谁有个头疼脑热,或者深夜突发疾病,都会就近到他的社区卫生服务站就诊,基本都能解决问题。缪瑜文也是社区里的“名人”,他的医术得到了居民们的认可。

1993年从兰州市卫校毕业的缪瑜文,后来又在当时的西北民族学院学习临床专业,毕业后曾在兰州医学院附属一院东站分院工作了一年多。为了圆自己的创业理想,他辞职后,于2000年创办了自己的诊所。期间,他还主动到市内多家医院的多个科室进修学习。

“人到一定年龄,想得更多的是为居民提供更好的医疗服务。”缪瑜文说,雷坛河社区是一个老城区,老年人多、外来人口多、贫困居民多,面对这些低收入家庭,他就把治疗费、医药费降到最低。来社区服务站看病的都是街坊邻居,他更要把服务做好,让大家满意。2007年,他经营了7年的诊所转为社区卫生服务站。

上门来服务

雷坛河社区里的三无老人、低保户、残疾人较多,为了给腿脚不便的老人检查身体,缪瑜文每天都拿着血压计、听诊器,背上医疗箱走家串户上门服务,有时一天就要跑十几户。跑得多了,他渐渐积累起了经验,为需要上门服务的每一位困难老人建立了“病情档案”。老人的名字、住址和电话都写在上面,旁边还注明糖尿病、高血压、脑血栓后遗症等病情。缪瑜文指着老人的信息告诉记者:“这些老人大都是空巢老人或是病情较重的老人,我有空就给他们打电话问问情况。”

4月23日上午,记者跟随缪瑜文走进社区,时不时就有老人跟他打招呼。66岁的张大妈远远走过来就拉住他、连连道谢。原来,前不久张大妈因为高血压头晕不适,可孩子们又不在身边,她只好给缪瑜文打电话求助。“没想到,一打电话,缪大夫马上就跑到我家来。"张大妈说。

随后，缪瑜文来到家住北园47号的李晓梅家，拿出血压计为坐在床边行动不便的李晓梅测了起来。今年48岁的李晓梅身体二级残废，患有高血压，是低保户。得知她的情况后，缪瑜文会定期上门诊断看病，打电话随叫随到，而且从不收费。邻居们说，如果有老人突发疾病或身体不适，缪瑜文和其他社区医生接到电话后都会及时上门，为老人治疗。

读懂老人心

"小孩拉肚子了，有什么药吃了能止泻吗？""老太太早上有点头晕，要紧吗？"很多居民在生活中碰到各种不适后，嫌上医院麻烦，就打电话向缪瑜文咨询。作为社区医生，缪瑜文的手机24小时开通，即便是深夜或休息日，也会根据情况给居民指导。只要给缪瑜文打过电话，居民的心也就放下了一半。

缪瑜文很了解老人的心理。他经常定期举办社区健康教育讲座和义诊活动，为了让老人喜欢听、听得懂，他每次都要费尽心思，四处搜寻食疗的秘方和保健故事等。他告诉记者："大多老人对医疗知识都不懂，只想着吃药，听讲座又感觉生硬难懂，所以就得用他们听得懂的话来讲给他们听。"

兰州晚报 滕效宏 陶承志

数字城管监督员武建国用手机
5年拍了35 000多次“脏乱差”

他是监督城市环境改善信息采集的小蜜蜂，是一些商户眼中的找茬者，更是“受气包”……现年55岁的武建国，是一名普普通通的数字城管监督员。他每天徒步至少20公里巡视。5年时间里，他用一部手机共监督上报35 000多次环境卫生等城市不文明现象，其中八成以上问题得到解决。

用手机专拍城市脏乱差

“我们的工作，主要是给政府执法部门提供环境脏乱差等不文明现象的信息，我们就像‘小蜜蜂’一样，到各个角落把信息搜集汇总起来。”说起自己的工作性质，武建国开朗地把自己比作是一只小蜜蜂。现为城关区数字化城市管理监督中心盐场路片区的一名监督员，武建国的日常工作显得更加辛劳，每天上午8时30分准时上班，前往指定位置报到。打卡后他便开始了一天的工作，徒步在管辖区域内行走巡视。武建国说：“从草场街十字到盐场堡，从北滨河路再一路绕行回来。这只是一个开始，除了主干道，还有片区内多条小街巷每天都要去很多次。有时候会骑自行车，但大多数都是步行。当遇到散发传单、流浪乞讨、当街倒垃圾、占道经营、店外经营等各种不文明现象，我就拿出手机拍照将此事上报中心，然后由中心通知相关执法单位进行查处整治。”

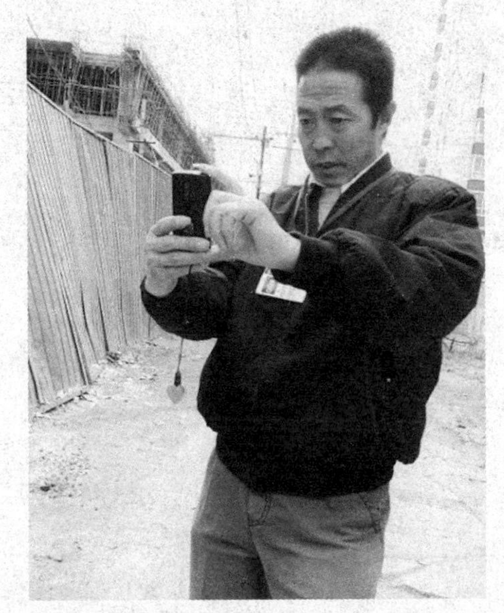

11月11日，在与武建国交谈中，记者了解到，他每天要在所管片区内徒步行走三四遍，上班的8个多小时内几乎都是在走，每天至少要走20公里。遇见各种脏乱差等不文明行为就及时上报，一天用手机拍到并上报的不文明行为达20条，其中80%都得到了有效解决。对于武建国来说，这几年让他最为骄傲的事

就是，大家明显感觉到小广告少了，电线杆上“牛皮癣”不见了，马路上发传单的也少了。

大家眼中的“受气筒”

由于武建国所在的网格片区属于城乡接合部,乱堆物料、脏乱差情况较为严重。如果发现乱倒垃圾,武建国将不文明行为拍照、上报。因为工作原因经常得罪人,他也经常受到辱骂和围攻。

说起徒步巡视,武师傅有自己的一套办法。他说:“如果我今天上报了某个商户不文明违规行为,执法部门处理后,对方肯定会威胁或者报复我。巡视中我就会尽量绕过去避免发生正面冲突。当然我也理解,每个人都想维护自己的利益。”而他平时听到最多的话便是:“你少管闲事!”“你一天吃饱撑着拿手机乱拍啥呢?”“我在我门口堆东西与你有啥关系?”等。遇到类似的事情,他选择“骂不还口打不还手”。武建国回忆,2011年在盐场路赵家庄附近有一处修车铺,因为店主在店外摆摊,属于店外违规经营,他上前拍照取证。对方冲出来先是辱骂,然后又将他围攻。他说,像这样的事时有发生。

2011年6月29日,武建国骑自行车巡查至五一山路段下坡时,为躲避马路上玩耍的小孩不慎摔下山坡,造成头部摔伤。因失血过多,轻度昏迷,医生给他做了脑部CT和伤口缝合手术。当时的武建国脸色煞白,血渍已经浸透衣服。手术后慢慢苏醒的他坐起来说:“我没事,我要去核查,核查工作不能耽误。”当他被告知核查任务已经交于其他人员去处理时,他才慢慢平静下来。

生活中,他孝敬老人,被大家授予“大孝子”的称谓;工作中,他关心同事,乐于助人,是大家的好伙伴、好帮手。他说:“无论生活多么艰难,都不会将自己的困难带给社会。”今年9月,草场街班的监督员汪生龙受伤住院没有人照顾,他主动放弃了自己的休息,陪护在病床边,用自己的实际行动,感动着每个人。2011年,他被单位评为“先进个人”。今年先后被评为城关区“十大最美人物”和“兰州好人”。

“我们更需要大家的理解!”

5年多来,武建国牢记监督使命,严格监督,兢兢业业,是默默奉献群体的一员。他以朴素的感情,赤热的情怀热爱着监督员工作。然而,和他同时成为数字城管监督员的目前已经没有几个了,大多数都先后辞职。

武建国说:“好多人都不理解我们这项工作,工作辛苦也就罢了,关键是要受委屈。当时和我一起当监督员的老员工就剩两个人了。大多数人辞职,都是因为工资少却经常挨骂受到别人歧视。生活中理解我们的人,认为我们是为城市建设和文明做贡献。他们觉得有了这些监督员,城市变得更整齐、干净、靓丽,没有监督员不行。而有些人因为监督员会损害到他们的利益,所以不理解。”据了解,目前像武建国一样的监督员共有206人,他们的辛劳只有自己知道,所受的委屈常人无法忍受。结束采访时,武建国说,我们更需要大家能够理解监督员。

兰州晚报 陶承志

莫兆鸿:社区居民的好帮手

照顾孤寡老人,调解邻里纠纷,义务打扫社区卫生……7年来,他每天重复着这样的工作,但他从没有怨言,只要百姓找他,他都一如既往。

莫兆鸿是白银路街道甘家巷社区一名普通的民政专干,自2006年到任以来,他为社区居民所做的好事连他自己也记不清了。他觉得,这些事是他应该做的,也是要做的。

照顾着社区48位老人

11月1日,记者在白银路甘家巷社区见到了莫兆鸿,他正在忙活着居民低保的事。和莫兆鸿先一起值班的是分管社区就业的就业专干汪干事。见记者来采访莫兆鸿,他肯定地说:“他就是一个好人,不光是我们社区的好人,还应该是兰州好人。”

谈到莫兆鸿,汪干事说:“不管是对同事还是居民,他都很负责也很热情。尤其是他负责民政这块,居民比较多,但这并不影响他对每个人热情的态度。他长年照顾着社区48位老人,这不是光靠热情就能做出来的。”“他是以助人为乐的坚定信念在坚持,确实很不错,是我们学习的榜样。”

居民不是亲人胜似亲人

社区的王奶奶说,莫兆鸿自己的家也有困难,但他从来不会因为自己的困难,将社区居民的求助和要求放在一边。只要有人给社区打电话,他总会及时去帮助求助的人。王奶奶告诉记者:“莫兆鸿对一些孤寡老人的照顾更是无微不至,老人家里需要换个灯泡,办个医保,买个菜什么的,他总能随叫随到。”

居民李先生说,莫兆鸿背着非亲非故的80岁老人去洗澡,一背就是六七年。“别说是别人了,就是自己的亲生儿子,都很难坚持那么长的时间。”李先生说,像莫兆鸿这样的人,在这个物欲横流的社会很难找到。

“只做了自己该做的”

“其实换位思考一下,每个人都有老了的一天,等自己老了,一个人生活,很多原本简单的事情成了难题,自己也希望有个人来帮助一下。现在的他们就是将来的自己,我并不觉得照顾老人是件麻烦或是浪费时间的事情,我不管别人怎么看怎么想,我依旧要做我认为自己该做的事。”莫兆鸿对于自己对孤寡老人的照顾这样解释说。

兰州晚报 桑杰才让

吕得福:孩子们眼中的"吕家爷爷"

他是一位教师,在平凡的工作岗位上默默奉献了一辈子;他是一位农民,至今仍辛勤耕耘着几亩薄地;他是一位父亲,将三个子女培育成了为民服务的人;他更是孩子们眼中和蔼可亲的"吕家爷爷"。每当晚饭后或者节假日,总有一位老人在为孩子们义务辅导功课,记者问他图啥?"图的就是让贫困孩子多学些知识,将来改变家乡的贫困面貌。"

为辅导孩子费尽心思

现年64岁的榆中县小康营乡李家营村老教师吕得福,已经从工作岗位上退休4年了。但4年来,为了孩子们的学习成绩,他操碎了心。夏天的时候家里忙,早上起来匆匆忙忙吃过早饭干完农活,吕得福就忙着备课了。他还制订切实可行的学习制度、请假制度、卫生公约等,并贴到墙上,要求大家自觉遵守并互相督促。日久天长,有进有出,后来进"家"的就以先前的兄弟姐妹为榜样,孩子们的日常行为也都养成了良好的习惯。

子女都出去工作了,吕得福为了照顾和辅导孩子们学习,家里和地里的活全部都落到了老伴杨晓兰的手里。有时家里特别忙,她也会生气,但是看到老头子为了孩子们整天都顾不得休息,她也会默默地干活。"我是一名共产党员,干了一辈子的教育,退休了,我也要学习雷锋精神,发挥自己的余光和余热,为大家多干一点事情",吕得福说。

为贫困家庭的孩子有碗饭吃

从事了多年的教育工作,吕得福明白,贫困家庭的孩子只有好好读书,考上大学,才会有碗饭吃,才会改变家庭贫困的面貌。为此,他会特别关注家庭贫困、没有人操心的孩子们。"温暖",这是一年级的王顺举对"吕家爷爷"最大感受。这位头发花白的老师的目光,总那么和蔼、亲切。

王顺举的父母忙,平时不大管儿子,孩子的成绩一直不太好,在班上成绩差,没有人看得起他。为此,王顺举很自卑,一点也不爱去学校。吕得福了解到情况后,主动到王顺举家里去,把他叫到自己家里为他辅导功课,耐心教导他。一学期下来,王顺举成绩从30分提高到了80分,孩子开始笑了,家长也有笑容了。"是吕家爷爷教会了我学习,我爱他",王顺举扬起头笑着告诉记者。

"我深深懂得大人们的希望是什么,特别是贫困家庭里,孩子们是他们的希望。有的孩子家长过年过节的会给我送来礼物,我不收这些。曾经有人劝我办个补习班,我也婉言拒绝了,我不收任何费用,我只是想用自己微小的行动来影响大家多做好事,多帮助别人。"平凡的话语,深深的感动。

白发教师捧起新教材备课

退休4年了,自己曾经教过的语文、数学已跟不上教学大纲了。此时,64岁的吕得福一边带孙儿,一边还得抽时间继续学习、看新的课本,不断更新自己的知识。孙家营小学一年级的学生王婷告诉记者:"吕家爷爷辅导我语文,他不光教书教得好,而且对我也很好,就像我的亲爷爷,我们大家都特别喜欢他。"4年了,他坚持在为孩子们服务这条道路上,不管严寒酷暑,他依旧在义务辅导的道路上坚持着。4年来,他辅导了几十个孩子,看着孩子们一个个走进中学的大门。

走出院门,笔者不由得想起了一句话,"春蚕到死丝方尽,蜡炬成灰泪始干"。吕得福说:"只要我精力能赶上,我会将周围村子里学习成绩差的孩子的成绩提上去。"

中国兰州网 丁小岚

陈靖:以德服人的好老师

他出生在甘肃省的"状元县"会宁。为了小时候的教师梦,十二年前他义无反顾地走进了师范校园。毕业后,他顺理成章地成了一名小学教师,做起了真正的"孩子王"。来自农村的他,已经将诚朴、守信内化为他作为一名人民教师基本信条。他就是兰州市西固区新安路小学的一名普通教师陈靖。

今年34岁的陈靖是甘肃省会宁县人。2001年7月毕业于兰州师专(现兰州城市学院),随后便在新安路小学任教至今。陈靖是典型的农家孩子,来兰州念大学时,父母没有给他别的,只有一句朴实的叮咛:老老实实做人,踏踏实实做事,守信用,帮助人。带着父母的嘱托,他来到兰州读书,继而走上工作岗位的陈靖老师,确实也在践行着这句人生信条。刚来到新安路小学工作的时候,陈靖凭着一股踏实的干劲和诚实纯朴的处事态度,很快赢得了同事们的信任和喜欢。大家有啥事了,都喜欢喊他去帮帮忙。无论对学校的领导还是对同事,抑或是自己的学生,陈靖始终言行一致,重事实、讲道理,从不妄议他人,而且有啥说啥。他教给学生最多的,也就是父母教给他的那句话。他不撒谎,也要求自己的学生不撒谎。他的学生,即使作业没做,也绝不狡辩、找借口。在这一点上,陈老师深受家长们的赏识。"把孩子交给他,我们放心!"许多孩子的家长如是说。他送走的几届学生,给各科老师留下的印象是诚实、乖巧而且懂礼貌。

陈靖在新安路小学任教的十余年里,教过的学生可谓"桃李满天下"。他用他诚信的坚守和无私的奉献成就了其与学生孙泽盟的一段感人的"父子"佳话。陈靖的学生孙泽盟从小便失去双亲,家中除了自己和年迈的奶奶,别无亲人,依靠低保补贴维持生活。奶奶年迈多病,又没有文化,要照顾好孙子的生活已经相当困难,更别说辅导学习了。陈老师接任孙泽盟所在班级的班主任后,了解到孙某的困难情况,便把他带到自己的单身宿舍,一起吃住,还义务辅导孩子学习;逢年过节,还拿出

自己仅有的工资给孩子添置一些新衣服。陈老师告诉孩子的奶奶,他会好好管好孩子,让他长大成才。升入中学后,由于孩子已习惯和陈老师一起生活,产生了深厚的感情,因而不愿回家。但是此时,陈靖已有了未婚妻。因为有这个孩子的存在,一间单身宿舍显得格外拥挤。可是,为了这个可怜的孩子,为了他能够继续学习,也为了兑现自己曾经的承诺,陈老师还是让他留在自己那里。白天,陈老师在学校工作;晚上,还要辅导这个中学生,给他买学习资料。孩子升入高中后,仍然和陈老师生活在一起。整整八年时间,陈靖无偿地付出,非常人所能及。而这一切,在陈老师看来,都是为了兑现那份承诺,他也无怨无悔。现在,这个孩子亲切地称呼陈老师为"爸爸",而实际上,他们也确实成了一对情感上的"父子"。陈老师说过,他还会继续关注这个孩子,直到他走上社会,做个"好人"。为了实现孩子的军营梦,陈老师煞费苦心;孩子参军走后,陈老师一如既往地和孩子通电话,关心他,鼓励他好好干、做个合格的军人。一份承诺,成就了一份永无止境的人间真情。

"我做的其实都是一个老师应该做的,我的梦想从小时候到现在一直都没有变过,那就是做一名好老师!"陈靖在说这句话的时候万分诚恳。确实,他也是按照自己的这一信条去做的。在学校,陈靖同志自任教以来,勤勤恳恳,早出晚归,把所有心思都扑在教育事业上。在别的班已放学走后,他仍然义务为差生留班辅导。晚上和节假日,他的家里都是学生。陈老师在利用自己的休息时间为差生无偿补课,在别人不解的目光中,他在以自己的实际行动阐释着一个教师的含义。陈靖以诚待人,用自己的行动诠释自己的理想和人格,也在师生之间架起了相互理解和信任的桥梁。他用他的诚实守信和不懈努力,连续接任两个在别人眼里所谓的"差班",使许多所谓的"差生"重拾自信,完成了一个个在别人看来是不可能的事实。任学校的教导副主任后,陈老师更忙了。他不但要带自己的毕业班,而且全校学生的德育教育重担也落在他的肩上。班主任"没法管的"学生,成了他桌前的"常客"。就是凭借自己特有的诚恳和在孩子们眼里的"信任",陈靖在做起别人看似头疼的工作时却得心应手。

由于陈靖的努力,他的工作业绩得到了大家的认可。连续几年,他被评为校先进教师、厂先进教师、青年岗位能手、十佳师徒等荣誉称号,获得的省、市、区级"优秀教师""道德模范"等荣誉称号也不计其数!面对取得的成绩和获得的荣誉,陈靖谦虚地笑了笑。他告诉记者,"我所做的和所得到荣誉相比,还差很多,我还是会和以前一样,做一名好老师,呵护我的学生,与他们谈心,帮他们解决生活和学习上的困惑,让他们得到真正的快乐,健康地成长为有用之人!"这就是陈靖老师,一位用诚实守信诠释着教育信条的人民教师。

中国兰州网 程晓靖

张红:铁路线上的“查缉能手”

她是一名普通的铁路警察,从警以来,一直坚守在车站查缉岗位上。在默默无闻的工作中,她以女性的细腻和实战中锤炼出来的敏锐,练就了一身能够使犯罪分子闻风丧胆的过硬本领,在千里铁道线上,构筑了一道保卫着人民生命和财产安全的坚实屏障。她就是兰州铁路公安处兰州车站派出所缉查组警花张红。

成为一名警察,一直是张红多年以来的愿望。2001年,张红从甘肃省体工大队退役后,实现了她想当警察的夙愿。她被安排到兰州铁路公安处兰州车站派出所工作。来到警营,张红发现,虽然自己符合警察的身体素质要求,但是在执法方面还离一名真正的警察相去甚远。于是她上班时间跟着老警员学习如何办案,下班时间苦读法律专业书籍。在为期一个月的全国铁路公安系统“精兵训练”强化集训中,她练就的一招制服、一铐锁人技能,让很多男学员都自叹不如。一次,在兰州火车站进站口查危仪处,一名40多岁的可疑男子引起了张红的注意。正当张红走近该名男子时,该男子转身就跑,张红一个箭步冲了上去,将男子按倒在地。该男子起身反抗,与张红展开搏斗,但最终被张红过硬的搏斗技能制服。经查,该名男子为网上通缉的逃犯。

一次次针锋相对,一次次剥去伪装,张红凭借着过硬的查缉本领和多年的查缉经验,让携带毒品者,一个个败下阵来。有一次,张红查获了一名姓陈的贩毒嫌疑人。在检查过程中,这名女子出言不逊,极力反抗,非常不配合检查工作。等她折腾够了,张红也累得筋疲力尽。但张红并不气馁,最后从这名女子的腹带内查获了60余克毒品海洛因。

对查缉民警来说,生活毫无规律可言。查获犯罪嫌疑人是一时的行为,而依照

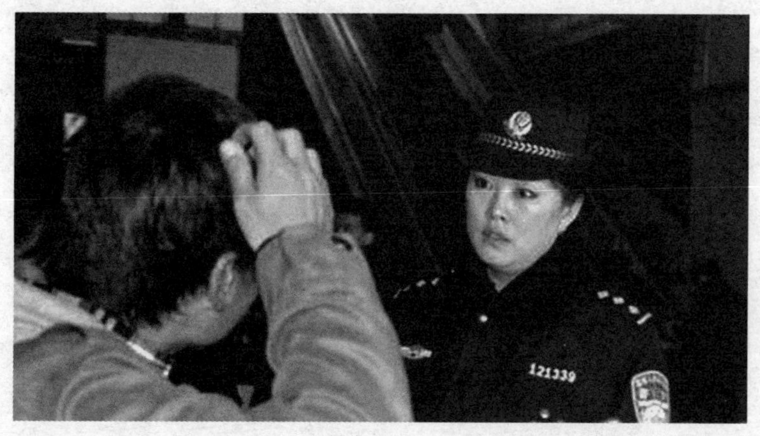

法律程序办理案件,半夜三更回家却是经常的事。一年里,仅破获毒品案件就有50多起,工作强度可想而知。张红的儿子现在正是长身体、抓学习的阶段,本该多陪陪孩子,可她一忙起来就什么也顾不上了。而张红的丈夫也是一名铁路刑警,她的父母在新疆,公公婆婆又远在内蒙古。每次知道要加班,张红就一次做好两三顿的饭菜,让孩子自己热剩饭吃;如果遇到连续加班,孩子就只好自己煮方便面。

凭着对工作的热爱和执着,张红在打击犯罪、缉毒缉逃等工作中一次次立下战功。2009年以来,她先后直接或参与破获刑事案件84起,抓获犯罪嫌疑人165名,其中毒贩132名,缴获海洛因、冰毒、麻古、美沙酮等毒品4800余克。她先后4次荣立个人三等功,被兰州铁路局评为“三八红旗手”,铁道部公安局授予她“全国铁路公安系统站车查缉能手”称号。

中国兰州网 孙涛

常永义:坚守服务“三农”的大学教授

创新是科技工作者的本色。甘肃农业大学农学院的常永义教授带着自己的科研团队,几十年来默默奋斗在科技创新的前线,坚守着服务“三农”的承诺,脚踏实地走产、学、研紧密结合的道路,以自己诚信务实、敬业奉献的突出品质,为老百姓的致富路添砖加瓦。

早在1976年,常永义就和前辈齐与枢教授开始指导敦煌市阳关国营林创新,产生了显著的生态、社会和经济效益,研究成果达到同类研究国际领先水平。在之后的十多年里,他们先后引进100多个国内外葡萄新品种,进行品种比较试验和适应性研究,筛选出适于河西不同条件下种植的12个优良新品种,并首先在敦煌做“无核白”等品种的推广应用和新品种技术指导,为推动当地葡萄产业发展做出了突出贡献。

到了1996年,常永义引进美国“红地球”等优良品种后,就开始对美国“提子”系列葡萄进行设施栽培技术研究,1998年开始“美国红提设施延后优质高效栽培技术研究”,主持实施了“敦煌万亩‘红地球’(红提)葡萄产业化基地建设”和“葡萄新品种的引种示范”项目。他先后研究解决了半干旱冷凉区、旱区荒滩盐碱地高成活率栽植技术,不同条件下的架形、栽植密度、夜幕厚度、光合效率,土肥水综合管理技术、当年苗夏季促花技术、简化修剪技术,设施内光、温、湿度小环境生态因子调控技术、不同产期调控等研究。2005年,常永义主持完成了“短积温区美国红提延后栽培技术研究”项目,利用日光温室研究葡萄延后栽培技术,通过环境调控和产期定向技术,使葡萄在12月至次年2月成熟,满足国内大中城市冬季鲜食葡萄市场的需求,从而使甘肃优质设施葡萄在深冬季节远销上海、北京等大城市,赢得全国的赞誉。

面对此项技术取得的巨大成功,常永义始终坚持不夸大、不粉饰,用事实说话。把服务“三农”作为自己的一份责任,把带领农民致富、对农

民兄弟讲诚信作为自己科技推广的根本,这也成为常永义几十年来坚持不变的信条。农民种植设施葡萄前期投入成本不低,而且普遍担心生产风险和市场风险。为此,他和地方政府一起,对种植户做出三个承诺:一是保证技术服务到位;二是保证葡萄销售在最低保护价以上;三是积极帮助农民开拓市场。

经过多年努力,常永义使天祝、永登等冷凉干旱山区近万农牧民实现了一次性脱贫;在河西走廊沿山灌区,葡萄种植户收入大幅增加。2000年以来,他推广的露地和设施葡萄累计创造经济效益超过20亿元,全部兑现对农民的三个承诺。

常永义热爱农民,农民也相信他、拥戴他。在他的身上,集中体现了农业科技专家富民为任、深入基层、信守承诺、乐于奉献的优秀品质。在老百姓眼里,常教授的技术靠得住,依靠葡萄致富靠得住;在基层干部和技术人员的眼里,他不仅是甘肃葡萄产业发展的重要领路人,而且他热心服务"三农"、诚信务实的突出品质,更为广大科技工作者树立了榜样。

中国兰州网 孙涛

李锦龙:生命在敬业奉献中闪光

自1998年8月参加工作以来,他严格要求自己,开创性地开展工作,为全县的动物疫病控制和动物性食品安全做了大量的工作,曾多次和同事们出色完成了上级下达的工作任务。在从事动物卫生监督及兽药饲料监督工作的11年中,他主动探索动物经营运输防疫监管及兽药、饲料管理工作的新模式,使动物经营防疫管理和兽药、饲料、畜产品监管工作更加规范,他便是李锦龙。

由于动物及其产品检疫工作量大、面宽,不仅要具有丰富的动物检疫理论知识,而且还要熟悉相关的法律、法规及规章制度。刚参加检疫工作的李锦龙为了做好工作,主动要求到一线去从事检疫工作。每天风吹日晒,有时还要面对商户和养殖户的误解,他毅然选择了坚持。从最初的市场检疫到定点屠宰检疫,从一线检疫员到检疫科长、监督科长。在12年的检疫生涯中,他和同事累计检疫各种活畜禽230万头(只),检疫各种肉类10万多吨,检出各种病害畜禽0.5万头(只)、病害肉品10余吨,参与扑灭重大动物疫情3次,使榆中县的动物及其产品检疫工作走上了正规化、法制化的轨道,各种私屠滥宰和逃避检疫的现象得到了有效遏制。他还时刻关注着一线检疫人员的业务动态,对反馈的各种信息进行综合分析后及时汇总上报。由于动物检疫行政处罚一经做出即有不可逆转的特性,在实际工作中,李锦龙严格要求自己不仅要具备完善的专业理论知识,还要熟记动物及其产品检疫的各项法律、法规,对违法事实判定和处罚做到公平公正,既不放过一个违法者,也不影响正常的生产经营。几年来,共立案查处各类违反《动物防疫法》的案件58件,所有查处经办的案件无一差错,无一起国家赔偿案件发生,无一例上诉案件发生。他所办的案件连续两年被省所评为优秀案卷,有力地促进了动物卫生监督事业。

近年来,各地不断发生由于使用饲料及兽药不当造成畜产品污染的事件,对群众的身体健康造成重大威胁。为了净化畜产品市场,保证畜产品安全无污染。从2009年开始,李锦龙所在的监督科又增加了一项新的任务，即饲料、兽药监督管理。他和同事深入全县各养殖场，兽药、饲料经营户家中，采取明察暗访和采样化验相结合的方法，对全县兽药、饲料进行监督检查，累计检查饲料、兽药经营户700多次，查获各类过期、变质、无GMP认证饲料、兽药十三类、四十余种，价值五万元左右。为了规范市场经营行为，他和同事还组织了饲料、兽药经营培训三次，培训人员180多人次。去年为进一步加强全县的兽药饲料管理力度，及时摸清兽药、饲料经营动态，他和同事经常不定期对全县兽药、饲料经营部门进行监督检查，并对经营负责人进行《兽药管理条例》及《饲料及饲料添加剂管理条例》的宣传讲解。由于他工作认真负责，特别是在完成上级下达的抽样任务中，他从不避重就轻，在他的带领下，县动物卫生监督及兽药饲料监察工作得到了省动物卫生监督所领导的高度评价。2010年县动物卫生监督所被甘肃省动物卫生监督所评为“动物卫生监督先进单位”。

由于动物卫生监督工作涉及面广，从动物的养殖到产品上餐桌需要经过很多环节。为了适应现代检疫监管的需求，李锦龙自费报考了甘肃农业大学动物检疫与食品检验专业，进行学习深造，并取得本科学历，使自己的业务知识得到了进一步提高。同时，他还自费订购了《中国动物检疫》《中国牧业通讯》等杂志和《最新动物防疫检疫检验工作标准规范》《动物卫生案件汇编》等专业书籍，利用业余时间不断提高自己的业务能力和执法水平。由于他平时善于思考、善于总结，2010年提出了“榆中县动物经营运输防疫监管示范建设项目”，设计了四位一体的动物经营运输监管模式，在实践中得到了很好的验证。这也为他开展动物卫生监督管理研究打下了良好基础。他还与所里的同事共同研究制作了“榆中县兽药饲料管理方案”，使全县兽药行业实现了进销档案电子化、规范化、透明化管理，在他的提议下共建立了4家饲料生产企业电子档案、68家兽药饲料经营企业电子档案、23个乡站工作人员电子档案，65个仔猪贩运户电子档案。此项工作在省动物卫生监督所的全省年终工作总结会议上得到了省上领导的高度表扬。

作为一名长期从事动物卫生监督执法工作的党员干部，李锦龙总是兢兢业业地工作，为榆中县动物卫生监督，兽药、饲料监察及畜产品质量安全管理工作做出了重要贡献。

中国兰州网 丁小岚

宋新华:尽职尽责的优秀综治员

在正宁路社区只要提起宋新华的名字,附近居民无人不知无人不晓,她不仅是正宁路社区的居民也是社区的一名综治员,还被连续评为正宁路社区和白银路街道的优秀楼院长。

宋新华是某企业的工人,2003年下岗后她选择了在社区工作。记者见到她的时候,她正带着其他综治员一起打扫社区卫生,虽然是脏活、累活但她仍是充满着干劲。就在采访期间,不断有人和宋新华打招呼,一位大妈看她干活辛苦还特意拿出饮料送给她喝。这样和睦的相处不是一朝一夕形成的,都是宋新华十年间尽职尽责为居民服务的结果。作为楼院长的宋新华负责着500多户居民,收取卫生费、宣传新政策及解释新优惠措施都是她工作的范围。为了掌握辖区居民和流动人口的情况,每半个月或一个月她就得入户一次,因此经常深夜才能回到家休息。

宋新华家庭并不富裕,从2003年的150元到现在的760元,以综治员的收入维持生活始终拮据,但记者发现她非常懂得感恩。她告诉记者,下岗后丈夫生病,家里失去支柱,社区和街道的工作人员前来探望,为她捐钱资助,至今想起仍很感动。

采访时社区工作人员告诉记者,综治员和楼院长的工作很琐碎,有时候居民也有情绪,可是宋新华从不生气,总是耐心解释说明,所以居民们有事儿都愿意找她帮忙。有人评价宋新华热心、心实,工作做得让人满意。这应该是对一个爱岗敬业的人最好的评语,毕竟任何人都知道“让人满意”是多有难度,而宋新华做到了。

中国兰州网 王萌

张清花:恪尽职守的女支书

"常听为民之言,常兴为民之举,常记为民之托,常办为民之事。"这是张清花担任村支书以来一直遵循的做人做事准则,也是她对村民们做出的郑重承诺。

今年60岁的张清花,是我县青城镇瓦窑村的党支部书记兼村主任。在她任职的这几年里,是瓦窑村变化最大也是发展最快的几年。一走进瓦窑村,记者便看到连片的蔬菜大棚整齐划一,整洁笔直的通村道路修到了每家每户的门前,家家户户的家里都种植着茂密的葡萄树,干净整洁的新农村展现在我们面前。"群众富不富,全靠党支部。"上任后,张清花带领新的村"两委"班子经过认真思考调研,决定发挥瓦窑村靠近白银城区交通便利、适宜蔬菜种植的优势,大力引导村民种植蔬菜瓜果等农副产品,使村民们取得了不错的经济效益。虽然瓦窑村的人均耕地面积并不是很丰富,但是为了提高土地的产值,形成规模效应,张清花带领村民通过土地流转等方式将有限的土地资源整合起来,在全村先后新建高架大棚1400亩、日光温室400亩,还建成了千亩西瓜基地和百亩葡萄庄园,使瓦窑村成了远近闻名的"蔬菜瓜果之乡"。

记者在瓦窑村村民张生林家的茄子地里看到,泛着油光的黑紫色茄子个头竟然都长得一样大,品质十分优良。他指着旁边崭新的三轮摩托车告诉记者说:"这辆摩托就是我们张支书上任后我才买的,我家原来经济条件不是很好,但这几年我们在支书的带领下种植蔬菜收益很好,手头也有钱了,今年我就用卖菜积攒的钱买了这辆摩托车,以后我们就能更方便地卖菜了,真的很感谢我们的女支书。"

为了进一步增强村集体在村民当中的威信,提高村集体的影响力,发挥村集体的凝聚力,张清花还积极创新村集体土地的经营模式,使得村集体经济的实力得以逐渐壮大。村集体的经济实力强了,就能更好地凝聚村民,发挥核心示范带动作用,使得大家心往一处想、劲往一处使,这样就进一步实现了村民利益的最大化。多年来,在张清花的带领下,瓦窑村由一个"后进村"变成了今天远近闻名的先进村、富裕村。她用自己的实际行动履行了对百姓的承诺,诠释

了一个共产党员的先进本色，为广大镇、村干部树立了“勤廉为民”的典范。

瓦窑村的路原来是土路，一下雨就泥泞不堪。好多外来的商贩就是因为瓦窑村的路不好，都不愿意去地头收购瓦窑村的蔬菜和瓜果。张清花也深知“要想富、先修路”的道理，为了改变路不通的状况，她曾努力地从上级相关部门多方争取修路资金，并通过村民集资等方式筹集资金，还发动群众硬是把“晴天一身土，雨天一身泥”的狭窄土路改造成了平坦宽阔的水泥路。鞑子湾是瓦窑村的重要蔬菜生产基地，但道路狭窄泥泞，极不利于产品的运输和流通。为了硬化疏通拓宽这里的道路，张清花带领村“两委”班子成员挨家挨户地做群众工作，为群众摆事实讲道理。在她不懈的努力之下，终于在2009年5月又硬化了通往鞑子湾的2公里道路，为村民的瓜蔬产品及时销往外地打下了坚实的基础。

水利是农业的根本命脉，2010年至2011年，张清花先后带领村“两委”班子成员，集中对年久失修的渠系工程进行全面的更新，尤其在2011年间，为了节省资金，她带领群众在5公里外已经废弃不用的水渠上掏挖水泥U型槽，然后用其维修了鞑子湾的水渠。为此，她不顾自己身体有病，身先士卒，带头抬水泥槽、挖渠道，起早贪黑地和村民们没日没夜地在工地上干活，就在工程按计划顺利进行的时候，她由于旧疾复发不慎摔倒造成右腿骨折。在治疗期间，她还时刻惦记着工程的进展和质量，拄着双拐的她不顾丈夫的劝阻和反对，偷着去工地查看工程进度。在她的带领下，历时两个多月维修衬砌渠道1000多米，及时保证了鞑子湾的农田灌溉。

张清花恪尽职守，舍小家为大家的精神，换来的是村民们的认可和深深的感激。村民周志教这样评价他们的女支书：“这个人就是挺正直的，也很认真，百姓有求到她的事，她都认真负责地办，所以老百姓很信任她。连任这么多年，她的特点就是认真，甚至有些固执，但不管怎样我们都会全心全意地支持我们的女支书。”张清花曾先后被县委县政府授予“优秀共产党员”称号，还被授予“双学双比女能人”“优秀村组干部”等荣誉称号。

中国兰州网 丁小岚
通讯员 陆谦

牛清宾:走在生死线上的消防英雄

牛清宾是兰州市公安消防支队高新区中队的一名消防战士。已有11年军龄的他,多年在消防一线无数次与死神擦肩而过却义无反顾,从不后悔。就在数日前,他刚刚渡过一劫。

8月22日下午兰州市公安消防支队高新区中队接到求救电话:"南河道有人落水了!"中队长助理牛清宾和消防官兵们在3分钟内火速赶到南河道,虽然在路上根据队长指示,他和队员们已经商量好了救援方案,但是真正到了南河道现场,大家还是忍不住倒吸一口凉气。

经过接连几场几十年未遇大雨,此时的南河道的水位正值最高峰,水深从平常的两三米涨到了五米多,而且流速极快。落水男子几分钟内已经被冲过了几道桥,围观群众只能眼睁睁地看着水里的人顺流漂去。必须提前拦截在最后一道桥前,否则男子就会被冲出河道无法得到救援!

时间就是生命,落水男子马上要到眼前,牛清宾急了,顾不得对岸的绳子还没有完全拉好就往水里跳。最终在千钧一发的时刻,他与同样入水救援的司务长崔建治合力捉住了落水男子,顺利将其带上岸。

一上岸,牛清宾就浑身虚脱倒在岸边的黄土地上。很遗憾,落水男子已经身亡。这一结局,有着多年救援经验的牛清宾在入水前心中多少就已经猜到了。

没有佩戴齐备的救援设备,赤手空拳去救一个可能已经死亡的落水人,也许有人会胆怯退缩,可是牛清宾说他从没有想过不入水。因为无论生死,他都要救,这是他身为一个消防员对被救者家属必须尽到的责任。这么多年,他确实一直都是这样做的。

2008年时,牛清宾在某垃圾处理场进行井下救援。当深入井下解救被困者时,对方胡乱挥动的双手差点弄断他佩戴的空气呼吸器,如果压缩空气泄漏,遇到井下的瓦斯很可能会引发爆炸。牛清宾惊出了一身冷汗,即使如此,他的双手却仍牢牢地抓着被困者没有放开。

还有玉树和舟曲的自然灾害救援,这是牛清宾最不愿回忆的。一提起当时的舟曲,他的脸色立刻黯淡了。当时牛清宾与四百名消防战士连夜赶到灾区,眼前的一切触目惊心。他们每天从距离县城五公里的营地步行去救援,一天工作12个小时以上,七天没有换过衣服,几乎所有人的胳膊和额头都是轻轻一揭就掉一层皮,更可怕的是要面对二次坍塌的危险。牛清宾和战士们深入倒塌的楼房,几乎时刻都能听到头顶沙石散落的声响,明知可能倒塌还要置身其中的压力非常人能够想象。

牛清宾是高新区中队的老兵,父母都在河南南阳老家,他不仅无法承欢于膝下,连常回家看看都做不到,说到这里他的声音低沉了下去。父母理解他,母亲生病仅仅只是希望他多打电话就好。人生大事也是一直到去年过年时才回到老家匆忙结婚,今年和爱人还没有再见过面。不过有个大喜讯是,再过几个月,他就要做爸爸了,说到这里牛清宾笑了。

采访中牛清宾说,消防救援工作遇到的危险说不完,但是能够拯救生命才是这一工作的吸引力所以,是真正让他愿意不顾生命安危投入的原因。

他说这么多年他也有过害怕的时候,可都是工作结束后的后怕。每次行动结束安静下来他才开始怕:如果出了事,父母怎么办,爱人怎么办,还未出世的孩子怎么办。可是在工作中,他说他根本想不到这些,因为消防员的职业精神要求他永远先考虑别人,秉持奉献精神,竭尽全力不留遗憾。

看着而立之年的牛清宾,想到他将最好的时光奉献给了兰州,一次一次走在生死线上,记者不由得肃然起敬。谁是最可爱的人?答案不必多言。

中国兰州网 王萌

苏卫东:人民的好警察

“作为一名交通警察,我认为责任重于泰山,文明执法就是生命线。岗台虽小,事关重大;岗台虽矮,却是职业责任的高地。”站在三尺岗台上整整二十年,兰州市公安局交警支队东岗大队三中队中队长苏卫东,为了城市的道路畅通和市民的安全出行,付出了自己全部的心血和汗水。经过多年的不懈努力,苏卫东赢得了市民的充分肯定和高度评价。2011年,苏卫东被评为甘肃省“人民满意交警”。

苏卫东所在的兰州市公安局交警支队东岗大队,线长面广分布不规则,交通情况复杂,且辖区有省委、省政协等重要机关,有宁卧庄宾馆、省政府礼堂、东方红广场、兰州体育馆、水车博览园等重要活动场所,承担的安保警卫任务十分重大。此外,辖区有火车站、客运中心、汽车东站、东部批发市场、瑞德摩尔城市广场、兰州货运集散中心、东岗物流园区,车多、人多、情况复杂,疏堵保畅的责任十分重大,任务十分艰巨。

作为一名交警中队长,苏卫东始终以身作则,率先垂范,常年带领中队民警、协警,以顽强的毅力克服多变的天气,顶烈日、战酷暑、冒风雪。早晨,当妻子和女儿还在熟睡的时候,他已经驾驶着警车来到辖区巡逻。晚上,当人们都在下班路上或与家人共进晚餐时,他仍在拥挤的车流、人流中,努力指挥着交通。

苏卫东所管辖的广场东口十字,既是城关区的最繁华的十字路口之一,也是大队的执法示范岗,机动车、非机动车、行人流量大。去年,为了完成兰州国际马拉松大赛和兰洽会期间的交通警卫任务,他带领中队充分做好了打硬仗、打攻坚的思想准备。

在兰州国际马拉松筹备和比赛期间,广场东口和平凉路由于赛道铺设的原因,交通压力十分大。这个十字路口的通畅,直接关系到兰州市的东西交通大动脉的正常流动。为了保证秩序良好、道路畅通,苏卫东率领中队全体民警、协警,加班加点,起早贪黑,自己更是身先士卒,每天亲自驾车跟随施工车辆进行交通保障,同步作业。

在20年的时间里,三尺岗台始终是苏卫东的工作岗位,而人来车往的马路,就是他的办公室。在执勤的过程中,苏卫东总是尽自己最大的努力,帮助那些需要帮助的群众。对于遇到困难和需要救助的群众来说,他驾驶的警车就是服务群众的“招手停”。

2008年6月的一天,苏卫东在执勤中看到有一位老奶奶坐在马路边号啕大哭,他赶紧过去询问,得知老人的家人在汶川地震中全部遇难,到兰州来投奔侄女。由于人生地不熟,出来买菜找不到家了。面对老人的困难,苏卫东立即将她扶上车,劝老人家不要着急,并表示一定会把她安全送到家。

由于老人的四川口音特别重,也说不清具体的家庭住址,只记得模糊的大概方向。于是,苏卫东通过和媒体联动,及时发布了寻人信息。三个小时后,他把老人平安地送回了家。老人再次老泪纵横,紧紧拉住苏卫东的手,激动得说不出话。事后老人的侄女给他们送来锦旗,并替老人说:"地震时候,是人民军队救了我的命;在兰州,是人民交警帮我找到了家。感谢兰州交警!"

2011年3月31日下午,苏卫东正在辖区执勤巡查。处于平凉路和甘南路十字的一条电缆线,突然从高空掉落下来,过往车辆都不敢贸然前行。这样下去,十字路口很快就会变得异常拥堵。

"看到这种情况,我脑子里只有一个想法,就是让交通及时通畅,避免发生更大面积的拥堵。于是,我就用一只手高高举起掉落的电线,另一只手打起交通指挥手势疏导车辆并及时向大队汇报情况。"回忆起当时的情形,苏卫东依然记忆犹新。三个小时后,高举电线的苏卫东胳膊都有些僵了,可看到被堵塞的交通已经变得畅通,他这才舒了一口气,继续赶往其他路段巡逻。

第二天,兰州的各大媒体都刊登了题为《"电线杆"交警》的新闻报道。同事们都说:"快来看,我们的苏队长上报纸啦!"这让苏卫东有些不好意思。后来,他才知道是一位过路的市民,当场用手机给他拍了照传给报社,并给报社打电话说:咱兰州交警为民服务的意识太好了,这样感人的事情,应该让所有的市民都知道。得知此事后,苏卫东感到很欣慰:"我想,城市交通的畅通,不仅仅是交警的事,也是全社会参与和关心的事。"

苏卫东的父亲,因脑出血瘫痪在家已有十多年了。2006年,由于集中整治"黑摩的",他终日投入繁忙的工作,而家里照料父亲的重担,就落在了他的姐姐和母亲身上。正在此时,他的姐姐又被查出得了白血病。于是,苏卫东年迈的母亲既要照顾他的父亲,又要照顾他的姐姐。看着母亲苍老而劳累的身影,他的心都要碎了。

整治"黑摩的"的工作刚刚告一段落,苏卫东立即请了公休假,准备替换母亲照顾姐姐。但就在这一天,他的姐姐却永远地离开了人世。

"我第一次放声地哭了!我内疚,我没有尽到一个长子的责任。我内疚,我是一个不称职的儿子,也是一个不称职的弟弟。当然,我也是一个不够称职的丈夫和父亲。由于工作早出晚归,家里的所有的事务都交给妻子。女儿自从小学毕业后,我就很少有时间过问过她的学习。"提到对家人的愧疚,这个坚强的西北汉子不禁热泪长流。

苏卫东70多岁的父亲,尽管瘫痪在床十多年,但一直不肯因为自己的身体而拖累儿子的工作。每次苏卫东抽空去看父亲,攥着父亲有些干枯的手,俯身给他唠叨工作生活上的事,父亲眼中总是满含着赞许的神情。

中国兰州网 周媛

党运:拯救生命的记者

2012年9月11日,皋兰县11岁男孩彭雪嘉被蛇咬伤,于是一场发起于网络空间的千里救援行动开始了。这场爱心救援被社会各界媒体关注报道,很多人都感到了爱心的温暖,但是有一位在事件中起到关键作用的人却没有出现在媒体视线中,仍是默默继续着自己的工作将一个又一个后续消息带给公众,他就是救援行动的发起人及联络人——记者党运。

记者第一次见到党运,是在彭雪嘉小朋友的病房外。当时从上海空运而来的抗蛇毒血清已经到位,众媒体将病床围得水泄不通,党运却默默地走到了病房外。他有着记者最具标志性的气质,干练、沉着,面对媒体同行对事情的追问,有条不紊一一回答。后来记者好奇地问他:"你难道不想发独家新闻?"他笑着回答:"救人是件好事,我愿意让更多的人知道我们身边还是好人多。"

今年是党运记者生涯的第十个年头,这十年他经历了很多,也给他留下了很多。从鑫报、晚报到晨报,党运在报业的知名度始终不落,他曾荣获"兰州晚报最佳摄影记者""兰州市十佳记者"称号,但是对他来说最重要的不是荣誉,而是人生价值的实现。

回顾党运的记者生涯,他一直在努力帮助他人。

2003年党运初入新闻界,一开始就接了个重要的采访任务,去西安解救被拐卖的甘肃女孩。女孩年仅12岁,已经被拐卖了2年。当他和公安人员送这个离家已久的孩子回到家乡时,迎接和送别他们的是当地几百名乡亲。那些期待的眼神和激动的相见场景,深刻地留党运记忆里的。

2008年汶川地震发生后,党运主动请缨前往甘肃的重灾区康县。在那里,他亲眼看到年幼的孩子们挤在两面通风的帐篷里上课,中午蹲在矮矮的简易灶台前自己做白水面条。对比城市孩子的幸福,党运觉得心酸。回到兰州后,他发了一篇2000多字的消息,并配上了远山下孩子们在帐篷里学习的照片。没想到消息发出仅三天,一些单位和书画家就表

示要向这所帐篷学校捐款。后来,党运亲自将第一批捐款45 000多元钱送到了帐篷学校,校长感动得流下眼泪,因为这是学校受灾二十多天以来收到的第一批捐款。

回到2012年,这个不平凡的9月再次书写了党运的记者生涯。彭雪嘉的家人在求救无门、没有抗病毒血清救治时,党运的出现给这一家人带来了希望。他发文向社会各界朋友求助,借助自己作为一名记者在网络空间积累下的人脉资源以最高效的行动力联系到了上海的网友小兰州。在小兰州购药的过程中,又在青岛网友刘华栋的帮助下联络到了东航的张机长,为药品的送回铺好了道路。10个小时,一个孩子得救。最终他和众人的努力下,上海交警为送药车开路、兰州交警护送药品到医院。

党运说,他认为做记者是有意义的。让需要帮助的人得到帮助是他作为一名新闻记者的最高价值。

记者认为,党运的文字和图片有一种力量,这股力量化身为橄榄枝,连接起一颗颗爱心,让人们感受到爱的力量,让我们相信,这个世界有爱、有温暖。

中国兰州网 王萌

王军:坚持奋战在火情一线的勇士

“我是从群众中来的,给老百姓多办点好事,才不辜负当兵的这些年。”这是兰州市公安消防支队龚家湾中队战斗一班班长王军在记者采访中重点强调的一句话。从1998年12月到现在,来自陕西潼关的王军已经从事消防工作15年了。这十几年来,他作为一名士官班长,无论做什么都以身作则。在各项执勤灭火战斗中,他把自己所学到的理论知识灵活地运用到实践中,表现突出,多次立功受奖并被评为优秀士兵。王军说,“当兵不是享福而是锻炼”。正如入伍时他并没有选择繁华的首都北京,而是选择了并不发达的甘肃,理由除了他和他的父母都非常喜欢兰州这座西部名城外,最主要的还是为了锻炼自己、实现自己的价值。

王军获得的荣誉数不胜数,但记者还是找到了几件特别突出的事来给大家讲一讲。

2002年10月26日扑救兰州石化总公司油罐火灾中,王军发扬了特别能吃苦、特别能战斗的精神,在其他人都已撤出火场的情况下,连续三天三夜战斗在火场一线,以其英勇顽强的表现荣立个人“二等功”。

2006年6月28日,在扑救兰州炼油厂火灾时,王军身先士卒,带领班集体成功完成上级交给的任务,为成功灭火奠定了坚实的基础,荣立个人“三等功”。

最令王军难忘的要数2010年1月7日兰州石化公司装有氢烃的储罐发生爆炸,引燃周围5个储罐,随时都可能二次发生爆炸。在危机情况下,他随同中队指挥员架设移动水炮,进入火场阻止火势向南侧蔓延,并冷却保护受火势威胁的设备管线。为了保证前方用水不间断,王军在长时间的灭火战斗后,克服疲劳带领一名战士就近占据场区内的固定消火栓,保障了前方的用水。十几个小时后,王军发现由于火势向正前方蔓延的趋势,可能威胁到前方的一列载罐列车,于是及时向中队报告这一情况请求将水炮阵地前移20米。该行为有效消除了火势对罐车的威胁,保证了任务的安全完成。此次战斗长达48小时,期间王军和另一名战士只吃过一顿饭补充体力,渴了就喝水枪里的生水。在如此严寒的天气里,火扑灭后,他的身上都结上了一层薄冰。

无论是在严寒中灭火,还是在火场赤手提出液化气罐,种种危及生命的情形王军都视作为人民服务必经的锻炼,始终以人民的生命财产安全为重。

如今32岁的王军是队里的铁汉子,但是他也有自己的心酸事。从自己孩子出生,他就一直在忙,见面太少使得孩子对他陌生。周岁那年,孩子追在身形相似的人身后喊爸爸。王军在电话里听丈母娘一说,差点就掉下泪来。

十多年的消防员生涯,王军负过两次伤。每次受伤期间都是他最难熬的时期,因为他只能眼睁睁看着战友们训练、出任务，自己却什么忙都帮不上。为了不虚度时间他就去看书学习，倒也增强了自身的文化素质。2004年的时候还前往南京士官学校就读，使他的个人能力更上了一层楼。王军说，他很珍惜这份工作，也比以前更注意保护自己，只有健康的身体才能把工作做得更好，让老百姓放心。

“作为一名军人，无论在什么岗位上，都要兢兢业业地干好工作，保持优良的品质和作风是当代军人的最基本的素质和要求。”就如同王军常说的这句话，他扎根黄土高坡，为他所带领的消防队伍起着模范带头作用，在火灾扑救任务中永远积极投身一线，对任务的成败起到了至关重要的作用。十多年他用脚踏实地的工作向人民递交了一份满意的答卷，也为消防部队赢得了荣誉。

中国兰州网 王萌

李荣:心系居民安危的综治员

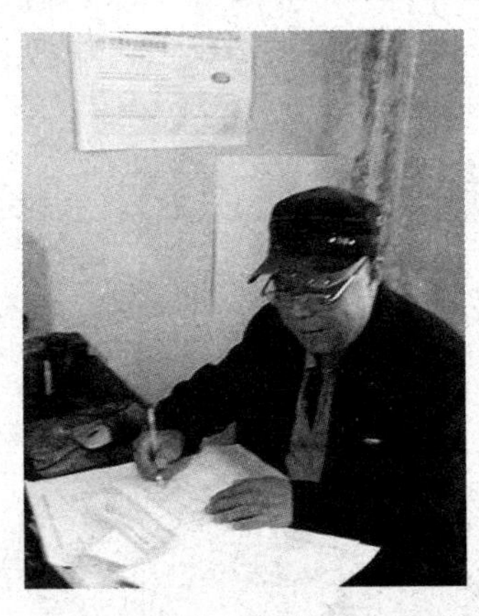

他个子不是很高,皮肤黝黑,剃着光头,身材微胖。他今年50岁,是一毛厂的下岗职工,妻子同样是一毛厂的下岗职工。为了确保城市河堤安全,及时巡查暴雨天黄河汛期水位,顶着暴雨也不离岗位,他就是心系居民安危的建兰路街道火星街社区一名普通的综治管理员李荣。

"一天当中,有一半的时间我都是在黄河边度过……"由于黄河水位上涨,黄河岸边多了一群巡堤人,他们坚守在黄河岸边,24小时对黄河进行巡视。而在众多的巡逻者中,李荣只是其中一员。说起兰州前几日的大暴雨,大家肯定都记忆犹新。就在那一晚,李荣为了坚守岗位、视察黄河汛情,被大雨着实淋了个"落汤鸡",以致受凉感冒。

李荣负责夜间巡逻,巡逻范围西起兰州武警支队,东至陆军总院。每天21时上班,次日早晨9时下班,而每天出门之前,他都会准备好饭菜,然后再开始他的工作。"我们的工作是从8月23日开始的,主要任务是查看黄河堤岸,一旦发现坍塌,立即上报,而且每天交接班都要向'同事'交代黄河水位的情况",李荣说。李荣家里有一个25岁的儿子,因为儿子到了适婚年龄,所以"倍感压力"。他不但要坚守在巡堤一线,而且担任着家里的"掌勺"重任。工作、家庭都要兼顾,但是当记者问到他这样生活是否困难、辛苦的时候,他却憨厚地回答:"没有困难,挺好的。"他一边说着,一边冲身旁的记者笑了起来。

说起那天晚上,"原本每晚我们都会穿上厚厚的军大衣,可是那天,出门却忘记带厚衣服,就那么巧,一场大雨突然来袭,我的皮鞋都开胶了"。李荣幽默地说。下大雨时,李荣正在滨河路上巡视。大雨对河岸的冲刷、黄河水位的增长,起着决定性作用,所以巡堤人员更加警惕。淋着雨,李荣在黄河岸边"踱步"。冷了,只好在雨中奔跑,增加身体温度;累了,他就放慢脚步,当作休息。就这样一晚上终于"熬"过去了,李荣却喷嚏连连,出现了感冒迹象。然而,在雨中工作一夜,感冒的他说得最多的一句话,便是"我是党员,我应该做好这项工作"。这朴实的话语,尽显他对工作的负责,让人为之感动。正是有了像李荣这样一批在黄河汛期坚守巡逻的无名英雄,才使我们大家在黄河几十年不遇的洪峰到来时仍然幸福安宁地生活。是他们平凡的工作成就了这个城市的安全。

中国兰州网 孙文博

金维元:德艺双馨医者心

他是一名年过半百的资深老中医,精于传统中医和药学;他曾屡次以身试药,只为更为精准地为病人疗伤;他对佛学和道家颇有研究,还只身赴藏地探险,并坐禅九华山修行;他凭借娴熟的医术、至诚的真情,被评为"全国德艺双馨医务工作者""全国特级名医";他还是美国、韩国、日本、法国、香港医学专家力邀讲学的热点人物……他对医学的追求孜孜不倦,他对病人的关心无微不至,

他就是中华名老中医、福寿回春堂家传六代传人的金维元。

炯炯有神的眼睛,颇显学究气的黑框眼镜,一丝不苟的中山装,还有幽默的谈吐……初见金教授,这位和蔼的名老中医的独特气质吸引着记者。

"金老,您治愈过许多癌症患者,解决了许多的疑难杂症,有什么秘方吗?"记者开门见山。

"小丫头,你听我说,并没有什么秘方,医者之心,救死扶伤。"金维元笑呵呵地说,"研究中国的中医,必须将全部心血融入其中,才可以研究其精华、造福人类,否则就像让你站在大门外看房间内的摆设一样,你是看不到的。中医也是如此,只有真正地热爱医学,不断地深入钻研,彻底了解中医本质与内涵,才可以悟出其中道理。我曾无数次地去药物产地挖掘药物,自己就是药物实验活体,效果好,再依照这种剂量用给病人。我想,面对病人的时候,一位真正的好医生,要用一颗与患者紧紧相连的心来体会患者的痛苦,用仁爱的心和毕生所学来医治他。"

谈到曾在旅行途中在机舱内紧急施救、在西藏救援等事迹,金维元淡淡地说:"这都是一个医者应该做的事情,干一行、爱一行、精一行,用医者之心救人,是从医者义不容辞的责任。"

谈话接近尾声,金维元说:"心理因素对于患者十分重要,每个人都该用一颗快乐的心去享受生活,把好好生活当作我们最开心的事情。当然,还要加强锻炼,有了强健的体魄,病痛自然会远离我们。"

中国兰州网 丁小岚

李学文：最美的“教师爸爸”

在榆中县南部山区的马坡乡，满山绿意间，几栋拔起的小楼格外醒目，这里是榆中县马坡中学，是马坡乡留守儿童的家。

这座条件远远谈不上优越的学校里，每天书声琅琅，笑语纷喧，在学校教师李学文的带领下，留守孩子们以校为家，认真学习、快乐生活。孩子们说：“李老师是好人，是我们最美的‘教师爸爸’！”

孩子口中的最美的“教师爸爸”，叫李学文，今年40岁，生于1972年，有着17年教龄，在平凡的教师工作中，他兢兢业业。面临着更好的工作环境，他选择了留下来，因为“大家都走了，这些留守孩子该怎么办”。

“要让学生成才，身心健康成长，就必须关心爱护他们，做他们的知心人，我把‘动之以情、导之以行、晓之以理、持之以恒’作为关心学生的座右铭。”李学文告诉记者，对于留守儿童亲情的缺失，他选择的是对孩子们的关心和爱护。

通过一段时间对于留守学生的家庭调查，李学文发现，有的外出打工的父母半年才给家中打一次电话，相当多的外出打工者一年才返家一次，甚至有的父母常年在外不回来，单纯认为给孩子吃饱、穿暖、满足孩子的各种需求就可以了，而忽视与孩子的心理沟通与交流。这导致孩子对父母很陌生，亲情关系出现了障碍，孩子的人生观、价值观也出现了问题。

“为此，我给学生分组，利用校信通、飞信等形式，让学生每星期三的课外活动和家长联系，进行交流，汇报他们在校的情况。”李学文说，这样的方式赢得了家长和留守学生们的欢迎。

颜文鲁是马坡中学九年级四班的学生。多年以来，他的父母都在外打工，长期的亲情缺失让他变得沉默寡言。在与记者的交流中，能明显感受到他缺少一般孩子的那种天真和快乐。但一说起李老师，他脸上露出了笑容：“李老师我们的‘教师爸爸’，他还会帮我和我爸爸妈妈发信息呢”！

“我心中始终记着这样一句话：做学生生活中的母亲、错误中的大夫、交往中的挚友。”功夫不负有心人，几年下来，李学文老师不仅取得了家长的信任，也赢得了留守学生和同事们的尊重和一致好评。

作为一名人民教师，刘学文不光扮演着“教师爸爸”的角色，在教学工作中，他兢兢业业，取得了丰硕的成果。他所教的学科在榆中县毕业会考中多次获奖。其中，他在2004年获一等奖，2005年获三等奖，2006、2007年连续获一等奖。在2008年八年级水平测试中获得一等奖，2010年毕业会考中获得三等奖。

“‘春风化雨，润物无声’，李老师不光书教得好，他教的班级成绩总是排在榆中县全县的前列，还总是用他那颗温润善良的心感动着我们同事，同事们都佩服他”，同办公室的教师王玉玲对记者说。

为了不断提高自己的工作水平，李学文积极观看各种教学观摩课和报告会，不断充实自己，2008年在兰州市中学课堂教学竞赛中获得三等奖，2010在《教育教学论坛》上发表论文《尊重信任学生、研究学生，是做好班主任工作的前提》。

“守望校园、守望孩子、守望未来”，在榆中南山这片校园里，为了留守学生，李学文默默地坚守着。他将继续坚守在这里，因为这里是留守学生温暖的家！

中国兰州网 丁小岚

李桂兰:残疾教师撑起山乡一片天

在偏远的榆中县新营乡窝子湾村窝子湾社山梁上,坐落着一所只有16个学生的学校,学校原名窝子湾小学,后改名为金城希望小学,是榆中南部山区最为偏远的一个教学点。

在这个鸟语花香的校园里,有一位残疾教师,为了山里的孩子,为了自己的信念,坚守三尺讲台,整整33年没有离开过学校。虽然生活艰辛,但她心中装的都是学生,她用残疾的身体撑起山乡一片天……

她的名字叫李桂兰。

现年已55岁的李桂兰出生于榆中县南山半阴地区新营乡窝子湾村石岻子社,1977年当上了窝子湾小学的一名民办教师。生活很眷顾她,赋予了她一颗善良美丽的心灵,命运又跟她开了一个天大的玩笑,夺走了她健康的身体。

当她正想着为家乡的教育事业奉献的时候,天有不测风云,1982年,一种罕见的怪症、顽症突然降临在她的身上。当时只有26岁,身上很多部位的肌肉无法用力,腿几乎瘫痪,无法正常行走,而且病情逐渐恶化,痛不欲生。她曾经几度轻生,但被亲人、好心人救起后劝醒。自己已经遭遇不幸,她发誓要让更多的孩子变得幸运。

患病初期,李桂兰一边治病,一边坚持工作。对教育事业的执着信念始终鼓舞着她。她拖着疼痛的双腿,每天走着八九里山路往返于学校和家庭之间。

"那时,我每天凌晨四时就走出家门,拄着拐杖,艰难地挪动着双腿,摸着黑向学校走。虽然艰难,但是想到孩子们在教室里等着我,我就会坚持走下去。"李桂兰说。

后来,因为病情加重,她要扶着墙才能去教室。教室和办公室连着,不足10米

的距离，课间的10分钟休息时间往返一趟都不够用，李桂兰就只有在教室里待着，从早上上课一直到下午学生放学，休息时就到坐在教室台子上透透气。

“为了孩子们，她中午都不休息，吃过饭就慢慢回到教室辅导学生，她真正地把教室当成了家。”同事丁永兵感慨地说。

在采访中，记者看到：在教室里，李老师只能一手拄着拐杖，一手在黑板上写字；辅导学生时，她也得拄着拐杖。

1996年李桂兰转为一名正式教师。从22岁到55岁，她一直在教师的工作岗位上兢兢业业、默默奉献了33年。在偏远的窝子湾山村里，她沉默如石头，又有着石头一样坚毅的品格。她远离繁华，坚守清贫，在三尺讲台上书写青春岁月，任粉笔染白青发，用自己特殊的人生谱写着美丽的教育诗篇。

为了让每个孩子都有进步，她一遍一遍、不厌其烦地向孩子们讲解问题。“每天，李老师把小剪刀、彩色纸之类的用具和材料带到教室，利用课间和两操的休息时间制作一些彩色图片。我不会的问题，看着李老师剪的模型我就懂了。”三年级的学生王蓉对记者说。

李老师上课很有一套，一堂课上，要是哪位同学得到3个以上的图片，她就按登记奖励一支铅笔或一块橡皮擦之类的奖品。渐渐地，她的爱心感动了每一个孩子。孩子们都喜欢她、爱听她的课，下课后孩子们就围着李老师在讲台上听她讲故事或一起唱歌。就这样，她每天把病痛留给自己，把爱和快乐播洒在每个山里娃的心里。

由于身体情况特殊，学校要减轻她的课，但却她说：“学校人员紧张，我的课减轻了，其他老师的课就多了。我其他方面帮不上忙，但代课还行，我要多教几个班。”李桂兰用自己的实际行动告诉人们，什么叫坚强，什么叫奉献。

因为付出和努力，她受到家长和学生们的爱戴。她一直坚守在这个普通的工作岗位上，守着家乡的孩子，用一个病痛的、瘦小的身躯撑起一片希望的天空。虽然病魔缠身，但本职工作非常出色。李老师带的班级的学生成绩，在整个学区里名列前茅。2002年的二年级数学一次统考中，全班27名学生，只有一个孩子考了78分，其余都在80分以上，平均成绩88分，优秀率96%。2007年新营乡党委、政府授予她“优秀教师”称号，2008年榆中县党委、政府授予她“优秀教师”称号。

李桂兰一生坚守在山村，说起最大的愿望，她笑着告诉记者：“我一辈子没离开过这山里，最远去过兰州，退休了，我想去外面的世界转转。”朴实的话语让记者心疼。

告别时，山风吹来，她拄着拐杖，忍着疼痛执意要送送我们。夕阳下，她弱小的身影突然显得那么高大，她拄着拐杖撑起山乡的一片天……

中国兰州网 丁小岚

张新德:给舟曲移民最好的家

张新德是兰州新区舟曲灾后重建项目施工负责人。从2011年开工到今年7月工程结束,他投入了全部的精力和心血。安置房通过验收的那一刻,他的心情比任何人都激动。

舟曲灾后重建项目包括17栋住宅楼和1所能够容纳3000名学生的中学.开工时的新区条件艰苦,路不通,电不通,工人们用发电机发电,为了施工从远处拉水。张新德回忆说:“刮风一身土,下雨一身泥。”这是工人们工作时的常态。即使在这样恶劣的条件下,张新德所带领的团队加班加点保证工期,还是在2011年底完成了工程的主体施工,终于在2012年7月25日,项目通过了工程验收。

张新德说,验收并不是结束。他们为了迎接舟曲移民已经做了三次保洁,排查缺陷,最近已经陆续有舟曲移民来看房。看着住户回访表上人们填写的“满意”,他感到再辛苦也值得。

其实对于张新德来说,工程的艰苦都不算什么,最难的是在家人最需要他的时候,他却没有留在家人身边。张新德说他最感谢的人是妻子。妻子身患癌症,不仅要忍受病痛的折磨还要照料家庭,就连住院都是亲友照顾。张新德吃住在新区,几乎没有在医院陪伴过妻子,而妻子却从没有抱怨过一句。

不久前张新德85岁的老母亲去世。从母亲患病到照料后事都是妻子一人承担。老母亲生前也给予了儿子最大的理解,从没有要求儿子一定要回家看望自己。回忆起母亲,张新德眼中隐隐有泪,虽然新区到兰州不过一个多小时的路程,可那时对他来说也许是最远的路。

这两年为了项目所吃的苦,张新德没有多说,他只是告诉记者:“舟曲移民需要家,我是项目负责人,要给大家带好头。”

张新德作为舟曲灾后重建项目的负责人,心系舟曲移民,不仅克服了施工中的困难,还为了大家而牺牲了小家的幸福,令人感动,更让人敬佩。当藏乡风格的舟曲新居引来无数赞叹,当舟曲的孩子们奔跑在舟曲中学的宽阔操场上时,请不要忘记,这美丽风景背后是张新德和他的团队的无私奉献,凝结着他们的汗水和爱心。

中国兰州网 王萌

程志斌:医术高超　心系患者

他毕业于日本三重大学,擅长治疗甲状腺、乳腺、胃癌、结直肠癌和肝胆胰疾病,尤其在肝胆胰肿瘤、肝脏移植外科等诊断和治疗方面达到国际先进水平。他平易近人,处处以病人为重,强调"一人一治"的个体化治疗,帮助很多疑难病症的病人解除了病痛。在病人眼中,他是位医德高尚、医术高超的好大夫。他就是兰大二院普外科主任医师程志斌。

肝癌晚期病人,他妙手回春

患者刘先生患有晚期肝癌,家属心急如焚,先后奔走于全国知名医院,但都没有比较好的治疗方案。因为患者已经70多岁,许多大夫都建议应该"临终关怀",但是家属想要延长老人的生命。几经周折,家人来到了兰州大学第二医院治疗,主治大夫为程志斌。"当时,程大夫看了我父亲的病情,并没有像其他大夫直接给病人宣判'死刑',他提出三种方案,包括手术、介入和保守治疗。其中,手术方案是我们比较能够接受的一种。"女刘老先生的儿刘钰说,"但是,老人年龄较大,一般情况下大夫不愿做这样的手术,会出现风险问题。"程大夫坚持做这个手术,他认为只要病人有一丝希望,就不应该放弃。早上7点多开始的手术,到下午3点40分结束,进行了将近9个小时。当父亲被从手术室推出来,并被告知手术很成功时,家属心中的一颗石头落了地。女儿刘钰说:"他是我父亲的救命恩人,我们要向他表示感谢。"目前,手术过去一个多月,刘先生身体各项指标恢复良好。

病人眼中，他是个好大夫

在许多病人眼中，程志斌是个好大夫，因为他处处以患者为重。据患者家属刘钰介绍，她曾经想给程大夫“红包”，当时程大夫态度强硬，坚决不要：“如果家属非要这么做，就停手术。”但她还是将“红包”放在程大夫桌上就离开了。可令她想不到的是，在程大夫手术过程中，护士长告知她，程大夫在手术之前，将“红包”钱款充作了他父亲的医药费。对此，程大夫是这样说的：“这种事情，常常搞得我很郁闷。为什么呢？许多病人给我塞‘红包’的时候，推推搡搡，老是把我的白大褂口袋扯破。这点让我很郁闷。病人家属的心情我可以理解，我就常想，把这些钱放在患者的治疗上，不是更好吗？如果我拿着你的‘红包’，思想上有了压力，是做不好手术的。”

“他是个好大夫，不仅医德高尚，并且医术高超。令我佩服的一点，是他工作很透明，对我们毫不隐瞒病情。”刘钰说。在手术之前，程大夫将手术方案向家属讲解得很详细，也将风险告知得很明确。在听了程大夫详细的讲解后，家属坚定了坚持手术的信心。“有两点我很感动，第一是在手术过程中，他发现了我父亲的胆囊上有了病灶，这个情况，先前的拍片是没有照出来的。在没有通知家属的情况下，程大夫很果断地给我父亲做了胆囊切除。第二点是手术之前，我们准备了手术需要的一种特殊刀具，一支刀8000块钱。但手术出来后，程大夫告诉我们没有用这种刀具。他告诉我们说，用一般的平常手术刀可以做的事情，为什么要用好的刀具增加病人家属负担呢？”刘钰说，“在病人眼中，他不愧是个好大夫。”

同事眼中，他是个很有个性的大夫

在兰州大学第二医院普外一科，同事们对他评价很高，很多同事对他的共同认识都是他平易近人，尤其是心系患者。副主任医师罗长江说：“程主任医术很高，他的手术方式很精细，出血少，在对病灶区的处理上，清扫得很彻底。一周前有个中肝切除术，他解剖得很精细，出血量少。他的手术，技术含量很高。技术之外，他很善于和人开玩笑，尤其是患者。”据介绍，除了日常手术、查房外，他还身兼行政事务。在如此忙的情况下，他查房仍很认真。并且，在办公室休息的时候，也帮病人看片，随时加班加点，毫无怨言。普外一科副主任医师朱军民介绍，5月24日晚上6点，他在手术上有问题，需要程主任帮忙。当时，程主任正在开教学会议，但是知道情况后，程主任立即打车赶回医院，一边做手术，一边给医疗组大夫讲解。等手术做完，已经到了晚上11点多。“他平常很忙，要参与教学部管理、临床工作、查房、做手术，有时候，还要指导别人手术和进行科研工作，但病人在他那里，永远是第一位的。值得一提的是，有时候别人不敢做的手术他敢做，是个很有个性的大夫。”朱军民说。

“我要让甘肃的病人在家门口就能享受很好的医疗”

程志斌大夫先后在日本三重大学和京都大学、北京大学、浙江大学等参与完成原位肝移植、背驼式肝脏移植、活体部分肝移植等各类肝脏移植手术150余例。曾受邀在北京大学器官移植中心参加了北京首例成人部分活体肝脏移植手术。2004年在浙江期间，他曾经协助浙江大学医学院第一医院郑树森院士建立浙江大学肝脏移植中心台州分中心，开展肝脏移植医疗工作。面对如此好的工作条件和环境，他却放弃了。2006年，他作为兰大二院的引进人才，成为普外科一名主任医师。面对这些，程志斌说：“我是甘肃人，我要回到甘肃。我学了医学知识和技术，就是要用来治疗病人，不然我学了有什么用？我觉得，对患者来说，可以在甘肃治疗的疾病，就不必要去北京、上海那么远的地方，花费钱、财、物，再加上受罪。我要让甘肃的病人在家门口，就能够享受到很好的医疗。另外，不能因为大夫的认知水平有问题，而耽误了患者的病情，好的诊断，是可以延长病人生命的，这点很重要。尤其在经济水平较为落后的地区，老百姓的就医渠道太少。”

治病救人是医生的职责，这点在程大夫身上有很好的体现。“人有时候活的是一口气，大夫对待病人，不仅要看病，更要看人。要对不同的病人实施不同的治疗方法。”这句话，是程志斌一直践行的理念。病人马哈扎克，女性，今年74岁，5月29日下午刚刚做完胆囊手术。病人病情是反复胆结石，伴有慢性支气管炎。因为肺功能问题，常规上不能进行手术，但程志斌坚持要做这台手术。通过和病人交流，马哈扎克有个愿望，她要在有生之年去麦加朝圣。如果她不做治疗，有可能在去的路上，一去不归。“作为一名大夫，我有责任帮助她完成她的心愿。那么，就要进行手术。我让她爬楼梯增加肺功能。最终，达到了手术条件，手术很成功，她可以放心去完成她的心愿。”程志斌经常说，一定要强调个体化治疗，一人一治。“对待病人，别人治的是‘病’，我治的是‘人’。”

中国兰州网 周媛

罗明:默默无闻　无私奉献

他文化水平不高,却热衷于钻研业务;他没有任何官职,却尽心为老干部服务;他没有任何名利,却甘于无私奉献。他,就是兰州市军队离退休干部第二休养所的一名普通水暖临时工罗明。参加工作十几年来,罗明勤勉踏实,以自己的高尚情操和无私奉献精神,赢得了领导、同事和广大老干部的交口称赞。由于出色的工作成绩,连续九年他被二所评为“先进工作者”。

二所老干部住宅楼均属二十世纪八十年代初期,秀川新村统一开发的建筑。由于建筑年代条件久远,加上长年失修,暖气管道和污水井均出现老化、锈蚀等现象,维修工作难度也在加大。要么需要在寒冷的冬天跳入污水井进行排污工作;要么就是加班加到深夜,维修暖气管道,以确保老干部家中正常供暖。就是因为他不怕累不怕脏的这种工作态度,受到了二所老干部的交口称赞,每年评选先进的时候,第一个被提名的人总是他。

罗明在实际工作中认真总结经验,举一反三,触类旁通。如今,他练就了一身硬功夫:只要听听老干部的简单介绍,就能大体知道问题出在什么地方。老干部15号楼李大爷家的下水道堵了,污水外溢,既不敢做饭,又不敢洗衣服,还严重影响到了楼上邻居的生活用水。罗明得知此事后,立即赶到李大爷家中。寒冷的天气,加之下水道刺鼻难闻的混合味道,熏得人根本抬不起头,但是罗明没有任何抱怨,率先跳入下水道开始工作。机器处理不了的地方,他就把手探进去清理,清理过程中,污水不时地喷溅到他的脸上、身上。经过两个多小时的努力,下水管道终于疏通了。李大爷激动地说:“真是太辛苦你了,今天,你可是了去了我的一块心病!”

作为一名水暖工,就是要经常与广大住户打交道。谁家的屋子漏了;谁家的下水道堵了;哪片的居民区污水外溢了,都离不开罗明。每当这时,不管时间早晚,罗明总是毫无怨言,随叫随到,满腔热情地投入工作。每当住户有了困难,他比户主还着急,总是想方设法满足他们的需求。

“道虽通不行不至,事虽小不为不成。”由于罗明踏实肯干的工作作风,赢得了军休干部及家属遗属的广泛好评,大家都亲切地称他“小罗”。面对众多的赞许,罗明却说:“我只是干了一名水暖工应该干的事情,没有所里的培养,没有大家的帮助和合作,没有军休干部的宽容理解,我就是有三头六臂也干不了什么事情,现在都在说中国梦,而我的梦想就是尽自己最大的能力,为军休干部做好维修服务工作,解决他们最实际的困难。”罗明就是这样一个在平凡的岗位上默默无闻工作、无私奉献、挥洒自己青春的新时代军休职工代表,他以自己的平凡之举践行着对伟大中国梦最深刻的理解和最本质的诠释。

中国兰州网 周媛

王亚玲:坚守特殊岗位　用心谱写爱的音符

有人说:“用自己的双手去温暖别人的双手,是一种奉献。”兰州市精神康复医院护理部主任兼第一病区护士长王亚玲就是如此,二十年如一日,坚守在特殊的工作岗位,把青春年华都献给了社会弱势群体,用热情和无私奉献谱写出一曲动人的歌。她以饱满的工作热情、良好的工作作风和优异的工作成绩,获得了全院干部职工和服务对象的一致好评。

作为一名共产党员,王亚玲在本职岗位充分发挥先锋模范作用,为群众树立了良好的榜样。她处处用优秀共产党员的标准严格衡量、约束自己的言行,严格遵守党的纪律,执行党的决定,珍惜共产党员的光荣称号,以新时期保持共产党员先进性的具体要求鞭策自己,不断提高综合素质和业务能力。

精神科是医疗行业中的一个特殊分支,患者临床表现多为神智不全、痴傻癫狂。而兰州市精神康复医院作为我市唯一一家社会福利精神病专科医院,主要职能就是集中供养收治无依无靠、无生活来源、无法定抚养赡养人的“三无”精神病人和社会流浪精神病人。这部分患者由于长期缺乏科学有效的治疗,病情普遍较为严重。在常人眼里打针、发药这些很平常的事,在这里不仅表现为护理过程中的极不配合,还会突然对护理人员进行攻击。在给病人喂饭、洗澡时,每当遇到躁狂或是易冲动的病人,王亚玲从不顾个人的安危,总是亲自完成。被病人言语辱骂,甚至拳打脚踢后,她也会委屈地流泪,但只要感觉身体没什么大碍,她仍会坚持继续工作。王亚玲经常说的一句话就是:“恐怕我将终生从事这一‘性价比’不高的工作,因为我的心底,真的放不下我的患者,我的医院。”

由于“三无”供养患者大多需要终生住院,随着年龄的增长和病情的发展,患者最终进入躯体功能衰退、生活不能自理阶段。为了提高住院病人的生存质量,更好地为服务对象服务,王亚玲积极实行医疗护理和生活护理相结合的工作方法,引导护理人员树立“先做病人的亲人,再做病人的护士”的思想,带领全体护士把优质的服务提供给每一个患者,重点加强对年老退化和瘫痪在床病人的服务,使她们住院的每一天,都能感受到生活的乐趣,感受到有家、有儿女,共享天伦的欢乐。每当逢年过节,王亚玲护士长还要组织病人开展联欢娱乐活动,鼓励病人按各自的特点、喜好表演节目。每次活动,病人们都兴高采烈,有的跳舞,有的唱歌,有的诗朗诵,不仅丰富了病人的住院生活,还有效地缓解了病人的病理状态,提高了医疗效果。

精神科疾病除了需要科学的治疗以外，护理对病人的康复至关重要。而王亚玲给予精神病人的不仅仅是身体上的护理，更多的是心灵上的呵护。精神病人中有相当一部分是抑郁症患者，他们对生活失去信心，悲观厌世。每当遇到这样的病人，王亚玲就主动和患者多交流，耐心倾听患者的倾诉，并根据患者的社会背景、文化层次、家庭情况、个性特征、躯体感觉，再凭借自己多年来总结的工作经验，对其心理做出客观全面的评估，帮助患者分析、认识自己性格，适时地提供健康教育，有针对性地做好抑郁患者的思想工作，重新唤起他们生活的勇气。

医院曾有这样一位女病人：小姑娘二十来岁，因为家庭原因患上了重度抑郁症，成天怨天尤人，无所事事。她的父亲为了治好她曾辗转去过多家医院，但她的病情却始终没有好转，反而愈加严重。最后无奈的父亲只好把她送到兰州市精神康复医院，并哭着说："我对治好她的病也不指望了，只希望她能有个地方吃饱、睡暖就行。"

病人入院后，王亚玲每天和她交谈，刚开始小姑娘对她总是冷脸相对，甚至口出秽语，但王亚玲却拿她当自己的孩子一样看待，在生活上给予她无微不至的照顾。当得知这个患者喜欢音乐，王亚玲就从自己家找来一些音乐方面的书给她看，并与她聊一些关于音乐的话题。精诚所至，金石为开，终于这位患者开始对她敞开心扉，诉说自己心中的苦闷。这位曾经对生活失去信心的女孩在王亚玲的鼓励下，逐渐恢复了对生活的热情与信心。在她出院时，患者的父亲激动地对王亚玲说："是你救了我的女儿，是你给了她又一次生命！"而这位患者更是拉着王亚玲的手舍不得分开，她哭泣着说："王阿姨，你是我这个世界上和我母亲一样亲的人。我回去以后一定会努力工作，不辜负您的期望……"

还有一部分患者因为过早缺失家人和亲情的关怀，常年流浪街头，在他们入院时蓬头垢面、满身脏污。为病人及时更换服装、清理个人卫生、做常规检查等等，都是王亚玲和护士们的必修课，经过治疗待患者病情稳定后，王亚玲护士长还要帮助他们联系家属，通过救助站把他们安全护送回家。不久前，一位老人患有严重的精神疾病的女儿离家出走，焦急的老人跑了好多地方寻找，最后得知他的女儿早已被110巡警送到兰州市精神康复医院，治疗了近两个月。当老人看到女儿衣着整洁、精神良好的那一瞬间，他的眼圈红了。他激动地跪在地上，对在场的医护人员表示深深的谢意，并为王亚玲等护理工作者送上了一面印有"不是亲人胜似亲人"的锦旗。

王亚玲作为医院护理部的主任，在平常的日常管理中，把自己多年来积累的各类精神病患者的护理经验毫无保留地传授给年轻的护士，为医院培养出一批批合格的护理人员。她的奉献精神也不断激励着医院的护理人员在这特殊的岗位上努力工作。王亚玲还努力为年轻护士们提供各种形式的培养机会，鼓励她们撰写论文，组织开展护理科研、护理技术竞赛，使护理人员的护理技术不断提升，产生认同感和归属感，形成了良好的"团队精神"，为患者提供更全面优良的护理服务。病人家属对医院护理工作的满意率达到98%以上。王亚玲二十多年如一日，以自己的实际行动在平凡的工作岗位上认真诠释着敬业奉献的"好人"精神，同时也努力地实现着自己的人生价值。

中国兰州网

做新区建设中的一颗螺丝钉

在建设兰州新区的万千人中,他是其中再普通不过的一分子。但是他热情、执着,把几乎所有的精力投入到新区的建设之中。以新区为家,在新区建设的第一线,总能看到他忙碌的身影。他就是兰州新区城市发展投资有限公司基础设施建设事业部的工作人员李军德。

李军德今年40岁,从1993年在兰州城市建设学校毕业后就开始和工程建设打交道,一干就是近20年。2011年随着"开发秦王川,建设新兰州"的号角吹响,李军德主动要求调至兰州新区城市发展投资有限公司工作。自2011年4月进入公司至今,作为基础设施建设事业部负责人,始终坚守在自己的岗位上。

他一丝不苟的工作态度和对同事的热情关心,得到了大家的一致好评。但李军德总是淡淡地说:"这都是我应该做的。"他身为基础设施建设事业部的负责人,经常节假日不休息,甚至几个月不回家,进入公司至今从未请过一次假,他的言和行感染着身边的每一个人。现在是新区基础建设的重要时期,工程建设结点多,整个部门的人员工作节奏紧张,经常加班。李军德自己经常不吃饭,却关心下属,让他们尽量按时吃饭;李军德自己经常加班不回家,却总会关心下属,打电话、发信息询问他们,家中是否有事,需要不需要回家。遇到家中有事的,总会积极协调,让他们回家处理。而李军德自己,连女儿参加中考,都没有回去陪伴。

加强学习,不断完善自身修养和提高综合管理能力,是李军德一直坚持的信念。就职建筑单位,无论业务知识还是管理知识,他都觉得自己知识储备有限,于是他自修完成了公路与城市道路工程课程,并取得大专文凭。一年来他结合新区道路工程建设,通过对项目建设管理的程序、法规、业务知识等方面的学习,不断总结,积累了丰富的管理经验。他在学习提高的同时,经常督促和指导部门成员加强业务学习,定期检查部门人员学习情况,从而提高了部门整体业务水平。与此同时,他特别注重增强大家的凝聚力,很好地把公司发展与员工的归属感结合起来,使得大家齐心协力,以主人翁的态度投入到兰州新区建设中去。

"立足本职,务实高效,狠抓项目建设",这是他提出的工作要求。今年道路基础设施建设时间紧、任务重,面对规划设计滞后、征地拆迁不到位等困难,他结合新区大干快上的建设步伐和尽快形成路网骨架的形势要求,立足本职,从项目特点着手,用自身专业特长和工作经验积极协调参建各方,加快建设进度,加强工程质量。

现在,走进新区城市发展投资有限公司基础设施建设事业部的办公室时,你总能看到一盏灯,每晚总是很晚才熄灭。那是李军德和同事们在加班,准备材料、做工程图……在李军德的生活中,新区的建设就是最大的重点。在他的嘴边经常挂着一句话:“我愿做兰州新区建设中的一颗螺丝钉……”这就是李军德,一个实实在在把自己置身于新区的开发建设中的人,而新区的建设正因为有这些平凡又敬业的建设者,建设的步伐才不断加快,兰州新区的面貌才越来越好。

兰州日报 颜娜 实习生 冯凯平

消防战士赵映都　真情演绎鱼水情

9月19日12时，记者见到赵映都时，他刚刚从火灾现场赶到队里，经过十几个小时的忙碌他已满身是泥，一脸疲惫。现任七里河区消防中队副指导员的赵映都自当兵之日起，其高度负责的态度和勇于开拓的精神就令战友们钦佩不已。而这位不怕苦不怕累的硬汉子，也有柔情的一面，他是辖区孤寡老人们的好儿子。

孤寡老人们共同的大孝子

整个采访过程中，赵映都的事迹似乎没有太多的轰轰烈烈、感天动地，但却始终有一种温暖的感动紧紧相随。在兰石家属院居住的孤寡老人韩艳荣是一位军烈属，说起赵映都这个孝顺"儿子"，老人眉开眼笑，疼爱之情溢于言表。去年春节时，中队团支部先后组织官兵走访慰问孤寡老人、残疾儿童，也就是这次走访让赵映都再也忘不掉老人，除了隔三岔五给老人打扫卫生，有时路过也会进去坐一会儿。每次老人总会说："工作这么忙，怎么又过来了。"而赵映会俏皮地说："儿子想您了呗。"老人虽口头上不说，可心里却甜甜的。只要有时间，赵映都就亲自下厨做几道拿手菜与老人分享。这些看似不起眼的小事，对于韩艳荣而言却很珍贵。老人告诉记者，赵映都的到来让空荡荡的家一下子温暖起来。老人很自豪地告诉过世的老伴，自己也有儿子了，兰州举办马拉松时，儿子领着她看景赏花，逢年过节会带来好吃的……老人近乎炫耀的言语道出无尽的自豪与幸福。

除了韩艳荣，"三无"老人赵淑珍和长期独居的何玉芬也受到赵映都的悉心照

顾。何玉芬说，自己曾是老居委会主任，以前总是为别人的事奔波，如今退休独居在家，心里没个着落。从社区得知情况的赵映都时不时地会来看她，她心里也平添了几分牵挂，感觉日子过得有滋味了。说起这些时，赵映都笑了，他认为这些都是举手之劳的小事，不值一提。但对赵映都而言，这样的小事一年四季一件也不会落下，他以实际行动践行了军民鱼水情，平日里还积极参与低碳环保、文明共建等活动。前段时间，因为自来水管断裂，辖区大面积停水，严重影响到居民的日常生活，赵映都带领队员无偿为百姓送水十余吨。喝上水的居民李燕感慨地说，以前嘴上总说鱼水情深但没有什么感受，当真正遇到困难看到赵映都他们一天到晚顾不上吃饭给辖区居民送水时，她才真正体验到了鱼水情深。

经营户眼里闲不住的“事妈”

在建兰路步行街经营户的眼里，赵映都的形象近乎“事妈”。原来，赵映经常会联合敦煌路街道组织经营户学习消防知识，而且还不定期地举行消防演习和现场讲解。说起这位“事妈”，做服装生意的林伟这样描述他对赵映都的印象：眼尖、嘴狠、不留情。所谓眼尖，他一眼就看出哪里消防工作不合格，哪里有隐患。嘴狠：对于不符合消防工作的事进行批评、处罚，一点也不留情面。林伟说，自己做了多年的生意也没遇到这样三天两头组织学习、演练、查设备的人，所以自己就总躲着他。但是今年以来辖区几起火灾让林伟感触很大，在无情的火灾面前，金钱与生命都很脆弱。现在他不躲了，而且把抽烟的习惯也改了。

据了解，今年以来，在赵映都的带领下，七里河区消防中队先后14次开展消防站对外开放活动，并在阳光物业公司、兰石社区、敦煌路街道、兰州盛达物资市场等十多家共建单位讲解消防知识，共培训员工4000余人。通过开展消防宣传活动，不仅进一步使消防工作走向社会，树立了消防部队的良好形象，也让老百姓零距离认识和了解消防，参与消防。拉近了广大群众与消防官兵之间的距离，提高了人民群众的消防安全意识和火灾防控能力，创造了良好的消防安全环境。采访结束了，赵映都爱的脚步还没有停歇，还有“联村联户、为民富民”的联系户需要他的帮助、居民区还有很多消防隐患需要他去排除……顾不上休息的赵映都又开始忙碌起来。

兰州日报 边卫霞
实习生 马靖宇

脏了我一个　干净所有人

平凡的善举体现着社会的良知。正是那些默默无闻的人用他们朴实的行动营造了社会的和谐，让我们生活的城市折射出人性的光辉。在龚家湾社区建兰新村就有这样一位老人，他为街坊邻里义务打扫公共厕所，而且一扫就是三十年。他就是今年86岁的老人——蔡福海。

在建兰新村一个小巷内，记者看到一位头戴皮帽的白胡子老人正挥动扫帚，清理着巷道内的垃圾。随后老人走进旱厕，开始清理厕所。一个多小时过去了，看到厕所和巷道都已经清扫干净，老人这才满意地离开。当记者在老人清扫时拍照，他连忙摆着手说："我只是干了一点力所能及的事情，不用拍照、报道。"

采访中，蔡福海老人告诉记者，建兰新村是破产的兰州地毯厂的家属院，多为二十世纪六十年代建的老式小平房，基础设施较差，上百户居民共同使用一个旱厕，环境又脏又臭。见此情景，老人主动承担起每天清扫旱厕的工作，这一干就是30年。蔡福海说："承担起清洁厕所的工作，是我自己情愿的。大家方便了，我一个人脏一点没有关系，只要大家干净就行。"说到自己30年如一日义务清扫公厕，老人说，是雷锋同志的那句名言，"一个人做一件好事并不难，难的是一辈子做好事"，一直鼓励和支撑着他的善举。据了解，蔡大爷刚开始扫厕所的时候，也常遭到别人的非议，对于那些冷嘲热讽，蔡大爷坦然面对。他告诉记者："我是一名共产党员，虽然退休了但不能吃闲饭。"采访中蔡大爷说，他现在心态很平和，国家每月给他发1800元的退休工资，他觉得就应该为大家付出。

采访中记者了解到，30年来，除了义务清扫公厕，老人还主动承担了清洁巷道的工作。一位邻居告诉记者："蔡大爷非常勤快，在这30年中就没有见他闲过，每天拿着扫帚和簸箕，走到哪儿清洁到哪儿。每年冬天，当大家出门上班时，老人就已经将小巷里的雪扫完了。"龚家湾社区的工作人员表示，蔡福海老人是一名老党员，他用实际行动为我们树立了学习的榜样。在大家的眼中，蔡大爷就是"一个闲不住的好人"。老人常年来的行为感动着周围所有的人，现在看到老人清扫卫生，大家都主动帮他，在他的带动下，社区随处都能看到居民的善举。据了解，由于老人年事已高，社区多次表示厕所和巷道的卫生由社区负责打扫，但老人每天依旧拿着扫帚和簸箕，默默地清扫着，以一个老共产党员的高尚品质，影响着周围的人们。

兰州日报 葛强

疏堵保畅 “土交警”用汗水坚守职责

近期，由于兰州市街道改造及冬季供暖管道改造等工程造成马路开挖，使我市东岗镇、段家滩路、鱼池口等地段交通压力剧增。兰州市公安局交警支队东岗大队五中队认真研判、全员上路、积极疏堵保畅，使东岗辖区未能出现大面积、长时间的拥堵。近日，记者走进东岗大队五中队，零距离感受交警在疏导中的艰辛与保畅中的智慧。

东岗大队五中队是为了缓解东岗镇一带的堵车问题，于2010年专门成立的兰州市第一个专门为辖区服务、专业为交通服务的警务室。五中队民警、协警加起来也就二十几个，面对复杂的交通环境确实忙不过来，用五中队队长张军的话说，“分身三头六臂也顾不过来啊”。于是，他们只能加班加点，几乎是24小时站岗、疏导交通。东岗大队五中队辖区为五里铺、定西路东口、东湖宾馆以东，桃树坪三岔路口以西。下辖东岗东路、嘉峪关路、段家滩路三条主要路段。“你看，我们的那些民警们像不像‘土交警’。”在甸子街南口卡口岗执勤的张军一边忙着疏导交通，一边向记者简单介绍五中队的基本情况。顺着张军所指的方向，记者找到了穿梭在“土雾”中的两名交警。由于地理条件的限制和最近的马路开挖，车辆经过之处尘土四处飞扬，行人纷纷躲避。

受道路状况、机动车保有量持续增长等客观条件的影响，东湖宾馆十字交通拥堵严重，给东岗东路的通行带来了极大的压力。为保证辖区道路通行状况良好，东岗大队五中队对东湖宾馆至酿造厂丁字路口实施道路优化试验。试验期间，交警对东湖小区出口这一路段利用反光锥筒、警戒带等实施禁左，进出东湖小区的车辆一律实行右进右出。

随着道路进入了交通晚高峰，东湖宾馆至酿造厂丁字路口由西向东方向车流逐渐增大，民警随即开始延长由西向东方向车道通行时间。直至18时20分许，五里铺十字至东湖宾馆由南向北方向车流较大，但北向南方向畅通。而18时30分许，正值下班高峰之际，东湖宾馆十字车流量尽管很大，但未发生交通拥堵。可以看出，在道路优化试验中，东湖十字交通压力明显减小，道路通行能力大幅提高，能有效确保道路交通安全和畅通。疏堵保畅，这看起来似乎简单，也是每位交警的责任，但是在疏堵保畅的背后，却要付出无法想象的艰辛。东岗大队五中队的民警们用自己的青春、坚韧及智慧，保障着交通的安全，诠释着每一名交警的责任。

兰州日报 葛强

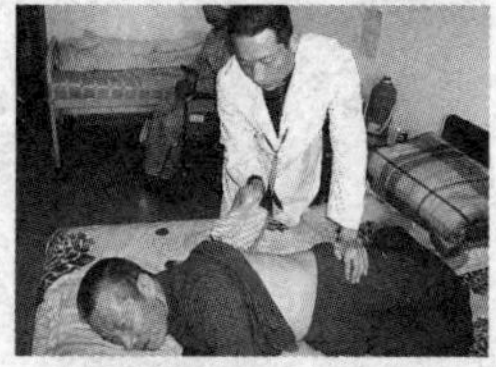

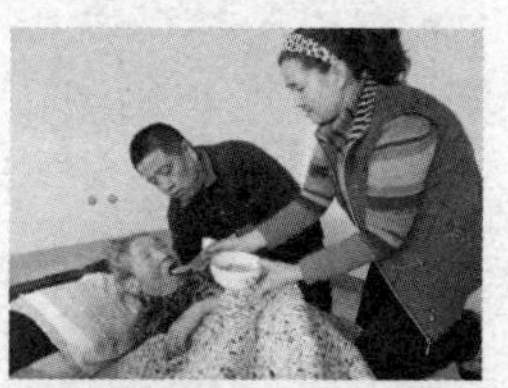

凡人善举和你一起

FANRENSHANJU HENIYIQI

兰州好人故事 2012-2013

——孝老爱亲

24岁女孩许凌子照顾慢性肾衰竭男友

“因为爱情,不会轻易悲伤。所以一切都是幸福的模样。因为爱情,简单的生长,依然随时可以为你疯狂……”这首传唱大街小巷的流行歌曲《因为爱情》向我们传达了一个信念——无论顺境或逆境,富裕或贫穷,健康或疾病,快乐或忧愁,能够做到永远忠诚于对方、爱对方。今年24岁的许凌子用自己的实际行动诠释了什么是爱。她的爱很具体、很细微,她对身患慢性肾衰竭的男友关涛不离不弃,借助网络、朋友的力量希望寻求一丝希望,可以维持男友的生命,能与她完成两人共同的梦想。

母亲:泪哭干了,钱花完了

2月6日记者在关涛家见到了许凌子。这个看起来弱不禁风,长着一双杏仁眼的女孩在长达三个小时的交谈中,向我们娓娓讲述了一个浪漫的爱情故事。

1982年7月,关涛出生在西固四零二处家属院的一间平房内,嗷嗷落地的他无疑给这个新婚家庭增添了不少的快乐。关涛妈妈说:“当孩子落地的那一瞬间,我的整个心都落下来了,看到孩子一切安好,我和爱人无比开心。”然而,造化弄人,当关涛1岁8个月后,一个天大的噩耗给喜得贵子的夫妇俩当头一棒。“那时候孩子一小便就哭,不知道什么原因。当我们带他到医院检查时,医生告诉我俩关涛输尿管狭窄,需要给孩子做手术,你说孩子那么小怎么能承受得住呢?”关涛母亲回忆说。往后的三十年间,关涛父母带着孩子医院家里来回跑,没钱了就向亲戚朋友借。泪哭干了,钱花完了,然而求医的路程却从来没有停止过。“就大手术而言,已经不下六回了。我儿时的记忆一直停留在那里,记得医生一打针我就哭,天天有着吃不完药,还时不时地闻着医院的消毒水味。到现在为止我还是不喜欢那里,说到快乐的事就是上学。”关涛说。

儿子:为了理想他一路前行

“身体好了就去上学,身体不好还要留在医院。我的身体需要反复治疗,上学对于我来说是一种奢侈,更别说其他的了……”关涛说。虽然有病在身,但在求学的路上他却从来没有停止过。高考的时候因为身体的缘故,他复读了。但是辛劳的付出换取了贵州大学的录取通知书。进入大学后由于身体没有康复,关涛再次休学。治疗一年后,这个坚强、倔强的大小伙再次背起行囊进入校园。别人四年完成的学业,他凭借着顽强的毅力克服自身的不适,利用五年时间毕业了。关涛的举动不仅感染了父母，也感染了身边无数的好友。“真的不敢相信，这些年关涛能够一路走下来。生病、住院，身体这么不好他还一直坚持念完大学，他的坚强和勇敢一直是我们学习的榜样。”关涛的朋友说。上天对这个倔强的小伙的折磨应该结束了。跌跌撞撞二十载，完成了学业，成为身边朋友们传诵的佳话。然而当关涛想做一个健全人进入社会过正常生活的时候，他却被一纸诊断书送回了家乡。“就在去年的3月，我在北京的单位需要体检，一检查说我身体不适，需要再次诊断。回到兰州后，医生说我患上慢性肾衰竭尿毒症，母亲听完后默不作声，我知道她的眼泪已经哭干了……”关涛低头沉默不语。看着一旁的母亲已经潸然泪下，一家人顿时陷入了平静，今天正是元宵佳节。

儿子：音乐使我们走到一起

正在需要大家关心、支持、帮助的时候，一位美丽的天使悄然来到了关涛的身边，那就是向我们讲述这个故事的23岁女孩许凌子。大学刚刚毕业的她在一次机缘巧合中遇见了关涛。喜爱音乐的两人，渐渐走到了一起。“去年5月我认识的他，那时候关涛手把手地教我弹吉他，我也知道他身体不好，但是不像现在这么严重。在往后的接触中我发现他为人谦逊和善，又高又帅的一个小伙子，挺不错的，我们就在一起处男女朋友了。”两人在接触的那段日子里，许凌子发现关涛出现食欲缺乏、皮肤瘙痒等不适的症状，知道关涛身体不好的她不停地劝说道：“我们到医院去检查吧？不管检查出什么结果，我都愿意陪着你……”回忆起当时那一幕的时候，这个可爱的24岁女孩留下了泪水。“医生和护士都想着省钱为他治病，他也想着为家里省钱，拒绝治疗，有时脾气相当大。但是不管怎样，我都会尽一切能力，配合关涛的治疗，让他有活下去的勇气。”许凌子说。

女友：我不放弃，你也不许放弃

12月关涛再次住进了医院，这次不为别的，只为透析延续生命。许凌子为了能够陪伴男友向单位请了假，每天在省妇幼和陆军总院来回奔波。“前些日子我母亲也住院了，家里就我一个孩子，我一边要到母亲那里，一边还要替换关涛妈妈，不然让她一个人照顾，实在是太累了。我年轻，可以多走走。”许凌子说。

每天早上许凌子六点起床，将早饭送到母亲那里，赶中午的时候再到陆军总院与关涛的母亲换班。女孩为关涛擦拭身体，记录生命体征，大把大把的药要看好时间再喂。“我专门准备了一个小册子，什么食物可以吃，什么食物需要少吃，我看过《本草纲目》知道一些食物禁忌。像简单的量血压的什么事，现在都难不倒我了。”看着眼前这个24岁的女孩，完全想象不到她在承受着什么。就在给记者讲述的时候，我们发现她在不停地揉捏着左脚，原来女孩走的路太多，为了能够继续坚持，她已经打了3天的封闭针了。

采访时我们得知，如果没有发生这件事，两家人本想在今年初一相互见面，谈谈两个孩子将来的事。可是当这件事发生后，男方的家人朋友都说："算了吧！"而许凌子却露出了可爱的笑容："虽然我们谈的时间不长，但是感情很好，我想一直陪他走下去，我不会放弃。所以我都没有放弃，更不希望关涛放弃。"

女友：没钱为男友治疗，想通过"微薄"变卖自己的物品赚取治疗费

白血病、肾衰竭之类的病，在民间有一个通俗的叫法"富贵病"。由于治疗费的高昂让很多家庭为之发愁，关涛一家也正是如此。许凌子说："关涛父母都是退休职工，两个月的工资加起来不超过2000元，我也大学刚毕业，工资不是很高，就说他透析吧，一次就要500元，一个星期下来就要两次。这是身体好的时候，还不算药费。为了筹集治疗费，我想到通过'微薄'变卖自己的物品，不管多少都是钱。"就在前不久，一些社会好心人为关涛举行了募捐活动。在现场，爱心人士纷纷慷慨解囊，送去了自己力所能及的帮助，然而这只是杯水车薪。

在采访结束时，记者听说这两个"80后"的孩子有一个共同的梦想：将来等关涛的病好后，要一起行走天下，去帮助那些需要帮助的人们！

兰州晚报 赵庭那

空巢老人与“大学生子孙”的幸福生活

一边是朝气蓬勃的大学生，一边是孤独在家的空巢老人，原本看似没有交集的两个社会群体，却因为社区的“牵线搭桥”而联系在了一起。这就是发生在我市西固区先锋路街道南山社区的事情。大学生们还和社区的空巢老人结成了对子。现在每周看望老人、照顾老人，成了兰州石化职业技术学院应用外语系大学生最乐意去学习的“必修课”。

27日，阳光明媚。南山社区80岁的王文莲老人又迎来了她的大学生孙子孙女们。年轻的孩子们帮王奶奶打扫家中卫生，为王奶奶表演节目。平时安静的小屋里不时传出阵阵欢笑声，显得格外温暖。记者了解到，王文莲老人今年80岁，丧偶多年，独自生活，因脑溢血后遗症造成行走不便一直闷在家里。子女只能在下班后抽空照顾老人的一日三餐和入院就医。而现在，这样的情况却有了很大的变化，因为老人有了很多很多的陪伴者。这天下午，知道大学生们要来家里看望自己，常年独自生活的王奶奶激动得要坐起来，还特意换了件衣裳，梳了头。看着孩子们忙前忙后地帮自己做这做那，陪自己聊天，老人乐得合不拢嘴。

“奶奶，让我给您捶捶背吧，以后您就把我当自己的孙子，有什么事情尽管和我说。”拉着老人成桂花的手，小杨同学真诚地说道。看着孩子拉着自己的手，再望着眼前为自己打扫卫生、给自己排演节目的孩子，成奶奶留下了了激动的泪水，她说：“自己天天一个人待在家里，不愁吃穿，但就是很孤独，多希望有个人陪陪自己啊！这下可好了，以后都有人定期来陪我说说话、聊聊天了。”

记者了解到，自从南山社区开展这项活动以来，就得到了兰州石化职业技术学院应用外语系志愿者同学们的积极响应。他们不仅主动地参与到了活动当中，还把活动和社区联合做成了自己长期的“工作”。前来参加活动的应用外语系团总支书记李志红说：“我们是自愿组织在一起的，希望在学习雷锋精神、发扬雷锋精神的活动中，尽我们的微薄之力来帮助需要帮助的人。对我们来说，既能锻炼自己的能力，增强自己的社会责任感，同时也能为社区的建设和发展奉献自己的一分力量，为打造更加和谐温馨的社区生活环境尽一份力。今后我们要将这样的活动继续做下去，还要让更多的人参与进来。”

社区张主任说，现在社区里的空巢老人日益增多，对于这些老人来说，他们虽然物质生活都很好，但是精神上却很寂寞孤独。考虑到这一情况，社区联合大学生志愿者开展了这一活动，今后也会将这一活动继续壮大，争取让更多的人一起来关注空巢老人，给予他们更多的温暖和关爱。

兰州日报 颜娜

张新好:乐于助人的"活雷锋"

他是一个当过兵的农村娃,他曾勇救轻生落水后生命垂危的大学生,他十几年如一日地悉心照顾卧床不起的老人。他像前进路上的明灯,引领这个社会在道德之路上前行。他就是兰州市老年公寓楼层服务员——张新好。

41岁的张新好自2001年退伍后,成了一名老年公寓的普通工作人员,先后任食堂管理员、楼层服务员。多年来,张新好在平凡的岗位上默默奉献,以自己的实际行动实践着为人民服务的宗旨。在他平凡的名字和平凡的面容背后,是不平凡的坚持,他不计付出、不求回报、默默奉献的精神,让人敬佩,让人感动。

1993年秋天,还在部队服役的张新好得知一位名叫王淑媛的老人需要帮助。王淑媛老人患有坐骨神经痛,生活不能自理,尤其是发病时,老人时常坐立不安,疼痛难忍。由于儿女长期不在身边,老伴也年事已高,加之腿部受过伤,行动多有不便。张新好了解情况后,便主动承担起了照顾老人的重任,这一照顾,便照顾了十五年。每当老人一发病,张新好便立马用三轮车推着老人去医院治疗,背着老人楼上楼下地跑。有一段时间,老人病情严重,身边离不开人,张新好为了能够更好地照顾老人,干脆把被褥搬到老人家中和亲属一起轮流照顾老人。经过近半年的悉心照料,王淑媛老人病情得到了控制,并基本治愈。但好景不长,没多久医院又查出老人患有白血病,全家人听到这个消息犹如五雷轰顶。张新好一边安慰老人的亲属振作精神,一边劝慰老人要坚强,积极配合医生治疗。在张新好一次次地鼓励和开导之下,老人想开了,重新燃起了生命之光。为了照顾王淑媛老人,张新好在母亲病故时,都没能赶回母亲身边。虽然王淑媛老人最终还是因病于2009年5月去世,但由于张新好无微不至的照顾,让老人与病魔顽强地斗争了十五年。这对体弱多病的老人来说,十五年真的是一个奇迹。

2001年,张新好从部队退伍来到老年公寓,成为一名普通的楼层服务员。十多年来,张新好始终把为老人服务当自己的责任,吃苦耐劳,勤奋敬业。他经常帮老人洗澡,陪老人上街购物,陪老人看病抓药,使在公寓休养的老人深切体会到大家庭的温暖,体验到亲人般的呵护。刘赐恩老人是重点照顾的对象之一,老人身患食道癌。为了减轻老人的思想压力,他经常和老人拉家常,陪老人到户外走动,给老人讲故事,鼓励老人与病魔做斗争,给老人揉搓身体,尽量减轻老人的痛苦,直至老人生命的最后一刻。

张新好乐善好施、不求回报、兢兢业业、吃苦耐劳的优秀品质,赢得了入住老人、家属和同事们的一致赞誉。在老年公寓工作以来,他多次被评为"先进工作者"和"优秀共产党员",2006年2月被兰州市民政局授予"优秀共产党员"荣誉称号,2006年6月又先后被中共兰州市委、中共甘肃省委授予兰州市和甘肃省"优秀共产党员"称号。

中国兰州网 孙涛

公公婆婆夸赞:她就像亲闺女

今年41岁的何伟是西固区福利路社区的一名普通居民,她孝敬公婆的事迹在社区里被传为美谈。

照顾患病公婆儿媳从不言累

何伟上小学二年级的时候本是一名活泼可爱的小女孩,不幸的是,在一次事故中被截去了右小腿,从此成为一名残疾人。在以后的生活中虽然她遇到了很多不便,但是艰辛没有压垮她,没有工作的她自立自强。福利路社区了解情况后让她做了一名残协专干。

2000年何伟嫁给了吴志忠,结婚时没有新房,他们与公婆住在一起,夫妻二人与老人们一起过着幸福美满的生活。虽然他和爱人没有太多的收入,但他们细心经营着这个小家,把家里打理得井井有条,生活得有声有色。

那时,何伟的公公和婆婆身体都很健康。然而天有不测风云,公公和婆婆先后得了脑梗塞,经过治疗虽然脱离了生命危险,但都留下了严重的后遗症。2008年,公公患脑梗塞并帕金森综合征,一病不起。这时,如何照顾老人成了儿女们不得不考虑的问题。

考虑到家里其他人都有各自的工作,丈夫在家看管老人可能比较粗心,家里有电器老人单独在家很不安全,送养老院也不放心,何伟思量再三,便主动承担起了照顾老人的责任。公公患帕金森综合征全身颤抖,除了给公公常规用药外,她还注重给公公做合理的康复锻炼,为公公提供营养的膳食,如同亲生女儿一样,起早贪黑地照顾公公的生活。为了让公公恢复得更好、更快,何伟甚至还跟着护士学会了护理,为公公进行放松和呼吸训练,为面部、头部、颈部、躯干等部位做按摩,坚持四肢各关节的功能锻炼。她不顾自身残疾,常常忍着腿疼搀扶公公进行康复训练,有时支持不住,她就瘫坐在地上休息一会儿……

2009年3月,公公的病还没好,婆婆又突然病倒了,经诊断为脑梗塞导致的全身瘫痪。这对本来就已经很困难的家庭来说,无疑是雪上加霜。丈夫和她都没有工作,还有一个正在上学的孩子,仅靠公公的退休金和丈夫打零工的收入,又怎能撑得起这个家呢?

“谁不老,谁不生病……”何伟肩负起了照顾两名老人的重担。多年来,何伟没有睡过一个安稳觉,半夜总是要起来看看老人的被子是否盖好,是否口渴,是否要上厕所,还有没有其他的需要。在何伟的悉心照料下,公公婆婆的精神逐渐好转,虽然婆婆神志不清,但婆婆嘴里总是能含含糊糊地念叨:“好,好!”当早晨的阳光斜斜地照进屋里时，老人眉头舒展轻轻地打着鼾。如果不是看到书桌上分门别类码放着大大小小的药瓶和棉签，丝毫感觉不出这是个有着两个卧病在床的病人的家。

公婆夸赞儿媳说她像亲闺女

在照顾家里两个病人的同时，何伟没有落下自己的工作。她作为一名社区残疾人专干，工作上，为贫困残疾人办理低保申请，及时为残疾人换发第二代残疾人证，为社区残疾人发放残疾人代步车燃油补贴。做好本职工作外，她还为残疾兄弟姐妹办好事、做实事，提供好各项服务，发挥乐观的进取精神，调动残疾人的积极性，为社区建设增添光彩。

就这样日复一日，年复一年，何伟把她所有的精力花在了公公婆婆的病榻前。当问及照顾老人是否辛苦，是否会觉得麻烦时，何伟立马回答："公公婆婆也是亲人，做这些事没啥累不累的，都是分内的事，不辛苦！老人很爱干净，脾气性格也好，我们相处得很融洽。"她还说，尊老敬老是中华民族的传统美德，善待老人、孝敬父母，天经地义。何伟的公公吴老先生则说："儿媳妇就像亲闺女一样，一天三餐多亏了她，洗衣服、打扫卫生从没怨言。这孩子实在，她自己再苦再累，也总是想办法让我们老两口过得舒服一点，从来没有委屈过我们。"老人说，如果有下辈子，他们希望何伟能成为他们的亲闺女，让他们有机会好好疼疼这个好儿媳。

兰州晚报 滕效宏

她,照顾老人10年整

3月6日,七里河区西津路上很多身着橙色环卫服,面带白色防尘大口罩的环卫工人正在忙碌着,廖桂香正是其中一员。“廖大姐的人没得说,对我们都好,人非常善良,只要有空就去照顾非亲非故的沈秀英,这样的照顾持续10年之久。”工友白春文这样介绍廖桂香。

沈老太太住在七里河区小西平粮库家属院,每次穿过七里河桥工人菜市场、过铁道再步行半小时左右才能到沈老太太家。但是10年来,只要有空,廖桂香下班后都会去看望沈秀英老人,从未间断过。

“沈老太太的老伴去世之后,只能靠每月单位发放的600元的生活补助维持生计,我看着心里就难受。开始想着能帮就帮,一晃都10年了,我已经把沈老太太看成自己家人了,要是几天不过来看她,心里总觉得不踏实。”廖桂香说。

采访中,沈秀英老人指着身上的红色线衣对记者说:“这是我本命年小廖送给我的红线衣,小廖真的很有心,这么多年小廖对我的好我都记在心里。”说着眼中闪烁着泪花。沈老太太还告诉记者,身上穿的衣服、家里吃的,好多都是廖桂香和邻居买来的。

逢年过节,廖桂香都会拿着自己做的扣肉和刚蒸的馒头去看望沈老太太。平时她们组的人也经常一起去看望沈老太太,陪老太太说说话。沈老太太说:“每次看到小廖我就觉得特别亲!”

兰州晚报 徐倩影 程培培
实习生吴宏伟

亲情无言　妹妹照顾精神病哥哥50年

永登县城关镇北街村居民席玉兰,50年如一日照顾患有精神病的哥哥席礼义。席玉兰,用自己真挚的情怀,诠释着什么是骨肉亲情,什么是人间大爱。

5月10日,记者走访73岁的席玉兰。其时,席玉兰的哥哥正在院子里晒太阳,初夏的太阳暖煦地照在身上。席礼义静静地凝视工人们盖房子,宽大的衣服虽然穿在身上显得有些不合身,但洗得非常干净。由于盖新房,院子里除了西边的两间房,其余的房间都被拆掉了,席礼义暂时住在一个堆放杂物的房子里,衣食无忧。该村村干部告诉记者,像席礼义这样的精神病人,如果不是妹妹照顾,恐怕都活不到现在,就算能活到现在,可能也会流落街头,得靠乞讨为生。无私的兄妹亲情,对于席礼义来说,完全是一场空白的记忆,但对周围邻居来说,众乡亲都看在眼里。

席玉兰说,哥哥曾和一个患有癫痫病女人结过婚,可是她嫌弃他,最终选择了离开。25岁,席礼义患上了精神病。看着疯疯癫癫的哥哥,一开始,席玉兰心里也感到害怕,可是她发现哥哥在外无论怎么胡说胡喊,只要自己喊他回家吃饭,他都会乖乖地跟着她回家。当时,席玉兰铁了心要照顾哥哥。她觉得哥哥需要人照顾,把他当成一个不懂事的小孩子一样伺候了大半辈子。席玉兰说,"我们家就我们两个人,他有病,连我这个做亲妹妹都不照顾他,那么,这个世上还有谁能照顾他?如果有人愿意接纳我,那他首先就得接纳我哥。"

席玉兰说,有一次,席礼义不知去向了。这可急坏了她,时值隆冬,她怕哥哥一个人在外面被冻僵了,于是发动所有亲戚、邻居到处找。找了两天,终于在数十公里外的大同镇找到了哥哥。看着他蜷缩在草垛里,席玉兰掉了眼泪。回来后,席玉兰毅然决定,把哥哥接到自己家里来住,不再让他一个人单独住。可是这个想法首先遭到丈夫的反对。丈夫认为家里孩子多,房子少,席礼义住在自己家里不方便。面对着家人的不理解,她下了最后通牒,"哥哥是病人,需要人照顾,我们不照顾,谁来照顾?哪怕有一天他跑出去冻死在外面,我也要把他拉回来埋了"。拗不过,丈夫和家里人都做出了让步。

如今,这兄妹俩都年过七旬,身体也都不怎么硬朗。席玉兰和两个儿子一个女儿住一起。大儿媳前年突然有病,花光了家里所有的积蓄,现在盖房子又借了不少外债。尽管情况艰难,席玉兰仍然没有忘记年老有病的哥哥。对于新盖房子的分配,她早就想好了,她对家人说,"不管怎么样,新房子盖好后,一定要给哥哥留一间让他住,直到他百年之后"。

平凡小事,彰显人间至爱亲情。凡人善举,感动左邻右舍。席玉兰不舍亲情的事迹得到周围群众的众口赞誉。

兰州日报　张旭永

他的爱心感动左邻右舍

今年16岁的徐百超,目前正在兰州五中初三七班上学。两年多来,小百超利用闲暇时间,不管是寒暑假期或是双休日,都要为邻居裴大爷老两口提水、扫地……等干完家务活后才去学习。

小百超帮助同楼两位患病老人的事迹传遍整个社区,左邻右舍人尽皆知,无不称赞孩子既懂事又有一颗善心。面对记者采访小百超坦言道:"人人都会有老的那一天,善待老人其实就是善待自己。"

爱心呵护老人

2月14日中午,记者在红山根190号找到了徐百超。只见他身着校服,有着结实的身体,从不远处提来一桶水朝邻居裴大爷家走去。进屋后小百超一刻也没停,一会儿扫地一会儿擦玻璃,忙得不可开交,直到干完家务活,他才背起书包离开裴大爷家。小百超家和裴大爷家同住一栋楼,该楼多年没暖气没水。尤其是邻居裴大爷,不仅吃水困难,就连照顾老伴也成问题。今年64岁的裴大爷,自己身体也不是很好,还要照顾患有精神分裂症的老伴。时不时地,老伴离家出走,子女也都在外地工作,身边又没有亲人照顾,这让裴大爷苦不堪言。早在两年前,懂事的小百超就把裴大爷的事看在眼里记在心上,每次放学后便跑到大爷家提水、扫地,而且一干就是两年多。

独生子女品学兼优

小百超是独生子,从小受到家庭良好教育,他不但为人正直,在学习上也很用功。记者在小百超期末考试成绩单上看到,化学、物理等科目在全班名列前三。邻居张先生说,小百超对裴大爷老两口的照顾,大家是有目共睹的,孩子从小就有如此爱心实属不易。红二村社区刘主任说,小百超照顾老人的事迹大家早就知道,这孩子很懂事,每逢社区开展活动,小百超都积极参与,不管是助人为乐还是义务清扫,孩子从来都没有怨言。

兰州晚报 孙建荣

十年如一日照顾独居老人

今年39岁的刘玉梅是福利东路社区居民公认的好邻居。2003年下半年，她偶然了解到邻居李世治老人独居的情况后，便义务承担起照顾李世治老人的责任，每天有事没事总要来到老人的家里转转，看看老人有什么需要做的。

“小刘是个好人啊！这些年来一直照顾着我，每天陪我去遛弯，帮我买药、买米面油，还帮我到银行取低保金。我们之间没有一点血缘关系，可她从不嫌弃我，有事没事总来家里转转，问我有什么需要做的。家里的卫生我平时就打扫干净了，可她还是要这里擦擦，那里扫扫。”李世治老人抹着眼泪说。

“虽然刘玉梅家里不富裕，可每当看到邻居家中有困难时，她总是倾力相助。”陈坪街道福利东路社区王红仙主任说，刘玉梅照顾老人，不是亲人胜似亲人，经常帮老人洗衣做饭、洗头洗脚、捶背揉肩，把老人收拾得干净利落。她用善良与爱心完美诠释了道德的含义。

兰州晚报 滕效宏

王保玲：演绎一曲感天动地嫂子颂

一位普通妇女，在艰难困苦面前她选择了与家人患难与共、相依相扶，她用默默的行动向世人诠释了道德的力量，她用质朴的情感、执着的担当、厚重的责任，践行了中华民族的传统美德。九年来她从没有喊过一声苦，更没叫过一声累。

不久前，8集电视连续剧《嫂娘》在各大银屏感动上演，女主角张敏用博大的爱心抚育前夫的5个弟妹，她把人世间最美好的情感留在了粤东大地上。而在我们的身边，也有一位九年如一日照顾智障小叔子的好"嫂娘"王保玲。

九年照顾小叔子　不离不弃

每天一大早，西固区先锋路街道兰玻西社区的王保玲做好早饭，先给小叔子盛上，再帮他整理好被褥。九年来，王保玲对这个小她2岁、患有智障和癫痫病的小叔子孟宪亮不离不弃地关心照顾，感动了邻里。她被街坊邻居们称为"嫂娘"。

"小弟，我们先洗脸，一会儿就吃饭，行吗？"记者来到孟宪亮的家时，看到王保玲正耐心地哄着躺在病床上的小叔子洗脸、擦手，然后又给他喂水。等给他擦洗完后，王保玲又帮他躺好并盖上被子。这样的话语说了多少遍，这样的动作重复了多少次，九年来，连王保玲自己也记不清了。尽管有时孟宪亮就像个淘气的孩子，但她忍着痛、含着泪，待小叔子还是那样亲。

这几天，王保玲显得格外忙了，丈夫做完手术后还在住院，她只有"两头跑"，一

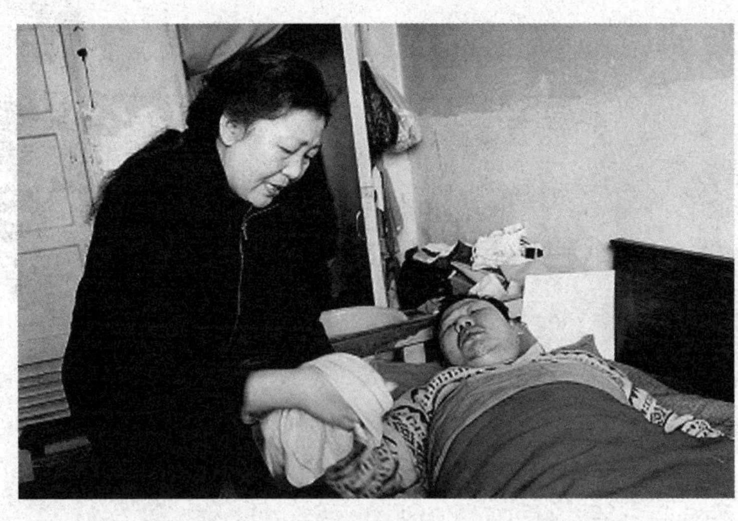

边要陪伴丈夫，一边照顾小叔子，但她把更多的精力放在了照顾小叔子上。“你看他吃喝拉撒一刻都离不开人，我陪丈夫去了，他怎么办呢？”王保玲指着躺在床上的孟宪亮说。

如果我撒手不管，他真的活不到现在

能长年累月坚持照顾体弱多病的婆婆就很不易了，更何况照顾与自己毫无血缘关系且又智障的小叔子。然而，今年50岁的王保玲却坚持九年悉心照料生活不能自理的小叔子。

躺在病床上的孟宪亮今年48岁。“在他2岁时，因脑膜炎导致智障，过去是我公公婆婆照顾着，九年前，我婆婆因体弱多病不能再照顾了。我和婆婆同住一个家属院，相距也不远，我就接手照顾他。”王保玲说，她丈夫孟宪成曾经开铁匠铺，因为孟宪亮身边不能离开人，不得已，丈夫去年就把生意还算红火的铁匠铺转让出去，也帮她照顾起孟宪亮，即使这样，她还是没办法放心出门做事。

“哥为父，嫂为母，如果我撒手不管，他真的活不到现在。”王保玲说，刚开始的时候，尽管小叔子什么都不懂，当时已是41岁的她料理孟宪亮大小便以及为他擦洗身体时，总会觉得尴尬，但她只能硬着头皮去干。后来在丈夫和婆婆的鼓励下，她终于克服了心理上的障碍，无微不至地照顾孟宪亮。2007年她干脆搬到婆婆家住了，这样还可以照顾多病的婆婆。从那以后，侍奉患病的婆婆，给小叔子端饭送水、换药擦身、端屎倒尿，成了王保玲每天生活的一部分。九年如一日，王保玲默默承受着，她不忍心让智障的小叔子心灵再受伤害。

“这些年来早就习惯了，我给他洗脸、洗尿布、擦身、喂饭，天天都围着个瘫痪的小叔子转，不嫌脏是不可能的，但我看到他也是一条生命，又怎么能因为嫌脏就撒手不管呢？”王保玲说。

承诺如山：“有我在，就有他在”

王保玲的娘家在郑州，自从担起照顾小叔子重担后，她就很少有时间回娘家。几年前，王保玲的父亲去世了，现在母亲已是91岁高龄。可为了照顾患病的小叔子，即使抽时间去一趟郑州，她也是没几天就回来，总感觉让别人替她照顾小叔子不放心。

“他容易犯癫痫病，万一有个三长两短，我这当嫂子的心里一辈子都会有愧。”王保玲说。

“2010年9月中旬的一天，小叔子癫痫病突然发作，把左腿摔骨折了，看着他那么痛苦，我心里也很难过。”王保玲说，从2010年10月住院，一年多他们都是在医院度过的，兔年春节也是在医院里过的，直到去年的腊月三十才把孟宪亮接回家。现在孟宪亮的病情更严重了，王保玲的负担也更重了。

王保玲告诉记者：“我婆婆待我就像亲闺女一样，我们在一起度过几十年。她现在年事高了，照顾不了儿子，但总是放心不下宪亮，担心别人把他丢下，看着老人发愁，当时我就说‘有我在，就有他在’。”就为这一句承诺，王保玲学着婆婆照顾孟宪亮的样子服侍他，9年来任劳任怨、坚忍不拔。

与其说是嫂子　不如说是亲娘

“在邻居们的眼中，王保玲是个大好人，提起她照顾智障小叔子的事儿，更是一个个翘起大拇指，称赞不已，邻居们都称她是‘嫂娘’。”与王保玲同住一栋楼的邻居杨凤兰告诉记者，有时候，孟宪亮半夜不睡觉，在屋子里哭叫，王保玲和丈夫就陪他说话、哄他睡觉，经常整晚都不能休息，“真是太不容易了，我看着都感动，她真是个好嫂子”。

“与其说王保玲是嫂子，倒不如说她是亲娘呢。”有邻居这样评价她。这么多年来，王保玲天天为小叔子擦澡换衣、照顾饮食，悉心地照料着小叔子，实在是太难得了。

除了智障的小叔子，王保玲还要照顾体弱多病的婆婆。对此，王保玲微微一笑说：“没办法，自从嫁到孟家，当初就知道丈夫有个患病的弟弟，我没多想，也没嫌弃这个家。现在这么多年过去，小叔子已经习惯了由我来照顾，只要我们还动得了，就一定会继续好好照顾他。”

记者手记——

孟宪亮是个不幸的人，2岁时患病成了智障。他又是一个幸福的人，因为遇上了一个好嫂子。恩嫂如娘。九年如一日的默默奉献，让王保玲有了“嫂娘”这个亲切的称号。爱的主题伴随着痛苦的抉择、艰难的生活，苦苦的期盼和巨大的自我牺牲贯穿九年的日日夜夜。盛一碗饭，喂一口水，洗一把脸，看似极其平淡，却又让人深深震撼。

王保玲是平凡的，平凡得如我们一样也有脆弱的心灵。面对生活的挑战，她也曾挣扎过、矛盾过、痛苦过，但她最终还是挺直了脊梁，用羸弱的双肩挑起一个家庭的重担。

采访中，王保玲的脸上始终洋溢着笑容，没有豪言壮语，没有高深道理，只有一份厚重的责任。血浓于水的亲情在她心中汇聚成一股力量，支持着他们相亲相爱地生活在一起。

兰州日报 董永前

张小宁带着弟弟上大学

15年前,甘肃庆阳学子李勇背父求学的故事被搬上银幕,《背起爸爸上学》让亿万观众看到了李勇感天动地的一片孝心。

7年前,湖南怀化学院03级学生洪战辉,12年带着妹妹艰难求学的感人事迹,被评为2005年“感动中国”十大人物。

而今天,就在金城兰州,在兰州大学的校园里,一位家境贫寒的大学生,从12岁起就承担起家庭的重担,带着弟弟上大学。他的事迹在兰大校园广为传颂,虽然没有李勇、洪战辉的事迹那么耀眼,但他用一份担当和一颗爱心,赢得了无数人的赞誉,成为当代大学生学习的楷模。

面对贫穷和灾难　勇挑重担

初见张小宁是在兰大本部的校园里,他现在已经是兰大生命科学学院的一位在读研究生,身高1.60米,鼻梁上一副眼镜显得特别醒目。瘦弱的身体让我怎么也不能相信,他从12岁开始就承担起家庭的重担。

1986年,张小宁出生在陇南康县的一个小山村,由于家境贫寒,直到9岁那年,他才坐到了小学一年级的课堂里。就在刚上小学四年级的那年,不满12岁的张小宁经历了人生最悲痛的打击。在煤矿打工的父亲在一次事故中永远离开了他们。从天而降的灾难让母亲病倒在床,一躺就是大半年,除夕之夜还在病床上打吊针。“当时家里只有我和6岁的弟弟,所有家务活都落在了我的身上。”张小宁说。母亲重病卧床,弟弟年纪尚幼,刚上到四年级的他不得不选择辍学,用幼小的双手、稚嫩的双肩,承受起了整个家庭的生活负担。他每天要照顾生病的母亲,看护年幼的弟弟,做饭、洗衣、割猪草,干农活。那时他最大的梦想就是能够再次返回学校学习,张小宁说:“直到母亲身体恢复之后,我才重新回到了校园。”

就是在这样艰难生活中,张小宁读完了小学,以全校第一名的成绩考入康县周家坝初级中学。面对家庭现状,张小宁打算上中专(师范),但是后来在老师劝说下又开始了高中的求学之路。

直到报名的时候张小宁才知道高中第一年的学杂费是741元。“741元对别人来说不算什么,可在我们家看来却是一笔巨款。”张小宁说,当时为了凑学费,母亲变卖了家里所有值钱的家当;为了供他上学,母亲带着弟弟远赴新疆打工。自从离开母亲后,张小宁把精力都投入到了学习中,2004年,在全国中学生生物学联赛中获得二等奖。2006年,张小宁在高考中以全县第三名的优异成绩考入兰州大学。

做生活的强者　永不放弃

张小宁在进入大学后,坚信用勤劳的双手可以扫除任何艰难。刚刚入学,他在老师的帮助下,得到了一个勤工俭学的工作,在教学楼打扫两年卫生。除了在学校勤工俭学,他还利用暑假的时间去打工挣钱。

2007年,远在新疆打工的母亲又患上重病,在巨额的手术费面前,他的母亲主动放弃手术治疗,选择用药物控制病情,继续带病打工。懂事的他为了给母亲治病,减轻母亲的负担,主动担负起了照顾弟弟的责任。每当想起弟弟,他总是满怀愧疚之情,深深自责。因为供他上学,弟弟随母亲四处漂泊,错过上学良机,16岁才上五年级。2007年3月,他把弟弟接到了身边,一边读书,一边照顾弟弟的学习和生活,开始走上了边上学边打工的艰辛道路。

2007年9月,张小宁在夏官营初级中学为弟弟办了入学手续。他租了学校附近农户家一间不到十平方米的房间。里面一张窄窄的床,两张桌子,一把凳子。在带着弟弟上学的三年中,每天早上6点起床,给弟弟做好早饭后,就开始了一天的学习;晚上在照顾弟弟睡觉后,他抓紧时间消化当天所学的知识。

用坚强的毅力　书写美丽人生

张小宁在日记里写下这样一段话:"贫穷,我不能选择,因为我不能选择出生;但我可以选择成功,因为我可以选择奋发。我相信自己,通过努力学习,在苦与辛之后,将是我美丽的人生!将是我怒放的生命!"

张小宁带着弟弟上大学的事情感动了兰大许多老师和同学,大家纷纷伸出援助之手。学校为他申请了各种奖学、助学金,老师同学帮他联系勤工俭学岗位,班主任李保雄每月资助他和弟弟300元的生活费,还有许多素不相识同学慷慨资助。"生活在兰大校园,我很幸福,因为我常常被爱和温暖包围着。"张小宁说,自己只能用优异的成绩来回报每一份爱心。

2008年,张小宁被评为兰大"感动校园十大学子",近年来先后获得学生标兵、国家励志奖学金、自强奖学金、优秀毕业生等诸多荣誉。2010年光荣加入中国共产党。"在我的成长路上,有很多波折,很多磨难。一路上,我并不寂寞,有很多亲人、朋友、老师、同学关心和支持我。他们让我知道,生活中除了风雪还有阳光。"张小宁说,"感谢多年来一直帮助我鼓励我的人们,是你们的爱与阳光陪我走过了那段艰难的日子。感谢生活给我的曲折,正是有了这刻骨铭心的苦难,才将我以后的幸福填充得更加珍贵。"

在张小宁的人生道路上,他始终认为贫穷不是什么大不了的事,通过奋斗改变贫穷才是最重要的。他说,每个人都有责任,不但对自己、对家庭,还有对社会。"我只是一个普通人,做的是一个普通人应该做的事情,没有什么轰轰烈烈,只是默默地走,从没想过放弃,因为这是我该尽的义务和责任。"

兰州日报 张建平

榆中孝子魏登宁八年如一日伺候瘫痪养父母

换衣服、洗尿布、洗澡，每天清晨6点开始，魏登宁和妻子开始伺候瘫痪在床的养母和神志不清的养父换洗。饭熟了，又继续为老人喂饭、捶背……这样的生活他们已经坚守了8年，而且还将继续坚守下去。

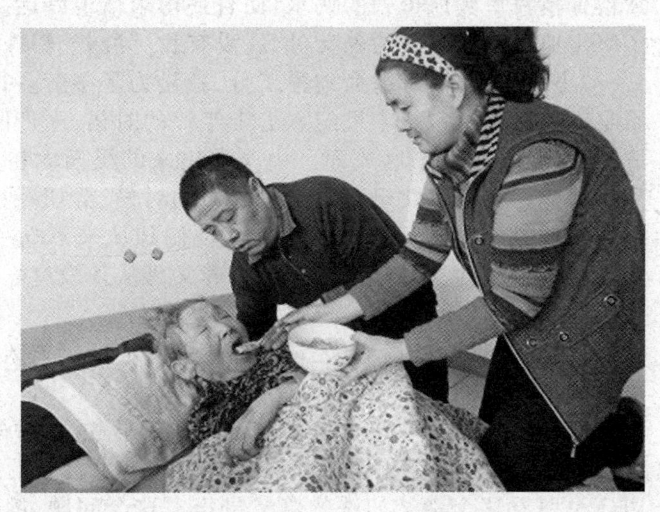

虽然养儿防老的传统观念依然在很多人的思想中根深蒂固，但赡养的义务却并没有在每个人的内心生根发芽。作为养子，48岁的魏登宁阐述的正是“亲情大于一切，养育之恩应该用毕生心血报答”的中华民族的传统美德。

八年如一日伺候瘫痪养父母

“妈，爸，6点了，该起床了。”“我又弄脏了被子和衣服，又得让你们难闻了。”“你是我妈，伺候您是天经地义的。你先别动，我扶着你慢慢起来。”3月9日清晨，记者来到魏登宁家里时，魏登宁和妻子刚给两位老人洗完澡，正在给他们换干净衣服。

老母亲84岁，老父亲83岁。8年前，母亲的风湿性关节炎突然加重，治疗无果后瘫痪在床。3年前，父亲突患脑萎缩，精神出现异常，经常胡言乱语，认不清自家人，生活不能自理。虽然垫着尿垫和尿不湿，可一个晚上过后，整个床、衣服上面到处都是屎尿。

给老人换上干净衣服后，魏登宁让老父亲坐在椅子上，自己抱起瘦弱的母亲，而妻子张银菊开始换床单，十分钟后，又分别将老人抱到床上。随后，魏登宁开始清洗老人换下的脏衣服、尿垫；张银菊开始拖地，做早餐。

上午9时，魏登宁将衣服清洗完毕，张银菊的早餐也做好了。“你偏心，给你妈喂饭，我也要你喂。”意识偶尔清醒后，老父亲就会嚷嚷，于是魏登宁将早餐放在床中间，给母亲喂一口，给父亲喂一口。

“如果不是他们，我早就饿死了”

“亲生父母孩子多，那时候姐妹们经常挨饿，如果不是养父母领养我，我早都被饿死了。”魏登宁出生在榆中县小康营乡小康营村，出生4天后，不能生育的养父母将他抱养到了同乡的红寺村。

“当时把你抱过来后，你养母没有奶，又没有钱卖奶羊，最后他们只好省吃俭用拿粮食换村里其他母亲的奶水，而且还得求情说好话。”回忆起邻居们的讲述，魏登宁坚定地说：“没有我的养父母，就没有我。”说着，泪珠子早已悄悄地流淌下来。

“小时候，养父母拼命地挣工分，就是为了多劳多得，多磨点面给我做一顿臊子面吃。”魏登宁说：“二十世纪六七十年代的时候，生产队给每户发50斤麦子和10斤清油，养父母将麦子磨成面。由于碾出来的黑面太粗，不能擀面，所以平时黑面都是烤锅盔，“每次养父母很早出去上工的时候，会切一小块锅盔放在我的枕头边上，把余下的锁在柜子里，让我慢慢吃，他们却从来不吃一口。现在回想起来，在我的童年，家中所有能称得上的好东西，养父母从来没有吃过”。

夫妻俩一心照顾老人

魏登宁不想看着老人为了自己经常起早贪黑、拼命干活，他想着自己应该早点出去打工为家庭分担困难。而同时，他知道了自己的身世。“到底是回亲生父母身边还是照看这个一贫如洗的养父母家？”这个问题，魏登宁迟疑过。他甚至偷偷地回到亲生父母跟前。吃了一顿饭后，他告诉哥哥：“我不能回家，我还要照顾那边的养父母，养育之恩和生育之恩一样伟大，你和弟弟妹妹要照顾好咱们的父母！”

抉择后，魏登宁辍学来到兰州打工，在工地上搬砖块，这一年，他才15岁。6年后，魏登宁和同村的张银菊结婚，随后生了两个儿子。1993年，凭借努力和机遇，魏登宁在工程上代工，随后做小包工头，承包装修、修建道路等工程。直到2002年，魏登宁每个月交给养父母的钱开始有了结余。

2年后，养母风湿性关节炎突然加重，瘫痪在床，魏登宁只好将还在榆中的全家人接到兰州，在拱星墩租了一间100平方米的房子。随后，养父也生活无法自理了。他一个人要照顾两个老人的生活。

采访中，魏登宁说，自己没读过几天书，不会说话，也不知道什么是大恩大义，但他清楚的是养父母给了他重生的机会，给了他无限的疼爱。“养育之恩，我一辈子都还不清！”

妻子张银菊也说道：“我大字不识一个，但我知道两位老人为了整个家庭，付出了毕生心血，而且积劳成疾，我会好好地伺候他们，善始善终。”

如今，魏登宁将自己的工程项目交给了两个儿子，自己则和妻子照顾老人。

兰州晚报 张鹏伟

全家爱心接力照顾孤寡老人

都说远亲不如近邻，在西湖街道骆驼巷社区里，就有着这样的温馨故事：今年65岁的杨玉兰悉心照顾邻家孤寡老人马秀珍长达30年，成为当地美谈。

已85岁高龄的马秀珍老人身边没有亲人，并经常患病。三十年来，邻居杨玉兰像亲人一样对其照顾有加。以前儿女们有些不理解，杨玉兰用实际行动和真心感化子女。现如今，儿女们从母亲手中接过爱心接力棒，继续照顾马秀珍老人，这种邻里大爱又延续下去……

三十年如一日倾力照顾孤寡老人

在骆驼巷附近，提起杨玉兰帮助马秀珍老太的事迹无人不晓。马秀珍是五保户，老伴去世早，无儿无女，没有劳保收入，由于是从外地搬迁而来，亲戚很少且早就不来往了。再加上老人长期患病，度日艰难，社区体谅她的难处，为其办理了低保，生活才有了一点保障。从1980年起，邻居杨玉兰就义务担负起了照顾老人的重担，至今已度过30多年。

昨日下午，记者在马秀珍老人家中见到了这对"好姐妹"。马秀珍老人多年前和老伴从老家来到兰州，借住在亲戚家。由于两家离得不太远，杨玉兰就和老人成了很要好的邻居。马秀珍无儿无女，老伴去世后没有任何收入，日子过得很苦，再加上患有胆结石，眼睛也患有疾病。于是杨玉兰开始主动帮助老人，照顾起她的起居生活。三十年如一日，每天做好饭就给老人及时送过来，家人吃啥老人就同样吃啥。或者先到老人家里把饭做好，再回家给儿女做饭，从来没有亏待过这位邻居。

儿女接过"爱心接力棒"

杨玉兰从30年前认识老人起就开始悉心照顾，刚开始自己儿女们极力反对，并质问她这样平白无故照顾一个无关老太太干啥，究竟目的是啥。她回答："我的目的就是行善，就是要尽量帮助马奶奶。我的目的就是做给你们看，让你们对老人好些。"虽然儿女们一再阻拦，但是杨玉兰依然坚持着。记者了解到，杨玉兰有两儿两女，老伴精神上长期患有疾病，家里经济状况一般。她年轻时没有工作，只能靠自己在附近摆摊卖凉皮以补贴家用。虽然老伴需要照顾，自己还要带孙子，但对待马秀珍却无微不至。就是这样固执的做法和一再的坚持，渐渐地也感动了自己的儿女。子女们在母亲的感化下，全家人开始一起照顾马秀珍老人。杨玉兰说："只要老人家里有事，冬天帮着搬煤、敲烟管子，夏天搬煤气罐、修个电线、换个灯泡，儿子们都随叫随到。女儿、儿媳只要有时间就帮老人换洗，儿媳将饭做好后，就先给马奶奶盛好送过去……”就这样，在杨玉兰的感染之下，儿女们从母亲手中接过爱心接力棒，将这份感人的邻里情继续演绎下去。

“杨阿姨对老人要比亲戚还亲！”

“杨阿姨30多年来一直对老人这么好，真的让人很难想象，我特别尊重她！”马秀珍老人的远房亲戚汪生明介绍，老人无儿无女经济困难，日子一直过得很苦。由于和老人住得较远，平时想要照顾老人都是有心无力，只能隔段时间来看望老人。说起杨阿姨，汪生明说：“难得有这样的好邻居，真是胜似亲人，就算是自己的儿女，也不一定会把老人服侍得这么好啊！她们只是邻居，这么多年来对老人照顾有加，真是要比亲戚还要亲，我很尊敬她！”

虽然两家距离500多米，和老人住得并不是很近，但始终就像一家人一样。对于杨玉兰的事迹，骆驼巷社区张主任说：“杨阿姨30多年照顾邻居的事，在我们社区真可谓是家喻户晓，这是我们大家的典范。邻里之间相互照顾很常见，但像这样三十年如一日并感化儿女一起照顾孤寡老人的好邻居，真是让所有人感动。做一件好事容易，但做一辈子好事真不容易。”

兰州晚报 陶承志

儿媳就是她的好“女儿”

说起畅学敏,街坊四邻没有不夸赞的,称她是恪守孝道的好儿媳。而在畅学敏眼中,过平淡的生活,在和睦的家庭里无私地孝敬老人就是最幸福的。

病床之前尽心尽力

畅学敏今年40岁,1997年结婚后一直跟公婆住在一起,一家人其乐融融。然而“天有不测风云”,畅学敏一向健康硬朗的公公突然病倒了,后来诊断为肝癌晚期。在医院里,畅学敏按时为老人换药,照顾老人的一日三餐。老人卧病在床,为防止长褥疮,她每天给老人擦洗身体,清理大小便。2004年5月,公公去世了,这对婆婆的打击很大,她病倒了,整日里茶饭不思。看着日渐消瘦的婆婆,畅学敏心如刀绞,每天陪在老人身旁开导。为了全身心地照顾婆婆,她将年幼的女儿送到幼儿园全托,每日陪老人晨练,帮老人做饭,陪老人聊天。渐渐地,婆婆走出了老伴去世的阴影。

辞职回家照顾婆婆

2006年,畅学敏和朋友合开了一家火锅店,整天忙里忙外。直到有一天丈夫提醒她,她才发现忽视了家庭,忽视了婆婆。老人家毕竟七十多岁了,腿也因年轻时劳累落下了老毛病,行动不便。于是,畅学敏毅然关了店门,回到家侍候婆婆。经过精心治疗,婆婆的腿疼有所减轻。畅学敏又应聘到一家离家较近的五星级酒店。这家酒店福利待遇都挺不错,中午休息时间比较长,可以回家给婆婆做饭。可是好景不长,从去年开始,畅学敏的婆婆记不住事了,脾气也越来越暴躁,稍不如意就不高兴。经检查,婆婆得了老年痴呆症。她实在舍不得工作,但是为了照顾婆婆,最后她还是递交了辞职报告。在她的精心照顾下,老人的病情渐渐地得到了控制。

在与记者交谈中,畅学敏讲得最多的话就是:“人都要老,等到自己有那么一天的时候,善待老人,就是善待自己。”

说起儿媳,今年78岁的婆婆范秀英说:“感谢上苍赐予我这个好‘女儿’。家里因为有了这样的好儿媳,即使生活不那么富裕,也很开心,生活得很幸福。”

兰州晚报 滕效宏 陶承志

七旬女儿悉心照顾百岁老母

在很多人的眼里，年过七旬应该是享受儿女照顾的年纪了，而78岁的高清霞老人在101岁的老母亲眼里却还是孩子，并且是一个孝顺的女儿。多年来，高清霞一直陪在老人身边，悉心照顾着老人的衣食起居，一家人四世同堂，生活温馨和谐。高清霞用自己的言行诠释着尊老爱老的含义，成为小区内人人称道的"孝悌第一人"，同时也在邻里间营造了孝老爱老的浓厚氛围。

高清霞生于1934年，初中文化，原是三五一二厂子弟小学教师。她出生于一个贫困的家庭，由于家庭负担太重，父亲早年病故。这一沉重的打击对于这个贫困的家庭来说是雪上加霜。无奈之下，坚强的母亲肩负起供养两个姐妹的重担。她为了把孩子们抚育成才，每天起早贪黑地劳作吃尽了苦头，但从未有过半句怨言。高清霞看着母亲疲惫的身影，在心里默默发誓：以后一定要让母亲过上好日子。如今，几十年如一日，无论寒冬或酷暑，她每天坚持为母亲做饭，保证母亲一日三餐的按时供给。有时母亲身体稍有不适，高清霞更是不敢有丝毫怠慢，及时送老人去医院看病吃药。

2009年冬天，一向身体健康的母亲却得了一场大病，情况相当危险，这让高清霞一下乱了阵脚。几天里，高清霞东奔西走，将母亲送往各大医院救治，并四处打听能医治母亲病情的药方。不论是什么方子，回来后高清霞都会尝试为母亲熬药。几天后，母亲病情好转被接回家中调养，但因年事太高，回家后便卧床不起，大小便也无法自理，沉重的负担又压在了高清霞肩上。儿子和儿媳因工作繁忙，白天无法在家照料，高清霞独自一人在老人身边照顾着。在母亲生病期间，高清霞的身体和心里充满了压力。每天，她和儿孙帮母亲起床、穿衣、刷牙、吃饭、按摩、烫脚、通便。日复一日重复这些细致、烦琐却又非常重要的护理步骤，这几乎

成了她那段时间里固定的生活模式。母亲体温的高低、床垫的干湿、卧室的冷暖，她都时刻挂在心上。甚至是母亲的每一种表情、每一个生活细节，她都毫不放过。最终，老母亲的病情在大家的精心照顾下有了明显好转。

令人没想到的是，母亲这一病便从此落下了病根。几乎每年冬天病情都会复发一次，总是来得很突然，并且每次都在深夜。每当病发，高清霞都要伴其身旁，好在大儿媳是一名护士，输液、量血压等都由她来解决，小儿媳每周都给母亲洗澡、洗衣。为了给高清霞减少负担，下班后身心疲惫的儿子、儿媳还是依旧做着家务，其他子女也每周来家中探望老人，拎来大包小包的生活用品。俗话说：父母是孩子的第一任老师，平时高清霞对母亲的一片孝心，孩子们都看在眼里，记在心中。随着年龄的增长，高清霞也常会出现大大小小的身体问题。儿女们也很孝顺，总是嘘寒问暖分担家务，看到孩子们的孝心，让做母亲的高清霞感到无比欣慰。

好人总有好报。岁月流逝，孩子们日渐长大成人，孙子也考上了大学，生活一天天好了，高清霞终于用自己的辛苦付出换来了今天的幸福生活。去年，高清霞老人一家为老母亲举办了100岁寿宴，宴请了街坊邻里，老母亲十分高兴。而这一切都是年过七旬的女儿为她操办的。高清霞的孝道在小区成为佳话，前不久兰州表彰的100多名“孝星”中，78岁高龄的高清霞便是其中一位。

兰州日报 边卫霞

“是爷爷含辛茹苦把我拉扯大”

20年前，吕同山和老伴在马路上捡到了一名女孩，认为孙女，并取小名叫红红，当时家中还有个丧失劳动能力30岁的傻儿子，在家庭极其困难的情况下，老两口将红红含辛茹苦抚养长大。去年，红红以优异成绩考上了甘肃联合大学。目前，她边勤工俭学边攻读会计专业。这个家虽然清贫，但是非常温暖。爷爷是红红的依靠，她也是“傻爸爸”的牵挂。

这孙女比亲生的还亲！

3月16日下午，记者在焦家湾街道焦家湾南路社区李主任的带领下，找见了吕同山老人的家。在途中，李主任说，这家人很不容易，家庭非常困难，是社区特殊照顾的对象，共有3口人。吕老爷子今年80岁了，是一家工厂退下来的，老伴2007年就去世了，家里50岁的傻儿子得病已有几十年，没有劳动能力只能靠吃低保。捡来的红红虽然与家人没有血缘关系，但是比亲生的还亲。家人所有的开支只能靠老人每月1000多元的退休工资来维持。记者注意到，老人居住的房子很小也很陈旧，家中除有一台十多英寸的电视机外，再没有一件值钱的东西。老人走起路来很困难，可说起话从头到尾思路清晰、层次分明。目前，老人最担心的是，自己年龄已高，万一有个三长两短走后，谁来照顾红红完成学业？

老人告诉记者，1992年的一天早上，他和妻子出门去探望一位朋友，当走到战备路（现南山公路）一个洞口附近时，突然听到婴儿哭泣声。这个婴儿就是红红。随后，他们在周围整整打听了一天，也没有打听到孩子家人的音讯，便将孩子领回家，并买来奶粉和奶瓶喂孩子吃。到了晚上孩子哭泣时，突然抽起风。他们赶快将孩子送到医院治疗，得知孩子的这种怪病是天生的。

含辛茹苦20年抚养孩子成才

“做人就是做良心，我不能因家庭困难，就不管孩子的死活了。”孩子50多天的住院治疗，让老两口费尽了百倍心机。面对记者采访，吕同山老人在发出肺腑之言时，眼睛里面也噙满了泪花。“二十年如一日，一边是一个傻儿子，一边是一个幼儿，屎一把尿一把，抚养一名孩子不容易啊，我一定将孩子抚养长大成才。”这是吕同山老人说得最多一句话。由于吕同山夫妇年龄已高，给孩子取名叫吕永红，认为孙女儿，并将傻儿子管叫傻爸爸。后来大家叫孩子红红。在有关部门的协助下，还为孩子报上了户口。刚开始家中突然增添了新成员，本来不富裕的家庭，一下变得更困难了，夫妇俩几乎是省吃俭用，全心全意投入到抚养红红和给傻儿子治病当中。渐渐地傻儿子病情也有了好转，红红也一天天长大了。就当孩子15岁上初中时，老伴不幸去世，留给吕同山老人的只有无尽的悲伤。但老人没有灰心，而是一如既往支持红红完成学业。

“他们就是我最亲的人”

“2008年，爷爷才详细告诉了我的身世，我没有一丝难过，反而我为拥有这样一个温暖的家感到庆幸，让我可以健康快乐地成长。虽然靠着爷爷1000多元的退休金和300多元的低保勉强度日，但我觉得朴实的生活让人踏实。”记者在学校采访红红时说，“爷爷对我很好，从来舍不得打我骂我，我和他们生活了20年，没有发生过争执，从不任性地要这要那。爷爷含辛茹苦把我拉扯大，这份恩情我永远不会忘。我能上得起大学多亏了爷爷，要不是爷爷，我咋能进入我心中的象牙塔呢？”红红激动地说。采访中红红还讲到，傻爸爸从来没打过她，小时候没有吃的，爷爷订了牛奶，不像现在，送牛奶的人会送到家里。当时他们把牛奶送到一个固定地方，由家人去取，爸爸走路一瘸一拐，但每天都会坚持去拿牛奶。后来那个地方拆了，傻爸爸还会去那里去取奶。虽然事情过去了十多年，但每每回想起这件事，至今让人记忆犹新。“小学时，有同学说我是捡来的，我不以为然，爷爷奶奶还有爸爸对我那么好，我从不愿意过问自己的身世。在我的心中，他们就是我最亲的人。”

当天下午，当记者采访完出门发现，红红的傻爸爸正在院子转悠。社区李主任说，不要看他傻，其实一点也不傻，他心里明白着呢，红红每次周末回家后，他特别高兴，把孩子跟前跟后，生怕受到别人欺负，孩子上学走后，嘴里不停地念叨：“剩下两人了”。

兰州晚报 孙建荣

黄雪芳:和谐家庭要算对舍与得的账

“我整理好书包,迎着春风嗅着花香,出门去寻找和谐。院子里空巢爷爷奶奶不再孤单,志愿者哥哥姐姐搀扶着他们晒太阳。大街小巷的围墙上不再是乱涂乱画,它被社区的叔叔阿姨谱上了一幅幅文化乐章……”人们常说家和万事兴,这是一篇生活在和谐家庭孩子的作文,简单的字句间无不流露着孩子眼里的和谐与幸福。近日,记者根据这篇作文找到了小范崇啸,并随同他一起走进黄雪芳的文明和谐家庭,去感受一个普通家庭的温暖与幸福,聆听一个和谐人家的平凡故事和锅碗瓢盆交响曲。

爱岗敬业 不忘家和万事兴

说到这个令人羡慕的三口之家,黄雪芳推了推鼻梁上的眼镜打开了话匣子,脸上流露出一个幸福女人特有的美丽。黄雪芳,九三学社社员,在省体校工作。丈夫范武香与黄雪芳在同一单位。儿子范崇啸,在树人中学初一四班学习。提及和谐家庭,黄雪芳说,和谐家庭是和谐社会的重要组成部分,夫妻和睦是家庭和谐的基础。工作上爱岗敬业,但不要忘了家和万事兴。只有家庭和谐才能让社区和谐从而共建和谐国家。

说到这个和谐家庭中的小插曲,其中也不乏瓢碗碰锅沿的事例。黄雪芳告诉记者,夫妻俩在同一单位,因此工作生活中总不免有冲突和矛盾。记得那是儿子一两岁牙牙学语时,为了谁在家看孩子的事小两口起了纷争。那天,黄雪芳和丈夫因为工作上的事儿言语越来越激烈。小啸啸在一旁玩玩具,看见爸爸妈妈你一言我一语,嗓门越来越大,就蹒跚跑过来站在两个人中间“啊,啊,嗯,嗯”地叫,他们顿时醒悟过来。从此以后小两口再也没当着孩子的面争执,遇到意见不统一时就暂放一下,因为共建和谐家庭是每一位家庭成员的责任。

比翼齐飞　红火日子唱着过

黄雪芳告诉记者，16年来，他们始终注重尊重对方，做到相互理解，相互信任，相互支持，共同承担责任。工作中共进，生活上关心。有矛盾或意见有分歧时，及时沟通理智解决。相互勉励在单位中做优秀职工，在家庭中做称职的一员。小两口既是生活中的伴侣，又是事业的相互支持者。而彼此间的共同观点是先做人后做事，不管社会上的环境如何变化，摆正自己的位置，做到家庭事业两不误。而说到其中的秘诀，黄雪芳笑称，关键是要有经营家庭的现代管理理念，因为夫妻感情没有对错，家庭婚姻更不需要法官。谁要是想争个对与错，那肯定就是永远的输家，因此一个家想和谐首先要算对舍与得的账。

除此之外，黄雪芳夫妻多年来一直与邻里关系和睦。邻居家如果有事情，两口子都能够主动地去帮忙。他们常说，自己现在生活好了，有能力帮助别人了，多付出一点也许就能改变一个家庭面貌，这笔账划算。此外，他们还成立了一个邻里美食“合作社”大家不定期轮流掌勺，让邻居共品美食，老少同乐。而这也已经成为辖区一道美丽的风景，并引来不少羡慕的目光。街坊四邻总会对子女说，你们要向黄雪芳小两口学习，有了和谐的家这小日子才能红红火火唱着过。

尊老亲子　诠释“爱的教育”

在一个家里，孝敬老人也是重要的元素之一。说到这里，黄雪芳笑着说，公公婆婆虽生活在老家没有和他们在一起生活，但逢年过节，不是黄雪芳一家三口回到老人身边，就是将老人接到家里小住几日，一起聊聊天、说说事，帮忙做一些家务。这对老人来说既是一种安慰，也是一种天伦之乐。黄雪芳说，什么是孝，孝就是能让老人安享晚年，不要再为儿女事业不稳、家庭不和劳心。同时，家庭和谐对一个孩子的成长也非常重要，想想自己在带孩子的过程中，如果爱人给她传递的是关心和爱护，自己也会同样将这份情感传达给儿子和家人，相反则会殃及老少。因为良好的夫妻关系和家庭氛围会影响到孩子的一生，甚至孩子的婚姻家庭生活和他的下一代，所以营造和谐的家庭每个人都责无旁贷。

黄雪芳告诉记者，父母是孩子最好的老师，要以身作则，言谈举止对孩子的影响至关重要。平时，凡辖区组织的爱心捐赠活动，黄雪芳一家都积极参与，尽量为社会多献一份爱心。儿子也多次为陇南山区同龄孩子捐书，还把自己“美德好少年”的奖金拿出一部分捐赠出去，因为他知道：来之社会，回馈社会。

兰州日报 边卫霞

16岁少年撑起一个家

“乌鸦反哺,羔羊跪乳。”百善孝为先,孝是中国传统文化的精髓,是做人的首要准则,对于皋兰县水阜中学学生白锺龙来说,“孝”在他身上则体现得淋漓尽致。

父亲肢残,母亲智残,家徒四壁,16岁的白锺龙并未因此消沉,反而越挫越勇,孝父敬母,坎坷前行,坚强地撑起了一个残破的家庭。而他的孝行,也感动了身边的每一个人,成为声名远播的“孝星”少年。

残破不堪的家庭

6月19日,记者来到皋兰县水阜乡涝池村彬草沟,一踏进大门,便对眼前的一幕为之动容。四间低矮的平房,有两间窗框上竟没有玻璃,块块破布、塑料和纸板被固定在窗框上,当玻璃用,院子的旮旯里放着一只小煤炉,一只药罐正在上面冒着气泡,一名小男孩正拿着筷子搅动熬药。村里人介绍说,这个小男孩就是白锺龙。

初见白锺龙,小小的个子,黝黑的皮肤,看起来只有十多岁的样子,脸上少有一般孩子不谙世事的笑容,沉稳懂事的言行中却有着涩涩的眼神。一眼就可以看出这个孩子有着很大的思想压力和包袱。

白锺龙的父母都是残疾人。其母智障,智力相当于3岁儿童,日常生活无法自理,总是一个人蜷缩在自己的世界里喃喃自语。其父肢残,行动不便。几年前,其父的一条病腿恶化,由于无钱治疗,病情越来越严重,以致寸步难行。如此一来,生活的重担便全部压在了白锺龙稚嫩的肩膀上。

孝顺孩子早当家

由于父母都是残疾人,白锺龙承受了常人难以想象的艰难与困苦。自上小学开始,每天天蒙蒙亮,当别的孩子还在父母的暖被窝里呼呼大睡的时候,白锺龙已早早起床为父母生火、烧开水、泡馍馍,照顾母亲起床。然后去学校上课。中午,当别的孩子高高兴兴回家吃着香喷喷的饭菜时,白锺龙却风风火火地赶回家,生火做饭,等父母吃完,洗完锅碗后,又得气喘吁吁地跑回学校上课。周末,当别的孩子走亲访友、嬉闹玩耍时,白锺龙却在地里挥汗如雨,干着农活。晚上回家后,又得生火做馍馍,为父母准备一周的食物。

“从龙龙出生到现在,我们家里从没有买过肉和菜,有时候亲戚和邻居给点肉或者菜,龙龙从不舍得吃,总是偷偷地放在我和他妈妈的碗底。学校发的营养早餐,他也总是舍不得吃,等到周末把鸡蛋和牛奶拿回来给我们吃,有好几次鸡蛋都坏了。

由于营养不良，16岁的他，看起来却只有八九岁。”白锺龙的父亲流着泪说道。

“现在的好多年轻人到30岁都还不会做馍馍，龙龙三年级就学会了蒸馍馍，很懂事，也很孝顺。每次看见他做馍馍，我们真的是既辛酸又高兴。现在龙龙上初中了，每周周末回来都把馍馍做好，他不在时，他父母也就不会饿着了。”采访中，邻居们纷纷感叹着龙龙的懂事和孝顺。

尽管如此，许多不谙世事的孩子却总是嘲笑白锺龙的父母都是残疾人，更有顽皮的孩子还时常跟在白锺龙母亲身后，故意激怒她。每当此时，白锺龙便会替母亲揉揉肩、捶捶腿，安抚母亲的情绪，将“撒泼”的母亲劝回家中。

孝义托起大梦想

“再过几个月，我们现在住的房子就要物归原主了，我不知道，到时候父母会不会因为没房子住而流落街头，父亲动手术借的2万元钱也不知道什么时候能还上。尽管如此，我从不认为自己很贫穷，我想品质和才能的富有才是真正的富有，我一定要把命运掌握在自己手中，用知识改变命运。我只有好好学习，才能给父母一个安身立命之所，才能有钱给父母治病，让父母在以后的日子里幸福生活。”白锺龙在日记中如此写道。

水阜中学团支部书记蔡树祥老师告诉记者，在学校，白锺龙一直是一名品学兼优的好学生，每次考试都名列前茅。他的学习从未让老师们操心过，现在他们担心的是白锺龙一家所住的房子是向别人借的，今年，房主准备要回房子，而白锺龙父亲的腿病又进一步恶化，这些都给白锺龙带来了很大的压力。他们担心过大的压力会影响孩子的学习，可没想到白锺龙不但没有因此影响到学习，反而比以前更刻苦了，孩子吃苦的精神让老师们都看得心酸。

“从小到大，母亲从没有抱过我，也没有叫过我的名字，她总是一个人蜷缩在自己的世界里喃喃自语，我做梦都希望自己能和其他的孩子一样，被母亲抱一下，亲切地叫一声我的小名，可醒来的时候，我便明白，母亲有病，不可能和其他孩子的母亲一样。所以我只有好好学习，上大学，挣好多钱给母亲看好病后，才能实现这个愿望。”白锺龙哽咽着告诉记者，看好父母的病、让父母有房住，是他刻苦学习的最大动力，也是他最大的梦想。

兰州晚报 瞿学忠

崔建军:“现代孝廉”的典范

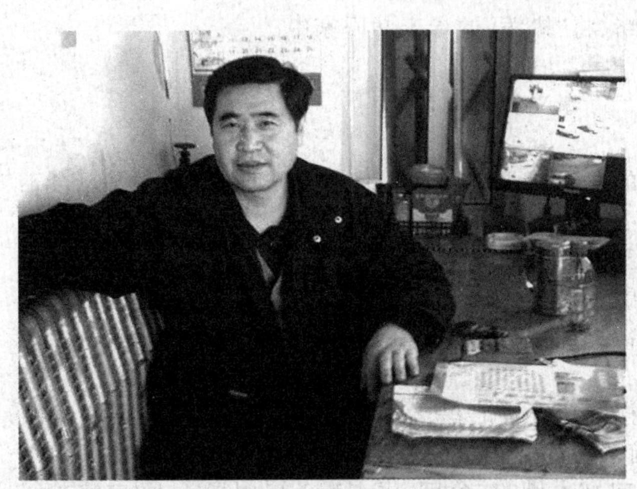

俗话说“百善孝为先”,行孝是最高尚的道德行为。家住九州中路社区的崔建军是九州物业招聘的一名极其普通的保安。55岁的他在工作时间里,和其他人一样,忠实地履行一名保安的职责。十二小时之外,他默默无闻地恪守着“君子入则孝”的人生格言,在漫长的八载岁月中,无怨无悔地侍奉在母亲身旁,给予她无微不至的照料。他以实际行动为家庭的其他成员做出了表率,赢得了单位同事和亲朋好友的称道,同时也塑造了一个“现代孝廉”的典范。

记者在九州中路社区工作人员的指引下,见到了正在执勤的崔建军。这是一个声音洪亮、长相憨厚的中年男子。记者依然能够从他时刻微笑的脸上看到对生活的热情。“我做这些都是应该的,自己的老母亲,辛苦了一辈子。做儿女的伺候老母亲,都是应尽的责任和义务。我们就是一个普通家庭,我做的也是一些普通事,就是尽己所能,让老母亲的晚年能过得安详一点。”

崔建军的母亲张淑兰身体常年不适,2004年中风后病情更为严重,长期偏瘫在床。崔建军家姊妹四人,就他一人在兰州和母亲居住,爱人和儿子常年在上海打工,所有的家庭重担压在了崔建军一人身上。为了救母亲,崔建军背母亲到医院输液,请教了许多老中医,经过大夫的积极治疗和崔建军的精心护理,母亲的病情逐步好转,肢体活动能力有了很大提高,崔建军疲惫的脸上显出了欣慰的笑容。

谁知好景不长,2005年冬天,母亲的病情突然加重,失去了语言功能,不会说话了,右边身体麻木得不能动弹。母亲吃饭、喝水、大小便,完全不能自主,崔建军时刻守候在母亲身边,无微不至地照顾母亲。崔建军的家庭并不富裕,母亲是家属无收入,崔建军本人是内退职工,一个月只有300来块钱的工资。为了生活,崔建军不得已在九州物业当了一名保安,一个月1000块钱的工资,勉强维持生计。为了使工作家庭两不误,崔建军在母亲的床上掏了洞,方便母亲大小便,下班后他首先给母亲收拾干净，再洗手做饭，吃饭时给母亲一口一口喂。老人半瘫后，吞咽功能也有所下降，有时不注意饭便卡在喉咙里，憋得老人满脸通红，崔建军看到老人难受的样子，心疼不已。通过摸索总结经验后，崔建军通过喂水帮助老人吞咽。老人吃饭顺畅了许多，再也没有被噎住过。崔建军每天重复着这些细致、烦琐却又非常重要的护理步骤。这些他几乎成了他多年来固定的生活模式。

崔建军对母亲的孝敬最大程度地表现在他的细心上，母亲体温的高低、床垫的干湿、卧室的冷暖，他都时刻挂在心上，夏天他怕母亲生褥疮，经常帮母亲擦洗身体。母亲的每一种表情、每一个反映、每一个生活细节，他都看在眼里，记在心上。谁说"久病床前无孝子"，崔健军用自己的行动告诉人们："久病床前"不但有孝子，而且久病床前的孝子对母亲的情意，会随着时间的推移变得弥久弥新。

中国兰州网 孙涛

“就是亲生女儿也没她这么贴心”

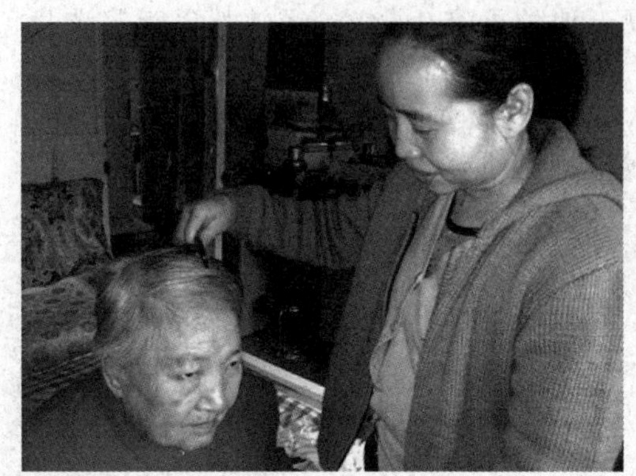

80岁高龄的老人杨素琼有句话经常挂在嘴边:“我有三个女儿,两个亲生的女儿加起来都比不上我这个小‘女儿’。我们从认识到现在,快10年了,她照顾我从来没有一句怨言,只要是我有事给她打电话,她一定放下手边的事情第一时间来看我。有这样的女儿,真是我的福气!”

这个小时工脾气好

范雪梅结识杨素琼老人那年,她的两个孩子都已经在上小学。因为丈夫的智力残疾,家里的经济重担就落在了她一个人的身上。为了贴补家用,范雪梅经人介绍来到了杨素琼老人的家中做起了小时工,承担起了照顾两位老人的任务。杨素琼老人的儿女也年事已高,很难照顾她和老伴。

因为杨素琼老人的脾气较为急躁,之前雇用的人都因为与老人合不来而纷纷离开。但范雪梅的耐心很好,每天按时为老人买菜做饭,隔三岔五为老人剪指甲、洗澡,照顾得十分细致。不管老人怎么对她耍小孩子脾气,范雪梅都只是笑一笑。

有一次,杨素琼老人身体抱恙,范雪梅结束工作之后有些放心不下,但因家中还有孩子和丈夫需要照顾,她只好先回家。回家吃完晚饭后,范雪梅叮嘱了孩子几句便赶往杨素琼老人的家中,却看见老人一个人在卧室里嘤嘤哭泣。一问,原来老人因为身体不舒服,儿女又都不在身边,心里很难过。得知老人的心事后,范雪梅说:“杨阿姨,您别难过,您还有我呢。只要您愿意,就把我当成女儿吧!”

有事您就打电话

2003年,因为家中困难,牟东社区为范雪梅安排了社区综治员的工作。范雪梅在得到消息时十分开心,便告诉杨素琼老人她不能再做小时工了。老人一听,竟像孩子一样大哭起来。见老人难过,她的心里也特别不是滋味。范雪梅产生了义务照顾杨素琼老人的想法。

为了能够放心地离开老人,范雪梅到家政公司为杨素琼找了新的保姆。她告诉老人:"杨阿姨,只要您有事儿就给我打电话,我就会过来看望您。"

此后,范雪梅只要一有空闲时间,就会到老人家里陪她聊天、看电视,给老人讲电视剧里的故事,还隔三岔五买菜去给老人做些爱吃的饭菜。一来二去,杨素琼老人更加依赖范雪梅,拿她自己话说:"家里无论大事小事,我都乐意跟雪梅商量。遇上这样贴心的孩子,真是我的福气!"

她比亲生女儿还贴心

2010年的一个夜晚,凌晨2点,睡梦中的范雪梅被一阵电话铃声惊醒,一看电话是杨素琼老人打来的,她立刻意识到是老人家里有事,顿时清醒过来。接通电话得知老人身体不舒服,需要送医院。范雪梅穿上衣服就赶往老人家中,跟老人的家属一起将老人送往医院。住院后,得知老人因糖尿病综合征从此可能就无法自如行动了。那段时间,范雪梅的两个孩子一个小学升初中,另一个正在准备中考的紧张阶段,但考虑到老人的情况,范雪梅只好家中、医院两头跑。杨素琼老人住院的半个月里,范雪梅始终陪在身边。

说起住院的那半个月,杨素琼老人眼中泛起了泪花:"雪梅给我喂饭,我下不了床,上厕所都是她伺候的。就是亲生女儿都没有她对我那么贴心地照顾啊!我出院以后,已经不能活动了,雪梅每天把我从床上抱到躺椅上晒太阳。只要我的保姆不在家,雪梅就会过来陪我、照顾我。"

她想去当义工

虽然杨素琼老人家中有保姆,但老人依然依赖范雪梅,隔几天看不见范雪梅就会打电话。2012年的除夕,杨素琼老人的保姆因为要回家过年,初八以前都不在。范雪梅晚上7点钟打理好了家中的一切,便前往杨素琼老人的家中,陪在老人身边,只为不让老人过一个孤单寂寞的年,直至初八,老人家中的保姆回来,范雪梅才放心地离开。杨素琼老人说:"雪梅家里的条件不好,两个孩子都在上学,自从她不在我家做小时工以后,照顾我从来就没要过钱。我心里过意不去,总想给她贴补点家用,她又不肯收,让我很生气。可是她总告诉我,哪有照顾妈妈还要钱的道理。"说到这里,老人又激动得抹起了眼泪。

范雪梅告诉记者:"这有啥,我家在农村,父母都不在身边,我总把杨阿姨想成是我的妈妈,照顾她也是我自己心甘情愿的。空巢老人其实不只是需要人照顾,他们的心灵更需要得到关爱。儿女不在身边的那种孤独感,才是让老人最难过的原因。我的孩子都在上高中,我给他们都说了,等他们上完大学能自立了,我就去当义工。只要我还能活动,我就想去照顾那些老人。"说着,范雪梅的脸上露出了微笑,眼神格外坚定。

兰州晚报 刘文煜

孝女姜丽华与母亲的三千多个日夜

走进西固区西柳沟街道，只要说起姜丽华，知道的人都会伸出大拇指由衷地赞叹道："可真是敬老爱老，孝敬父母的好女儿。"姜丽华尊老敬老，竭尽全力，让老人安度晚年。九年如一日，不离不弃，无怨无悔地伺候长期卧床"植物人"母亲，她的事迹传遍了整个小区。近日，记者走进了姜丽华家了解了这位"大爱孝女"的故事。

16日早晨，记者来到了姜丽华家。一进房门，记者就看到85岁高龄的姜丽华母亲，正在姜丽华家聊天的邻居见到记者笑呵呵地说道："你看，这老人家哪像是瘫痪卧床9年的老人，比我们的气色都好，脸上红扑扑的。"老人气色如此好，全都离不开女儿姜丽华的照顾。姜丽华今年54岁，是一名退休工人，她告诉记者，45岁那年她刚退休，母亲就病了。于是她又开始了照顾母亲这份新工作，而这一伺候就是整整9年。

9年前，姜丽华的母亲突发脑溢血，自那以后就再也没下来过地。从医院出来不久，老太太就失语了，不但失语，连记忆也没有了。习惯了和母亲家长里短的姜丽华对这一现实难以接受，一年多时间里总是感到身边缺了个说话谈心的人。尽管如此，她却依然悉心照顾着母亲。一年以后，奇迹发生了，姜丽华的母亲竟然能开口说话了，虽然老太太说的都是陈年往事，但这依旧让全家人喜出望外。尤其是天天照顾老人的女儿姜丽华，更是非常高兴。可是，好景不长。没过多久，老太太就再也没有开口说过话，顶多只能睁着眼睛看看人。但不管怎样，姜丽华对母亲的照顾却从来没有懈怠过。她的行为还影响了自己的儿子。虽然姜丽华的儿子远在宁波上班，但每年回家之后的第一件事就是趴在姥姥的床前和姥姥说说话。

就在记者和姜丽华聊天时，她家的石英钟"咚咚"地开始报时了。姜丽华说："到时间给老人喂苹果了。"原来每天早上10点，都是姜丽华给母亲喂苹果的时间。记者看到，她拿着一个红富士苹果，从中切开，挖去苹果核，拿着勺子，一勺一勺将拌匀搅碎的苹果喂到母亲嘴里，姜丽华说，下午4点，她还要给母亲喂香蕉，这样的习惯，9年来从未中断过。因为老太太卧病在床，吃不了稠的东西，饭都是稀烂的，肉也吃不了，只能喝点鱼汤、排骨汤，不吃水果的话，营养肯定不均衡，也跟不上。

说起这些年来照顾"植物人"母亲，姜丽华可真是费尽了心思。记得那时刚出院，老太太没办法进食，只能靠胃管将一些流食输送进身体，维持最基本的代谢。一次偶然，姜丽华发现母亲下咽食物的功能并没有丧失。于是从那天起，姜丽华经常看各类养生的节目和书籍，学到了不少养生知识，并根据母亲的情况制定了营养餐。早饭一般是将面包泡在牛奶里喂给母亲吃，午饭多数是煮得很烂的龙须面，晚饭以粥居多。养生书上说要多吃五谷杂粮，她就想办法给母亲调配花样，今天是大米山药粥，明天就是小米南瓜粥，种类颇多。考虑到老太太爱吃甜食，她就自己做南瓜饼给老太太泡软了吃。“看着我妈喉咙一动一动吃南瓜饼的样子，我的心里就美美的！”姜丽华说到这里，不由得笑出了声。

言谈之中，最让姜丽华感到骄傲的一点是，母亲卧床9年，身上从来没有生过褥疮。说起其中奥秘，那就是勤擦洗，多翻身。每天下午她要把母亲从床上抱到轮椅上，再推到阳台，让老人家晒晒太阳，透透风。趁着母亲晒太阳的空子，姜丽华还要洗床单，晾晒被褥。

三千多个日日夜夜，姜丽华就是一把屎一把尿伺候过来的。记者问她有没有嫌脏嫌烦过，她朴实诚恳的话语再次打动了记者：“要说烦，也烦过，说实话，能伺候这么多年，一是报恩，报养育之恩，二是凭子女的良心，我就是凭良心坚持过来的！”

兰州日报 颜娜

实习生 许大凯

马思薇:用乐观和坚强撑起温暖的家

人们常说,家有老是个宝。在伏龙坪街道有这样一个家庭,奶奶和孙女相依为命。孙女马思薇今年21岁,与奶奶刘兰芳居住在前街社区86号。奶奶67岁了,身患疾病,但她心灵手巧开朗乐观,无论生活多么艰辛困苦,老人脸上从来看不到消极情绪,而马思薇的懂事孝顺更是被邻里传为佳话。

生活简朴　其乐融融

采访时,马思薇告诉记者,因为奶奶身体不好,自己便辞去了收入相对比较高的工作,选择了离家比较近的社区就业,虽然工资少了,但是能够方便照顾奶奶。奶奶有糖尿病需要每天注射胰岛素。为了让老人免去每天的路途奔波,马思薇从医生那里学会了怎样注射,每天亲自给奶奶注射胰岛素。生活中,慈爱的奶奶还总变着法给马思薇做好吃的,尽管这个家里不是很宽裕,但每顿饭都有老人无尽的爱在里面。奶奶还偷偷告诉记者,她特别喜欢马思薇每天都穿得漂漂亮亮,轻松快乐地生活。她没钱给小孙女买漂亮裙子,就买来毛线戴上老花镜给马思薇织毛衣。细细的毛线在奶奶的手里变成了一件件美丽的毛衣。年初街道联合医院搞活动给老人做优惠白内障手术时,奶奶说一定要治好眼睛,这样就能给孙女多织几件毛衣,而且能看到小孙女快乐地工作,幸福地生活了。

帮助他人　快乐自己

刘兰芳老人虽年事已高,嘴边还总是挂着甜甜的微笑,在采访时总有谈不完的乐事和对生活的向往。老人老伴去世得早,子女读书、工作、婚嫁、抚育孙女等,她要付出比一般老人更多的辛勤。而今刘兰芳已是花甲老人,最大的希望就是马思薇有一个美好的未来。马思薇告诉记者,奶奶以前在居委会担任主任,现在退休在家,可是老人还是闲不住,但凡街坊四邻谁有个麻烦事都喜欢去找奶奶,听听她的建议。奶奶也非常乐意帮助他们解决问题,所以家里从早到晚一直很热闹,这里成了大家交谈心事和解决邻里纠纷的场所。

这个温暖的家庭,对社会、对他人也同样表现出了责任和关爱。马思薇家地处山坡,但是祖孙俩从来不把垃圾乱倒在山坡上,还经常对周边进行清洁。冬季,家门口的路上时常结起厚冰,带给过往行人诸多不便。这个时候,奶奶就找来铁镐让马思薇刨冰,自己拿着扫把仔细清扫,好让附近居民出入方便。

只要家庭中的成员能互相关爱、互相包容、互相支持，幸福就会降临这个家庭。短短的采访结束了，在这个家里记者感觉到一种信念，就如同老人所言：生活中没有什么过不去的坎，只要你抱着宽容、体谅的心态就能触摸到属于自己的幸福！

兰州日报 边卫霞

实习生 袁方 李军

携手风雨路　相濡六十载

在华林山社区有这样一对夫妇，他们没有什么轰轰烈烈的事迹，但在平凡之中他们携手走过六十年的人生历程，风雨同舟。提起他们的家庭，社区中知道的居民无不称赞。究竟是怎样的家庭，又带给了周围居民怎样的感动呢？近日，记者走进了西园街道华林山社区，了解了刘善明的和谐家庭。

辗转多地　夫妇深情守望

今年已经86岁的刘善明老人是一位八路军老战士，他的老伴梁玉珍74岁，是甘肃省邮电小学的退休教师。他们1951年结婚，现如今刘善明和梁玉珍已携手走过了60个春夏秋冬。而回忆起往昔，刘善明老人依旧历历在目。他告诉记者，1940年，16岁的他参加了八路军，在五年的抗战中，他负伤三次，尤其在大同战役中负伤严重，成了七级伤残，但这并没有让他倒下，反而使他更加坚强。1951年，刘善明在玉门认识了梁玉珍。一个是出生入死的革命军人，一个是懵懂的花季少女，两人在组织的安排下结成夫妻。这样的结合谈不上浪漫，没有轰轰烈烈的爱情故事，但他们互相携手，并肩走过六十载，始终不离不弃。

言谈之中，梁玉珍老人饶有兴味地回忆结婚那段时光："那个年代，我们对解放军战士充满感激和敬仰，说实话我们是因为革命事业结缘！"1957年，国家大力发展邮电事业，历来服从组织安排的刘善明二话没说，被调到甘肃省邮电管理局器材公司担任副经理。梁玉珍也随同迁到了兰州。梁玉珍没有居家当个家庭主妇，而是毅然决然地加入到建设新中国的事业中。在大家的印象里，那个年代的妇女没有文化是普遍现象。结了婚的妇女，拿起书本学习文化知识的，更是凤毛麟角。但梁玉珍是个要强的人，她想要学习文化知识的想法得到了丈夫刘善明的大力支持。通过自身的刻苦努力和刘善明的指导帮

助，1958年已经是孩子母亲的梁玉珍考上了酒泉师范学校。毕业后，梁玉珍被分配到甘肃省邮电小学，光荣地成了一名人民教师。直到退休，她都深深地爱着这个职业。

互相理解　婚姻幸福长久

夫妻两个人都有工作，但相继出生的五个孩子也需要照顾。多少个日日夜夜，经历了多少风风雨雨，他们始终相互搀扶，从不抱怨对方，用现在时髦的话讲，“他们的婚姻从未亮过红灯”。他们将五个孩子含辛茹苦地抚养长大，既没有耽搁事业，又没有耽误孩子的成长。话不多的刘善明回忆起一起走过的岁月这样感慨：“几十年了，多亏老伴，家里的一切都照顾得井井有条，我对她充满感激。”他回忆起几年前的一件往事。那时，梁玉珍心脏病发作住进了医院，刘善明因为年龄大加上年轻时落下的残疾，连自己都照顾不过来更不要说去医院照顾老伴了。但心系老伴的刘善明想打电话到医院请护士帮老伴打些午饭，正打着电话，梁玉珍突然出现在他面前，手里端着饭菜。看着拿着电话听筒呆呆望着的刘善明，梁玉珍边笑边说：“我就知道你没有吃饭，所以输完液我就赶紧到食堂给你打了饭，快吃吧，还热着呢！”刘善明激动得不知说什么好，老伴这么虚弱还要按时按点给他送饭，刹那间，泪水就堆积在了眼眶里。

当谈到这么多年婚姻美满的真谛时，梁玉珍看看刘善明，微笑着说：“互相理解，互相包容，就是我们最大的秘诀。”如今夫妻两人已经携手走过六十个春秋。老两口的五个儿女都已经成家立业，看到儿女们家庭幸福，生活美满，两个老人很欣慰。当被问及现在最开心的事时，梁玉珍老人高兴地说：“最开心的事就是每个周末儿女和孙子们都过来看我们老两口，一大家子人在一起吃吃饭、聊聊天。”

兰州日报 颜娜

实习生 许大凯

二十年如一日　敬老孝亲的好儿媳蒲银霞

她是一名普通的农村妇女，但她更是一名敬老孝老的典范。在她崇真、向善、臻美的人生道路上，她不但给新时代建设和谐社会、和谐家庭树立了光辉的榜样，还先后荣获榆中县人民政府授予"五好家庭奖"、榆中县妇联授予"五好文明家庭奖"、全县妇女"双学双比女能手"称号、兰州市"和谐家庭"等荣誉称号。但面对这一切荣誉她只是淡淡地一笑，说："这些都是我应该做的。"而她就是今年46岁的榆中县城关镇南关村村民、兰州市百名"孝星"之一蒲银霞。

孝道家风感染媳妇

蒲银霞原是三角城乡人，于1992年3月嫁到南关村。成家后丈夫谈敦辉为改变家庭生活困境常年在外务工，于是照顾公公婆婆和年迈奶奶的重担都落在了蒲银霞身上。都说婆媳关系难处，可是蒲银霞却从没和公婆红过一次脸、拌过一次嘴。面对年老多病的奶奶，蒲银霞更是悉心照顾、端饭喂药、清洗衣物。

"我的奶奶是我婆婆的婆婆，一直以来我婆婆也是悉心照顾老奶奶，这让我很感动，现在我婆婆岁数大了，我自然要更好地照顾好奶奶，也要照顾好我的公公婆婆，这是我们家族的优良传统，也是我们的做人标准。"蒲银霞一番质朴的言语，让记者感受到了她的平实。两代婆婆之间传承的爱，不但给她树立了榜样，也坚定了她要更好地做下去的决心。

婆媳和谐共处邻里夸

都说年轻人和老人的生活习惯有很大的差异，因此现在很多年轻人都不愿和公公婆婆住在一起，而蒲银霞却和两位婆婆住在一起20年。

前几年，蒲银霞的婆婆不幸摔伤，造成膝盖粉碎性骨折，蒲银霞主动带着婆婆到最好的医院去治疗，请最好的医生医治。不但如此，她还天天给老人读报纸、陪老人聊天，给予老人更多的心理温暖和精神抚慰，让老人在病痛期间也不会太难受、太孤独。一天天的照料，一次次的重复，但蒲银霞却从来没有过丝毫怨言。日复一日，蒲银霞夫妇和婆母一直生活在一起，共同度过了20年幸福而快乐的生活。在家中，饭熟了，蒲银霞总是先给公婆和老奶奶盛好，恭敬地端给老人，并嘱咐他们要趁热吃，别让饭凉了伤了胃口。馒头凉了要换上热的，菜凉了重新热好，面条浸了，自己吃了再煮新的。这点点滴滴、平平凡凡的家庭琐事，在蒲银霞身上却体现得非常周到细心。难怪婆家兄弟姐妹感动得逢人便夸，邻里乡亲经常称她是村里的孝顺榜样。

真心真情默默付出

由于家中收入微薄，蒲银霞毅然做出决定：宁肯苦了自己，也不能苦了老人。

这两年，正是家里开支最大和最需要人手的时候，由于家庭经济困难，为了给母亲治病和供孩子上学，丈夫只好外出打工。生活的重担一下子压在了蒲银霞柔弱的肩上，她既要忙田地里的农活，还要整理琐碎的家务和照顾上学的孩子及患病的婆婆。公公年事已高，只能帮她做一些简单轻巧的家务活。她的婆婆2008年不幸摔成粉碎性骨折，2009年又患骨质增生卧病在床，使得老人生活已经完全不能自理。但这样的情况下，蒲银霞仍然坚持给老人最好的营养。一切生活起居全由蒲银霞来照料，每天给老人梳头、洗衣、做饭，细致安排着老人的饮食起居。渴了，她端茶送水；饿了，她端来热汤热饭一口一口地喂。虽然困难，可为了婆婆病情能好转，她尽量做到每日三餐不重样来迎合婆婆的口味。生活中，她为婆婆端屎端尿、清洁身体、洗脏衣服。睡前为婆婆洗脚、按摩身体，只有等婆婆睡后她才回房休息。每年她都要给婆婆买几件合身的衣服，婆婆高兴，她就满心欢喜。日复一日、年复一年，她用自己的真心和真情，以女性特有的坚韧和执着为整个家撑起了一片崭新的天空。

兰州日报 颜娜
实习生 许大凯 费绍荔

和谐家庭:武心瑞的幸福生活

和谐家庭是和谐社会的重要组成部分,而夫妻和睦又是家庭和谐的重要基础。武心瑞,高中学历,国心建筑安装公司的董事长。妻子阎英是一名退休工人。他还有善良的母亲和懂事孝顺的女儿。在创建文明和谐家庭活动中武心瑞一家积极参与,温馨和谐的家庭氛围常常引来邻里、亲朋的羡慕和称赞。近日,记者在火车站街道火车站社区采访时认识了武心瑞,走进这个普通家庭感受这位平凡人的幸福生活。

武心瑞与妻子两人牵手风风雨雨走过了26年,志趣相投,有着深厚的感情基础。在生活中彼此互相照顾,相互尊重,相互理解,相互信任,相互支持。结婚26年,他们几乎没有因为什么事情红过脸,当意见不统一时总是能够用理智的态度去沟通、交流,实在解决不了的,就在家里召开"临时会议",请出女儿当裁判,通过家庭民主生活会来解决。这种温馨和谐的家庭氛围,使许多因为孩子在青春叛逆期不与自己说话的家长羡慕不已。

提及自己的妻子,武心瑞说自己除了爱还有几分敬重。妻子既是他生活的伴侣,同时又是武心瑞事业上的支持者,尤其是在自己经营公司时,事业上总会遇到不顺心的事情。此时,妻子总会帮他出主意想办法。将心比心,当爱人遇到不顺心的事情时,武心瑞也同样会耐心开导,相互支持。此外,妻子始终把家里整理得井井有条、整洁舒适,给家人营造了一个安心舒适的生活环境。

采访中武心瑞告诉记者,因为自己工作繁忙,没有时间照顾家庭,如此一来繁重的家务、教育子女和照顾老人的担子都落在妻子一个人的肩上。为了让武心瑞安心工作,妻子承担起全部的家务,照顾老人更是无微不至。都说婆媳很难相处,但妻子却与自己母亲相处得很好,家里的大事小情都会积极听取老人的意见,饮食上也会偏重老人喜食绵软的口味。母亲逢人总说:"我的儿媳妇胜似女儿啊。"其实,在工作之余,武心瑞最开心的事就是带着母亲、妻子和孩子一起去爬山。这样既能锻炼身体,还能让自己和家人放松心情,并且可以让一家人的感情更加深厚。除此之外,武心瑞还是一个非常热爱生活的人。每到节假日他都会拉着妻子、孩子一起垂钓,他认为垂钓能磨炼人的耐心,这对于孩子来说是个很好的锻炼,让她懂得不管做任何一件事,只要有耐心,总会得到回报。武心瑞的母亲也是一位非常和善的老人,在邻里关系的相处上,总是与人为善、助人为乐,多年来从未与邻里、同事发生口角。邻居们也总说:远亲不如近邻,和他们住在一栋楼上可真好。

说到自己的女儿,武心瑞给自己总结了几点体会。他说,父母是孩子的最好老师,要以身作则,言谈举止对孩子的影响至关重要;其次,对待孩子既要严要求,又要交朋友，轻说重教引导，要学会倾听，关注她的感受，锻炼她思考问题和独立生活的能力；最后在生活上不要溺爱，要养成勤俭和独立的品格，做人要坦诚，做事要严谨。作为家长要与孩子平等对话，令其愿意与长辈沟通。孩子有牢骚时，武心瑞总是耐心地告诉她：只要你微笑面对别人，人家也会面带笑容积极地配合你的工作。

平等关爱，认真工作，积极生活。在这个家里，每个人都努力实现着自身价值，努力为社会大家庭尽职尽责。这就是一位普通百姓的平凡生活，幸福而温暖。

兰州日报 边卫霞
实习生 李军 袁方

社区老人贴心的“好儿子”

提起巨有魁，很多人都知道，他是七里河区西湖街道建工中街社区党总支书记。殊不知，其实他更是一位孝子，不但孝敬自己的爹妈，还把自己无私的爱奉献给了社区的空巢老人、孤寡老人，让他们体会到了社区这个大家庭带来的温暖，更体会到了一位“特殊儿子”的良苦用心。

组织运行社区“夕阳乐”餐桌

提起建工中街社区推出的“夕阳乐”餐桌便民工程，很多人都会不由得发出赞叹。这个餐桌每周一至周五，每天的午饭和晚饭都由社区免费供应给老红军、孤寡老人、“三无”人员，并且志愿者会将饭菜亲自送到老人家里，不需要老人东奔西跑。每当热腾腾的饭菜端到桌上，老人们都会露出幸福的笑容。“夕阳乐”的运行一坚持就是四年，从未间断。而老人们满意的笑容背后是社区书记巨有魁的努力。协调组织社区专门聘请了卫生局的营养师为老人们搭配营养餐，饭菜一周不重样。除了固定的送饭，巨有魁还组织社区的志愿者们向这些老人送去了家政服务和贴心的精神慰藉，让老人们感到非常温暖。而巨有魁作为社区书记，更是身体力行，加入到志愿者的队伍之中，给老人们送饭菜、帮老人打扫家里的卫生，陪老人聊天说话。这一坚持就是将近8个年头，而在这8年中，社区的老人们更是把巨有魁当成了自己的亲人。

倾情照顾社区孤寡老人

建工中街社区有位叫卞秀英的孤寡老人，今年已经82岁高龄。说起巨有魁，卞阿姨一个劲地夸：“那可真是个好小伙子，就像我自己的儿子一样，对我可真是好呢！”2010年，卞阿姨因双眼患白内障，视力出现严重障碍。听到这个消息，可急坏了巨有魁，他连忙多方联系，费了好大的劲才帮卞阿姨联系到了一家眼科医院，并经过多方协调让医院为老人进行了免费手术。做完手术，巨有魁又无微不至地照顾着卞阿姨，卞阿姨眼睛蒙着纱布，巨有魁就一勺一勺地给老人喂饭。由于躺的时间过长，老人的腰背有些酸痛，巨有魁就给老人捏背。同病房的病友好生羡慕，对卞阿姨说："你儿子真孝顺！"当卞阿姨快要康复出院时候，巨有魁又掏出了自己的钱，塞给了老人。接过这钱老人哽咽得说不出话来，只是牢牢地抓住巨有魁的手不让他走。去年临近新年，卞阿姨特意来到了社区找巨有魁，当时巨有魁外出办事了，卞阿姨一直站在社区门外等，不管工作人员怎样劝说她也不肯进办公室暖和暖和。一直等到十一点，巨有魁终于回来了，卞阿姨亲手送给他一个平安符，祝他"一生平安"。那一刻，巨有魁握着卞阿姨的手，泪水夺眶而出，没法用语言表达自己的激动心情。

无私奉献换来老人信任

今年80岁的刘淑珍曾经是四川邮电大学的高材生，她无儿无女，但是她在社区最信任的人就是巨有魁。她曾经卖了房子有一个存折，但老人怕自己岁数大了，记不住密码，于是非要让巨有魁替她保管存折，密码也让巨有魁记着。这是何等的信任才能建立的关系，巨有魁用他的实际行动谱写了一曲爱的乐章。每过一段时间，巨有魁总会去刘淑珍阿姨家里拉拉家常，解解闷，这样一来，本来孤苦伶仃的老人一下子心情舒畅了不少，气色也好多了。刘淑珍阿姨有什么好吃的也总爱给他留着，聊天的时候总要他吃点，有时是自己亲手做的，有时是买的，不管怎样，都代表了老人的一番心意。刘淑珍阿姨完全把他当作自己的儿子看待。他们之间充满了质朴的"母子情"。

在建工中街社区工作8年多，巨有魁照顾过的孤寡老人和空巢老人很多很多，但谈到尊老爱老，他却总有一句话挂在嘴边："对老人要有耐心和责任感，要像对待自己的家人一样对待那些需要帮助的老人，这是我们应该做的，也是必须要坚持去做的。

兰州日报 颜娜

实习生 许大凯 费绍荔

好媳妇孙江燕与婆婆的幸福生活

现如今不少媳妇聚在一起谈论最多的就是“婆媳之战”，因为婆媳关系是最复杂的关系。而记者在采访“孝星”孙江燕时，她说的第一句话就是：“我只是做了我该做的事，和别人比没什么两样。”孙江燕是广武门街道办的普通干部，更是街坊邻里眼中公认的好媳妇。十几年里，贤惠能干的孙江燕将一个大家庭经营得有条有理，成为邻里称羡的好媳妇，同时还被视为孝子典范。

据了解，1999年，孙江燕跟丈夫随军离开新疆来到兰州，次年生下了夫妇俩期待已久的孩子，也就是在当年她与婆婆生活在了一起，过上了不少媳妇担心的婆媳相处的日子。婆媳关系处理不好不仅影响家庭和睦，还影响孩子的教育和成长。孙江燕认为，人心换人心，坚信在自己身上绝不会发生婆媳关系处理不好的事。孙江燕的丈夫自称是个幸福男人，他说十多年来江燕从来没和母亲红过脸，也没有吵过嘴，婆媳相处得很融洽，他没受过夹缝气。

对此，孙江燕说：“要让儿孙们孝敬自己，首先自己要孝敬长辈，更要孝敬父母和公婆。”孙江燕这样说，也是这样做的。每次出差或者出去吃饭，她总忘不了给婆婆带些好吃的，或者买几件新衣服和日常用品，发了工资也常给婆婆零花钱。由于丈夫工作很忙，为了不让他因为家事而分心，自己主动将照顾婆婆和孩子及所有的家务事全都包揽了。

而说到这些，孙江燕言语间并无怨言而是一脸的幸福。她说：“婆婆已经八十多岁了，身体抵抗力很差，胃肠吸收功能弱，因而很容易缺钙。这几年来其视力、听力下降得很快，饭量也大不如前，所以更需要家人的悉心照顾。”孙江燕说，为让婆婆吃好睡好，每天的饭都煮得很软，各种菜也烧得比较烂。因为婆婆喜欢吃汤汤水水的饭菜，虽然自己不爱喝粥吃面片，但大多情况下也都依着婆婆的口味。每天睡前半小时，她都要督促婆婆喝碗鲜奶，以补充钙质，同时坚持让婆婆锻炼身体。每天晚饭后她刷洗完碗筷，就搀扶着婆婆到楼下散步，增强了婆婆的体质。

孙江燕还告诉记者，经过多年的相处，婆婆的饮食起居她都了如指掌，也能从中判断、观察出老人的健康状况。如果婆婆有头痛脑热，即便是深更半夜她也会出门，去把药买回来让婆婆及时服下。她说照顾老人不仅需要细心还要有家人的关爱。为了让婆婆多出门走动，孙江燕每逢双休日或者节假日，经常陪婆婆到近郊出游，让婆婆感受美好的生活尽享天伦之乐。前两年，她还带着婆婆出省旅游，到过天安门和长城等景点。而提起自己的儿媳妇，孙江燕的婆婆幸福地说：“真的没有想到，我这个农村出来的老太婆，也能到天安门和长城玩玩，是儿媳妇让我享了这个福。”

兰州日报 边卫霞

贾勇:照顾父亲再苦再累都是应当的

我们很多人都有这样的经历:父母含辛茹苦、千方百计地把子女养大成人,年少时孩子曾在心底暗暗发誓,等长大了好好报答父母,但是斗转星移,昔日的孩子已经工作了,要结婚、要买房、要买车、要给小孩子攒学费……当生活陷入新的一轮循环,才发现钱越来越不够用,当年的孝心也被放在了一边。近日,当记者采访"孝星"贾勇时,却感觉孝心就在举手之间,做好力所能及的事,也是孝心的体现。

贾勇的父母早年离异,父子俩相依为命,生活也算平静安乐。但是,一场突如其来的意外,却将这份平静彻底打破。一次父亲外出时,不慎从自行车上摔落,导致脊椎神经损伤,脖子以下全部瘫痪。自从父亲发生意外后,贾勇便带着他四处求医。最后一次手术后,父亲情况有所好转,但脊椎神经恢复得非常缓慢,父亲的手脚虽能做些简单的动作,但生活依旧无法自理。自此,贾勇便开始只身一人照顾病瘫的父亲。无论春夏秋冬,每天早上天不亮,贾勇就起床开始做饭,然后帮父亲穿衣洗漱、吃早饭。一切安顿停当,他才去上班。多年来,无论是吃饭还是上厕所,贾勇一直把病瘫的父亲伺候得舒舒服服,老人的衣服经常被换洗得干干净净。天好时贾勇还经常扶着父亲到院子里走走,吹吹风,晒晒太阳。为了不让父亲心里产生负担,贾勇在父亲面前总是乐呵呵的,可个中滋味,却只有他自己知道。他告诉记者:"作为儿子,照顾患病的父亲是我的义务,也是责任,再苦再累都是应当的!"

其实,贾勇的工作也非常繁忙,2003年通过竞聘考试来到培黎街道司法所工作。当时考试成绩名列榜首的他,本来可以选择更好的岗位,为了照顾父亲,他便选择离家较近的培黎街道司法所。贾勇是个非常认真细心的人,因为街坊邻居都知道他是个大孝子,平日里很多人慕名而来专程找他办案。虽然工作非常出色,而因为无暇分身谈恋爱,加之又有父亲拖累,贾勇的终身大事到现在都没有着落。谈及此事,朴实厚道的贾勇自己也有些无可奈何。他平静地告诉记者:“虽然知道自己岁数已经不小了,但一想到父亲的状况还是决定再等等,大城市里我这年龄没结婚的人不是也有很多嘛。相信一定会碰到一位与我共同照顾父亲的好姑娘。”其实,贾勇的婚姻大事也一直让街坊们着急。邻居陈大爷告诉记者,小贾这孩子懂事,一个对父亲不离不弃的男人是靠得住的。大家伙也都希望他能找到一个愿意和他相伴一生的好姑娘。对此,贾勇的父亲非常愧疚地说:“就因为照顾我,这些年来孩子确实受了很多委屈。虽然孩子现在工作很好,家里经济不是很困难,但想到他现在还没有成家,我心里就很难受。”

自古以来,孝道一直是中华民族的传统美德。贾勇因为常年坚持照顾行动不便的父亲,今年也被授予了兰州市“百名孝星”的荣誉称号。他这段不平常的人间大爱已在邻里之间传为佳话。

兰州日报 边卫霞

“没有好儿子，我就活不到今天”

这是不大的农家小院，一座新建的100多平方米的房子透出主人近年生活的变化。眼前这位中等个子，皮肤粗黑，不善言谈的汉子就是单身侍候老母24年感动乡邻的苏万坤。今年55岁的他看上去虽有些单薄，但却给人一种硬朗和自信的感觉。推车上坐的是他的老母亲。今年83岁的王中华老人依然眼不花，思维清晰，精神状态不错。“永红，麻烦你还经常来看我，没有这个好儿子，我就活不到今天。”她抓住村长周厚军的手，直呼村长的小名。

走进苏万坤新房子，房内打扫得非常干净，尽管只摆了几件简单的家具。一台还未开箱的洗衣机引起记者的注意，“这是刚买的？”“不，这是前些日子村上刚奖给他的。”周村长一边介绍，一边对苏万坤说明来意。苏万坤听后说：“侍候自己的老母亲，没什么可说的，这都是咱庄稼人应该做的事。”

夫妻离异　辛苦育儿

以前苏万坤也有一个幸福的家。24年前，因为母亲常年有病，他与妻子在赡养母亲的事情上发生争执，最后妻子丢下5岁的儿子跟他离婚出走了。“那时，上有卧病在床的母亲需要我照顾，下有幼小的儿子需要我抚养，一家三口有两个都离不开人。我一个人既要照顾老小，还要种地干活，真不知道以后的日子该怎么过。”婚姻生活的变故，让苏万坤的人生彻底改变了，“身份”也改变了。他既要当娘喂养幼小的儿子，又要照顾常年有病的母亲。每天天不亮他就得起床，给母亲弄些吃的，还要给孩子准备些奶汁，把这些东西放到母亲的床前，看看熟睡中的孩子和病痛的母亲就去地里干活，快到中午时分，又急忙从地里赶回家。每次面对母亲无助的眼神，听到娃娃饥饿的哭闹声，苏万坤只能在心里流泪。为了给母亲希望，他还得拖着又困又乏的身子去做饭。“那时自己还不会做饭，被生活逼上了，现在一般的饭我都会做了。”苏万坤说，“不过老母亲年龄大了，现在最爱吃面糊糊，因此他做得最多的还是面糊糊。”采访中记者得知，当年的小儿子如今已长大成人，今年已到外地去打工了。

侍候老母　从不言苦

苏万坤的母亲常年有病，尤其是哮喘比较严重，这是苏万坤最担心的。“有一次母亲病发呼吸都困难，全身浮肿，躺都没法躺，一躺下来气就上不来，最后没办法只好坐在坑上，那次整整坐了七天七夜。”那次母亲的病好后，苏万坤人也瘦了一圈。从那时起，由于生活的重压，直到现在他的身体一直显得单薄。

“母亲的病让这个本不富裕的家在生活上越来越困难，没办法，我只好借些钱养了几只羊，以补家用。”从此，苏万坤的生活中又多了一份养羊工作。每天苏万坤早早起床，干完家中的活，再把羊赶到山上，然后再到地里干活。晚上再把羊赶回家中。日复一日，年复一年。在苏万坤的精心照料下，母亲的病情也有所好转，日常的起居基本能够自理了。同时，他的羊也由过去的3只变成了现在的20只。此时的苏万坤仿佛看到了生活的希望。然而，天有不测风云，2008年母亲不慎摔成伤残，失去行动能力，生活不能自理，大小便全靠儿子伺候。没办法，苏万坤只好买来一个旧推椅。生活中的磨难远非这一次。2009年秋天的一天，一心想急着回家照料母亲的苏万坤，赶着20只羊在经过109国道时，由于天黑没看清过往车辆发生车祸，5只羊被撞死。“当时我心疼死了。要知道那些羊不但是我的主要经济来源，而且多年来，已成了我的好朋友。”看着苏万坤生活中一次次的不幸遭遇，他的母亲由于常年焦虑，心里造成很大的压力，最后老人患上了焦虑症，一天在家急得不行，不时要求苏万坤推她到外面转转。

“现在，我唯一的心愿就是好好服侍母亲，让她过个幸福的晚年。”苏万坤说，多年来，平安镇和平安村对苏万坤进行了多次帮助，为他解决低保问题的同时，还在政策和资金上帮扶。前几年，铁路复线占地，苏万坤得到了一笔补偿款，又盖起了新房，现在生活好多了。周村长说：“现在生活好了，对老人的关心却少了，尤其是像苏万坤这样的孝子更少了，在建设和谐农村中，我们更需要把这种孝行和美德发扬光大。”

结束采访，记者还没走出巷道，只见苏万坤推着母亲又去散心。感动之余，记者拿起相机，把这孝行定格下来。

兰州日报 杨贵智

通讯员 令望海

包燕秀，用大爱唤醒"植物人"丈夫

不久前，80后妻子"跪地喂夫"的照片感动了众多网友。在我们的身边，也有一位善良而坚强的农村妇女，面对丈夫瘫痪、公婆已故、孩子幼小的人生困境，她顶着常人难以想象的痛苦和压力，痴情守护着瘫痪丈夫，苦苦呼唤着与她朝夕相处的"植物人"，用自己的行动诠释着相濡以沫的人间真情。她，就是西固区东川镇梁家湾村村民包燕秀。

走进包燕秀家的堂屋，里面的物件虽然简单但收拾得干干净净，一张"全家福"就挂在桌子后面的墙上。她原本有一个幸福的家庭。2006年10月的一天，从工地传来噩耗："工地出事了，有人被几十块铁壳子板砸埋了。"当工地上的人将壳子板拿开后，包燕秀的丈夫柴世清已是不省人事，送往医院经抢救后，柴世清成了"植物人"。

以前全靠丈夫打工维持生计，现在家中的"大梁"倒了，这个三口之家就没有了笑声，只有叹息和悲伤的泪水。当年包燕秀年仅34岁，一手拉着仅有三岁半大的女儿，一手掩饰着布满泪水的脸。"我整天守候在丈夫的病床前，盼望着他早日苏醒过来，但他成了'植物人'，不跟我说一句话，我只好把心酸的泪水往肚子里咽，有时晚上都会哭醒。"包燕秀擦了一把泪水继续说，"没有我这个家就散了。"丈夫成了"植物人"，全家的重担都落在这个柔弱妇女的肩膀上。在病床前，她一勺一勺地将一日三餐喂给丈夫，服侍着丈夫的吃穿，接屎接尿，从无怨言。

有个别"好心人"劝她不如带着姑娘另打主意，不要把你的青春绑在"木头人"的身上。但包燕秀最终选择了和丈夫孩子在一起。为了让丈夫能够说话，她每天晚上先让孩子睡着后，就深情地呼唤丈夫的名字，给他讲述以前三口人开心的故事，并在自家屋檐下的台阶边上用木棒绑了个扶手，每天把丈夫背出来，搀扶着扶手锻炼，活动肢体。功夫不负有心人，在妻子的精心照料下，历经一年多的时间，丈夫不仅能够说话，还能独自

行走了。“我既然走进了这个门，就不能让这个家垮掉，更何况，照顾丈夫是应该的，不能放弃他。如果没有我这个家就散了。”包燕秀说。

给丈夫治病花去了所有积蓄，拮据的生活全靠低保金和亲戚的接济。为了让家里人生活过得好一点，包燕秀开始托人找工作，外出打工。在她劳苦奔波后，有位好心人将她介绍到了柴家峡水电站去干环卫工作，虽然工资不高，但基本能够维持这个家。从2009年起，她每天早出晚归，也从没有耽误过丈夫和女儿的一日三餐，洗洗刷刷都在晚上干，每晚还要辅导女儿的学习。“丈夫失去了劳动能力，我就是家里的顶梁柱，不能让这个家垮掉。”包燕秀略带微笑地说。

兰州日报 董永前

风雨无阻献爱心　胜似亲情传佳话

8月9日，正是穆斯林群众欢度开斋节的日子。兰州市邮政局金港城邮政所的职工郭丽娟照例来到金港城金海花园19号楼的回族老人杨奶奶家中，用回族的礼节向老人道了一声“赛俩目”，向老人表示节日的祝贺，并为其送来了鲜桃等水果。看到这些温馨的场面，不知情的人肯定以为她们是一家人，其实郭丽娟是兰州市邮政局金港城邮政所一位普通的工作人员，三年来风雨无阻关爱空巢老人杨奶奶，被社区居民传为佳话。

当天，郭丽娟的到来让杨奶奶倍感高兴，她坐在沙发上亲切地拉过小郭的手连声说：“孩子又辛苦你了。”小郭坐下后向老人嘘寒问暖，一边将剥了桃皮的桃子递到老人手上让其品尝：“这鲜桃味道很美，你一个人在家里心里烦闷时，要放松心情，每天吃一个，我下班后扶您到楼下再活动活动，咱们要好好地把日子过出点滋味来。”原来，88岁高龄的杨奶奶是一位退休干部，由于儿孙居住得较远，与其共同生活在一起的小儿子工作又很忙而且经常倒夜班，所以大部分时间就杨奶奶一个人在家。老人又非常体谅儿孙们，自己能做的事就自己做，平时家里就“双电”（电视、电话）陪伴着。提及郭丽娟，杨奶奶激动地说：“孩子就像我的亲孙女一样，这些年来对我的生活非常照顾。”

采访时记者了解到，杨奶奶与郭丽娟的情缘还要从三年前说起。那是寒冬的一个早上，杨奶奶为了赶在工作人员上班时交上电话费，就早早等在邮政局的门外。因为天气寒冷，老人被冻得瑟瑟发抖。此时，郭丽娟第一个来到单位，当她看到杨奶奶时急忙上前询问：“老奶奶您站在这里干什么？”“我来交电话费。”小郭听后急忙叫开营业厅大门，搀扶着杨奶奶进去。“快进来暖和暖和，我来给你办理。”几句朴实的话语让老人倍感温暖和亲切。办理完以后，小郭将老人搀扶着送回了家中，并一再交代：“奶奶，我叫郭丽娟，以后您再不用自己跑腿了，无论是交电话费还是电费、水费，到时我到家里给您老人家办。电话号码给您放在玻璃板下，有什么事可以随时给我打电话。”小郭温暖贴心的话语，让老人非常感动。

从此以后，郭丽娟与杨奶奶就结下了不解之缘。寒来暑往三个春秋，郭丽娟的身影总出现在杨奶奶家，帮老人跑腿交各种费用、做家务、陪老人聊天散步，关怀备至。同时，也让老人深刻感受到邻里亲情。采访时，杨奶奶告诉记者：“小郭是个好人，我真不知该如何去感谢她啊！”老人逢人就夸赞小郭，而且希望郭丽娟的故事感染更多的市民。

兰州日报 边卫霞

有我在,儿子就不会孤单

一位是体质瘦弱67岁的老母亲,一位是体重80多公斤瘫痪在床的儿子。每天,母亲都要给儿子翻身、擦洗,还要把体重是自己近两倍的儿子扶上轮椅。三年多的时间里,相依为命的母子都是在这样简单枯燥的日子中度过的。面对命运的不公、生活的不幸,母子坚强面对,永不言弃。

母亲说,有我在,儿子就不会受罪。儿子说,我希望自己"走"在母亲前头。

平凉路583号一个普通的两居室,67岁的王秀珍和33岁的李兆渊母子在这里已经居住了30多年。从1999年开始,李兆渊出现脊椎炎病症,到2009年病情加重,医生诊断为"强制性脊椎炎骨坏死"。从此,曾经身强力壮的小伙子瘫痪卧床,生活基本不能自理。

也就是在那一年,王秀珍的老伴因病去世。面对生活的双重打击,王秀珍勇敢面对,她说:"尽管我无法改变命运,但我们可以和命运抗争。与其在痛苦中煎熬,还不如笑着迎接每一天。"

三年多来,在坚强乐观的母亲的悉心照料和影响下,曾经一度消沉有过自杀念头的李兆渊变得开朗乐观起来。去年,在朋友的帮助下,李兆渊家里接通了网线,通过网络,他结识了许多全国各地和自己一样的病友。他们时常聊天交流,共同寻找战胜病魔的方法。他还常常安慰母亲说:"妈,现在医学这么先进,说不定哪天就能治好我的病。"

前不久,在榆中街社区的关心下,李兆渊开始学习电脑制图技术。尽管每天只能坐一个多小时,但他还是坚持学习。李兆渊说,现在自己最大的心愿就是能找个力所能及的事干,不想成为废人。社区工作人员也在帮助他联系"居家就业"项目。

王秀珍用博大母爱照料儿子的故事,在感动许多人的同时,也赢得了人们的敬佩。不少好心人给他们寻医问药找偏方,社区不仅送来了轮椅和坐便器,还为李兆渊申请办理了低保,经常上门与他沟通交流。

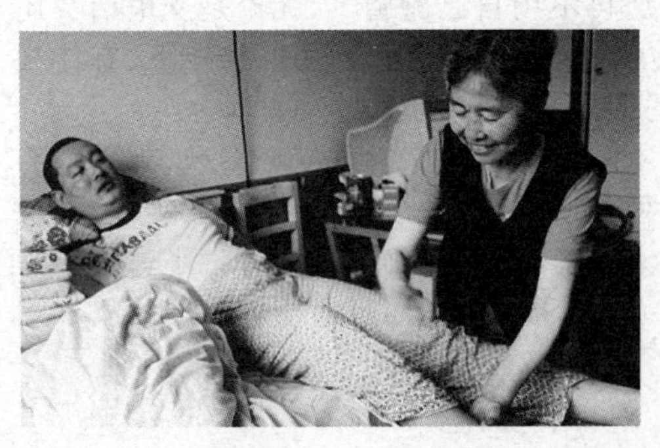

都说母爱是人间最无私的爱,从王秀珍悉心照料儿子不离不弃的故事中,我们看到了母爱的力量和伟大。

兰州日报 张建平

二十四年如一日照顾孤寡老人

健壮，是她给人的第一印象。然而，更令人印象深刻的，是她那一颗关爱孤寡老人的心，这么多年来一直为众多老人奔波。“不图什么，图的是自己的良心能安。”这是她一直挂在嘴边的话。她，就是二十四年如一日用爱心照顾着每一位孤寡老人的榆中县城关镇敬老院工作人员杨桂兰。

结缘孤寡　奉献爱心

家有一老，如有一宝。“我一直都很喜欢照顾老人，我觉得照顾老人是一件很快乐的事。”在这个人情越来越淡薄的商品化社会里，或许这句话由别人说出来会有很多人不相信，但是从杨桂兰口中说出，却不容置疑。今年60多岁的杨桂兰，以前是城关镇南坡湾村的队长，工作一直很认真，连续三年被评为榆中县城关镇“优秀工作者”。1988年城关镇领导见她工作踏实，吃苦耐劳，于是安排她到敬老院工作。这一干就是二十四年，二十四年如一日，在敬老院里她奉献着自己的爱心，从不抱怨。

凡人善举·和你一起

24年如一日照顾孤寡老人

石油工人奋不顾身 勇救落水女子

楼院长曾冬梅 陈兰英——

社区的好帮手 居民的贴心人

不是亲人 胜似亲人

敬老院的活大家可想而知，洗衣、做饭、打扫卫生，看似简单但要二十四年天天如此，年年如此，并且让老人们都感觉到家一般的温暖，都竖起大拇指夸你，那也是一件非常不容易的事。敬老院的五位老人虽不是杨桂兰的亲人，但是杨桂兰却把他们当作自己的亲人一样照顾。老人们生活能自理的时候，情况好一点，每天只需要给他们做好饭，打扫干净卫生，陪他们说说话。后来有的孤寡老人生活不能自理，杨桂兰不仅要做以前的工作，还要给他们喂饭喂水，端屎端尿。一天两天，长年累月杨桂兰从不嫌脏不嫌累。她的精神感染了许多人。孤寡老人们提起她都是含泪竖着大拇指。

为了减轻政府的负担，也为了让老人们吃上新鲜的蔬菜，杨桂兰经常在敬老院的院子里种些蔬菜。绿色让那个看起来有些破旧的院子显得生机勃勃。在杨桂兰的照顾下，二十几年来敬老院有四位老人安详地离开了人世。他们去世后，也是杨桂兰忙前忙后地为他们料理后事。

风雨无阻 情暖老人

敬老院里曾有五位孤寡老人，现在就剩下眼睛看不见的郭老了。说起来郭老，比杨桂兰年龄还小，但是眼睛看不见，干什么都不方便。杨桂兰亲切地叫他老郭。老郭没有亲人一直待在敬老院里。一间不大的屋子被杨桂兰打扫得干干净净，屋子里一张已经很旧的桌子也被擦得干干净净。杨桂兰说："虽然老郭看不见，但是把屋子打扫干净，他住着也舒适。"

三年前的夏天，丈夫一病不起，杨桂兰在医院照顾丈夫，心里却担心着老郭每天的生活该怎么办，找别人照顾觉得不放心，自己两头跑又害怕不能及时照顾老郭，想来想去还是让自己的女儿去照顾老郭的衣食起居。后来丈夫去世，杨桂兰一下子老了许多，她经常在没人的时候偷偷地流眼泪，精神和生活的支柱倒塌了，所有的重担都落在她身上。要生活还要供子女上学，困难是可想而知的。但就是这样杨桂兰也没有委屈了老郭，送吃、送穿、送用一样也不落下。每天依然为老郭做饭、送饭，洗衣、打扫卫生，自己心情不好却时不时还要陪老郭聊天。老郭是个不善言辞的人，当记者问到觉得杨桂兰好不好时，老郭总是笑着说好。再问他怎么好时老郭还是只会说好，似乎在老郭的眼中"好"就代表了一切，代表了他对杨桂兰的感激之情。最近听说老郭要搬去新的敬老院了，杨桂兰觉得不舍，她说毕竟照顾了这么多年，觉得他就像自己的亲人，但是又觉得老郭要去的地方环境好，人又多，有更多的人照顾他，陪他说话，她也觉得很为老郭高兴。

二十四年一个漫长的日子，但是对于杨桂兰她觉得这二十四年做得值，做得对得起自己的良心。采访结束时天下着蒙蒙的细雨，6月的榆中还是有一点凉，而老郭屋子里的烟囱却冒着炊烟，不仅温暖着老郭的心，也让人觉得无限温暖……

兰州日报 杨贵智

通讯员 季桂珍 陆谦

50年为残疾儿子遮风挡雨

近日，皋兰路街道的工作人员和群众自发开展了一场感人的“好人座谈会”，主角是被誉为“兰州十大好人”之一的龙家桂老人。这位被社区居民称之为“大爱母亲”的老人向大家讲述了50年来她与残疾儿子李兆晋的故事。浓浓的亲情、伟大的母爱让现场所有人为之动容。

儿子李兆晋3岁时，由于高烧医治不及时患小儿麻痹症四肢扭曲萎缩，失去了正常的肢体功能。从那时起，作为母亲的龙大妈便不离不弃地陪伴儿子走过了50个春秋。这其中的酸甜苦辣，只有龙大妈自己知道。她说，得知儿子将来生活不能自理的消息后，作为一位母亲的她犹如五雷轰顶。即便如此，她还是抱着儿子能够康复的希望，精心照顾年幼的孩子。一转眼，儿子都50岁了。“当母亲的谁不希望自己的孩子健健康康。孩子身体出现了残疾，不管多么艰难，我都要尽最大能力去照顾他。”

记者跟随郑家台社区工作人员来到龙家桂的家里。坐在床上的李兆晋虽然50岁了，可当他看到母亲回来时，目光里依然流露出孩子般的幸福，嘴里还嘟囔着什么。龙大妈的家并不大，家什也极其简单。说话间龙大妈从枕边取出一块整齐的塑料布铺在床上，随后端来一盆温水放在上面，细心地给李兆晋擦洗手脸，此时李兆晋一下子安静了下来。龙大妈告诉记者，每天早晚她都会给儿子这样擦洗，几十年如一日，老人还用按摩锤敲打，防止儿子的肢体因长期不动而继续萎缩。在龙大妈家床下还有个小桌子，这是他们母子生活中非常重要的一个家当。因为每次做好饭，龙大妈就会把小桌放到床上，把饭端到小桌上，一口一口地给儿子喂饭，每勺入口前，都不忘吹一吹。这种浓浓的母爱在每天每年的重复中不断地延伸着。

当龙大妈讲述与儿子这些年的生活时，言语间显得非常平静。她说，记得第一次给儿子治病，那是1966年，听说天水有一位名医，能治小儿麻痹，于是她和姐姐就背着儿子步行去了天水。结果大夫说这个病治不了，当时她的心情可以说失望到了极点。祸不单行，儿子生病没几年，丈夫又早逝了，生活的担子全部落到她的身上。儿子患病后，四肢扭曲萎缩，失去了正常的肢体功能，大小便都无法自理。自患病以来，心理阴影一直困扰着儿子。2002年，李兆晋曾服药想放弃生命，幸好被龙大妈及时发现，方才脱险。以前从未骂过儿子的龙大妈生气了，第一次狠狠地“教训”了儿子。为了开导儿子，龙大妈还找来了很多电影光盘和书籍，每天给儿子念报纸上的新闻，帮助李兆晋了解外面的世界。

近50年了，龙家桂用自己勤劳的双手、坚强的意志和伟大的母爱书写了这个感人的故事，为自己的儿子撑起了一片幸福的天空。老人说，现在只想好好地照顾儿子，让他尽可能过得开心，这也是自己余生最大的欣慰。

兰州日报 边卫霞
实习生 马靖宇

她们是最美的“夕阳天使”

她们是一群打工妹，都有一双勤劳的手和一颗善良的心。她们默默奉献，用爱心为空巢老人筑起快乐的精神家园……

在团结新村街道团结新村社区活跃着这样一群特殊的姑娘们。她们是火锅店的打工妹，姑娘们利用业余时间不定期地为辖区的孤寡老人做一些家政服务，陪老人聊天、为老人打扫卫生、读报纸、买菜、买米等。这些来自四面八方的打工妹，在兰州落脚的时间并不长，却用真诚的爱为城市空巢老人筑起一个精神家园，成为老人眼里最美的“夕阳天使”。

打工妹志愿者心中有爱

“我今年18岁，第一次出门打工心里特别想念父母，不过和自己服务的奶奶们在一起，就会有一种家的感觉。”今年18岁的雷子轩是天水人，脸上总是洋溢着笑容，她在独居老人支桂英的家中给老人搞卫生时，不到半天时间就和老人亲近得如同一家人。

20岁的天水姑娘陆夏莲，是一位爱说爱笑爱唱歌的女孩子，虽然她不识谱缺乏乐理知识，但是非常善于模仿，平日里“山寨版”的歌声总给身边的人带来很多快乐。有一次去张奶奶家里服务时，起初老人对打工妹的到来并未表现出太多的热情，话语也不多。当陆夏莲边拖地边哼歌时，熟悉的旋律引起老人的共鸣。张奶奶也跟着哼唱起了那些过去的老歌。两人越唱越高兴，快乐的歌声与笑声溢满了寂寞了很久的小屋。好久没有如此开心过的张奶奶还找出自己年轻时抄录下来的歌本，与打工妹们一起分享自己年轻时的美好时光。

20岁的定西姑娘张金莲，则是一位很内向的女

孩，话不多却是干家务的一把好手。她非常喜欢做饭，在家里经常给自己的奶奶做饭，成为“夕阳天使”打工妹志愿队的一员后，经常给孤寡的老奶奶做饭，她觉得自己只是做了一点点小事，但是老人感动和幸福的样子，让自己的心里暖洋洋的。

打工妹志愿队的队长小袁是位麻辣女孩，嘴皮子利索，干起活来也不示弱。她说，姐妹们都离家较远，能给城里的老人做一些力所能及的事，也就等于孝敬了自己远在家乡的父母和爷爷奶奶，心里肯定会觉得特别舒服。

城市与农村并不遥远

在这群年轻女孩的眼里，城市与农村之间的距离并不遥远。她们说，只要心中有爱，在生活中就能处处收获快乐。而社区里那些受到姑娘们照顾的老人，又何尝不是将这些天使当成了自己的家人呢？

陈奶奶告诉记者，有一位叫小刘的姑娘从去年开始就来她这儿服务，女孩要回老家成亲时，老人专门到街上买了6个又大又红的苹果给小刘送到店里，祝愿孩子能够平安幸福一切顺利，啥时候再到兰州来别忘了在这里还有个家，奶奶会一直等她。当时老人哭了，小刘也哭了，相信她们的眼泪是温暖而幸福的，她们的关系也远远超出了打工妹与城市人之间的界线。

打工妹晨晨以前在市老年公寓搞服务。有一位画家爷爷，他的字写得很好，经常有人出高价来买。晨晨的父亲虽然是小学文化但酷爱毛笔字，因为经常用手在地上练字，多年来右手的几个手指甲从未剪过都是被磨平的。当这位爷爷得知后，老人非常感动，精心写了一幅字送给晨晨，分文未收。

徐明兰老人告诉记者，自己打电话给远在异乡的儿女们说，有打工妹到家里来给自己做饭搞服务时，孩子们都很感动。老人说，以前孩子们上学时总教育孩子要考高分做优秀的学生，孩子工作了又要求他们认真上进拿出成绩，但是在这些打工妹的身上，自己看到了更为珍贵的东西，这些姑娘们有一颗善良的心，一双能看到美的眼睛，一双能帮助他人的手。老人告诉自己的儿女们，要学习这些打工妹，在自己所在的城市也要力所能及地帮助身边的老人。

爱心善举感染身边人

这些打工妹的行为并非惊天动地，但是其影响却非常大，辖区居民被姑娘们的善行所感动，自愿加入到温暖空巢老人行列的居民也越来越多了。

身为教师的居民朱浩一有空闲也会带着女儿来到社区参加公益活动。他告诉记者，当得知自己所在的辖区有一群打工妹在真诚服务空巢老人和三无老人时，自己的内心受到冲击，这里面不仅有感动还有几许惭愧，因为这些在异地为生计而奔波的普通打工妹，能在落脚地带给身边的人以关爱，作为一直生活工作在这个城市的居民，却在抱怨邻里关系冷漠，而不愿意伸出自己温暖的手去帮助他人，与这些打工妹相比，自己真觉得自愧不如。所以，现在他也带着女儿一起行动，伸出友爱的双手，给予他人温暖与帮助。

对此，团结新村社区书记王晓英告诉记者，辖区目前有空巢、“三无”老人十几位，像支桂英、段秀英、张玉英、李秀贞、郑菊英、徐明兰等空巢老人都是打工妹们服务的对象。“夕阳天使”打工妹志愿者服务队自去年成立已有一年多的时间。姑娘们不定期地到空巢老人和“三无”老人家里去服务，让这些平日里非常寂寞孤独的老人一下子多了很多快乐。一年多来，志愿者服务队的成员不断更换，但是爱心却一直在延续。

对于这一特殊的爱心群体，西北民族大学教授杨隆骞说，在我们生活的每个社区都有许多老人，因为种种原因他们没有子女在身边陪伴，只能孤单寂寞地生活着。团结新村社区与企业联系起来，让更多的打工妹走进这些老人的生活中来，用爱去陪伴他们，用心去照顾他们，为老人建筑起一个精神家园。同时，社区也为这些流动人口做好均等化服务，相信这样的和谐共赢局面是大家最想看到的。

这些普通的打工妹，在异乡用真诚关爱他人，这样的感人事例带给人们的不仅仅是感动，更多的应该是感触。“夕阳天使”打工妹用行动向人们展示了真善美，愿这支爱心接力棒一直传递下去，也希望爱与她们一路相随。

兰州日报 盛小荣 边卫霞

"兵儿女"与兰州老人的"亲情"故事

2003年"神舟"五号飞船成功发射时,兰州有一段拥军夫妇与航天城"兵儿子"的佳话。这个感人故事至今还在温暖着人们。在我们身边还有很多这样的"兵儿女",他们走进困难家庭、空巢老人、老红军的家里,用温暖的爱和坚实的肩膀为他们撑起一个家……

胜似亲情的温馨

提及这段往事,主人公孙淑兰、关振铎至今都还感触颇深。2001年3月10日晚7点,七里河区西津东路的路口处,两位解放军战士被一辆由西向东急驰而过的车撞倒在地,肇事车逃逸。这两位年轻的解放军战士来自酒泉卫星发射中心某部,一个叫高伟,21岁,另一个叫李开,23岁,出差到兰州陪护病人,不料祸从天降。这时,只见一位中年女士第一个冲向被撞倒在地的两位年轻战士,抱起躺倒在血泊中的他们。她就是回家途中路过此地的孙淑兰,她一面用手机拨打"110",一面挥手拦车,在路人的帮助下把受伤的两位战士抬上车。此时,她第一个想到的就是给丈夫打电话,丈夫关振铎得知情况后,饭也顾不上吃很快赶到医院,还准备了5000元钱。就这样,孙淑兰夫妇二人楼上楼下忙前忙后,一直等两位战士把伤口处理完毕,拍了片子,又陪护到晚上12点钟才离去。

看到两位战士跟自己的女儿岁数一般大,孙淑兰夫妇怜爱地说:"在兰州我们就如同你们的'爸''妈',我们的家就是你们的家!"听到这里,两位战士的眼泪再也忍不住掉了下来。李开、高伟回到酒泉卫星发射中心某部后,关振铎夫妇还继续与他们保持着书信和电话联系,两位战士也及时将自己的身体恢复情况告诉他们。而在兰州的孙淑兰知道孩子一切安好后很高兴,抽空给他们每人织了一条毛裤,又买了羊毛衫给他们寄去。2001年9月,李开、高伟向部队领导表达了希望让兰州的"爸""妈"能够到酒泉卫星发射中心做客,最好能够实现陪他们亲眼观看飞船发射的

愿望。然而,“兵儿子”们的想法没能在他们服役期间实现。很快,到了2001年年底,老兵退伍工作开始,李开、高伟服役期满,退伍返乡。

然而“神舟”五号飞船发射的时刻就要到了,这是中国航天史上的一件大事。两个“兵儿子”留下来的愿望被部队再次提起。2002年3月22日,作为被酒泉卫星发射中心某部特别邀请的尊贵客人,关振铎一家踏上了西去的列车,并近距离观看了“神舟”五号飞船发射。回来后,两位老人还多了一个任务,就是要给奋战在卫星发射基地的“兵儿子”们找对象,而这个任务,两人一直坚持到现在。他们要用爱为航天城“兵儿子”和女大学毕业生们搭起一座人间最美的五彩航天“鹊桥”!

用爱撑起一个家

说起武警甘肃总队文工团王立贤团长,大砂坪社区的居民张凤英对于自己的撑腰人“兵儿子”用“好！好！好人”来描述。作为结对帮扶户,“兵儿子”们以亲情扶助社区里的“空巢”家庭,帮助他们排忧解难,使他们切实感受到党和国家对他们的关怀。说到这个“兵儿子”的好处时,老实厚道不善言辞的张凤英给记者讲起了他们“娘俩”的故事。结对帮扶结束后,她也就没太把这“儿子”当回事,心里想着这些都是形式,过去也就过去了,她继续过着属于自己的日子。没想到过了几天“儿子”不请自来,到了家里也毫不客气,卷起袖子先是把家里年久老化的电线全部换成新的,嘴里还不停地说着,家里用电一定要安全。因为是旧楼房,一到冬天暖气不热,一直困扰着张凤英,王立贤找人更换了新的暖气片,一边忙活还一边不忘叮嘱张凤英身体哪有不适,一定不要忍着,及时到医院就诊等等,平时就不太爱讲话的张凤英只是笑着点头。

当记者问王立贤累不累时,他说,帮扶就该实实在在拿出个样儿来,况且这些举手之劳的活儿也不是什么大事,可这些“琐事”对于张凤英来说就是莫大的帮助。

老人身边的快乐使者

看到人美、歌甜、心眼好的武警甘肃总队文工团王雯时,虽然是在帮扶结对的志愿者活动现场,可是她身上迷人的明星气质还是迷倒了一大片,其中有一位八十多岁老奶奶也是她的粉丝之一。老人名叫刘凤莲,她告诉记者,王雯是个爱说爱笑、爱蹦爱闹的孩子。而王雯则笑称自己就是快乐的使者,她用自己的笑容感染了身边很多寂寞的老人,用快乐赶走他们的孤独。她所到之处总少不了歌声和笑声,对于王雯的采访,虽然没有太多的动人故事,却一点不差感人画面。78岁的朱爷爷,擦着眼泪告诉记者,自己已经好多年没有这么开心了,看到孩子们花朵一样的笑脸,跟蜜一样甜的歌声,自己就觉得活得值了。

兰州日报 边卫霞
实习生 马靖宇

好儿媳用爱撑起婆婆的半边天

在西固南山社区，人们总是谈论着这样一个话题，“张大妈有个好儿媳，真是比亲闺女还孝顺”，“是啊，老人瘫痪了这么些年，他的儿媳妇也跟着照顾了这么多年，从来没让老人受过一点委屈”。好儿媳刘瑾十年如一日悉心照料瘫痪婆婆的故事，一时间成了院里尊老爱亲的佳话。十年，每日帮老人翻身、喂老人吃饭、给老人按摩，刘瑾一天也没落下。如果仅仅用照顾最平常的翻身来说，每天至少翻身4次，那么一年365天，照顾了10年，刘瑾至少帮老人翻身14 600次。一次次的翻身，一天天的照顾……刘瑾这个好儿媳用自己的真情真爱撑起了婆婆的半边天。

2001年，带着对爱情的美好憧憬，25岁的刘瑾嫁给了同在兰州石化公司上班的小伙子张锦江。一年后儿子出生，一家三口悉心供养着丧偶的婆婆，幸福、和睦地生活着。可是好景不长，婆婆因突发脑溢血后患上了阿尔茨海默症，下肢瘫痪失去自理能力。刚开始，每天都是刘瑾的丈夫和抽空过来的姑子姐轮流照顾婆婆。但丈夫每天上下班的忙碌、日渐憔悴的面容和年近50岁的姑子姐辗转两个家庭的奔波，让刘瑾看在眼里疼在心里。为此，她主动向单位打报告申请倒班，与丈夫错开上班时间轮流照顾老人。这些年来，每天为婆婆擦脸、洗身、做饭、喂饭、按摩，成了刘瑾下班后和轮休时的“必修课”。近几年，单位转制、工人转岗，刘瑾本来心理压力很大，然而每次回到家，婆婆还会在病榻上尿了、拉了，这让她心里很不舒服，尤其是婆婆因为自尊而不让她换裤子的时候，那股委屈劲就一下子涌上心头，眼泪不由得就流了下来。为了不让婆婆多心，每一次刘瑾都是自己悄悄躲在厨房里哭完了再一遍遍劝说婆婆换裤子、洗身子……

偶尔回娘家，刘瑾向母亲说起婆婆总是犯糊涂，不光不认识人，还常常破口大骂的时候，刘瑾的母亲总是说，谁都有老的时候，你婆婆再不对她也是个老人……刘瑾母亲的话总是让她时刻告诉自己，当儿媳要尽自己的本分。一想到婆婆病倒后，自己的母亲都为她剪了几年的头发，尽一个亲家、一个妹妹的义务时，刘瑾又深深地觉得自己做得还远远不够。

刘瑾的老公常常说，他这辈子做得最对的一件事情，就是娶了刘瑾。因此每当他下班回家也总是对刘瑾说：老婆，只要我在家，妈的事你不用管。说着就硬把刘瑾往家门外推。其实，刘瑾知道老公是心疼自己，怕她脱离社会。而刘瑾也不好拒绝，就装模作样出去溜达一圈，找个借口赶回来。不光是放心不下婆婆，而是婆婆对她有了无尽的依赖。只要刘瑾没在身边，婆婆虽然嘴上不说，但总是表现出很急躁的样子。

当记者问及刘瑾这些年支撑她的是什么时？刘瑾想了想说道：“刚开始照顾婆

婆是出于心疼自己的丈夫,但现在已变成发自内心的行动。用楼上邻居王叔的话来讲,老人辛苦一辈子,做儿女的不能让老人过上幸福的晚年生活那就枉为人子。我所做的一切都是应该的,不谈辛苦、不讲委屈,照顾婆婆是儿媳的本分。我也讲不出什么大道理,但是我相信,只要存好心、做好事、当好人,就一定会有好报。”

兰州日报 颜娜

“孝敬公婆，是我们当儿女的本分”

永登县大同镇保家湾村的孝顺儿媳妇刘其莲，进婆家门17年来对两位老人关怀备至，赢得了当地村民的交口称赞。10月28日，记者寻访这位被村民们称为“大孝子”的农村妇女，在她家的小院里见到了其貌不扬的她。

刘其莲30出头，穿着朴素。她的婆婆火善香老人动完手术后，还正处在恢复阶段，不能下床。她正陪在婆婆身边服侍婆婆。婆婆要喝水，她给婆婆端来。婆婆要擦一把脸，她帮婆婆擦得干干净净。刘其莲的婆婆笑中带泪，一个劲地夸着儿媳妇的好。她说：“小莲进门，是咱一家人修来的福分。”

婆婆病床前 儿媳见真情

一个月前，火善香老人腰椎病突发，被送进兰州军区总医院接受手术。术前术后，刘其莲日夜守候在婆婆身边，没有睡上一个囫囵觉。婆婆动完手术后特别累，连睁开眼睛的力气都没有。但是老闭着眼睛，大夫又担心老人休克。这样的话，就会留下后遗症，手术也就前功尽弃了。看她对婆婆如此体贴，大夫把刘其莲误认为是老人的女儿，吩咐她每隔半小时必须要叫醒老人一次。刘其莲跪在床上，把老人的头搂在自己怀里，按时按点地叫醒婆婆。老人的眼睛睁不开，刘其莲就用舌头舔老人的眼皮；老人的嘴干，她把水含在嘴里又舔婆婆的嘴皮，一声一声地呼唤着：“妈妈”“妈妈”。

住院期间，饭馆里的饭菜不太可口，火善香老人特别想吃点家里的饭。出门在外到哪里去弄家里的饭？刘其莲想了一个办法，她跑到饭馆里去求老板，借饭馆的案板、锅灶便利，她亲手和面给婆婆做饭吃。她揪了一碗薄薄的面片，热乎乎地端进病房，喂进婆婆的嘴里。同病房的病人们看到了这一幕，都被感动得掉下了眼泪。此后，她变着花样给婆婆做饭吃。术后，婆婆进食后又出现了便秘。婆婆难受地在病床上挣扎，刘其莲一不做二不休，带起塑料手套就用手抠。她不嫌脏，不言脏，总是在第一时间将婆婆便溺在床上的污物拾掇干净，让婆婆睡在病床上舒舒服服的。

躺在病床上时间久了，腰酸腿疼，老人不敢给儿媳妇说。服侍病人的人，比病人还累，老人心疼儿媳妇。儿媳妇给她搓胳膊揉腿的，老人心里面过意不去，就悄悄地自己拿拳头捶捶。就是这么个细微的动作，也逃不过刘其莲的眼睛，她上到婆婆的病床上，帮老人翻身，用手掌一遍一遍地给老人搓背，把老人的手脚拉伸开来，帮老人活动筋骨。在儿媳妇的悉心照料下，婆婆住了一个礼拜的医院，就被儿子顺利地接回了家里伺候。出院的当天，同室病友和他们的家属纷纷向这个孝顺的儿媳妇竖起了大拇指，交口称赞这位比闺女还亲的儿媳妇。一位回族的病友连声夸奖说："你老人家的这个儿媳妇，我在回族、汉族所有的家庭里面都是头一次见呢。"

洗衣做饭　样样在行

平日里，刘其莲就对两位老人特别用心。两位老人干完农活回来后，一进门就可以端热饭碗。17年来，但凡刘其莲在家，两位老人从来没有断过一顿热乎饭。有时候，家里来客人了，饭做得少了，刘其莲拿起馍馍来随便垫一垫肚子。一口热饭，总是要留给两位老人吃，还要眼看着老人吃进肚子里面。"老人年纪大了，让两位老人吃饱穿暖，就是我们当儿女的本分。"刘其莲这样说，她也是这样做的。

刘其莲小两口在北京打工。农闲时节，出门打工是农村人的家常便饭。一年辛苦在外赚来的钱贴补家用，刘其莲总是把两位老人想在前面。刘其莲的丈夫张永春说，每到年关，都是媳妇催自己回家。小两口没有一年不回家的。回家路上大包小包，全是给老人买的东西，吃的穿的排在第一。"老人嘴里吃的、身上穿的，我没想到的，都被她做到了前面。"张永春夸他的媳妇说。老人吃喝上面节省，儿媳妇却从来不心疼钱，她给老人买价钱高的乌鸡、羊肉，补身子骨。她自己身上穿得简简单单，暖和的衣裳全穿在两位老人的身上。

刘其莲经常和婆婆睡在一个炕上，给老人洗完脚，再给老人捶捶背。多年婆媳成母女，两个人有聊不完的悄悄话，把电视剧都撂到一边了。她把婆婆收拾得体体面面，"老人带孙子的时候就别提有多起劲了"。她说。刘其莲不光把孝顺心思用在婆婆身上，对待公公，她同样是位叫左邻右舍羡慕的好儿媳。刚嫁进婆家门的时候，她端了一盆水要给公公烫烫脚，可把公公张生来给吓了一跳。张生来的思想很传统，接受不了儿媳妇给他洗脚，连连躲闪。刘其莲像哄小孩子一样地哄老人洗脚，伸手就给老人洗了起来。洗完脚，再拿热水帮老人擦洗后背，浑身的暖流让两位老人家一夜没睡着觉，夸儿媳妇夸到了天亮。

农村的水，得来不易，所以两位老人家没有勤洗衣服的习惯，刘其莲不厌其烦地向公公婆婆讲讲卫生的好处。她把公公婆婆换下来又偷偷藏起来的衣服搜出来，洗得干干净净，从来都没有嫌弃过。两位老人的床单被褥，就没有过不干净整洁的时候，从来都是儿媳妇洗得干干净净，叠得整整齐齐。老人的头发脏了，她帮老人洗头。老人的指甲长了，她帮老人剪指甲。张生来老人说："我们老两口年纪又不大，这些活儿完全能够自己干，但是儿媳妇就是不乐意，她就要亲手给我们剪指甲。她是把我们老两口子当成了自己的亲父母。"

刘其莲进门17个年头来，从来没有跟公婆红过一次脸。刘其莲只要从村子中间经过，父老乡亲打招呼时都开玩笑说："大孝子来了。"每逢此时，刘其莲总是微微一笑："没有做什么，这不过是我们当儿女应尽的责任。"邻居张延德老人向记者介绍说，刘其莲论辈分是他的重孙子媳妇，这个重孙子媳妇孝敬公婆在保家湾村是出了名的，人品格外好。"我问她为啥对公婆这样好？她回答说，谁都会有老的时候，我对婆婆好，将来儿媳妇进门同样就会对我好。"这位老人在夸他的重孙子媳妇刘其莲时一脸的认真。

记者手记——

孝顺是心田里的语言，意会起来甜，言传起来难。火善香老人要给记者夸夸自己的儿媳妇，嘴没张开，泪珠儿先掉了下来。我到刘其莲家里去采访她的时候，这位朴实无华的农村妇女并不善于言谈，时不时地就表露出羞涩的神情。她，很怵镜头。但是当我提议给婆媳两人照一张合影时，这娘俩没有犹豫，不约而同地搂在了一起，非常默契，非常自然。这一小小的细节，让我深切体会到了，幸福，原来很简单。它，甚至就藏在最细微的一举手、一投足之间，比一道"影子"还轻。但是，它的价值却是那么的深远。所有中国人津津乐道、孜孜追求了五千年的文明，在阳光下被还原成了真善美，漫不经心地流淌在乡间小道上。

兰州日报 张旭永

甘做老人冬天里的“暖宝”

11月7日下午3时,草场街街道劳动保障所为辖区部分老年人举办了“敬老助老健康及按摩知识”讲座,就老年人的常见病和日常保养做了细致的讲解和演示。而营造浓厚爱老助老氛围的则是赵海存老师及他的助手。说起来赵海存曾经因职业病无法参加工作,但现在他不仅自主创业,还积极回报社会,关爱身边的老人,不仅免费给老人做按摩,还做起辖区的健康爱心使者,为老人们普及健康常识。

赵海存住在佛慈大街219号,2004年从部队转业,因职业病而无法参加工作。屋漏偏逢连阴雨,妻子谭琇文在2003年企业改制中下岗失业。家庭条件比较差,属于就业困难人员。2010年,草场街街道砂坪村社区就业专干金福燕在了解到他的情况后,积极主动上门服务,让他参加了城关区就业局免费的保健按摩技能培训班。培训后,他产生了自主创业的愿望,街道保障所和社区又积极为他申请了5万元的无息贷款,帮助他创办了“脊之康养生馆”,实现了自主创业的梦想。

经过几年的经营,赵海存的小店逐步走上正轨。他自己在奔上小康之路的同时,也不忘用一技之长服务和回报社会,经常免费为辖区困难孤寡老人提供服务。说到这些,辖区的李桂花老人流着眼泪说,自己有多年的腰痛病,因为一直独居,身边没有人照顾,每到天冷时都是她日子最难过的时候,严重时连路都走不成。赵海存知道情况后,经常过来给老人做按摩,并在生活上悉心照顾她。对此李桂花心中的感动之情无以言表。而像这样的免费服务、照顾老人的事情,赵海存已记不清有多少件,但在自己心里却默默记得每一位老人的名字和身体情况。

几年的时间过去了,赵海存爱心的脚步一直未停止过。在这个过程中,他发现因为缺乏健康知识,很多老人不仅备受病痛的煎熬,还经常上当受骗花冤枉钱。于是赵海存就与社区联系,不定期给老人举行健康知识讲座,引导老人们走上正确的养生之路。这不,天刚一冷,他就和爱人针对老年人疾病容易发作的特点,专门为辖区老人举办了一堂保健按摩知识讲座,并用浅显易懂的语言、深入浅出的事例为老人们讲授平时生活中简单易行的养生保健知识,以及冬天寒冷季节老人们应该注意的健康知识和足底按摩方式。现场,老人们纷纷主动发问。赵海存不厌其烦地手把手教授,从穴位、指法、力度等细节一一仔细讲解,直到老人们掌握为止。对此,高慧玲老人高兴地称赵海存是老人们的“暖宝”,不管是健康上的还是生活上的,只要老人有问题、有需要,赵海存总是笑呵呵地及时出现。

采访时赵海存说,自己能力有限,不能为老人提供更多的服务,但他却想用自己的行动让老人们感受来自身边的关爱和温暖。因为他认为,关爱今天的老人,就是关爱明天的自己,关爱身边的老人从关心老人的身心健康开始。

兰州日报 边卫霞

实习生 马靖宇

好人范雪梅想给“妈妈”找保姆

1月27日早晨，本报“情暖万家”爱心活动持续进行中。记者和甘肃政法学院的大学生志愿者带着爱心年货慰问了兰州好人范雪梅，并看望了范雪梅照顾十年的偏瘫老人杨素琼，为她送去了新年的温暖。

“小范对我好，隔三岔五就来看我，时间久了见不到她，我心里就特别惦记，她就跟我的小女儿一样。”杨素琼老人说，认识这10年来，范雪梅照顾她从来没有一句怨言。老人只要有事给她打电话，她一定放下手边的事情第一时间来看望。老人说，能与范雪梅结缘是她的福气。

范雪梅急寻爱心保姆

看望老人的过程中，范雪梅告诉记者，再过几天杨素琼老人家里的保姆王姐就要回家了。她这一走，就只剩下行动不便的老两口了。老人膝下儿女虽然都孝顺，但是身体也不太好，加上自己家里琐事繁多，根本不可能长年照顾老人。范雪梅希望能找到一位有爱心的保姆和她一起照顾老人。

面对即将无人照顾的生活，老人显得忧心忡忡，眼睛里几次含着泪水说不出话来。范雪梅不停地安慰老人：“您不要着急，我和大姐（杨素琼老人大女儿）都会尽力地帮您找保姆。如果暂时找不到保姆，到过年的时候社区就放假了，我白天把家里的事情忙完后，晚上就过来照顾您。您就安心地养病，其他的事都不要想。”范雪梅耐心地劝慰着老人。

邻居说她有颗金子般的心

“范雪梅的两个孩子都在上学，大儿子才考上大学。她的工资只能勉强维持一家人的生活，所以闲暇时范雪梅还要打零工挣钱，但是她还是一直抽空来看望和照顾老人。“咱不说别的，和自己一点血缘关系都没有的人，她能义务照顾10年，让我看着都感动！”杨素琼老人的保姆王姐说道，她到杨素琼老人家里的这两年来，她眼瞅着范雪梅是怎么样照顾老人的。她说：“无偿为一个非亲非故的老人跑前跑后，家里只要缺人手她就来帮忙，这不是谁都能做得到的，何况还坚持了这么多年。”说起范雪梅，保姆王姐的语气里满是敬佩。

一个普通的家庭妇女，却从普通中焕发出来一种奉献精神，表现出一种尊老、爱老的品质，以一颗金子般的心，坚持不懈地做出了闪光的“真情小事”。她用坚持感动着邻里,同时向社会传递出了积极向上的正能量。

记者即将离开的时候,范雪梅说:“春节在即,我的新年愿望就是能为杨阿姨找到一位有爱心的保姆,照顾她的起居。”老人也紧紧地握住记者的手久久不松开,“我就希望赶紧找到一位保姆,不然我们老两口光靠着孩子们和小范,也不是长久之计。我身体不好,拖累了我家老头子,如果没人照顾,这生活可怎么办呢?”说到这里,老人竟呜咽着抹起了眼泪。本报也在此呼吁社会有爱人士,如果您有足够的耐心,有健壮的身体和一颗善良的心,请来这里照顾老人的生活起居。空巢老人真的需要您。

兰州晚报 刘文煜

好儿媳把公公婆婆当成了亲爹娘

西固区先锋路街道幸福社区里有位人人称赞的好儿媳,她叫赵美兰。面对别人的称赞,她总是淡淡地说:"我只是在尽儿媳、妻子、母亲的责任。"知道她的人都称赞说:赵美兰是孝媳、是贤妻、是良母,她在用自己的言行传承着中华民族的传统美德。

公婆说:有好儿子不如有个好媳妇

1996年10月,赵美兰的公公突患脑梗塞导致行动不便。为让公公早日康复,每天下班后无论多忙多累,她都要扶公公在院子里练习走路。后来,婆婆得了糖尿病并肾衰竭,病情加重住院,她每天为婆婆喂水喂饭,洗洗涮涮。常言说"久病床前无孝子",但婆婆、公公床前有孝媳。她为婆婆洗澡、梳头、理发、捶背、剪指甲,精心侍候,从不厌烦。婆婆逢人便说:"有好儿不如有个好媳妇,我家美兰待我比亲闺女还亲。"公公有气管炎,每到冬天就会犯病。为了让公公不犯病,刚入秋,她就将两床棉被弹成一床松软的被套给公公铺上。婆婆做白内障手术,她一有空就到医院跑前跑后,同室的病人都以为她是老人的女儿,老人也感动地说:"我早就把她当成自己的亲闺女了。"这么多年,老人无论大病小病,总是第一个给她打电话。如今,老人已年近八旬,身体硬朗、精神舒畅,老两口都说:"都是媳妇照顾得好!"

赵美兰的丈夫在石化动力厂工作,工作比较忙。为了支持丈夫,她承揽了全部家务。2006年10月,丈夫被厂里推荐到沿海去学习锻炼。就在丈夫考虑到家里的情况犹豫不决时,她说:"这正是锻炼你的好机会,去吧,这个家有我呢!"那年,公公晚上起夜不小心又把腿摔骨折了,又一次住进了医院。赵美兰背负着工作、家庭、老人、孩子的沉重包袱,在家和单位之间奔波着、忙碌着。

女儿说:妈妈的孝心感动了我

赵美兰的女儿说:"妈妈的孝心感动了我。"看到妈妈每天都像亲闺女一样侍奉爷爷奶奶,女儿被深深地打动了,她说:"都说妈妈孝顺,耳听为虚,眼见为实,我真的服了。"在妈妈的影响下,女儿一回家就抢着干脏活重活。

在赵美兰的影响下,女儿小小年纪就充满孝心、爱心、上进心。每次买了女儿最喜欢吃的东西,女儿总是先拿给爷爷奶奶吃。爸爸不在家,爷爷病了,女儿一晚上不离爷爷左右。学校组织给有困难或患病的学生捐款,她捐的总要比别人多。坐公交车遇到老人时,女儿赶快让座……

记者 滕效宏 通讯员 朱琳

好媳妇刘晓梅让瘫痪婆婆乐无忧

整整14年，照顾瘫痪在床的婆婆，从没有过一句怨言，村里人说她们婆媳关系胜过亲母女。家住安宁区沙井驿街道元台子社区的刘晓梅用实际行动演绎了“久病床前有孝媳”。说起今年38岁的刘晓梅，她平实坦然的眼神流露出善良本分，提起她照顾下肢残疾多年的婆婆，街坊邻居无不交口称道。

照顾婆婆她尽心尽力

6月17日，记者在采访过程中得知，刘晓梅一家四口由于兰渝铁路整体拆迁，现在外租房居住。刘晓梅的婆婆今年70岁，是个下肢残疾的老人，视力模糊，听力不灵，还带有很多杂病，生活无法自理。刘晓梅的丈夫于2003年下岗之后没有固定收入，在外打工早出晚归，根本无法照顾到家。十几年来，刘晓梅尽心尽力照顾着瘫痪在床的婆婆，每天帮婆婆擦身，定期帮婆婆修剪指甲，每餐都要给婆婆喂饭……记者到她家中走访时看到，刘晓梅和婆婆住在一起，家里陈设虽然简单但却布局有序，井井有条、清凉舒适，老人衣着整洁、笑容慈祥。

谈起一个人照顾婆婆的辛苦，她只是憨厚地笑笑。她说，一个完整的家庭才是幸福的，所以即使苦也觉得很甜。在照顾婆婆的十几年中她“身兼数职”，什么都尽量学会自己做：每天定时为婆婆测量血压，观察心律，成为家里不可缺少的“保健医生”。她还是婆婆的专人“理发师”，她每天定时地把婆婆扶到外面跟邻居们聊天。在她的照顾下，老人现在坚持用药，病情稳定，她也是婆婆的精神支柱。老人说：“现在我物质上不缺什么，就是需要与人交流，有人陪着。每天大部分时间都是晓梅陪我说话，我很高兴！”邻居们也都说，多亏老人家找了个好儿媳妇，刘晓梅精心照顾婆婆，将来一定有后福。而刘晓梅却笑着说：“只要老人快乐，我不图什么。”

刘晓梅说，2003年，患有残疾的婆婆得了脑梗塞，留下了后遗症，导致老年痴呆，神志不清、举止糊涂，这对于这个家庭无疑是雪上加霜。以前她自己做小生意，生意也挺红火，但在万般无奈的情况下，只好放弃自己的生意回家照顾婆婆，婆婆衣食住行都离不开她。

对待工作她一丝不苟

2003年因社区考虑到刘晓梅的家庭现状，让她干起了社区综治员的工作。这项工作基本上没有双休时间，也没有固定的上下班时间，每天早出晚归。虽然这份工作很苦很累，收入也有限，但刘晓梅却十分珍惜，任劳任怨。因此在工作的第一年，她就被评为安宁区沙井驿街道优秀综治员，2008年因其工作出色被转为残联专干。

因为社区工作相对比较烦琐，都是贴近居民生活、为民解忧的工作。残疾人工作更是难做。因为身体残疾导致他们都很自卑，都不愿意跟外面人接触。考虑到这些问题，刘晓梅总是在下班后抽出时间到每个残疾人家里去走访，鼓励他们增强对生活的信心。由于从小就受父母的教导，要有一颗宽宏、淳朴的心，她平日里工作的时候也总是抱着这样的心态。

刘晓梅经常照顾辖区的一个孤寡老人许孝英。这个老人是辖区的“三无”人员，无儿无女。刘晓梅每天都要到她家去帮助老人干家务活，给老人提水，邻居们都说她是老人的干女儿。每当她听到这些话，刘晓梅总是说，作为社区工作人员做这些事是理所应当的事。在沙井驿街道，提起刘晓梅，周围的人都夸她“对老年人和残疾人最有同情心，是个孝敬老人，坚持做好事的好人”。

对待家人她心有亏欠

刘晓梅的娘家在外地，母亲长期患有高血压及冠心病，从四十多岁开始就患有类风湿性关节炎导致关节变形，又于前年不慎骨折，日常生活不能自理。但母亲凭借坚强的毅力战胜疾病的事例深深打动了她。由于无法经常回去看望母亲，家里只能靠弟媳妇照顾。一边是母亲一边是婆婆，刘晓梅无法全部顾及。每次她与母亲通电话时，内心很伤感，也很矛盾。虽然她觉得亏欠母亲太多，可是母亲从来没有埋怨过她，反而劝她照顾好婆婆。她也因此暗下决心，要加倍献上孝心，孝敬、陪伴老人度过晚年，尽量满足婆婆的一切心愿。她孝顺老人、照顾家庭的一言一行也影响着目前上初中的女儿。女儿和奶奶的感情也很深厚。现在老人无法行走，外出机会少了，老人需要吃点什么女儿总是立即买回来满足老人的愿望。

兰州晚报 陶承志

杨玉兰:照顾孤寡老人二十余年

俗话说“远亲不如近邻”,老邻居有时就和家人一样亲。85岁高龄的孤寡老人马秀珍就有这么一位胜似亲人的老邻居杨玉兰。杨玉兰关照马玉珍20多年,周边居民无不知晓,全都称赞不已。

马秀珍是五保户,老伴去世早,无儿无女,没有劳保收入,由于是从外地搬迁而来,与亲戚很少有来往。再加上老人长期患病,艰难度日,社区体谅她的难处,为其办理了低保,生活才有了一点保障。自从老伴儿去世后,同乡邻居杨玉兰就义务担负起了照顾老人的重担,居然度过了20多年时间。刚开始儿女们还有些不理解,但是杨玉兰用实际行动和真心感化了子女,现在不仅儿女们甚至孙子们都会惦记着邻居马秀珍老人,家里有什么都给老人送去一份。

如今杨玉兰也已是66岁的老人,身体渐渐不如以前。前几天她陪马秀珍老人去医院看病,没想到回到家自己也病倒了。但是照顾老邻居的行为已经成了习惯,她并不会因此就停止。记者问她为什么愿意这样照顾邻居,杨玉兰老人回答:“我现在把榜样做好,以后我的孩子们才能善待老人。”显然,把善举坚持下来不仅是杨玉兰自己的心意,此间饱含的还有她作为母亲希望子女也能成为好人的意愿。希望多一些这样的父母,以自身示范,让下一代受到正面教育,让社会多一些好人。

中国兰州网 王萌

白雪梅:孝敬公婆的好媳妇

“敬老爱幼,人人赞;热心助人,人人颂。”这说的就是红古区花庄镇花庄村村民白雪梅。22年来,她坚持孝敬瘫痪在床的婆婆及双目失明的公公。22年来,她与两位老人和睦相处,每天都重复做着同一件事情,默默无闻地承担起了照顾二老的重担。在她的精心照料下,两位老人日子过得非常舒心。白雪梅热诚待人,乐于助人,孝老敬老,与村民和睦共处。正是由于她在家庭、邻里方面做的这些琐碎小事,她得到了社会的认可和群众的好评,多次被区、镇评为“孝敬公婆的好媳妇”;2006年被《兰州晨报社》评为“十佳好媳妇”;同年被兰州市妇联评为“和谐家庭”;2007年9月被中央文明办评为“全国道德模范提名奖”。

今年41岁的白雪梅18岁时经人介绍嫁到了红古区花庄镇花庄村的苏家。结婚时,雪梅和其他要过门儿的新媳妇一样,心中充满着欣喜与希望。然而眼前的现实却让她的心一下子凉透了。破烂的土屋、瘫痪的婆婆、患白内障的公公,外加4亩薄田,这就是她今后将要生活的家!雪梅越想越委屈。她心中暗暗地想:公公、婆婆年事已高,且婆婆全身瘫痪,公公几近失明,生活上几乎无法自理,自己作为儿媳妇以后怎么照料他们呢?但她又想,公公婆婆拉扯大自己的丈夫更是不容易,自己应该帮助丈夫承担赡养老人的义务,照顾好老人,使他们能够安享晚年。从那时起,她就暗下决心,一定要当个好儿媳,照顾好公公、婆婆,撑起这个家。

22年来,白雪梅与两位老人朝夕相处,没有红过脸,更没让老人受过气。白雪梅儿子4岁那年,婆婆病情加重,送往医院住院治疗,身边离不开人,白雪梅便守候在婆婆的身边,不分昼夜,精心照料。在伺候婆婆期间,由于儿子无人照看,突发高烧引起肺炎,高烧41度,送到医院已经为时已晚,儿子因为没有得到及时救治,最后被疾病夺去了生命。白雪梅伤心欲绝,可是为了婆婆,她无怨无悔。公公由于患有白内障,眼睛看不见,但又闲不住,经常将家里的东西碰倒,刚刚收拾好的家转眼一片狼藉。白雪梅只是默默地重新收拾好,从没有一句怨言。在她的精心照料下,两位老人日子过得非常舒心,逢人就夸白雪梅是比亲生女儿还亲的好儿媳。

白雪梅不但孝敬老人,而且还是丈夫的好帮手,女儿的好老师。丈夫常年在地里干农活,为了使丈夫安心劳动,不为家庭的琐事劳累,家里里里外外的事她从不让丈夫操心,把一切事情都打理得井井有条,经常是刚干完家务就又和丈夫一起下地干农活。随着这几年现代农业设施在花庄镇发展,他们建起了日光温室和塑料大棚,家里的收入逐年增加,现在家里盖起了大瓦房,生活比起以前来真是天壤之别。在教育孩子上,她本着“为国教子,以德育人”的原则,身体力行做榜样,严格教育自己的女儿,使就读于花庄学校的女儿不管在学习还是品德方面都是同学中的佼佼者。

村里不管谁家有事需要帮助，她总是有求必应。谁家有红白事她也总是赶去帮忙，而且挑重活、累活干。谁家地里农活忙不过来，她会动员丈夫一起去帮忙。谁家要是出外串门几天不回来，也总会找到她，让她替他们照顾家里的老人、孩子。

白雪梅是一个普普通通的农村妇女，但这样一位普通的农村妇女却是一位丈夫眼中的好妻子、公婆眼中的好儿媳、女儿眼中的好妈妈、邻居眼中的好心人。

中国兰州网 孙涛

80后“警嫂”无怨无悔照顾老年痴呆症婆婆

3个月前，何佳临的婆婆检查出患有轻微老年痴呆症。为了支持作为消防武警丈夫的工作，这位80后警嫂，毅然承担起照顾婆婆的重任。老人无法穿衣洗脸，她就为婆婆喂药、打洗脚水；老人无法说出自己哪里不舒服，她就为婆婆按摩。几个月下来，老人的老年痴状况居然减轻。用医生的话来说，能够让老人恢复生活自理的能力，真是不易。就在今年7月底，由甘肃省妇联、甘肃省公安消防总队联合举办的“守望平安，共铸和谐”陇原十佳消防警嫂颁奖晚会上，何加临荣获“十佳警嫂”的殊荣。作为一名警嫂，她为了一个理想和信念，以一颗执着和朴实的心，坦然品味着生活的酸甜苦辣，承受着家人聚少离多的思念和牵挂；她全心全力地支持丈夫的工作，无怨无悔地承担全部的家庭重担。

照顾家人她无怨无悔

何佳临，是甘肃省文化馆的一名声乐干部，2007年与兰州市公安消防支队广场中队政治指导员杨立国结婚后，就没有了浪漫甜蜜的约会，有的只是在警营里陪爱人值班，目送他出火场，等着他安全归来。就在今年5月，杨立国的母亲检查出患有轻微老年痴呆症住进了兰大二院。为了不让爱人分心，何佳临独自挑起了照顾老人的重任。

“婆婆当时病得很厉害，出门就找不到回家的路，连洗脸穿鞋都无法自理。”何佳临说。为了照顾好老人，这位年轻的儿媳每天西固、城关两边跑，一边细心地问老人今天想吃点什么，明天想吃点什么的时候，一边又风尘仆仆地赶往单位和家，因为她还要照顾一个不满5岁的女儿。半个月下来，老人的病情比预想的还要严重。为了能够更好地照料，何佳临和爱人商量决定把婆婆接来和他们一起住。有一次，何佳临下班已经很晚了，当她拖着疲惫的身躯进入自家楼洞的时候，突然一个黑影“噌”地出现在她的面前。“当时我真的是吓坏了，可我定睛一看原来是婆婆站在那里等我。”何佳临回忆说。平息好心情后，她扶着老人进了家门，呈现在她面前的景象竟然是一片狼藉。身心的疲惫、生活的重负，已经压得她喘不上气来，但看着病重的婆婆，她只有强打精神。自己感冒发烧害怕家人担心，她独自一人前往诊所输液打针。没有家人的陪伴，没有爱人甜蜜的话语，何佳临独自承受着生活现实。在老人生病的过程中她把婆婆当成自己的妈妈，每天送饭、喂药、打洗脚水，忙前忙后悉心照料，已经成了生活的一部分。她的同事都笑着说她是个坚强的女战士！几个月下来，婆婆的老年痴呆症状况居然有所减轻，就连医生都说能够让老人恢复生活自理的能力，其中的艰辛不言而喻。

谈起之前的经历，年过六旬的老人哽咽地告诉我们："多亏儿子和媳妇的照顾，我才能一步步走过来，要是没有他们，我早就想死了。"老人说着，眼泪已经顺着眼眶流了下来。正在这时，儿媳何佳临已经为婆婆打来了洗脚水，试过水温后，又轻轻地为老人脱下鞋袜，擦拭起老人的双脚。"妈，你脚上的骨头怎么这么大?"轻声细语中何佳临小心翼翼地询问老人的身体，生怕婆婆不开心，而老人的眼神中早已充满了怜惜之情："妈这不是上岁数了吗？骨头大都是很正常的。"

对于自己的父母她心中满生愧疚

谁都无法想象，为婆婆洗脚、做饭、按摩的她，一直被自己的父母视为掌上明珠，但为了支持丈夫的工作，她却从来没有说过一个"不"字。5年的时间，让一个娇小、任性的小女孩，变成了一个坚强、成熟的女人，可再坚强的她也有流泪的时候。"迄今为止，我还没有为自己的爸爸妈妈洗过一次脚呢！"何加临眼眶湿润地说。对于自己的爸妈，她从来没有尽到过孝心，用她的话来讲："欠爸妈的实在是太多、太多了！"

原来，在和爱人结婚的这些年中，何佳临除了工作以外，一直在照顾婆婆，对于孩子的照料，大部分的时间都由自己的爸妈来承担。"每次听到朋友们告诉我说，你看，这些年，你爸妈为了你，都老成什么样的时候，我觉得自己特没用。有时候我都在想，要是我找的不是一个军人，如果他是一个正常朝九晚五上班的人，就不是现在的这个样，这是一种深深的无奈。"此时，何佳临已经泣不成声，也许我们谁都无法理解一位"警嫂"经历过的苦与痛。但静下心来，仔细聆听当中的点滴过往，才能感受到，这些年中，当她一个人心惊胆战地听着耳边的救火铃声一次次地呼啸而过、一次次看着别的人家举家团圆的场面时，陪伴她的只有一旁的小女儿。《爸爸妈妈如果你们爱我就请你们抱抱我》这是女儿最喜欢的八音盒里传来的音乐，每次听到这首乐曲时何佳临的眼泪就如断了线的珍珠一样，一滴滴地散落在孤寂的夜晚。

"军功章上有你的一半，也有我的一半"

"警嫂"这个名字听上去很平常，但是在平常背后却隐藏着数不尽的心酸和泪水。因为爱情，我们都可以忍受一时的寂寞，但最难的，是天长地久的坚持。在她的支持下，丈夫先后荣获两个三等功、两次优秀共产党员和多次嘉奖。每次丈夫部队有排练演出任务的时候，何加临总是义无反顾地帮他出谋划策，不厌其烦地为战士排练、辅导节目。作为警嫂中的文艺骨干，何佳临多次为部队演出，获得了官兵们的一致好评。每次丈夫取得成绩和表彰时，总是不忘感谢妻子："军功章上有你的一半，也有我的一半。"每每这时，何加临总是露出傻傻的笑容："我从嫁给杨立国开始，就已经准备为他的工作付出辛苦，就准备为他的事业撑起一片家的天空。因为我爱他，所以也爱他的这份工作；因为我爱他，所以也爱他对事业的热情。"何加临笑着对记者说。

就在今年7月，由省妇联、省公安消防总队联合举办的“守望平安，共铸和谐”陇原十佳消防警嫂颁奖晚会上，何加临荣获“十佳警嫂”的殊荣。晚会现场何佳临感慨地说：“我嫁给了杨立国，他却嫁给了消防，但我能理解，他是农民的孩子，有份工作不容易，他更是人民武警，心系人民安危是他的职责。既然选择了武警，就是意味着孤独、寂寞和奉献，能让他踏踏实实地工作，不让家庭拖他的后腿。这也是我的骄傲。”

兰州晚报 赵庭那

王汝静:孝道是一种代代传承的习惯

俗话说:“百善孝为先”,在西固中路北社区的王汝静老人今年已经84岁了,年已八旬的他依然亲自伺候109岁高龄的老母亲宁翠青,至今已20余年。在他的带动下,这个“四世同堂”的大家庭里,欢声笑语不断,其乐融融的家庭氛围招来了街坊邻居羡慕的目光和社会各界的敬重。

王汝静是甘肃省建一安装公司的退休职工,1955年随着支援大西北建设队伍的行列从河南来到兰州。1986年王汝静的妻子不幸患病离世后,王汝静就一直围绕在母亲身边,随时照顾老人。由于住在一楼,屋内相对潮湿。王汝静担心虫子会从门缝爬进来咬到老人,就在里屋安了一个门槛防虫,谁知这个门槛却给母亲带来不幸。1993年夏天,王汝静年过90岁的母亲,在跷门槛时不慎摔倒,胯骨骨折,再没能站起来。每每提起此事,王汝静仍不住地责怪自己:当时糊涂,不该安那个门槛。也就是那个门槛,让王汝静再没能离开母亲的床前半步,他毫无怨言地为母亲洗衣做饭、擦身洗脚、照顾起居、端屎倒尿。尽管王汝静自己也已是80多岁的老人,并且患有腰间盘突出症,也需要儿女们的照顾,但他从来没有过要自己的子女照顾他和老太太的打算。“孩子们都有孩子们的工作,我现在还能动,不能依靠他们。”在王汝静的精心照料下,老母亲精神状况很好,身子骨比较硬朗。每当说起老母亲,王汝静的脸上就洋溢着幸福的笑容。

王汝静伺候母亲20多年他深有体会,在精神上不给予安慰,那可不行。母亲耳朵虽背听不见了,但他每天不打些手势跟她聊天,她照样会生气,递水不喝,饭吃得少,甚至故意尿床,让人着急。饮食上讲究也多,一日三餐,宁可少一口不能多一口;还要注重季节,冬天,要多做山药萝卜等一些容易消化的菜,夏天,做些素食降温去暑的菜,而且要变着花样让母亲吃好。母亲卧床十余年,他每天都要每隔一会儿,就要给她翻翻身,扶起来拍拍背,搓搓胳膊和腿,防止老人生褥疮、肌肉萎缩;同时每天要给老人擦脸擦手,隔两三天还要给老人擦擦身。

他还细心观察母亲举动，经常买些文摘书籍看看。人上了年纪，各个器官也就显得格外脆弱，看书可以让他科学地照顾。

王汝静有四个儿女，在他的言传身教下，子女们都很孝顺。王汝静多年来一直亲自照顾老母亲，给儿孙们树立了榜样。他们只要一有时间就会来看望老人，为老人洗衣做饭，陪老人聊天。家庭成员中从来没有闹过一次别扭，红过一次脸。王汝静几十年如一日，精心照顾百岁母亲的事迹，已成为社区创建和谐家庭活动的典范。近年来，他先后被评为“感动西固·道德魅力人物”，获得全国敬老爱老助老主题教育活动“中华孝亲敬老之星”奖、“兰州市首届道德模范(孝老爱亲)”等荣誉称号。从王汝静身上我们能够看到，孝道，不仅仅是美德，而且是一种代代传承下来的习惯。

中国兰州网 孙涛

李本河：孤寡老人的好“儿子”

以德才为先、仁爱宽厚、淡泊名利、甘愿奉献、把大爱洒向人间，坚持31年，先后照顾了43名孤寡、智障、残疾的五保老人，并为34名老人养老送终。这说的就是曾连续两年被评为“皋兰县优秀共产党员”“兰州市先进工作者”“中国好人榜好人”，现年57岁的皋兰县黑石川乡敬老院院长——李本河。

李本河是兰州市皋兰县黑石川乡黑石村人，1976年到酒泉卫星发射基地服兵役，1980年复员回乡后被安排到黑石川政府任团委书记。1982年，黑石川乡新建敬老院，十多名孤苦无依的老人住进了宽敞明亮的新房子。但由谁去照料这些老人，却成了当时乡党委、政府最头疼的问题。

“当时俞书记找我谈话，让我去敬老院，他说要照顾这些老人的人不但要善良，还要细致入微、有耐性，而这些条件我全具备，是最佳人选。我知道这活是个苦差事，但人老了没人照顾是最可怜的事，何况我也是当过兵，是一名共产党员，受过党的教育，这点觉悟咱还有。”李本河说。从此以后，李本河开始了每天洗衣、做饭、打扫卫生、端屎接尿的“小保姆”工作，这一干，就干了31年。

没有节假日，没有休息，李本河每天都在重复着同样的工作。因为整个敬老院只有他一个工作人员，敬老院的里里外外都是他一个人在操持着。有些老人脾气古怪、不讲道理，让李本河受尽委屈，而李本河从来不放在心上。有一次，饭正做着突然停电了。李本河便改用柴火，待饭煮好后挨个端到老人的床头。但当他把饭端到一位叫张贵祯的老人的屋子里时，这位老人却不高兴地说：“停电了，饭没熟你就给我端来了，不吃，端走！”“熟了，我用柴火接着煮了。”没想到，李本河的解释却换来了老人更大的怒火，拿起拐棍便向他抡了过来。猝不及防之下，李本河腿上结结实实挨了几棍，瘸了两个多月。这样的挨打挨骂可谓是家常便饭了，可李本河却说：“没事，我习惯了，俗语说得好，老汉娃娃，哪有不发脾气的？再说了，我们敬老院有半数老人是智障，都是些苦命人，怪可怜，我不干，谁照顾他们呢？”有一位李姓老人，到养老院后便卧床不起，瘫痪在床9年。在这9年期间，李本河天天端屎端尿、喂水喂饭地侍候，每隔两天就为老人洗身子、按摩，防止肌肉坏死。老人在去世前流着泪说：“本河啊，你比我儿子还亲。”像这样的瘫痪老人，李本河照顾了13位。

在农村，养老送终是一件大事。为能让养老院里的老人走得“风光”，李本河在老人去世前便买好寿衣等物品，并亲自操办老人的全部丧事，披麻戴孝等所有细节一丝不苟。31年来，李本河已经为34位老人当过“孝子”。

对养老院的孤寡老人们，李本河问心无愧，可对自己的母亲，他却满怀愧疚之情。1987年10月，李本河母亲的病越来越重，与此同时，敬老院的张兰英和达秀英老人也都生了重病,都需要人寸步不离地守着。思前想后,李本河还是留在了敬老院照顾两位老人。直到妻子跑来告诉他,母亲去世的消息后,这位很少流过泪的中年男人突然跪在院子里号啕大哭起来。如果时间倒流,让李本河重新选择,他依然选择待在两位孤寡老人身边。“我母亲病重,最起码有我兄弟姐妹、我妻子守着,可这些老人无儿无女太可怜了,他们病重,我不照顾谁照顾呢?”李本河说。

说起照顾老人的辛苦,李本河总是笑着说:“无所谓了,这一辈子我对得起自己的良心,对得起43位孤苦无依的老人,对得起共产党员这一称呼。”

中国兰州网 孙涛

辞职回家只为照顾病中母亲

谁说“久病床前无孝子”？今年38岁的黎孔斌给我们上了生动一课。11月13日，市民孙女士打进本报热线4286666反映，在西固区省建四公司社区福临小区，黎孔斌为照顾病瘫母亲，毅然辞职回家伺候老人长达4年多。不久前，在孝子黎孔斌陪伴下，老人走完了人生，他的故事感动了身边很多人。

辞职在家照顾病母

说起省建四公司社区福临小区的黎孔斌，在西固区可谓是无人不知。今年38岁的黎孔斌原本有一份较为稳定的工作。2009年母亲因突发脑出血而住院。医生告诉他，这个病很严重，要经过一个漫长的疗程才会有所好转，但就这样也有可能留下严重的后遗症。母亲生活无法自理，需要有人照顾，可家里能够尽心照顾母亲的只有他自己。随着病情的发展，母亲的认知能力也越来越差，经常“穿错衣服”“穿反鞋袜”……对做过的事情完全没有印象。黎孔斌回忆，记得有一次家人有事出去，临走时叮嘱母亲不要干活，乖乖看电视。可当他回来时却发现冰箱门敞开着，冰箱里的东西被扔了一地，虽然很无奈但也没有办法。考虑到母亲的病情，黎孔斌左思右想后毅然决定辞去工作，开始了全身心照顾母亲的日子。

比护士还专业

给母亲梳头、洗脸，做饭、服侍吃饭，照顾母亲生活起居成了他生活的全部。辞去工作容易，难的是接下来日复一日的精心照顾。母亲上厕所成了最为麻烦的一件事。为此他专门改装了一个凳子，把所有的东西都准备好摆在床边，方便母亲解手，每天及时清理前一天晚上的脏污。最让他头疼的是，母亲经常忘记到指定的地方如厕，早上一起来地上到处是脏污。

怕母亲待在家里闷得慌，他经常陪伴母亲在院子转转，不管寒暑，四年如一日。他不厌其烦地鼓励母亲锻炼，早上200个原地踏步是雷打不动的项目。母亲吃完东西后，他总是小心翼翼将母亲的嘴角仔细擦干净。虽然说照顾自己的母亲是应该的，但做起来并不容易。因为母亲年纪大了，牙齿不好，所以在吃饭上也要特别注意，饭菜要做得软烂可口。母亲爱喝粥，经过长期摸索，他自创了一套“营养粥”。闲暇时，黎孔斌总会一边为母亲按摩，一边与母亲聊天。渐渐地，他比护士还专业。黎孔斌专门为母亲领养了一只小狗。自从有了小狗的陪伴，母亲的心情发生了很大的变化，时常与小狗嬉戏，极大地缓解了黎孔斌母亲的病情。

妻子是最大支持

黎孔斌也烦恼过，毕竟自己才三十多岁，也有自己的家庭，孩子才上幼儿园。这个年龄本应是立业之时，但因母亲的缘故，黎孔斌不得不花大量的时间及精力去照顾母亲的生活起居。因此，家庭经济重担落到了他的妻子一人身上。不过值得欣慰的是，黎孔斌的妻子对他十分支持理解。他爱人是兰州商贸学校的老师，收入也不高，但却从不抱怨。几个姐姐在闲暇时也经常过来照看。

不久前，母亲在孝儿黎孔斌的陪伴和悉心照料下走完了人生。四年时间里，母亲除了记忆力越来越差外，身体还好，饭量也不错。

兰州晚报 滕效宏 陶承志

这个男人好难但坚守着爱的承诺

妻子瘫痪在床11年，他照顾妻子4000多个日夜，没有怨言，感情依旧……

今年48岁的赵富才是城关区甘家巷社区居民，是一名下身瘫痪、生活无法自理的女人的丈夫，是一位即将高三孩子的父亲，同时也是一位80多岁身体多病老人的儿子。就是这样一个自称很平凡的男人，支撑着一家人的生计，坚守着爱的承诺和对家庭的责任……

"他才是兰州好人"

"他妻子瘫痪在床11年，生活不能自理，家里里里外外都要他操心，他却从来没有一句怨言，对别人也总是很热情。"在城关区甘家巷社区工作的莫先生这样评价赵富才。莫先生说，因为他家里条件的特殊，社区一般有什么补助与慰问，都先考虑他家，而赵富才一家人也很懂得感恩，总觉得自己为社区居民没有做什么好事，在接受社区的慰问时还会觉得不好意思。在物欲横流的社会，赵富才悉心照料瘫痪的妻子11年，这是多么的不容易啊！他才是真正的兰州好人！而面对社区干部的极力推荐，赵富才则说："虽然家里日子过得清贫，但好在一个月能领上1000多块钱的低保，能让一家人吃饱，我们很感谢了。"

1000多块钱，对于生活在城市的大多数上班族或者90后孩子来说，只是一部廉价手机的价格，而对于赵富才一家人来说，却是一家三口一个月维持生计的生活费。

"这些年他辛苦了"

10月24日，记者来到城关区甘家巷78号赵富才的家里。只有40平方米的房子收拾得井井有条，小小的窗台上养了几盆花，温馨无比。卧室很小，一张双人床占去了三分之二的空间，11年前因为意外，腰部脊椎发生粉碎性骨折致使下半身瘫痪的妻子就躺在这张床上。夫妻俩把隔壁光线比较好的房子留给儿子，希望孩子能有个好的学习环境。

在厨房里，赵富才正在忙活着为一家人做午饭。自己擀的面条，配上兰州人喜欢的浆水，就是一顿简单的午饭。赵富才说，自从妻子瘫痪生活不能自理以来，他就担起了平日里妻子在家里的工作，做饭、洗衣、干家务活。赵富才的妻子说："现在我就这么躺着，什么也干不了，还得他操心，还得他照顾。这些年里里外外的，他一个人真的很不容易，很辛苦。"妻子的眼里满含感激和柔情。

赵富才的妻子告诉记者，因为自己常年躺在床上，所以身上容易长褥疮，是丈夫经常帮她按摩，才免去很多痛苦。记者看到，赵富才为妻子捶背的时候，不仅手法很娴熟，在外人看来力度也很是适中。

“一切都为了孩子”

赵富才每天早上扫完房间，为一家人做完早餐，孩子上学，照顾妻子吃饭和给妻子擦洗之后，就骑上自行车去早市上买菜，中午回家后为一家人准备午饭。每天周而复始，这样的生活，自从妻子生病之后就开始了。

赵富才以前是下岗工人，家里没钱，加上妻子生病，也是一笔不小的花费。他说，自己现在每天早上去两站路以外的五泉山早市买菜，可以省点钱，另一方面就当锻炼身体。赵富才说幸好儿子争气，学习成绩也还可以，家里也没什么条件帮他补习功课什么的，所有的事情都得靠他自己。

“有的时候作为一个男人也觉得挺委屈的，但这样的事自己摊上了还能怎么办呢？日子还得过下去。所有的事都得先为孩子考虑，家里收拾得干净一点，按时按点做好饭，孩子回家来的时候也就压力小一点，不然孩子怎么能安心学习呢。”赵富才说。

赵富才的所作所为使许多人感受到了平凡中的伟大。这位朴实的兰州人，不仅用坚守诠释着对爱的承诺和对家庭的责任，还用自己的善良与信念诠释着人性的本质。

兰州晚报 桑杰才让

他用手中的画笔书画平凡孝子的点滴感动

黄钦霄是兰州五十一中的一名美术老师。他是一名画家，但他更是一个儿子、一个孝子。多年来他坚持照顾自己患重病在床的父亲，送走父亲后又坚持照顾自己的母亲和岳父岳母，几十年如一日不曾有过任何怨言。在他的人生旅程中，他不仅用自己的实际行动谱写了一首新时代的孝道之歌，更是用自己手中无形的画笔书画了一幅"当代孝子图"。

在记者和黄钦霄约定采访的时候，这位中年教师就一直对记者说，他只是在做全天下儿子都会做的事。直到见面，这位稍显腼腆的中年人还是在强调自己并没有什么独特之处。在随后的采访中，通过聊天，他才慢慢放松下来，道出了自己和父母之间的种种温情之事。大约在七年之前，黄钦霄的父亲患上了间歇性脑梗塞，之后便常年卧床不起，神志不清。"天有不测风云，人有旦夕祸福。"就在一家人都忙着照顾父亲时，黄钦霄的弟弟因车祸不幸丧生，此时父亲的病情更是雪上加霜。面对这样的情况，黄钦霄忍住了悲伤，扛起了照顾父亲的重担。黄钦霄除了上班，其余所有的时间几乎都在照顾父亲。但是他从来都没有过一句怨言。父亲的病一天天加重，甚至开始神志不清、不识六亲，经常会辱骂、捶打甚至啐痰于黄钦霄。但面对这一切，他依旧只是默默地照顾着父亲，没有任何抱怨。父亲的病一天天加重，为了防止父亲肌肉萎缩，黄钦霄特意抽空学会了推拿术。每日坚持给父亲按摩推拿，活动四肢，疏通筋骨。然而，爱的脚步并没有留住父亲，在患病七年之后，父亲最终还是离开了人世。

父亲去世后，黄钦霄母亲的身体状况也是大不如从前，但是她曾经"飞天坐飞机，南下去海南"的梦想却一直存在心间。为了满足母亲这一心愿，黄钦霄便利用寒暑假时间带着母亲外出游历名山，饱览河川，旅游散心。除了照顾母亲的起居生活之外，黄钦霄还时常陪母亲聊天，尽其所能让母亲从失去亲人的痛苦中走出来，不让母亲感到孤独。

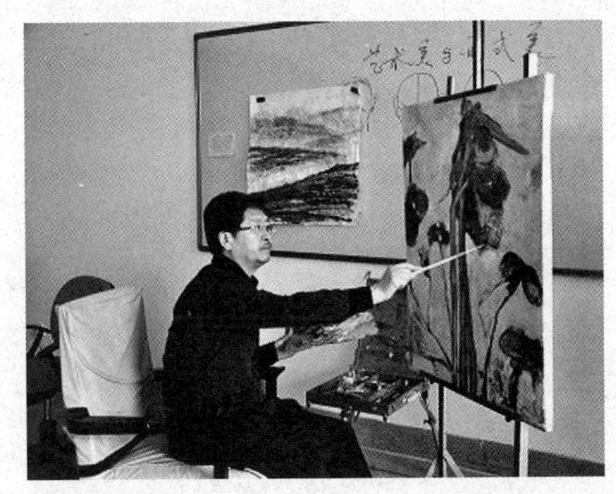

不但照顾自己的父亲母亲非常用心，对于自己岳父岳母的照顾，黄钦霄也是丝毫不含糊。岳

父患病住院，他默默支付其医药费用，为岳父精心烹茶煮饭；岳母体弱，他推心置腹地关怀慰问岳母，跟岳母聊道讲佛、谈天说地，一解岳母孤闷之苦。几十年如一日，他照顾着家中的每一位老人，没有过任何怨言，反而总觉得自己做得还不够，自己只是做了最平凡的事情。但正是这些最平凡的事情才彰显了人间的大爱。

在很多人的眼里，黄钦霄不仅是个孝子，更是一名优秀的画家。但鱼与熊掌不可兼得，既要给学生上课，还要照顾家里几位老人。在这样的情况下，他不得不暂时搁浅了自己心爱的绘画事业，然而这一搁浅就是将近十年。在黄钦霄的画室，记者看到几幅完成了一半的画。黄钦霄带着些许遗憾告诉记者，因为要照顾家中的老人，他没有太多的时间去创作，很多作品甚至都是几年前的，画了一半再也没有继续画完。但是他从来不后悔，因为在他的心中把父母照顾好是更加重要的事情。今后，他可以有更多的时间去画画，但是照顾父母的事情如果现在不做，以后恐怕就再也没有机会了。

记者手记——

我们每个人从诞生的一刻起，父母就倾注了自己的全部心血来浇灌儿女这棵生命之树。古人云，我孝于亲，子还孝于我。关爱父母、孝敬老人，是中华民族的传统美德。关爱父母是一个人善心、爱心和良心的表现，也是做人的道德底线。孝敬老人，是每个做儿女的应尽义务。黄钦霄几十年如一日以孝为先，确实值得我们学习。

中国兰州网 程晓婧

趁我们还年轻 应该多爱他们一些

鸦有反哺之义，羊有跪乳之恩。“孝”是中国文化中最悠久、影响最深远的传统理念，更是我们每个人应尽的义务，也是良心的要求和社会进步的体现。

近日，记者走进了榆中县“十大孝亲敬老之星”评选活动候选人宋子治的家中，与人们一道感受这位平凡、朴实的人身上所发生的感人事迹。宋子治是县农机管理站的一名汽车驾驶员，其父亲宋绳祖今年已有88岁高龄，并且患有严重的心脏病，经常要去医院住院治疗。母亲李生莲也有78岁高龄，患有腰椎滑坡骨病，瘫痪在床十余年。人们都说久病床前无孝子，可是十多年来，宋子治在做好自己工作的同时，每天悉心照顾着自己的父母。为防止母亲生褥疮，他时常给老人擦身、换衣，每晚还为老人洗脚、按摩，保持老人的血脉通畅以缓解病痛。为了给老父亲治病，他和家人想方设法四处寻医问药。他常说：“照顾父母亲是我应尽的责任，我对父母亲的照顾不及父母亲对我的十分之一，让父母亲安享晚年是我最大的心愿”。

1988年，宋子治与温柔贤惠的穆玉英结为夫妇。从此，二老便与他们一直生活在一起。1998年，母亲李生莲的腰椎滑坡骨病日益严重，逐渐瘫痪在床失去了生活自理能力。为了能更好地照顾老人，宋子治让妻子穆玉英辞掉工作专门照顾两位老人。夫妇俩每天5点钟起床，伺候母亲洗漱，清理大小便，耐心喂母亲吃饭；晚上，他怕母亲孤单就让妻子睡在母亲身旁和母亲说说话。每当母亲心烦发火，他总是想方设法让母亲开心，还让妻子按时地做母亲爱吃的东西。夏天的时候，为了让母亲开心，他和妻子先将轮椅从楼上搬到院子里，再将母亲背到院子里的轮椅上乘凉，还将母亲推到公园里，让母亲看花草树木，陪母亲聊天，觉得母亲尽兴后才安全地将老人送回家中。日复一日，年复一年，通过精心的照顾和治疗，母亲的病情好转很多。父亲宋绳祖常年患有心脏病、高血压等心脑血管疾病，为了使老人在晚年不遭受病痛的折磨，宋子治四处托人找来各种偏方，想尽办法为老人治病。父亲手术后需要精心照顾，他每天奔波于单位和医院之间，并买来鲜奶、鸡蛋、水果为老人增加营养。父亲的听力不好，为了使父亲看到精彩的电视节目，每次看电视时音量都调到最大，

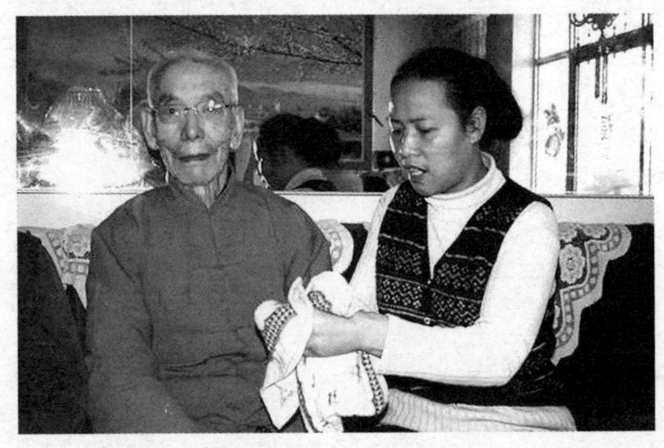

即使是儿子高考那年也是如此。在他的影响下,一家人和睦相处、其乐融融。街坊四邻无不交口称赞。

记者在宋子治的日记上看到这样的话,“感谢是一种温暖的情感,像一条缓缓流淌的小溪,轻轻吟唱着,在心与心之间传递着人世间最纯最美的讯息。我最最感谢的是我的父母,是他们给了我来到这个世界的权力。岁月匆匆,在无声无息地流逝。不知不觉中,他们也已经老去。趁父母还健在,趁我们还年轻,应该多爱他们一些。”

宋子治家的事看似都是些琐碎而平凡的小事。但是百善孝为先,透过这些平凡,却让我们看到了孝亲敬老的中华民族的传统美德。在构建社会主义和谐社会的今天,孝亲敬老不仅是对传统文化的继承和发扬,还是推动社会主义精神文明建设和提高公民道德水准重要举措。

中国兰州网 丁小岚

沈兴华十年如一日照顾孤寡老人

记者见到沈兴华时，他消瘦的身形、花白的头发和略显憔悴的脸，似乎和他的年龄并不相符。家住中街子社区的盛兴华今年46岁，原本是酒泉路街道中街子社区的一名助老员。由于种种原因，在离开原工作岗位后，现就职于一家私营企业。作为城关区第一批社区助老员，沈兴华刚到社区工作就开始照顾辖区孤寡老人魏存桂。后来虽然离开社区，但依旧坚持照顾老人，到现在已经坚持了9年之久。

46年前，沈兴华出生在一个农民之家。由于生父母家境困难，他被送养与养父母家。虽然一出生就遭遇不幸，但在养父母的疼爱和呵护下，沈兴华的童年生活倒也不乏笑声和欢乐。完成中专学业后，他被分配到了青海省循化县民族贸易局工作，并在那里娶妻生子，事业小成、家庭和睦，这让沈兴华无不满足。1990年时，本来前途一片光明的沈兴华，想到年迈养父母还居住在兰州的老城区，挑水吃、烧煤取暖不说，还得时常扛沉重的煤气罐以供生活用火。沈兴华毅然放弃了在青海优裕的工作待遇，来到了兰州胜利化工厂工作，照顾患有不同程度老年痴呆症的养父母。在企业破产买断后，拥有会计师资格的沈兴华原本可以找到不错的工作，但为了有更多灵活的时间来照顾养父母，他却选择了灵活就业，摆地摊、开小卖店，从事过的行业不计其数。随着父亲年事渐高，病情也逐渐加重，父亲住院期间，他和爱人一日三餐变着花样。因为勤于翻身，即便住院多次，沈兴华的父亲一次褥疮都没有患过。在家中时，他更是常年和衣睡在客厅沙发上，一有响动就起身侍奉老人，每晚只睡三四个小时。沈兴华夫妇长年坚持不懈的孝行赢得了街坊邻居、亲朋好友的称赞，却没有挽留住养父的生命，2008年，他的养父在85岁高龄时驾鹤西去。在父亲的葬礼上，亲友以中国传统的披红仪式给沈兴华夫妇披红，以彰其孝行。

“老吾老以及人之老，幼吾幼以及人之幼。”沈兴华不仅十分孝敬自己的养父母，在生活中也十分热心，遇到需要帮助的人，他从不推脱，总是尽力帮助。虽然都是不经意的行为，但细微之处却都彰显着他那颗纯净善良的助人之心。在中街子社区工作的七年里，他一直默默照顾着孤寡老人魏存桂。魏存桂老人今年已经82岁了，住在力行新村一栋简易楼里。多年来,沈兴华和妻子一直坚持照顾着这位老人,时常带着水果、食物去看望老人,陪老人拉家常,给老人干家务。老人也将沈兴华夫妇视为自己的儿女。现在,沈兴华离开社区已经两年了,虽然沈兴华的妻子也疾病缠身需要照顾,加之老母亲身体也日渐衰弱,但这些都没有阻止沈兴华照顾老人的脚步,他还是会隔三岔五地去看望老人,他说:“9年了,这些都成了习惯,长不来,我们会想老人,老人也会想我们。前段时间,我爱人住院,老人还跑去我以前工作的社区找我,后来又辗转来到医院,给爱人塞了300元钱,她是真拿我们当自己的儿女。这天下哪有不孝顺父母的儿女呢,所以我做的都是应该做的事!”当记者问及年迈的魏存桂老人关于沈兴华的问题时,老人一度哽咽,她告诉记者:“这么多年了,一直是他们两口子照顾我,给我买吃的,帮我搞卫生,就像亲生儿子一样!我太谢谢他们了,好人会有好报的!”

沈兴华敬老孝老的行为赢得了大家的赞誉,得到了社会的肯定。2006年至今,他多次获得省、市、区“功德之星”“文明家庭”“优秀共产党员”等荣誉称号,今年更是荣膺“百名孝星”荣誉称号。面对众多的表彰奖励,沈兴华依旧淡定地说:“能得到这些表彰,我很荣幸,也觉得很惭愧,敬老孝老是中华民族传统美德,是一种博大的爱,我做得还很不够,我会继续努力。因为我始终相信,人与人之间的相处是相互的。我给予别人,别人也会给予我,所以我会坚持下去,会一如既往、不遗余力地帮助身边需要我帮助的人。”

中国兰州网 程晓靖

好媳妇照顾婆婆五十五年如一日

两个人因为爱情组成家庭，不仅是两个人的结合，也是两个家庭的结合。来到陌生的家庭，最难相处的关系，恐怕就是婆媳关系了。但是在兰州西站西路38号这座80年代修建的老式住宅里，却上演着媳妇照顾婆婆五十五年如一日的感人一幕。这个小家不是很富有，却充满着温馨；住在这个小家中的人没有什么可歌可泣的英雄事迹，却让人心中充满感动。故事的主人公是今年67岁的女主人宋玉兰，她原是兰州市七里河区机关幼儿园退休教师，丈夫因公殉职后，48年来她对待婆婆胜过亲娘，以孝道影响了子女和她周围的人。

今年88岁的武生荣老人是宋玉兰的婆婆，独子韩发歧原是兰州市七里河区一名交警。儿子立业娶妻后长年在外工作，她和儿媳宋玉兰在河南老家靠勤劳的双手养家糊口。随着3个孙女相继出生，武生荣老人脸上的笑容也多了起来。可是，天有不测风云，1976年，武生荣老人唯一的儿子韩发歧在兰州市七里河区交警大队副队长的岗位上因公殉职，抛下她和儿媳及3个年幼的孙女离去。那一年她们"举家"来到了兰州。来到兰州后，老人依旧沉浸在丧子的悲痛中。当时年仅33岁的宋玉兰也成了寡妇，她和婆婆一样跌进了同一条命运之河。面对着年岁尚幼的三个女儿，宋玉兰泪如雨下，她跪倒在婆婆面前说："妈，我就是您的亲闺女。人死不能复活，您的儿子为国尽忠了，不能为您尽孝。今后我要挺起腰杆拉大您的孙女，为您养老送终。我讨来一个馍要让您多吃一半！"宋玉兰是这么说的，也是这么做的！几十年如一日地照顾年迈的婆婆，让如今做了奶奶的宋玉兰的故事传为佳话。

其实，宋玉兰也是个苦命人。她未出世父亲便亡故，7岁那年母亲养不活她便将她送人。19岁嫁到韩家后，丈夫韩发歧长年在外工作，一年仅见一次面，她和婆婆在一个炕头上睡觉。她出嫁时是个民办教师，不会做针线活，是婆婆灯下飞针走线给她做棉鞋、棉衣，并手把手教她学会了缝衣做鞋。丈夫牺牲后，她为了生计没日没夜奔波。宋玉兰说，白天再苦再累，但一进门看见白发苍苍的婆婆笑脸相迎，她心中暖暖的。吃着婆婆做的可口饭菜，看着在婆婆百般呵护下一天天长大的女儿，梦乡中她笑得也甜。如今宋玉兰也做了3个孙子的外婆，已过花甲之年的宋玉兰仍悉心照料着婆婆。她给婆婆洗净被单和衣服，打扫干净房间，做上可口的饭菜，还省吃俭用给婆婆买来毛衣和外套，买来婆婆最喜欢的食品，让受过苦的婆婆享用。除了这些，她还常常亲手给婆婆织帽子、围巾等，把婆婆打扮得干练又时尚。

面对孝顺的儿媳，武生荣老人湿润着眼眶给记者讲述了这样一个故事。几年前的一个夏天，她因摔伤腰部卧床长达三个多月，是儿媳宋玉兰侍奉在床前接屎接尿、擦身换衣、喂饭送药，没日没夜照顾她病愈。她心中过意不去，可宋玉兰说："妈，只要您病好了给我长精神比啥都好，闺女照顾妈有啥不应该的？"武老太说："我的玉兰对我的好三天三夜也说不完。玉兰给我洗脚剪指甲、搀我逛街，左邻右舍做婆婆的都羡慕死了，人人都以为是亲生女儿哩。唉，我的玉兰是我的贴心棉袄哟！"

为了婆婆和3个女儿，宋玉兰至今没有改嫁。她拒绝了抛来的爱情绣球，一心一意陪婆婆走进88岁，含辛茹苦养育女儿长大成人。婆媳一个锅里搅勺50多年，她没有说过婆婆一句重话。在她的言传身教下，女儿女婿和外孙们也十分孝顺。女儿中虽有两个下岗，日子并不富裕，还常常给奶奶和妈妈买衣服和好吃的，并请老人去酒店祝寿。四世同堂的一家人互敬互爱，其乐融融。宋玉兰和婆婆齐说："我们婆媳谁也离不开谁了。"

现在的宋玉兰已经年过花甲，生活也非常充实。2007年时，宋玉兰便在婆婆的支持下，加入了兰通厂豫剧团。照顾婆婆之余，她便和豫剧团的姊妹们在兰通厂俱乐部排练。宋玉兰说："这些老姊妹们都退休了，大家在一起聊聊天、唱唱戏，慢慢地，烦恼都没了。快乐是一天，不快乐也是一天，那我就快快乐乐地生活。"

中国兰州网　程晓靖

李瑞林:无微不至照顾百岁岳母

尊老爱幼是中华传统美德,敬老爱老并不仅仅是一句口号,而要实实在在、踏踏实实地去做。家在西固康乐路的李瑞林,是中石化五建的退休工人。多年来,李瑞林和老伴及岳母生活在一起。在他无微不至的照顾下,岳母已是百岁老人,大家对李瑞林多年来照顾岳母的孝行都是敬佩不已。

李瑞林的老伴身患糖尿病已三十多年,不能太过于劳累,而岳母年事已高生活不能自理,所以家里里里外外都是他一个人在操办。除了平常生活中买菜、做饭、洗衣、打扫等一些琐事,照顾高龄岳母的重担都压在了他一人身上。有一次,岳母一个人下楼梯不慎跌倒连摔三个台阶,导致左手面被撕烂,缝了二十多针。对于百岁老人而言,这样的疼痛实在是难以忍受。李瑞林夫妇就在床前喂粥、喂饭,每天替老人换衣服、梳洗、换洗尿布,还定期带老人到医院换药。李瑞林很注意生活中的小细节,为了不让老人感染细菌,手指上缠着纱布为老人清洁口腔;为了方便老人消化食物,将苹果用小勺刮成果酱喂老人吃。皇天不负苦心人,在李瑞林的精心照顾下,老人不但能下地了,还能在家里来回走动,后来老人慢慢就能下楼了。

李瑞林是老人的女婿,但肩上挑的却是儿子的重担。他将岳母当作亲生母亲般对待,从来都不嫌弃老人。一次老人把大便弄得满地、满床都是,家里一片狼藉,满屋臭味难闻,李瑞林不嫌脏不怕臭为老人擦洗身体,把换下的粘有粪便的衣服洗干净,并为老人患上了干净衣服。就这样李瑞林每天陪老人看电视、聊天、讲述生活中的奇闻趣事,使老人在温馨、安逸的环境下安度着幸福的晚年。

中国兰州网 孙涛

爱心楼院长:坚持关爱孤寡老人

陈双兰、段彩琴、郑永萍和张映兰是建工中街社区的工作人员,四人都是楼院长,负责着小到家庭纠纷、大到社区管理的工作。虽然社区工作琐碎又复杂,但是这几位楼院长却都是热心人,不仅专注于自己的工作,还热心关注其他楼院里的孤寡老人。

社区有一位卞秀英老人,今年已经83岁高龄,身边无人陪伴,不免缺乏照料。陈双兰等四位楼院长就常去陪伴老人,不仅陪同老人聊天解闷,还帮忙打扫卫生、洗衣整理。前不久老人胆结石病发疼痛难忍住进医院治疗,四位楼院长担心老人无人照料,就自发地组成陪护小组,轮流到医院照顾。每人都要陪护12个小时才能休息。

楼院长郑永萍说,刚开始的时候老人输液慢,夜里陪护要起四次夜,所以基本上不能睡觉休息。老人住了十多天院,四位楼院长夜以继日地照顾着,家里几乎顾不上照顾。虽然家人偶有怨言,但是看她们是为了做好事而辛苦,这才慢慢支持起来。病房里的病人们都很好奇,当得知几位是社区工作人员时,有人称赞,有人羡慕,老人的心情也越来越好了。

采访中,陈双兰、段彩琴、郑永萍和张映兰四位说,社区就像一个大家庭,照顾这个大家庭当然不容易,但是她们愿意付出热情和爱心,让社区更和睦,居民更幸福。

中国兰州网 王萌

李玉珍:用实际行动体现“孝”的美德

李玉珍退休前担任兰州矿灯厂工会主席。她用自己单薄瘦弱的双肩,扛着一个不幸的家庭,用她平凡的人生谱写着不平凡的美德赞歌。从她身上我们看到了共产党员的精神在这里闪光,中华传统美德在这里延伸。2007年她被评为城关区“十大美德之星”。

李玉珍每天早上5点多起床,第一件事是照顾93岁的老公公,洗脸、喂饭。有时老公公大小便不能自理,她还要给老公公擦洗身体。由于老公公患有老年痴呆症,神志不清,对她的伺候还很挑剔,李玉珍从不埋怨,只是悄悄擦去委屈的泪水。一日三餐悉心照料着公公,天天如此、年年如此,像亲生女儿一样对待公公,使他享受着幸福的晚年。她默默地奉献,使妯娌们特别感动,她们常说:“嫂子太辛苦了,我们也要向嫂子学习。”她大哥在临终前,又把大嫂托付于她。现在只要有一点空就先照顾大嫂。大嫂看她这样辛苦,总是流着眼泪说:“你不要为我操心了,我还有孩子们,你也太累了,我真是心疼你。”她总是说:“应该的,我不累。”不仅对亲人如此,邻居们谁家婚、丧、嫁、娶,她也总是主动帮忙。邻居们都非常感谢她,都愿意帮助她。

李玉珍是个乐观向上、热爱生活的人。每每有人关心她的家庭,问起她的困难时,她总是微笑着坦然地说:“我只做了普普通通的事,不值得表扬。”

在繁忙的家务活之外,她还积极参加社区的公益性活动,主动认领了社区“党员义务岗位”,在社区晨练队当了教练,发挥了共产党员的模范带头作用。她耐心指导队员们打拳舞剑,锻炼身体。在她的耐心指导下,社区晨练队多次获奖。她还是社区波浪涌艺术团的一名骨干。她能歌善舞,在她的影响下,社区的很多退休妇女走出家门,积极参加社区公益性活动和文体活动。她经常开导社区晨练队和波浪涌艺术团的姐妹们说:“人活着就要想开点,萎靡不振是一天,振作起来高高兴兴也是一天。重要的是,不能被生活的重担压垮,要从容面对每一天。”

中国兰州网 王萌

郭嘉宝:孝暖人心的好少年

今年11岁的郭嘉宝出生在一个幸福的家庭,可是他的童年却比其他孩子更辛苦。当别的小朋友还在母亲怀里撒娇的时候,他已经开始承担起照顾家人的责任。

小学一年级时,郭嘉宝的母亲被查出患有肺癌脑转移,自此年幼的他承担起了上学读书和照顾母亲的双重重任。从学校到医院,两点一线,住在医院,吃在病房。不论春夏秋冬,不管风霜雪雨,日复一日,年复一年。

第一次见到郭嘉宝,记者就感到这个孩子比同龄人安静,他的思想也相对更成熟。就是这个面容稚嫩的孩子,在母亲生病期间每天到医院侍奉母亲输液和服药,扶着母亲如厕,帮助父亲做一些力所能及的事情。他还随身带着小板凳,在微弱的灯光下,排除各种干扰,趴在医院的病床上坚持学习和完成当天作业。

父亲肩负家庭经济重担,工作繁忙,不能时刻守在医院,郭嘉宝就住在医院里。母亲半夜的止痛、服药、喝水、起夜等照料事宜,都得他来完成。有一次半夜起来照顾母亲,他因为打瞌睡摔倒,磕得满嘴鲜血直流。早上起床后,他又马不停蹄地打扫卫生、排队打水打饭、帮助母亲洗漱、准备早饭,做完该做的一切,常常是水都顾不上喝一口,就得匆匆赶往学校。郭嘉宝当时的班主任刚开始都不知道他家里发生的状况,因为这个孩子一次都没有迟到过。

随着病情加重,郭嘉宝的母亲双目失明,卧床不起,疼痛的折磨几乎令她难以忍受。懂事的郭嘉宝像个大人一样,不仅担负起为母亲倒便盆和按摩两项重任,还常常给母亲读书念故事缓解患病的苦闷。

因为医院的特殊规定,常常出现这种情况:有时候郭嘉宝放学赶到医院时,他的母亲已经转到另一家医院了。每当这时,不论多么干渴,不论三九严寒,他都会想办法给父亲打电话,自己去寻找到母亲的病房。

因为母亲的重病,这个家庭变得渐渐拮据起来。郭嘉宝学会了省吃俭用,穿别人送的旧衣服,用别人用过的文具。有一次,小饭桌供应肉包子,郭嘉宝没舍得吃,硬是坐了五十分钟公交车把自己那一份送给了母亲。

郭嘉宝同学一面学习一面照顾母亲的事迹，感动过许多病房的无数病友，也曾经被陆军总院、兰大一院、空军分院、兰石医院、万里医院和兰州市一院的医护人员传为佳话。他一只手捧书一只手为母亲按摩的照片被多家报纸刊发。

郭嘉宝是个自强自立的好孩子，生活如此艰难，他却没有被生活打败。班主任刘海燕老师说，一直以来郭嘉宝的学习成绩就保持在中上水平，语文方面非常突出，练得一手方正的钢笔字，而且非常遵守纪律，严于律己。

据班主任刘海燕老师介绍，郭嘉宝虽然安静但是常常语出惊人。爱读书的习惯使他比其他同学懂得更多，知识面更广，因此在班级辩论赛中他总能引经据典地说服对方，同学们都很佩服他，连老师有时都会惊叹于他的语言组织和表达能力。

郭嘉宝的爷爷和外公外婆去世得早，加之家庭情况特殊，他从小养成了按时作息、自立和守时的好习惯。起床、洗漱、做早餐、到校、做作业、晚上按时睡觉等都是自觉行为，都很有规律。每当早上起床的铃声响起，他都会像弹簧一样迅速跳起。从小学一年级开始他就学会了自己洗袜子、叠被子、洗澡、洗内衣。

这个喜欢画画、喜欢围棋的孩子有一个非常大的优点，就是乐于助人。班里同学有谁没钱坐公交车，谁需要借文具，郭嘉宝都会乐于伸出援手，同学们没有不说他好的。一位与他关系要好的同学甚至在他的影响下，不仅字写得越来越工整，连成绩也有所提高。

作为社区的小居民，郭嘉宝还多次自觉参加万里社区植绿护绿等公益活动，还经常把自己穿不上的衣服、学习用品和玩具送给比他小的孩子们，辅导他们完成家庭作业。

2012年，郭嘉宝被评选为兰州市第二届“美德少年”候选人，他用孝心感动了身边的每一个人，并以他自立自强的行为树立起了兰州少年的优秀榜样。

中国兰州网 王萌

虎秀英:孝顺婆婆　乐于助人

虎秀英,1980年4月出生,家住兰州市红古区窑街街道新村社区。与丈夫结婚后,她十多年如一日孝敬婆婆,照顾家庭,婆媳关系亲密胜过亲生母女。

刚结婚时,由于婆家境况特殊,加之当时经济条件比较差,家庭生活不太富裕。作为一个80后女孩,虎秀英毅然选择简单办理了婚礼。因此,她受到了婆家和邻居们的好评。婚后,虎秀英和婆婆一起生活。由于婆婆多年单身无人照料,身体状况一直不太好,白天她要走街串户地完成自己的工作任务,收集辖区内居民的基本信息掌握最新动;回家后,她便包揽了家里的大部分家务。为了让婆婆不为家务所累,她总是尽可能地多抽时间自己做。婚后多年她从来没有睡过一次午觉。

婆婆由于早年守寡,一个人辛苦将儿子拉扯大,大半生的穷苦日子,让她落下了冠心病、高血压等多种疾病。为了给婆婆治病,虎秀英和丈夫一起带着婆婆四处求医问药。婆婆每月的门诊医疗费用都在600元上,而她的工资仅700多元。有时婆婆独自去看病,觉得药费太高,舍不得买药吃,虎秀英看在眼里,急在心上。只要时间允许,每次虎秀英都亲自陪婆婆去医院看病,看完病后,先将婆婆送回家,她一个人再去医院划价拿药,然后对婆婆说,现在药价又降了,您的退休工资足够买药,我们也不用给您贴钱了,让婆婆觉得自己并没有增加家里的经济负担,安心治病。实际上,她用自己并不多的工资收入支付了婆婆所有的医疗费用,而她自己在生活上则是能省就省,勤俭持家。

在饮食上,虎秀英也是尽量迁就婆婆的口味,精心安排适合老年人吃的食谱。老太太对媳妇是打心眼里喜欢。长时间同婆婆相处,倒是成就了她和婆婆的很多共同爱好。看一样的电视剧,听一样的戏曲节目,两个人一起帮助左邻右舍。为了不让婆婆觉得孤单,只要她有时间就会陪着婆婆出去逛逛。天气好的时候还会陪老太太出去晒晒太阳,陪着唠唠家常。小区里不熟悉的住户常以为她们是一对亲母女呢!婆婆也经常对邻居们说:“我有这个媳妇真是晚年得福!”

为了照顾婆婆,虎秀英几乎很少回娘家,去一趟也是急匆匆地来急匆匆地走。每次走的时候,看着父母亲那依依不舍的眼神,虎秀英心里说不出的愧疚。甚至连自己的父亲生病住院,她也因为要照顾婆婆而没能在医院陪父亲一天。十多年的朝夕相处，她和婆婆从没有红过脸，吵过架。耳濡目染之下，虎秀英的女儿也很乖巧懂事，孝顺老人，有好吃的总忘不了先给奶奶，时常给奶奶捶背按摩、端茶送水、讲故事给奶奶听，把老太太逗得合不拢嘴。

虎秀英对“孝顺”有着自己独特的理解。她常说：“孝顺不仅仅是要让老人吃好穿好，还要给予老人更多的精神关怀，让老人气顺。老人心情好比什么都重要。”作为媳妇，要做到尽善尽美的“孝顺”是不可能，但只要自己真心去做、用心付出，就终会有回报的。面对别人的称赞，她总是淡淡地说：“我只是在尽作为儿媳的责任”。

工作中，虎秀英更是踏实能干，走到哪里就把爱岗敬业、尽职尽责、无私奉献的精神带到哪里。凡是和她共过事的领导、同事，一提起她就会伸出大拇指：“勤奋敬业，踏实能干，工作上巾帼从不让须眉。她干工作一个能顶俩。”虎秀英将同事视为自己的兄弟姐妹，她总说能在一起共事是缘分，无论谁有困难她都毫不犹豫地去帮助。有一次，一位同事因家里有事情所以手头积压了很多急需完成的任务，这时候虎秀英主动提出来帮忙。还有一次，单位一位同事的孩子考上了大学，但是又因为经济困难，一直在为孩子上学的费用犯愁。虎秀英知道后，就从自己不多的工资中拿出了两百元。同事知道她自己本身也不宽裕，所以不肯接受，可她还是将两百元钱悄悄地塞进了同事孩子的书包里。像这样的事情，虎秀英已记不清自己做了多少次。每当别人向她提起时，她总是说：“是吗？我早忘了。”

虎秀英就像一棵枝繁叶茂的大树，在炎炎的夏日里，日复一日、年复一年地为每一个路过树下的人默默送去一片阴凉。没有表白，不求回报，就这样默默地为社会的文明奉献着自己的一分力量。

中国兰州网 周媛

田琛:用责任和爱心谱写和谐乐章

她是甘草店镇西村的一位普通农家妇女,过着普通人的普通日子,但她却没有像"普通人"那样重复"常规"的生活。她与丈夫互敬互爱,共同建筑和谐家庭;她细心照顾老人,成为儿女的榜样;她乐于助人,是邻里友爱的典范……她就是田琛,一个用责任和爱心谱写和谐乐章的农家女性。

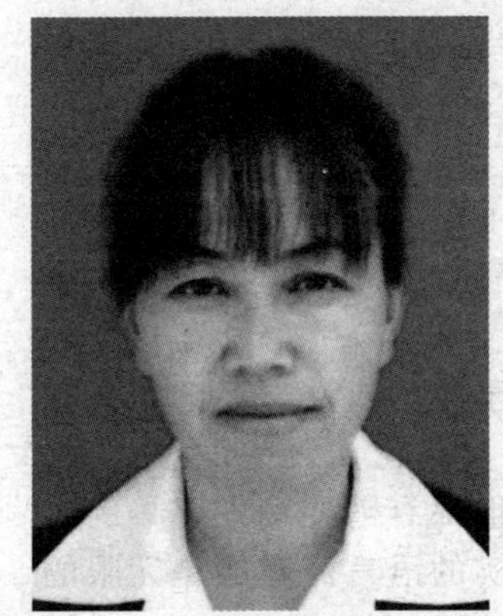

初次见到田琛时,她正端着早饭给婆婆送去,两个荷包蛋加两个热腾腾的花卷。婆婆吃得津津有味,笑着对记者说:"她就跟我亲闺女似的,是我命好,遇上了一个好儿媳啊!"田琛对待公婆尽心尽力,每顿饭,总是拣稠的、好的捞给老人;有了好吃、稀罕的食物,也总是先让老人品尝。

四年前婆婆因车祸造成右小腿粉碎性骨折,每到冬天就会习惯性腿疼。为使婆婆不犯病,刚入秋,她就将两床棉被弹成一床松软的褥子给婆婆铺上。婆婆爱干净,她总是把婆婆的衣服、床单洗得干干净净。前年7月,不到70岁的公公被检查出得了肺癌。为了让老人早日康复,田琛每天无论多忙多累,都要扶着公公在走廊里练习走路或者晒太阳。后来公公的病情加重,她每天为公公喂饭喂水,洗洗涮涮。常言道"久病床前无孝子",但公公躺在床上的这几个月,她为公公擦身、梳头、捶背、剪指甲,精心侍候从不厌烦。公公逢人便夸:"我家儿媳比我亲闺女都亲。"2010年9月14日,公公安详地离开了人世,邻居们感念田琛的孝心,一个个自发地前来帮忙。公公入殓前,她流着眼泪在老人的身边说:"爹,让我再最后侍候您一次吧!"她拿着毛巾为公公细心地擦脸、整理穿戴,自始至终倾注了一个儿媳对公公的孝心。在场的亲邻都被她的举动所感动,邻居一位老人说:"我送走过那么多的老人,从来没见过这样孝敬的儿媳妇。"

十多年来,为了支撑这个家,她默默地奉献着、承受着、担当着。她既要支持丈夫的工作,还默默承担着服侍公婆的责任,从没抱怨过一句。俗话说,"家和万事兴",她初为人妻时便牢牢地记住了这句话,事事以和为贵,对丈夫给予最大的支持和理解,对公婆百倍地关爱和孝顺,把妯娌姑姐视为朋友、和睦相处,使一家人生活得和和美美,一直被周围的人传为佳话。

丈夫蔡锦平担任村主任时,没有时间照顾家庭,繁重的家务、教育孩子和照顾老人的重担都落在了田琛一人肩上。田琛识大体、顾大局,不仅承担起全部的家务，还把家里照应得井井有条、整洁舒适，给老人、丈夫和孩子创造了一个舒服安逸的生活环境。

多年来，蔡锦平已经习惯了妻子在身后的支持。在他看来，自己的妻子是贤内助，上得厅堂、下得厨房。两口子几乎没有红过脸，当意见不统一时总是能够用理智的态度去沟通与交流，实在解决不了的，就把家里其他成员请出来当“裁判”，通过家庭民主生活会来解决问题。这种温馨和谐的家庭氛围常常引来邻里、同事、亲朋的羡慕和称赞。

在公婆眼中，她是位通情达理、孝敬老人的好儿媳；在丈夫眼中，田琛是个贤内助；在妯娌眼中，她是位勤劳能干的好姐妹；在邻居眼中，她是位心地善良、乐于助人的好心人。不论是家人亲戚，还是街坊邻居，她从没有和任何人红过脸。为人媳、为人妻、为人母的她，凭着自己的孝心和不屈的性格，得到了亲戚朋友和乡里乡亲的称赞。面对别人的称赞她总是淡淡地说：“我只是在尽一个儿媳、妻子、母亲的责任。”

左邻右舍一提起田琛，无不伸出大拇指，夸她是难得的好媳妇。2005年，在榆中县“五好文明家庭”的创建活动中，她被县妇联评为“好儿媳”；2011年3月，再次被兰州市妇联、兰州市文明办评为“优秀好儿媳”。

十几年来做媳妇的经历，使田琛加深了对“孝顺”的理解。她说：“不论是身为儿女还是儿媳，要做到尽善尽美的孝顺是不容易的，但只要自己认真去做、用心付出，能够让老人感觉到幸福这就够了。谁都有老的时候，谁都有需要别人照顾的时候。”她用自己的真情和行动默默诠释着孝顺的含义。朴实的语言流露的是无限的真情，平凡的行为彰显的是最伟大的奉献。

中国兰州网 周媛

我总觉得人活着有赡养老人的责任和义务

随着时代的进步、社会的发展，在生活节奏越来越快的今天，媳妇与公公婆婆的关系，似乎成了大家讨论的热点。不论是电视作品也好，言口相传也罢，似乎总是负面信息居多。但在兰州市西固区新城镇夏川村，有一位九年如一日照顾偏瘫公公的好媳妇。多年来，她用实际行动传承着中华民族的传统美德，她的故事也已被传为佳话。

出生于1978年6月吴忠萍，1999年嫁到了兰州市西固区新城镇下川村王家，常年在家务农。吴忠萍一家四口人。上有瘫痪在床的90岁老公公王福太，下有正在上小学的儿子。丈夫身体不好，也不能正常地参加劳动，让这个本就不富裕的家庭雪上加霜。性格倔强的吴忠萍并没有向布满荆棘的生活低头，义无反顾地接过了照顾一家老小的重担。吴忠萍每天很早起床，照顾生活不能自理的老公公。由于公公吃饭不方便，拿不住饭碗，每次她就站立床前一口一口地喂，每顿饭都要用一个多小时。冬天的时候，饭常常吃不到一半就凉了。细心的吴忠萍就拿去加热再端回来继续喂。夏天吃西瓜，她先用小勺挖到碗里，拌上白糖，再一勺一勺地送到公公嘴边。老公公年岁大了加上身患偏瘫，大小便失禁在所难免。“虽然老人的病情有所好转，但有时动不了身，大小便就会全拉到床上，我就先给老人擦洗全身，再换上干净的衣服和床褥。5年时间，老人的身上没有出现过褥疮。”吴忠萍这样告诉记者。老人经常要到屋外晒晒太阳。有时阳光强烈时，她便把老人抱到阴凉的地方，过一会再将老人抱到有阳光的地方。一天这样反反复复多次，虽然累点，但只要老人高兴，她也很满足。

当记者问及今年才35岁的吴忠萍，9年来是什么力量在支撑着她坚持不懈地照顾公公时，她笑着说：“我自小看到我父母精心照顾我的爷爷奶奶，是他们孝敬老人的行为熏陶着我。我总觉得人活着有赡养老人的责任和义务。再说了，如今的政策这么好，只要我们努力，相信好日子离我们不会太遥远的。”她的好多邻居都说，自从小吴嫁到王家后，一家和睦相处，虽然日子过得紧巴，但小吴从来没有怨言，小吴是个难得的好儿媳妇啊！

就这样精心护理日复一日坚持了9年，老公公脸色红润，身上没一点褥疮。除了照顾公公，吴忠萍还要下地干活。干农活是繁杂、辛苦的一项工作。丈夫又帮不上忙，特别在农忙时，绝对是一个人无法完成作业的。身边了解吴忠萍情况的人在此时也便伸出援手，帮助这位孝顺、懂事的好媳妇。吴忠萍就是这样，在自己的坚持和邻居们的帮助下，度过了一个又一个农忙季节。

9年了，吴忠萍每天给老人洗澡擦脸、整理房间、端屎端尿，她从来没有半句怨言;9年了,吴忠萍没和公公红过一次脸,拌过一次嘴。公公交代她做的事情,她总是想办法做到。吴忠萍说:“照顾老人千万不能急躁,要用照顾婴儿那样的耐心去照顾老人!”

如今,在吴忠萍一家人与好心的邻居们的共同努力下,王福太老人不仅每天坚持锻炼身体,脸上的笑容也越来越多了!尤其是一提到媳妇吴忠萍,王福太老人的高兴话足有一大筐:“不知内情的人总以为她是我的亲生女儿,知道内情的夸我好福气。她比亲闺女还贴心呢!”

中国兰州网 程晓靖

君子入则孝　事父母能竭其力

今年49岁的李鸿勤，是兰州市城关区地税二局静宁路管理分局的一名税收管理员。在工作中，他恪尽职守、兢兢业业，忠实地履行着一名税收工作人员的职责；八小时之外，他默默无闻地坚守着“君子入则孝”“事父母能竭其力”的人生格言。在漫长的岁月中，以拳拳之心、眷眷之情，无怨无悔地侍奉着父母双亲，给予他们无微不至的照料，塑造了一个“现代孝廉”的典范形象。李鸿勤从一个出生于普通家庭的人成长为一名履行国家税收工作职能的公务员，虽然社会角色有所转变，但他那颗关爱、孝顺父母的赤子之心却从来不曾改变。

采访过程中记者了解到，2000年时，李鸿勤的父亲被检查出身患四肢肌肉萎缩症，随后，病情不断加重，全身肌肉明显萎缩，下肢更为严重，行走困难，以致卧床不起。父亲突如其来的疾病，把所有的家庭重担压在了作为长子的李鸿勤一人身上。为了救治父亲，他访遍了省内外知名专家，请教了许多老中医，查阅了无数相关的资料。经过一段时间积极治疗，在家人的精心护理下，父亲的病情逐步得到了控制，恢复到了能靠轮椅在室内外活动的程度。看到这些，李鸿勤疲惫已久的脸上露出了久违的笑容。

天有不测风云，2006年时李鸿勤父亲的病情突然又严重起来，尤其是前列腺增生引发排尿困难、膀胱炎和肾积水，病情危重。时值税收工作的关键时期，一边是繁忙的工作任务，一边是卧病在床病情严重的生身父亲，哪一边能够不管，哪一边又能够不顾？为了不影响工作，他把父亲的治疗尽量调至晚上，因为只有晚上，他才能抽时间照顾父亲。他坚持每晚帮父亲按摩一次，擦洗一次。侍候父亲休息后，还要计划第二天的工作。父亲吃不惯医院的饭菜，为了让父亲吃好，他坚持一日三餐亲自为父亲做饭。为了不影响上班，他每天天不亮就起床，准备好可口的饭菜，骑车去医院，和母亲一起服侍父亲吃完，再去单位上班。早起晚归，医院单位两头跑，自己累瘦了，父母心疼得直流眼泪。身心疲惫的他，时常头晕目眩。也许是他的这份孝行感动了上苍，老父亲的病竟然奇迹般地得到了控制，身体也逐渐康复。

为了更好地照料父亲，李鸿勤把父母亲一

同接到自己的家里，和他们住在一起。每天，他和妻子、母亲一起帮父亲起床、穿衣、刷牙、吃饭、按摩、吸氧、烫脚、通便……每天重复这些细致、烦琐却又非常重要的护理步骤，这几乎成了他固定的生活模式。父亲体温的高低、床垫的干湿，甚至是父亲的每一种表情、每一个生活细节，他都时刻挂在心上。谁说"久病床前无孝子"？他用自己的行动告诉人们："久病床前"不但有孝子，而且久病床前的孝子对父母的情意，会随着时间的推移变得弥久弥真，最终化作传承美德、敦化民风的人间佳话，流传在世间的每一个角落。

"父母需要的不仅是物质的满足，更重要的还有精神的愉悦，特别是到了晚年，这种欲望表现得更加强烈。所以，每天不管多忙多累，我都会抽出些时间陪父母说会话，聊些什么不重要，重要的是不要让他们有被忽视的感觉，让他们快乐地度过每一天。这样做对他们的身心健康都是有好处的。"李鸿勤在说这些话的时候，轮廓分明的脸上露出从容、淡定。他还告诉记者，孝顺把自己拉扯大的父母是每个人都应该做的事情，他只是万千孝子中最普通的一个，也许还有很多人做得比他好，"百名孝星"荣誉称号，他受之有愧。

行孝是善心的体现、爱心的写照，行孝是至高的道德、做人的风范。李鸿勤把尊重老人、孝敬父母作为自己的道德和日常行为准则，常怀感恩之心，常做报恩之事，几十年如一日，尊老、敬老、爱老。注重从平常事做起，从小事做起，想父母之所想，做父母之所需，不管父母做什么事，无论对错，从不嫌弃。"百善孝为先，孝是德之本。"李鸿勤的故事，演绎和诠释了孝的艰辛和动人，让我们真切地感受到爱满天下、孝暖人间！这种坚守，值得我们大家学习。

中国兰州网 程晓靖

我只是做我该做的事儿 和别人比没什么特别的

刚刚荣获兰州市“百名孝星”荣誉称号的孙江燕，是广武门街道办事处的一名普通干部，也是街道、社区工作人员和辖区居民们公认的好媳妇儿。出生在军人家庭的孙江燕与丈夫结婚十余年来，美丽大方、贤惠能干的她用自己的耐心、细心、包容心和温暖的笑容，将一个大家庭经营得一团和谐，让自己的家庭成了邻里称羡的和谐之家，也让自己成了众人学习的好媳妇、好妻子的典范。

“我只是做我该做的事儿，和别人比没什么特别的。”这句话说起来简单，而做起来却并不容易。孙江燕说到了也做到了。孙江燕与丈夫结缘在新疆。1999年，丈夫因为工作原因调动至兰州，她也便离开父母，随军来到兰州生活。也就是在那一年，她和丈夫有了期待已久的小宝贝。孙江燕告诉记者，怀孕的时候，丈夫还在野战部队工作，常年在外执行任务。远在河南的婆婆知道后，放下家中的一切事情来到了兰州，只为照顾怀孕的她。从那时候开始，孙江燕就开始和婆婆生活在一起，开始了婆媳相处的日子。在别人眼里难以相处的婆媳关系对于知书达理的孙江燕来说，似乎并不困难。她坚信，只要多一些理解和包容，婆媳之间“水火不容”的状况绝对不会发生在她身上。与婆婆十年的生活，充分证明了这一点——十年来，孙江燕从未和婆婆红过脸，甚至连吵架拌嘴都没有过，相处得十分融洽。

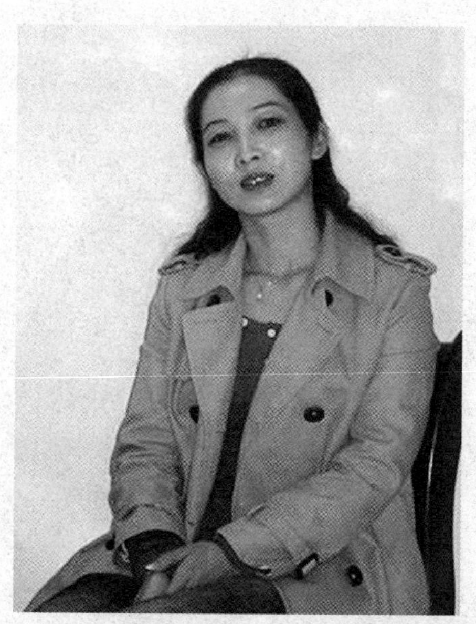

由于丈夫从事的工作很忙，为了不让丈夫因家庭原因而分心，她主动将照顾婆婆和孩子、所有的家务事全都包揽了。在过去的十年里，她从未抱怨后悔过。“婆婆今年整82岁，身体抵抗力很差，胃肠吸收功能弱，因而很容易缺钙，这几年来其视力、听力下降得很快，饭量也大不如前。”孙江燕说，为让婆婆吃好睡好，每天的饭都煮得很软，各种菜也烧得比较烂。而且每天睡前半小时，她都要督促婆婆喝碗鲜奶，以补充钙质，同时让婆婆坚持锻炼身体。每天晚饭后她刷洗完碗筷，就搀扶着婆婆到楼下散步，增强婆婆的体质。每次出差或者出去吃饭，她总忘不了给婆婆带些好吃的，或者买几件新衣服和日常用品，发了工资也常给婆婆零花钱。孙江燕还告诉记者，经过十年时间的相处，她能从婆婆每天的饭量、说话的声音，判断出老人的健康状况。只要婆婆有头痛脑热先兆，即便是深更半夜她也会出门，去把药买回来让婆婆及时服下。在日常的生活起居中，孙江燕更是做得细微周到，无论穿衣、洗脸刷牙、烫脚按摩、吃啥喝啥、聊天说事，都已形成模式。孙江燕细心照顾婆婆的行为，赢得了街坊邻里长辈们的好评。

当记者问起孙江燕与婆婆相处的诀窍是什么时，孙江燕脸上浮现出了一抹美丽的微笑，她说："其实也没什么诀窍，就是多理解、多宽容。老人岁数大了，做儿女的照顾他们是应当应分的！我怀孕的时候反应很大，婆婆知道后，第二天就买火车票来兰州了。对于一个没有文化的农村妇女，来到陌生的城市生活本来就很难适应。我们应该好好对待他们！而且理解包容都是相互的，我和丈夫感情本来就很好，婆婆性格也很好，无论发生什么事儿她老人家都站在我这边，对待我就像对待亲闺女一样，我有什么理由不孝顺她呢？"孙江燕的侃侃而谈，让记者也深切地感受到了这个充满了爱的大家庭的温暖。孙江燕还告诉记者，丈夫家的兄弟姐妹们都很孝顺，叔伯妯娌们的关系相处得也都很融洽，自己的女儿和同辈的兄弟姐妹都很孝顺奶奶，有好吃的、好喝的，第一个想到的也都是奶奶，长幼有序、相互尊重的家庭氛围是一种良性循环，大家都这么做了，也就不觉得自己做的事情有多难、多不容易了。

中国兰州网 程晓靖

与身患癌症的妻子
1400多个日日夜夜地相守，不离不弃

人与人之间的情感有很多种，古语有云“盖人道之极，莫过爱敬”。获得今年兰州市“百名孝星”荣誉称号的郭健的爱，很具体也很感人——就是与身患癌症的妻子1400多个日日夜夜地相守，不离不弃。

目前租住在兰州市安宁区万里社区的郭健，是一名国家一级作家，出版过多部引起省内外文坛强烈关注和好评的作品，曾有过一份很好的工作，经营过文化产业，有车有房，生活优越；而今的生活来源全靠在政法学院带课，生活捉襟见肘。这一切，还要从5年前的冬天说起。

郭健的妻子赵小云是一个美丽的女人，从小失去了母亲，由父亲一人拉扯长大，加之夫妻二人年龄差距较大，从结婚的第一天起，郭健就下定决心要让她过上好日子。2004年，赵小云在郭健的支持和帮助下，顺利地在西北民族大学读完了本科，并找到了工作。眼看着日子一天天好了起来，赵小云却下岗了，祸不单行，2007年11月，经常头晕目眩的赵小云在兰州军区兰州总医院检查时，被确诊为肺癌脑转移，且已经是癌症晚期。郭健怎么也不敢相信仅仅三十多岁的妻子会得此不治之症。为了给妻子赵小云一点希望，他带着她去北京、上海、广州的大医院看病，可最后的结果还是肺癌脑转移——癌症晚期。几经辗转，妻子不想再检查了，绝望到不能自控的她，甚至准备了此残生。郭健怕妻子出现意外，更不敢离开她半步。总以为不会是癌症，更不会是晚期，带着最后的希望，郭健带着妻子回到兰州。回来后，妻子先后9次住院治疗，多次进行放化疗。为了给妻子治病，郭健卖房卖车；为了省钱，他戒烟戒酒，只为妻子能够康复，能与他相伴终生。正在读小学的儿子郭嘉宝，在爸爸的言传身教下变得很成熟。除了上学之外，就整天陪着妈妈。妈妈眼睛看不见，就给妈妈读书讲故事，大多时候边讲故事边为妈妈按摩，因为幼小没有多少力气就用脚帮妈妈踩。儿子的懂事更加激发了郭健的斗志，无论如何他都要尽最大的努力让儿子有一个完整的家！

在妻子罹患癌症的4年里，郭健放弃名利，毅然回家，精心护理，清贫度日，昼夜照料守护，做了全职“保姆”。为了节省费用，连扎针输液这样专业性较强的事情他都亲力亲为。也正是因为他的不离不弃和悉心照顾，才使赵小云在被诊断为癌症晚期后，还能走过4个年头。国内的许多专家、省抗癌协会的权威人士都说：“这真是一个奇迹！根据现状看，可能还会发生更大奇迹。”

“过去的几年里，就想着不管花多少钱，付出多大代价，只要能把她的病治好就行，一切都是为了心爱的她，为了孩子能有个完整的家。”郭健在说这些的时候，眼

角湿润，话语中透露出了无限的遗憾，他多么希望这一切只是一个“玩笑”，只是一场梦，因为心爱的妻子已于一年多前，医治无效离他而去了。当记者问及郭健以后的打算时，郭健告诉记者：“生老病死是谁也无法改变的事情，照顾生病的妻子是我的义务也是我的责任。虽然她已经走了，但是我对她的心意是不会改变的！照顾了她那么久，由希望到失望，最后绝望，虽然我尽力了，但是还是很遗憾，妻子从小就没过一天好日子，好不容易读完书，先是下岗，紧接着又查出患了癌症，走的时候才35岁……”说到这里，郭健声音哽咽，记者从他悲伤的眼神中体会到了他对妻子那份厚重、深沉的爱！

在现今这个物欲横流的时代，“宁在宝马车里哭，不在自行车上笑”的例子比比皆是，而郭健1400个日日夜夜守护患病妻子，为了妻子放弃名利，这样的爱情比歌中唱的、戏里演的爱情故事更让人动容！

中国兰州网 程晓靖

赵礼萍:带着母亲去种地

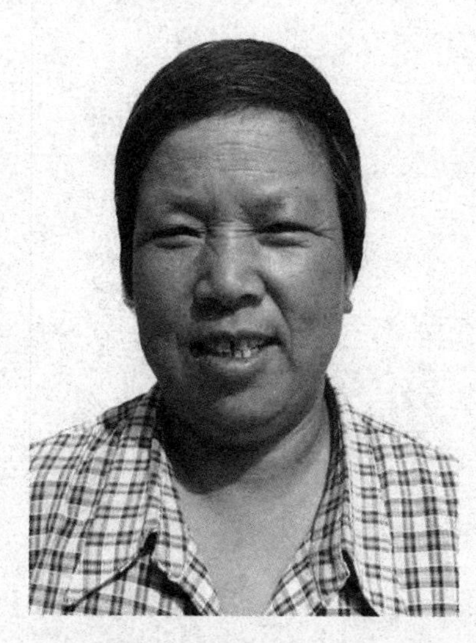

现年45岁的赵礼萍,是红古区平安镇张家寺村村民。家境贫寒的她,于1994年和丈夫喜结连理。1995年7月,丈夫不辞而别,从此杳无音讯。生活的重担一下子全压在了赵礼萍的肩头。面对神经错乱的母亲和嗷嗷待哺的孩子,赵礼萍毅然选择了坚强。她用自己的实际行动支撑起这个家,凭一己之力含辛茹苦、无微不至地照顾母亲和儿子。

赵礼萍的母亲年轻时精神受过刺激,多年来生活不能自理,而赵礼萍的孩子年龄还小,把他们放在家里没人照顾肯定不行,可是种植的庄稼地也需要人去打理。这可怎么办呢?为了能够照顾家人和侍弄庄稼两不误,赵礼萍想到了一个好主意。她借钱买了一辆自行车,每天天不亮就起床,将一天所需要的饭菜准备好,然后收拾好物品,自行车的前筐内放孩子,后座是母亲,扶手旁挂满了干活用的各种农具,她的身上背着大包小包。每天清晨,在田间的小路上,人们都会看见一个妇女推着自行车,带着母亲和儿子去地里干活。这样日复一日、年复一年,在近四年的时间里赵礼萍先后骑坏了六辆自行车。随着孩子渐渐长大,她又选择用架子车来拉孩子和母亲去田地,之后她还学会了开拖拉机,成了全村第一个女拖拉机手。

时光荏苒,转眼18年已经过去了,赵礼萍从一个年轻的媳妇走向了中年。她的辛勤付出得到了最好的回报,儿子现在已经上了高中,成绩也名列前茅。而她的母亲经过多年的悉心照料,身体也大为好转。赵礼萍让我们看到了一个普普通通的农村妇女心灵中最美的闪光点和不平凡的人生境界,她为我们许许多多农村的妇女们做出了表率。虽然生活平淡如水,虽然忙碌劳累,但是只要这种爱在心中生根开花,生活的道路就会充满阳光。

中国兰州网 周媛